垫江年鉴

DIANJIANG NIANJIAN

2018

垫江县人民政府　编

方志出版社
Publishing House of Local Records

图书在版编目（CIP）数据

垫江年鉴. 2018 / 垫江县人民政府编. -- 北京：
方志出版社，2019.1
ISBN 978-7-5144-3589-4

Ⅰ.①垫… Ⅱ.①垫… Ⅲ.①垫江县－2018－年鉴
Ⅳ.①Z527.194

中国版本图书馆CIP数据核字（2019）第011224号

垫江年鉴（2018）

编　　者：垫江县人民政府
责任编辑：张 颢
出 版 人：冀祥德
出 版 者：方志出版社
地址　北京市朝阳区潘家园东里9号（国家方志馆4层）
邮编　100021
网址　http://www.fzph.org
发　　行：方志出版社图书经销中心
电话（010）67110500
经　　销：各地新华书店
印　　刷：重庆博优印务有限公司
开　　本：889×1194　1/16
印　　张：16.25
字　　数：415千字
版　　次：2019年1月第1版　2019年1月第1次印刷
印　　数：0001～1000册
ISBN 978-7-5144-3589-4　定价：198.00元

垫江年鉴编纂委员会

顾　　　问：蒲彬彬　易大斌　杨　刚

主任委员：梅时雨

副主任委员：粟登琳　苏　灿

编委会委员：徐吉强　程小洋　陈维平　黄三奎　徐龙建

甘国胜　程　秩　姚　鸿　谭大江　陈宇跃

田洪武　左利理　陈云峰　余文豪　蒲胜宇

郭云权

垫江年鉴编辑部

主　　编：陈维平

副主编：郭云权　高　建　张光华

责任编辑：蒋德明

编　　辑：周正波　董长芳　郭海斌

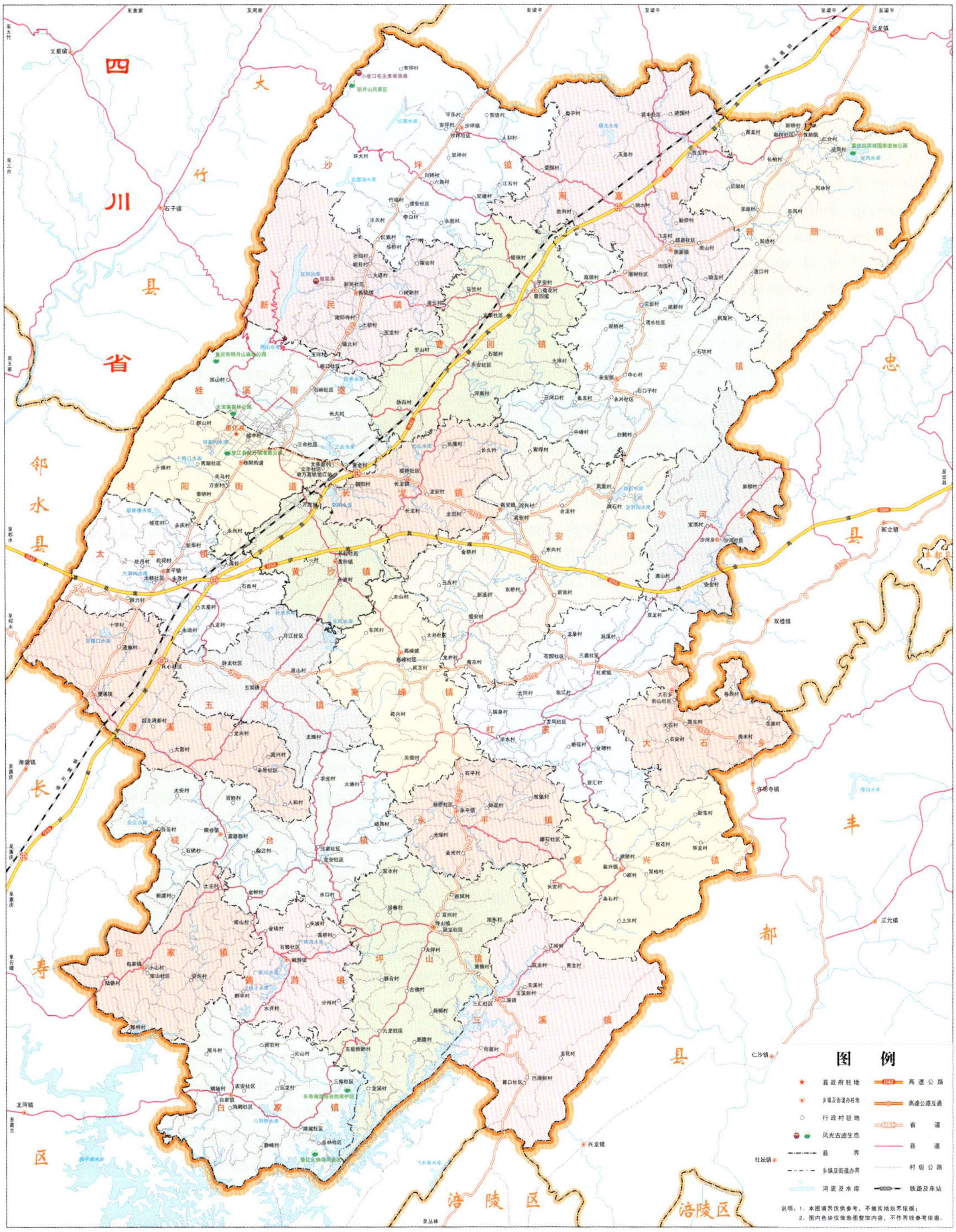

垫江县政区图

垫江县民政局

2017年1月9日，垫江县第十七届人民代表大会第一次会议在会议中心召开

2017年1月8日，政协垫江县委员会第十届委员会第一次会议在会议中心召开

2017年1月14日，新当选的县第十七届人民代表大会常务委员会主任、副主任、委员，县第十七届人民政府县长、副县长，县人民法院院长，县人民检察院检察长在会议中心向宪法宣誓

2017年5月4日，县委书记蒲彬彬（左三）调研项目建设

2017年5月17日，县委书记蒲彬彬（左三）到县委党校调研

2017年11月15日，县委书记蒲彬彬（右二）在会议中心为六进宣讲队授旗

2017年4月28日，县长梅时雨（左三）在超市检查“五一”节前食品安全工作

2017年7月20日，县长梅时雨（左四）检查交通安全工作

2017年12月27日，垫江县人大常委会主任易大斌（左三）督办垫江县十七届人大一次会议代表重点建议

2017年12月21日，县政协主席杨刚（右五）等视察农田整治情况

2017年11月16日，学习贯彻党的十九大精神市委宣讲团报告会暨县委理论学习中心组（扩大）会议在会议中心召开

2017年12月28日，垫江县深化国家监察体制改革人员转隶干部大会在会议中心召开

2017年4月27日，垫江县举行重庆市第五届劳动模范和先进工作者赴渝参加表彰大会欢送仪式

2017年1月20日，县妇联在县青少年活动中心开展"贫困母亲两癌救助"活动，发放救助金48万元

2017年8月28日，县红十字会发放公益助学金

2017年5月4日，垫江县保护母亲河行动暨全面推进河长制启动活动在高安镇举行

2017年3月28日，全市贸易统计业务培训会在垫江县召开

2017年4月20日，县地税局将中心组学习搬进企业工厂，现场为企业解答企业所得税汇算难题

2017年12月15日，县公安局在办公楼广场举行“最多跑一次”改革活动启动仪式

2017年11月20日，县公安局举行年度警民恳谈会

2017年9月25日，县公安局民警在高铁站开展巡逻防控

2017年11月7日，垫江县公证处工作人员上门为老年人办理公证

2017年12月14日，垫江法院举行开放日参观活动

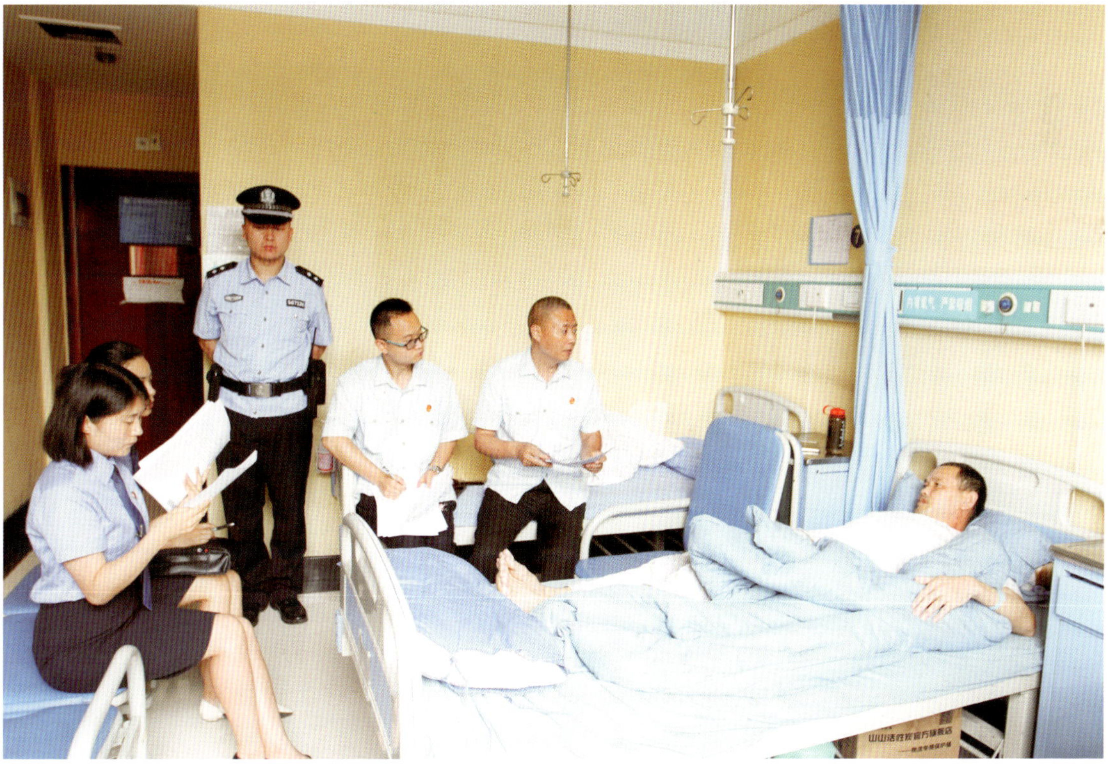

2017年6月27日，垫江法院在医院病床旁进行庭审

2017年6月15日，民政部调研垫江县天宝社区养老服务站建设

2017年10月，民政局工作人员在曹回镇开展社会救助政策宣传活动

2017年，钟表公司生产车间

2017年2月，天圣制药集团股份有限公司大输液软袋车间制袋灌封

2017年，富源化工厂区

2017年12月，重庆芝草堂药业股份有限公司

2017年11月10日，中国动物卫生与流行病学中心主任马洪超（右四）调研垫江县兽医人员及从业活动管理工作

2017年3月31日，渝东北片区重大动物疫病联防联控工作会在垫江县召开

2017年5月15日，垫江县水稻制种机插秧

2017年，沙坪镇双坪村蔬菜基地

2017年，桂阳街道天马虎纹蛙养殖基地

2017年，永安镇三河口南美白对虾养殖基地

2017年9月，周嘉镇鑫伟旭生态农业发展有限公司蛋鸡养殖

2017年12月，高峰镇民主村沃柑基地

2017年，高峰镇文顺奶牛场

2017年，安装太阳能杀虫灯

2017年，高安镇特色农业基地

2017年3月10日，垫江县重庆市劳动模范参加义务植树

2017年，桂溪街道牡丹城一角

2017年，垫江县改善农村人居环境示范片建设

2017年7月，沙坪镇稻香田园

2017年11月16日，中国计生协专职副会长姚瑛（左三）、副会长谢启增（右二）一行到垫江县调研计生协改革发展工作

2017年8月30日，市卫生计生委副主任方明金（中）到垫江县督导公立医院综合改革工作

2017年3月31日，县委宣传部组织第十八届牡丹文化节“牡丹仙子”游太平牡丹源

2017年3月23日，垫江春晚演出在会议中心举行

2017年3月24日，第十八届牡丹文化节文艺演出在南阳公园广场举行

2017年5月29日，星光大道垫江赛区选手选拔决赛在县体育馆举行

2017年9月21日，垫江县第四届运动会开幕式在县体育场举行

2017年3月30日，“牡丹故里康养垫江”第三届广场舞大赛在县体育馆举行

2017年4月7日，第十八届牡丹文化节系列活动——迷你马拉松赛在县城明月大道举行。中长跑世界冠军孙英杰和前CBA著名篮球运动员何奔为本次比赛领跑

垫江牡丹花海景区 李益凤 摄

垫江乐天花谷 傅伟 摄

白家千月湾

垫江五洞李花

国家湿地公园——垫江迎风湖

目 录

垫江概况

建置沿革……1
概况……1
政区……1
地理位置……1
行政区划……2
人口……2
宗教……2
自然环境……2
地质……2
地貌……4
山脉……4
河流……5
长寿湖……6
气候……6
概况……6
主要气象灾害……6
自然资源……7
土地资源……7
矿产资源……7
水资源……8
森林资源……9
环境保护……12
概况……12
环境质量……12
环境污染防治……12
环境管理……13
生态建设与保护……14
环境综合整治……14
环保宣传教育……15
环保产业……15
旅游资源……16
概况……16
蜜本南瓜……16
茎瘤芥（青菜头）……16
垫江藠头……17
经济社会发展……17
经济发展……17
社会发展……18
精神文明建设……18
概况……18

大事记

1 月……20
2 月……21
3 月……21
4 月……22
5 月……23
6 月……23
7 月……25
8 月……25
9 月……25
10 月……26
11 月……27
12 月……27

农 业

概况……29
种植业……29
概况……29
粮油绿色高产高效示范片创建……29
果蔬产量效益……29

五洞青脆李丰收......29
基础设施建设......30
畜牧业......30
概况......30
发展环保型畜牧业......30
建设畜禽良繁体系......30
提高养殖设施化水平......31
渔业......31
概况......31
养殖与水产品质量安全......31
渔业资源与环境保护......31
农村能源......31
概况......31
农村能源项目建设......32
农业综合开发......32
概况......32
项目管理......32
农村扶贫开发......32
概况......32
攻坚队伍建设......32
精准动态识别......32
精准帮扶实施......32
完善政策体系......33
农村经营管理......33
农村土地承包管理......33
农村集体资产与财务管理......33
农民负担监督管理......33
农民专业合作经济组织和家庭农场发展......33
农经统计......33
农业机械......33
农业机械及农机应用技术推广......33
农机购置补贴......34
农机社会化服务组织建设......34
农机安全监理......34
林业......34
造林绿化......34
项目资金......34
林业执法......34
森林资源管理......35
森林防火......35
森林病虫害防治......35
生态文化......35
湿地保护......35
水利......35
概况......35
水利设施......35
水利工程建设......35
水库测绘和划界......36
水土保持......36
水务管理......37
大中型水库移民工作......37
水利改革......38
河长制施行......38
防汛抗旱......38
农村供水......38
安全生产......39
水务执法......39
农业行政执法......39
概况......39
种子专项执法......39
农药肥料执法......39
兽药执法......39
饲料和饲料添加剂执法......39
渔业执法......40
农产品质量安全执法......40
生鲜乳整治......40
调解农业投入品使用纠纷......40

工　业

概况......41
重庆鼎发实业股份有限公司......41
重庆富源化工股份有限公司......41
葛洲坝易普力重庆力能民爆股份有限公司......42
重庆辉虎催化剂有限公司......42

重庆市佳佳乳业有限责任公司......42
重庆捷力轮毂制造有限公司......42
重庆兴发金冠化工有限公司......43
重庆中昆铝业有限公司......43
重庆垫江工业园区......43

商贸·旅游

概况......44
商贸设施建设......44
会展活动......44
公共品牌建设......44
电子商务发展......44
粮安工程实施......44
供销商业......45
概况......45
农资经营服务......45
农村电子商务发展......45
基层组织体系建设......45
农村金融服务......45
流通服务......45
旅游......45
概况......45
旅游资源......46
旅游开发......46
旅游景区......47
旅游节事......47
旅游假日接待......47
旅行社......47
旅游饭店......47
旅游定点餐饮点......47
旅游行业管理......47

交通·城乡建设

交通运输......48
概况......48
重点项目建设......48
农村公路建设......48
公路养护管理......48
交通综合执法......48
道路运输......49
公路建设质量监督......49
组织应急演练......49
站场设施建设......49
乡镇渡口与船舶......49
安全生产......49
扶贫攻坚......49
信访工作......49
党风廉政建设......49
伟业汽修第三次获“全国汽车维修行业诚信企业”称号......50
城乡建设......50
概况......50
城乡规划......50
概况......50
多规合一......50
城乡总体规划......50
镇乡规划......51
城市设计......51
村规划......51
行政许可......51
城市建设......51
重点项目建设......51
东部新区开发建设......51
三合湖公园建设......52
民生项目建设......52
房地产开发......52
城市管理......52
概况......52
市政建设......52
市政管理......53
园林绿化......54
乡镇村建设......55
小城镇建设......55
改善农村人居环境......55

农村危房改造……55
建筑业……55
概况……55
房屋管理……56
房地产市场管理……56
房屋安全管理……56
房屋征收管理……56
物业管理……56
住房保障……56
公房管理……56
不动产登记……56

金融·财税

金融……57
概况……57
银行类金融机构……57
保险类金融机构……59
西南证券股份有限公司重庆垫江证券营业部……61
重庆市垫江县兴农融资担保有限公司……62
财政……62
概况……62
财政改革……62
财政收支……62
财政管理……62
保重点产业发展……63
债务风险管控……63
国税……64
概况……64
税收收入……64
税收法治……64
税收政策落实……64
税收改革……64
纳税服务……65
税务稽查……65
地税……65
概况……65
税费收入……66
税收法治……66
税收征管……66
税收优惠……66
纳税服务……66

经济监督管理

计划……67
概况……67
参谋辅政……67
项目管理……67
改革开放……68
年度计划执行……68
固定资产投资……68
“三去一降一补”改革……68
民生实事……68
经济运行监测……69
国有资产管理……69
概况……69
国资国企改革……69
财务监管……69
企业经营业绩考核……69
支持企业和县域经济发展……69
国土资源管理……69
概况……69
土地规划调整……70
土地征收……70
用地审批……70
土地资产管理……70
耕地保护……70
土地整治复垦……70
国有土地供应……71
地籍管理……71
地质灾害防治……71
矿产资源管理……71
审计……72
概况……72
国家重大政策措施贯彻落实跟踪审计……72

财政（预算执行）审计......72
固定资产投资审计......72
经济责任审计......72
专项资金审计（调查）......72
信息化建设......73
内部审计......73
统计......73
概况......73
统计服务......73
统计宣传......74
统计法制......74
社情民意调查......74
第三次全国农业普查......74
价格管理......74
概况......74
价格改革......74
价格服务......74
价格监管......74
农本监测......75
工商行政管理......75
概况......75
商事制度改革......75
微型企业发展......76
商标监督管理......76
消费者权益保护......76
电子商务监管......76
市场监管......76
执法办案......77
食品药品监督管理......77
概况......77
食品安全监管......77
药品安全监管......78
质量技术监督管理......79
概况......79
实施质量强县和名牌战略......80
维护产品质量安全......80
计量监督管理......80
特种设备安全监察......80
劳动管理......81
概况......81
安全生产监督管理......81
概况......81
安全生产监督管理会议......81
安全风险控制......82
企业主体责任落实......82
安全督查考核......82
安全生产监管能力提升......82

党政群团

中共垫江县委......83
概况......83
十四届二次全委会......83
推进经济建设......83
推进社会文化事业建设......83
促进生态文明建设......84
推进政治建设和党的建设......84
纪检监察......85
概况......85
学习贯彻党的十九大精神......85
县纪委全体会议......85
深化国家监察体制改革人员转隶干部大会......85
全面从严治党“两个责任”落实......85
作风建设......86
群众身边的不正之风和腐败问题整治......86
案件查处......86
信访举报工作......87
党风廉政建设宣传教育......87
执纪监督与执纪审查分设改革试点......87
深化国家监察体制改革......87
纪检监察队伍自身建设......88
组织工作......88
概况......88
开展“两学一做”学习教育暨“思想再解放、作风大转变”主题活动......88

干部队伍建设......88
干部管理监督......89
干部考核......89
干部教育培训......89
人才工作......89
基层组织建设......90
非公党建工作......91
党员教育管理......91
组织部门自身建设......92
宣传思想工作......92
概况......92
理论学习与调研......92
形势政策宣传......92
新闻宣传......92
对外宣传......93
统一战线工作......93
概况......93
促进非公有制经济“两个健康”......93
维护民宗台侨领域和谐稳定......94
党外代表人士建设......94
基督教堂主体竣工......94
民族团结进步示范单位创建......94
党外代表人士队伍建设......95
老干部工作......95
概况......95
老干部政治待遇......95
老干部生活待遇......95
老干部活动......95
老干部作用发挥......96
老干部工作拓展......96
四就近工作......96
机关事务管理......96
概况......96
房屋资产管理......96
县级公务接待......97
公务用车管理......97
公共机构节能管理......97
机关后勤保障......97
人民代表大会......98
概况......98
垫江县第十七届人民代表大会第一次会议......98
重大事项决议决定......98
选举和任免工作......98
监督工作......98
代表工作......99
自身建设......99
垫江县人民政府......99
概况......99
2016年县政府全体会议......100
2017年县政府全体会议......100
县政府常务会议......100
产业发展......101
城乡面貌改善......101
生态文明建设......101
改革开放创新......101
民生事业发展......101
信访工作......102
概况......102
领导干部接访下访群众......102
信访体制机制建设......102
政协垫江县委员会......102
概况......102
委员概况......102
政协垫江县第十届委员会第一次会议......102
政协垫江县第十届委员会常务委员会......103
政治协商......103
民主监督......104
参政议政......104
提案工作......104
社情民意工作......105
对外宣传和交流......105
自身建设......105
人事工作......106
概况......106
公务员管理......106

专业技术人才管理……106
军转干部和大中专毕业生就业管理……106
人员工资与职工福利管理……106
人事管理与服务……106
离退休人员干部……107
机构编制管理……107
概况……107
城市管理体制改革……107
县民宗办机构设置……107
行政许可权力清单动态调整……107
行政许可标准化……107
控编减编……107
事业单位登记管理规范化建设……108
2017 年全县机构设置……108
民主党派……109
概况……109
民主协商……109
民主监督……109

社会团体

总工会……110
概况……110
干部提质……110
基层工会建设……110
服务阵地建设……110
工作品牌提升……110
共青团……111
概况……111
共青团改革……112
队伍建设……112
青少年思想政治建设……112
网上共青团工作……113
青年创新创业……113
青年志愿服务……113
中学共青团和少先队改革……113
困境青少年帮扶……113
妇女联合会……114
概况……114
垫江县妇女联合会第十五次妇女代表大会……114
宣传教育……114
维权帮扶……114
“巾帼建功”“巾帼兴业”“巾帼促农”行动……115
妇女儿童合法权益保护……115
纲要（规划）实施……115
儿童之家建设……115
“爱我家乡 康养垫江”羽毛球赛……115
工商联（总商会）……115
概况……115
执委会议……116
百名学生获县工商联“金秋行动•光彩助学”爱心捐款……116
“扶贫日”募捐……116
基层商会融资工作座谈会召开……116
企业战略发展咨询培训……117
启动“法律服务专员”工作……117
“六位一体”商会管理服务平台建立……117
“乡村振兴”战略……118
县工商联界别政协委员视察康养产业……118
商会会长交流会……118
全国“五好”县级工商联创建……118
科学技术协会……119
概况……119
县科协第五次代表大会召开……119
科协基层组织建设……119
科技工作者队伍……119
科普阵地建设……119
基层科普行动计划……119
青少年科技创新……119
科学素质行动……120
科普活动……120
召开“全国首个科技工作者日”座谈会……120
残疾人联合会……120

概况……120
县委、县政府出台《关于进一步促进残疾人事业发展的意见》……120
残联换届选举……120
社会保障……121
康复服务……121
残疾人就业工作……121
特殊教育……121
宣传文体……121
维权信访……122
星级助残志愿者服务工作……122
城乡社区残协会员实名制工作……122
残疾人服务体系建设……122
残疾人信访代理工作……122
归国华侨联合会……122
概况……122
垫江县第五次侨代会召开……123
红十字会……123
概况……123
换届履新……123
基层组织建设……123
救灾备灾……123
脱贫攻坚……124
救护培训……124
三献工作……124
志愿服务……124
博爱家园建设……124
文学艺术界联合会……124
概况……124
垫江县文学艺术界联合会成立大会……124
十九大精神“六进”文艺宣传……124
作家协会工作概况……125
书法家协会工作概况……125
美术家协会工作概况……125
音乐家协会工作概况……125
舞蹈家协会工作概况……125
摄影家协会工作概况……125
艺术摄影家学会工作概况……126
戏曲协会工作概况……126
西沤画院工作概况……126
诗词楹联学会工作概况……126
职工书画协会工作概况……126

法治

政法委及综治……127
概况……127
社会治安综合治理……127
维护社会稳定……128
政法队伍建设……128
推进改革和法治建设……128
公安……128
概况……128
队伍建设……129
维稳工作……129
十九大安保……129
“渝安2号”专项行动……129
执法规范化建设……130
道路交通管理……130
消防管理……130
大数据建设……130
警务辅助人员管理……130
最多跑一次改革……130
服务发展……131
检察……131
概况……131
侦查监督……131
公诉……131
未成年刑事检察……131
职务犯罪侦查……131
刑事执行检察……131
民事行政检察……132
控告申诉检察……132
综合业务管理……132
驻坪山、高安、澄溪检察室工作……132
法院……132

概况……132
刑事审判……132
民事审判……132
商事审判……132
行政审判……133
执行工作……133
司法改革……133
队伍建设……133
司法行政……133
概况……133
法治宣传教育……133
人民调解……134
法律服务……134
社区矫正和安置帮教……134
三基建设……134
仲裁……134

社会事业

文化……135
概况……135
文化馆……135
图书馆……135
垫江县电影发行放映有限公司……135
垫江县文化娱乐有限公司……135
重庆新华传媒有限公司垫江新华书店……135
文化遗产保护……136
主要文化活动……136
央视 2017《星光大道》重庆选手垫江赛区总决赛……138
垫江县市级非遗项目入展第二届重庆非遗博览会……138
第三届垫江牡丹诗会……138
《垫江文化》出刊……138
垫江县举办“名家进校园”读者见面会……138
文化产业……138
文化市场管理……138
档案……138
档案接收利用……138
档案宣传与执法……138
档案信息化……139
业务指导与重大投资项目验收……139
县国家综合档案馆新馆建设……139
重点档案保护……139
地方史志……139
党史研究……139
地方志……139
科学技术……139
概况……139
创新主体培育……140
创新能力建设……140
科技计划项目实施……140
创新创业支持……140
科技成果转化……140
科技交流合作……140
科技助力脱贫……140
科技宣传培训……140
卫生和计划生育……141
概况……141
卫生计生机构……141
服务能力……141
综合改革……141
基本公共卫生服务……142
妇幼卫生……142
疾病预防与控制……143
中医药改革……143
医养结合……143
计划生育……143
健康扶贫……143
民生实事……144
卫生法制与监督……144
社会保障……144
概况……144
人民生活……145
社会管理……145

概况……145
基层自治组织建设……145
优抚安置……145
社会福利……146
社会救助……146
社会行政管理……147
气象事业……147
气象观测场迁址……147
气候与农业……147
气象防灾减灾……147
防雷减灾体制改革……147
体育……147
体育设施……147
垫江县全民健身中心竣工……148
社区健身点和健身广场建设……148
垫江县青少年儿童体育学校……148
垫江县篮球协会成立……148
垫江县足球协会成立暨2017—2018年度“体彩杯”八人制足球联赛开幕……148
垫江县第四届运动会……148
承办“云动重庆杯”重庆市第二届篮球联赛……149
体育活动……149
参加市级竞赛……150
体育彩票……151

街道　乡镇

桂阳街道……153
概况……153
经济发展……153
社会发展……153
桂溪街道……153
概况……153
经济发展……154
社会发展……154
文化路棚户区征地拆迁启动……155
天宝寨森林公园二期工程启动……155
棚户区石岭片区一期工程启动……155
棚户区陈家街片区一期改造项目拆迁启动……155
文化西路二期拆迁完成……155
东部新区“两路”项目征地拆迁启动……155
新民镇……156
概况……156
经济发展……156
社会发展……157
获评“重庆最美特色小镇”……157
获评重庆市级商贸强镇……157
沙坪镇……157
概况……157
经济发展……157
社会发展……158
曹回镇……158
概况……158
经济发展……159
社会发展……159
“牡丹鲜花饼”投放市场……160
重庆糕美糕食品有限公司与西南大学食品科学学院签订校企战略合作协议……160
周嘉镇……160
概况……160
经济发展……160
社会发展……160
“康养周嘉　清洁家园”……161
“心拥碧水，垂钓龙溪”垂钓节……161
普顺镇……161
概况……161
经济发展……162
社会发展……162
永安镇……162
概况……162
经济发展……163
社会发展……163
高安镇……164
概况……164

经济发展……164
社会发展……164
开展“康养高安•清洁家园”行动……165
保护母亲河行动……165
创建全国特色小镇……165
长龙镇……165
概况……165
经济发展……166
社会发展……166
实验中学朝阳校区建设竣工……166
长黄永路长龙至黄沙段建成通车……166
蒋渡线改线工程长龙段竣工……166
垫江县气象观测站建成……166
首届农民运动会举办……166
杠家镇……167
概况……167
经济发展……167
社会发展……167
澄溪镇……168
概况……168
经济发展……168
社会发展……168
驾考中心建成开考……168
文化广场和步行街升级改造竣工……169
G243 公路一期工程竣工……169
太平镇……169
概况……169
经济发展……169
社会发展……170
引进百香果农业项目……170
9•18 洪灾……170
反恐怖倡议签名活动……170
五洞镇……170
概况……170
经济发展……171
社会发展……171
高峰镇……171
概况……171
经济发展……172
社会发展……172
万亩生态农业园建设……172
黄沙镇……172
概况……172
经济发展……173
社会发展……173
鹤游镇……174
概况……174
经济发展……174
社会发展……174
场镇升级改造……174
盐井溪水库周边生态农业旅游观光园建设……174
砚台镇……175
概况……175
经济发展……175
社会发展……175
白家镇……176
概况……176
经济发展……176
社会发展……176
包家镇……177
概况……177
经济发展……177
社会发展……177
包家高兴红砖厂发生安全生产事故……178
坪山镇……178
概况……178
经济发展……178
社会发展……178
回龙休闲广场动工……179
垫江县鹏达畜禽养殖有限公司落户坪山……179
坪山镇被认定为全国一村一品示范村镇……179
坪山镇被命名为市级乡镇商贸综合服务中心……179

新风村入选重庆市首批历史文化名村.....179
三溪镇......179
概况......179
经济发展......180
社会发展......180
移民避险解困......180
裴兴镇......180
概况......180
经济发展......181
社会发展......181
永平镇......181
概况......181
经济发展......182
社会发展......182
创建县级柚香人家商业街......182
启动重庆丹劲酒业公司技改......182
城镇风貌改善......183
沙河乡......183
概况......183
经济发展......183
社会发展......183
大石乡......184
概况......184
经济发展......184
社会发展......184

光荣榜

2017 年各级劳动模范及“五一”奖章获得者名录......186
重庆市第五届劳动模范......186
重庆市第五届先进工作者......186
重庆市五一劳动奖章......186
2017 年妇联系统各类先进获奖名录......186
1.全国巾帼文明岗......186
2.全国三八红旗集体......186
3.全国最美家庭......186
4.重庆市三八红旗集体......186
5.重庆市三八红旗手......186
6.重庆市巾帼文明岗......186
7.重庆市巾帼建功标兵......186
8.重庆市优秀巾帼志愿者......186
9.重庆市巾帼创业创新导师团导师......186
10.重庆市巾帼家庭农场示范点......186
11.重庆市最美家庭......186
12.重庆市第七届妇女之友......186
13.重庆市优秀妇女之家......186
14.重庆市实施“两纲两规”先进集体......186
15.重庆市实施“两纲两规”先进个人......186
16.重庆市儿童工作资源中心 2017 年度优秀园长......186

附录

垫江县人民政府工作报告......189
2017 年垫江县国民经济和社会发展统计公报......203
2017 年垫江县重要文件目录......209

垫江概况

建置沿革

【概况】 古垫江地域处四川盆地东部长江之阳的平行山岭间，新石器时期已有先人在此繁衍生息。禹贡时，属梁州地。商周到战国时期属巴国，秦属巴郡朐䏰县。西汉，属临江县。东汉末，全境由常安县或临江县辖，属巴郡。晋泰始二年（266年），属巴郡临江县地。

西魏恭帝三年（556年），析临江县地置垫江县，属邻州，治所今桂溪镇。

北周孝闵帝元年（557年），省邻州入渠州，垫江县属渠州容川郡。天和二年（567年），改垫江县名魏安县。

隋开皇三年（583年），罢容川郡，魏安县直隶渠州。开皇十八年（598年），魏安县复名垫江县。大业三年（607年），罢渠州改置宕渠郡，垫江县属之。

唐武德元年（618年），垫江县改属邻州。次年，析临江县地置清水县，属临州，治所今垫江县高安镇。武德八年（625年），邻州废，垫江县属临州。贞观八年（634年），改临州为忠州，垫江县、清水县属之。天宝元年（742年），忠州改为南宾郡，清水县改名桂溪县，垫江、桂溪两县属南宾郡。乾元元年（758年），复改南宾郡为忠州，垫江、桂溪两县属之。

五代前蜀，于州外置军，忠州置镇江军，后蜀改名宁西军，垫江、桂溪两县属之。

宋乾德三年（965年），垫江、桂溪两县属夔州路忠州。熙宁五年（1072年），省桂溪县入垫江县。熙宁九年（1076年），垫江县属梁山军。元祐元年（1086年），垫江县属忠州。南宋咸淳元年（1265年），忠州改咸淳府，垫江县属之。

元至元二十一年（1284年），省垫江县入丰都县（属重庆路忠州），在垫江置临江巡检司。至正二十三年（1363年），农民起义军首领明玉珍据蜀称帝，在重庆建立大夏国，复置垫江县，属重庆府忠州。

明万历年间（1573—1620年），置顺庆分府，垫江县由顺庆分府辖。

清雍正十二年（1734年），忠州升为直隶州，垫江县由其所辖。乾隆四十九年（1784年），复置顺庆分府，垫江县由顺庆分府辖。嘉庆五年（1800年），分府撤销，垫江属忠州直隶州。

1912年中华民国建立后，垫江县属四川省东川道。1935年，属四川省第十行政督察区。

1949年10月1日新中国成立后，垫江县属川东区行政公署大竹专区。1953年3月，大竹专区撤销，垫江县属涪陵专区。1968年，属涪陵地区，1995年12月，属涪陵市。1997年6月18日，重庆市直辖。同年12月，垫江县属重庆市辖。

政　区

【地理位置】 垫江县地处重庆市中部，位于北纬29°58′38″～30°31′6″，东经107°13′1″～107°40′10″，东邻丰都县、忠县，南连涪陵区、长寿区，西靠四川省大竹县、邻水县，北接梁平县。全县境域是：县城往东31千米（公路里程，下同）至雷打石与忠县交界，偏南37千米至七郎土地与丰都县交界，往南50千米至凉水井与涪陵区交界，西南43.52千米至沙石堡、偏西17千米至土桥与长寿区交界，往西27千米至高树坪与邻水县交界，偏北24千米至碑垭口与大竹县交界，往北21千米至马南坝、偏东35.5千米至破石缸与梁平县交界。东西宽36.3千米，南北长60.4千米，幅员1509平方千米。

【行政区划】 2017年末，全县辖桂溪、桂阳2个街道，新民、沙坪、曹回、周嘉、普顺、永安、高安、长龙、杠家、澄溪、太平、五洞、高峰、黄沙、鹤游、砚台、白家、包家、坪山、三溪、裴兴、永平22个镇，沙河、大石2个乡。

【人口】 2017年末，全县常住人口69.06万人，比上年增加0.23万人。常住人口城镇化率44.77%，比上年提高1.68个百分点。年末户籍总人口97.14万人。其中：城镇人口40.72万人，乡村人口56.42万人。全年城镇人口迁出10510人，迁入6684人。全年人口出生率12.3‰，死亡率12.1‰，人口自然增长率0.2‰（户籍）。全县户籍出生婴儿性别比为108∶100（以女性为100，男性对女性比例）。

【宗教】 垫江县宗教有佛教、基督教和天主教。佛教于唐高祖武德年间传入垫江。1998年2月，垫江县佛教协会恢复成立。2017年，垫江有佛教皈依信徒4600余人，虔诚信徒约10000人，朝山拜佛约10万人次。佛教活动场所有报恩寺、太平寺、玉皇观念佛堂、天子殿念佛堂、爱国寺念佛堂、宝鼎寺、七圣庙念佛堂、月江寺。

基督教于1915年由梁平县传入垫江。1982年，垫江基督教人士召开座谈会，恢复成立基督教三自爱国会。2017年，垫江县基督教会有信徒7000人（包括真耶稣教派）。

天主教于清光绪年间（1875-1908年）传入垫江。1984年，恢复成立“四川垫江县天主教爱国会”。2017年，垫江天主教有神职人员2名，教友4000余人，听友近1000人。

自然环境

【地质】 垫江县地处重庆市东北部，地质构造属新华夏体系第三沉降带四川盆地东缘川东弧群高陡褶皱区。境内地质构造由多次构造运动叠加形成，发育着不同期褶皱和断裂。构造形态分为华蓥山隆褶和垫江坳褶2个互带，背斜走向由北北东向南南西呈线形高梳状排列。

明月峡背斜 轴经大竹、梁平与垫江县接壤地大垭口进入县境，沿西南向经东印、大通、王家沟等地县境西缘一带进入长寿，长37.5千米。轴迹经过东印形成开阔背斜轴部，岩层出露为嘉陵江组石灰岩，向南西至大通轴部狭窄尖棱，地层为雷口坡组。构造形态不对称，北西翼倾角10°～30°，南东翼倾角80°～90°，在海拔550米段岩层常发生倒转，向北西倾角70°～60°。沿轴部正逆断层和节理裂隙场较发育，较大的双河口内槽，则为沿倾斜滑动断层，长6～7千米，形成顺走向断裂“V”形谷。

垫梁向斜 轴迹由梁平经复兴场乡西北角入境。轴向南西215°伸向桂溪镇长大村，受卧龙河背斜隆褶影响，向西北转折230°至桂溪镇群山村复为215°，经澄溪镇群英村进入长寿，长42千米。轴线扭折，略呈摇手柄形，两翼倾角3°～15°，地层为遂宁组。

黄泥塘背斜 轴经忠县、梁平与垫江县接壤地凉风垭进入县境后，沿东北向西南和忠县毗邻地至天子口入境，向西偏移经曲尾、水口山逐渐倾伏，余向南东偏转至界尺场倾没，长24千米。构造形态不对称，南东翼倾角70°～90°，地层为遂宁组，北西翼倾角30°～40°，地层为雷口坡组。沿轴部走向断层和翼部斜交断层发育，较大的大垭口逆冲断层长36千米，延至宝顶山，北西倾角70°～80°。

高峰向斜 轴起福安乡新滩村，经高峰乡向南西210°至汪家乡跃进水库倾没，长17千米。沿轴线呈弧形凸向西，两翼不对称，北西翼倾角8°～15°，南东翼倾角4°～13°，地层为冲积土。轴部平缓开阔，高滩河蜿蜒曲绕切割向斜轴部岩层。

苟家场背斜 轴经丰都梁山礅进入县境，沿西南向到三溪乡寨子垭口逐渐开阔，至箐口乡龙洞沟进入涪陵，长37千米，又名箐口场背斜。构造形态不对称，南东翼倾角60°～90°，局部段有倒转现象，北西翼倾角 35° ～55° ，为狭长高陡梳状褶皱，地层为嘉陵江组。沿轴部大小正逆断层发育，形成比较开阔的上坝、中坝和下坝以及箐口小坝等地形。

拔山寺向斜　轴迹由忠县拔山寺山凹起至大石乡洞村进入县境，轴向由东北向南西 210° ～215° 经大石乡、坪山镇到绿柏乡静峰村进入长寿，长 36 千米。轴部平缓开阔，南端与高峰向斜合并，形成鹤游坪台地，地层为蓬莱镇组。

卧龙河背斜　是川东高陡褶皱带中的次一级年轻构造。由长龙寨沿北东 30° 。向西南逐渐往上隆褶，至黄沙乡姜家垭口形成低山区，到五洞乡帽合寨，望月乡大梨山是背斜脊线最高点，经砚台镇上游村进入长寿，长 23 千米。构造形态不对称，北西翼倾角 60° ～80° ，南东翼倾角 45° ～55° ，近于箱状，与主构造平行或雁列。地层为下沙溪庙组和新田沟组及珍珠冲组，是一个封闭较好气，油构造带。

境内地层发育较为齐全，除泥盆系、白垩系缺失外，从寒武系洗像群起，经奥陶系、志留系、石炭系、二叠系、三叠系、侏罗系到第四系更新统均有沉积，背斜地层出露以中生界三叠系嘉陵江组最老。

三叠系（T）　嘉陵江组（T1j）　为丰咸化陆缘浅海相碳酸盐和蒸发沉积，厚 425～591 米。岩性一般分为五段：一、三段以泥晶灰岩、微晶灰岩、夹面粒亮晶灰岩为主。二、四段以白云岩、石膏和白云质灰岩为主。五段以灰、深灰色石灰岩、灰色白云岩和盐溶角砾状灰岩为主，组成较完整沉积韵律，形成山峰。主要分布在明月峡背斜北段和苟家场背斜轴部。

雷口坡组（T21）　为咸化浅海相和闭塞盐湖相碳酸盐沉积，厚 175～350 米。岩性自上而下可分三段：三段以灰、深灰色灰岩、泥质灰岩为主。二段为灰色泥灰岩与钙质泥岩互层。一段为灰、黄灰色白云质灰岩、白云岩夹盐角砾岩。分布在明月峡背斜、黄泥塘及苟家场背斜轴部，易风化形成凹地，谷称内槽。

须家河组（T3xj）　为一套韵律较强的陆相湖泊沉积，厚 350～400 米。岩性可分上下亚组：上亚组为灰、黄灰白色长石、石英砂岩、深灰色、黑色泥岩、砂质泥岩夹粉砂岩、页岩、薄煤层和似层状结核状菱铁矿；下亚组以黄灰、浅灰色长石、石英砂石、深灰黑色砂质泥岩为主。分布在各背斜轴两翼，构成锯齿状山峰。

侏罗系（J）　珍珠冲组（Jl2）　为陆相沼泽沉积，厚 188～232 米。岩性为黄绿、黑色泥岩、页岩夹黄绿色石英砂岩、粉砂央，中部页岩风化成土陶粘土，下部夹岩质页岩、砾岩和赤铁矿结核，与须家河组呈假整合接触。分布于背斜山麓，但卧龙河背斜未出露。

自流井组（J1—2Z）　为静水浅湖相沉积，厚 510～535 米。岩性可分为四段：凉高山段，上部为灰黄绿色泥岩、砂质泥岩、夹泥质粉砂石，中下部为黑灰、黄绿色页岩夹石英砂岩及介壳灰岩。大安寨段，为灰、深灰色结晶灰岩夹灰黑色页岩及紫红色泥岩，向东南灰岩变薄，且被灰黄色细砂岩代替。马鞍山段，上部为紫红色泥岩夹粉砂岩、泥质粉砂岩，下部为黄绿色泥岩、页岩夹粉砂岩，易风化呈凹地。东岳庙段，上部为深灰、黄绿色页岩，含介形类及叶肢介化石，下部为黑色页岩夹介壳灰岩，底为粉砂岩，顶为黑色灰岩，风化后形成岗垭。分布在背斜两翼半山间鞍部、卧龙河背斜轴部。

新田沟组（J2X）　为浅水滨湖相沉积，厚 263～359 米。岩性以深灰、灰黑、灰绿、灰黄色粉砂质页岩、杂色粉砂质泥岩为主，夹石英砂岩、粉砂岩、长石砂岩、含钙质结核。分布在苟家场背斜轴部的裴兴镇一带。

下沙溪庙组（J2X2）　为滨湖和湖相砂、泥岩沉积，厚 269～465 米。岩性为紫红色泥岩、青灰、黄灰色长石砂岩不等厚互层，夹钙质结核，顶部为黄绿色叶肢介页岩，含瓣鳃类及叶肢介化石。分布在明月峡背斜低山一带和黄泥塘背斜两翼山麓及倾伏端、苟家场背斜两翼山麓、卧龙河背斜两翼低山区。

上沙溪庙组（J2S）　为河湖相砂、泥岩沉积，厚 1482～1719 米，岩性为紫红、棕红色泥岩、砂质岩与紫灰、浅灰绿色长石砂岩不等厚互层，夹杂色砂岩及粉砂岩。泥岩颜色较暗，含较多钙质团块，砂岩含长石较多，质软。分布于垫梁向斜两翼，沿公路一线及高滩河沿岸，并以高峰向斜为中心从包家乡到普顺乡一带、卧龙河背斜两翼澄溪镇之南到长龙乡一带、荀家场背斜两翼白家镇南部至裴兴镇西部一带。

遂宁组（J3S） 为浅水河湖相沉积，厚 337～674 米。岩性以中红色泥岩、钙质粉砂岩、泥质粉砂岩、粉砂岩为主，颜色鲜艳，普遍含钙质，时夹石膏小薄片。分布在垫梁向斜、高峰向斜轴部及拔山寺向斜翼部地带。

蓬莱镇组（J3P） 为干燥气化环境下浅水河湖相砂、泥岩沉积，厚 500～600 米。岩性为紫红、棕红色泥岩、粉砂岩和灰白、灰绿色、灰紫色细砂岩及长石、石英砂岩互层。分布于拔山寺向斜轴部，尤以鹤游坪、大石、沙河乡一带更显著。

第四系（Q） 属冲积土（Q），为各类岩层被风化剥蚀后，经过河流搬运沉积于现代地貌的谷地、凹陷带、河沿两带，以全新统为主，更新统尚沉积，厚 469～677 米。岩性多为浅黄灰色砂、泥和白色砂质粘土，以及各类砾石互层。分布甚广，覆盖于侏罗系谷地、坝区及河流沿岸。

【地貌】 垫江地处四川盆地东部平行岭谷区，地貌受三叠纪末期印支运动，特别是第三纪末期喜马拉雅造山运动影响发育而成，具有背斜成山、向斜成槽地貌特征，是典型丘陵县。境内东西山岭耸峙，切割成谷，千米山峰屹立，山间槽地交错。中部向斜开阔，丘陵绵亘起伏。龙溪河顺向斜纵贯全境，一系列溪河小冲积坝镶嵌其间。最高海拔 1183 米，最低海拔 320 米，全境地势北高南低。

县境地貌成因比较复杂，从结构和组合到看以构造地貌为主，背斜轴翼为山，向斜轴翼大部为丘，按高程大致分为边缘局部中低山区、西南局部及边缘低山区、中部丘陵河谷区 3 个部分。

县境地貌因受地质构造影响，形成山峰起伏、丘陵连绵、河溪交汇地貌形态，划分为 5 个类型。

山地 主要分布在境内东西边缘和西南局部地带，海拔 500 米以上，面积 215.28 平方千米，占全县总面积的 14.18%。其中：中山（海拔 1000 米以上），主要分布在明月山及精华山局部点，呈断链状孤峰，面积 4.24 平方千米，占全县总面积的 0.28%。低山（海拔 500～1000 米），主要分布在东部、西部和西南部一部分，面积 211.04 平方千米，占全县总面积的 13.90%。

台地 分布在鹤游坪和大石乡一带，面积 75.82 平方千米，占全县总面积的 4.99%，台面自北西斜向南东，由浅丘与坳坝相间组成。台坎相对高差西北 120～160 米，东南 80～120 米，坡度 12～20 度。

深丘 主要分布在南部台地和山地周围，海拔 400～500 米，面积 220.74 平方千米，占全县总面积的 14.54%。顶部浑圆，常有山谷相间，相对高差多在 60～120 米之间，坡度在 25 度以上，在南部常与附近台地相连，有的则是台地延伸部分，相对高差 30～50 米，坡度 25 度以下。

浅丘及平坝 主要分布在河流两岸和坡沟之间，以坳沟为主，海拔一般在 400 米以下，面积 924.69 平方千米，占全县总面积的 60.90%。其中：浅丘，分布在平坝与深丘之间，面积 461.82 平方千米，占全县总面积的 30.42%，丘体多呈馒头状和台坎状，顺岩层倾斜面坡长而缓，逆岩层倾斜面坡短而陡，相对高差 20～50 米，坡度 7～15 度。平坝，分布在河流两岸一带，面积 462.87 平方千米，占全县总面积的 30.48%，呈条带状和椭圆形展布，相对高差 0～15 米，坡度 0～6 度。

湖间孤丘 在长寿湖库尾区，水枯为陆，水涨则成 30 余个孤岛，散布于湖泊间，大小不一，形状各异。

【山脉】 县内山脉源于华蓥山、武陵山系边缘和大巴山系余脉，为境内明月山、精华山和黄草山等，大致呈东北、南西平行向条状排列。山顶多为圆顶和尖顶，少数平顶。山间以冲沟、深谷形成小溪，有较丰富的自然景观。清乾隆《垫江县志》

称："群山环绕，道路纡回。"现按统一称谓，分为 4 座山。

明月山 位于县域西部，又名西山。呈条状山脉，纵贯沙坪、新民、桂溪、太平、澄溪等镇，北南延伸 40 千米，山脊分水为垫江与四川省大竹县、邻水县界。旧志载："连峰叠嶂，为县治祖龙。"山体东陡西缓，山岭分 2 条顺向排列，东岭名外山，西岭名内山，两脊相对高差 200～300 米，相距约 1000 米，称内槽。峰顶山峭拔雄奇，1960 年修建有 20 米高护林瞭望楼，可观邻近几县。山间有石人山、益字山和罗王洞、凌云洞、老龙洞、白龙洞等形态各异的奇观异景。主要山峰：峰顶山（海拔 1183 米，位于新民镇）、东印寺（海拔 1030 米，位于沙坪镇）、四块石（海拔 1120 米，位于桂溪镇）、垭角山（海拔 1066 米，位于桂溪镇）、九道拐（海拔 1000 米，位于太平镇）、鸡公岭（海拔 946 米，位于澄溪镇）。

精华山 位于县域东部，又名东山。山脊由北东向南斜跨普顺、永安、高安等镇进入杠家镇龙泉村逐渐倾没为丘陵，长 30 千米。旧志称："远望若云屏。"著名的宝顶，又名鸣凤山，山顶笔立，曾有诗云："背据绝岸千仞峻，面临迥野万家攒。翻身直欲骑猴鹤，放眼频教落孟冠。"庙宇层出（已毁）。山顶有唐代建的八角亭，内有清乾隆年间铸的"皇图永固"直径 2 米、高 4 米大钟一口，钟声传至数十里。山腰陡壁，名舍身岩，攀藤而下有一岩洞，高 3 米，宽 1 米，可观日出奇景，传说为雷祖和尚、大智和尚得道飞身之处。附近有一天然水池，名南京堂，清澈见底，大旱不涸。主要山峰：石龙寨（海拔 1020 米，位于普顺镇）、金华山（海拔 1164 米，位于普顺镇）、插旗山（海拔 1084 米，位于永安镇）、天子口（海拔 1036 米，位于永安镇）、宝顶（海拔 1036 米，位于高安镇）。

黄草山 位于县域东南部，又名箐口山。斜跨三溪、裴兴镇，长 20 千米，峰峦独峙，山色秀丽，最高峰凉磉礅，昔日庙宇宏敞，风景宜人，为周围百十里的避暑胜地。山势为东南高、西北低的"两山夹一槽地"。山间碧绿成荫，有泉水汇流成小溪。峡口处有双流入凼，口小底大，形似鼎钟，故名"罄"口。主要山峰：凉磉礅（海拔 1035 米，位于裴兴镇与丰都交界处）、关口山（海拔 850 米，位于三溪乡）、高山寨（海拔 850 米，位于三溪乡）。

大梨山 位于县城西南 13 千米。从五洞镇发脉，斜跨砚台镇，长 13 千米，山脊呈逶迤起伏延伸，山势较舒缓，一般具有坡度较平缓的台面，形成台状低山。与主峰相对峙的山，旧志称"形似犀牛望月"，并以"牛峰望月"列入八景之一。主要山峰：帽合寨（海拔 687 米，位于五洞镇）、望月寺（海拔 668 米，位于砚台镇）、石踏坡（海拔 620 米，位于砚台镇）。

【河流】 垫江地处低山丘陵，境内溪河纵横，沟渠密布。河道按其所归，均属长江水系龙溪河流域。一级河道龙溪河总长 97.2 千米。二级河有大沙河、回龙河、桂溪河、卧龙河、余马河、三汇河、打渔溪等 7 条，总长 190.7 千米。三级河有 33 条，总长 326.4 千米。四级河有 114 条，总长 236.7 千米。河流总长度 753.8 千米，河网密度 0.5 千米/平方千米，径流总量 8.37 亿立方米。

龙溪河 源于明月山东麓梁平县明达镇龙马村文家沟，在梁平县境内称高滩河，至垫江普顺镇新桥村半节桥入境后称龙溪河（原普顺镇半节桥～砚台高洞河段亦称高滩河）。自东北向西南流经境内普顺、周嘉、永安、高安、高峰、五洞、澄溪、砚台、包家等镇，境内河长 97.2 千米，至包家镇绿箭滩入长寿湖，流域面积 1342.6 平方千米，年均流量 14.6 立方米/秒。流域呈芭蕉扇形，河宽 80～150 米，平均比降 0.74‰，落差 61 米。沿河建有磨滩、马头滩、中堡滩、高安、高洞 5 个梯级水电站，装机容量 4444 千瓦，利用落差 52.8 米。主要支流有大沙河、回龙河、桂溪河、长龙河、卧龙河、余马河、打渔溪等，流域面积 100 平方千米以上支流有回龙河、桂溪河、卧龙河、大沙河等 4 条。

回龙河 源于梁平县回龙镇陈家院，在垫江县沙坪镇前进村入境，与萧家河沟、鹞子岩等源流汇集，流经沙坪、曹回、永安 3 镇，在永安镇苏河村三河口注入龙溪河。境内长30.2千米，落差30米。河床呈“V”形，泥沙较厚而细。

桂溪河　源于桂溪镇群山村，流经桂溪、新民、曹回、永安等乡镇，在永安三河口注入龙溪河。全长43.2千米，流域面积达165平方千米，多年平均流量2.62立方米/秒，年径流量0.83亿立方米，平均比降2.57‰，落差740米。河呈叶状，多呈“V”形，河床较窄。

卧龙河　源于桂溪镇十路口村，流经桂溪、太平、澄溪、五洞等乡镇，在澄溪镇高兴村注入龙溪河。全长30.6千米，流域面积117平方千米，多年平均流量1.68立方米/秒，年径流量0.53亿立方米，平均比降4.19‰，落差722米。河呈扇形，河沙为粗、中粒。

大沙河　源于精华山东南麓梁平县铁门乡红岩洞，经忠县在垫江县沙河乡麻柳村入境，自东向西横贯杠家、永平、砚台等镇，在砚台高洞注入龙溪河。流域呈羽毛扇形，境内长52千米，流域面积352平方千米，落差25米。沿河建有剑滩岩、莴麻滩、石宝桥、徐家大桥、枫家林5个梯级乡村小水电站，装机容量211千瓦，利用落差16米。主要支流有5条。

【长寿湖】　长寿湖是“一五”期间国家重点工程龙溪河狮子滩水电站大坝建成后形成的人工淡水湖，水域面积65.5平方千米，库容10亿立方米。境内水域面积7.97平方千米，位于白家镇、三溪镇、包家镇。

气　候

【概况】　垫江县地处重庆市域中部，属亚热带湿润季风气候区，气候温和，雨量充沛，四季分明，大陆性季风气候显著。春早冷暖多变，夏热常有干旱发生，秋凉多有连阴雨，冬冷无严寒。

常年年平均气温17.1℃，最冷月平均气温6.3℃，最热月平均气温27.2℃，历年极端最高气温42.1℃，历年极端最低气温-3.1℃。常年降雨量为1200米米左右，其中：5—9月降雨量800米米左右。常年平均相对湿度81.2%，最小相对湿度11%。年平均无霜期287天。常年日照实数1100小时。年平均风速0.7米/秒，最多风向NE风。年平均蒸发量1000米米左右。年平均雷暴日数为32天。主要气象灾害有雷暴、大风、干旱、暴雨、低温阴雨。

气候条件：气候温和，雨量充沛，四季分明，适宜多种农作物和经济作物生长发育。常见农作物包括烤烟、油菜、花生、玉米、水稻、小麦、红苕、洋芋、焦藕等。比较广泛养殖的畜类有猪、牛、羊、兔、鱼、虾等。

2017年，平均气温17.3℃，较常年偏高0.2℃。各月气温波动大，最冷月平均气温7.5℃，最热月平均气温28.7℃，年极端最高气温为40.4℃，极端最低气温为-0.3℃。年降水量为1352.1毫米，较常年偏多1成，时空分布不均，主汛期（5—9月）降雨量为741.5毫米，秋季严重偏多。年日照时数为1233.7小时，较常年偏多1成。垫江县入春和入秋正常，入夏、入冬偏早。

【主要气象灾害】　2017年，气象灾害总体接近常年，较2016年偏重，主要气象灾害有：暴雨、高温、伏旱、连阴雨、强降温、大雾等。

1. 暴雨：全年共出现8次区域性暴雨天气过程，较常年偏多。其中“5·21暴雨”“9·18大暴雨”“10·3大暴雨”给全县造成一定的灾害。其中：“9·18大暴雨”造成的损失较大，澄溪镇胡家湾站点日降水量达212.3毫米，是有气象记录以来日降雨量最大值。

2. 高温、干旱：全年≥35℃高温日数为35天，集中出现在7—8月，气象干旱发生集中，整体偏轻。

3. 连阴雨：全年共出现4次连阴雨过程，2次强降温天气过程，次数少于常年。秋季连阴雨开始早、结束晚、强度大，初秋雨量偏多、日照偏少。

自然资源

【土地资源】 垫江县土地资源由耕地、园地、林地、城乡建设及工矿用地、交通用地、水域、未利用土地等8个类别构成。2017年，垫江县国土资源和房屋管理局统计结果为：

耕地　农耕地　概查净面积69707.27公顷，占耕地总面积的93.49%。由4个二级类、2个三级类构成。质量好的耕地，主要分布在县境中部浅丘、台地和河谷平坝地区，占耕地总面积的60%左右，质量较差的是东西山内槽及深丘地带，约占耕地面积的40%。

附属耕地　9865.59公顷（田坎、田背坎、土沟、土坎），占总面积的6.51%。

园地　面积522.76公顷（果园56.52公顷、桑园14.40公顷、茶园451.84公顷），占总土地面积0.34%，由4个二级类、3个三级类构成。果园主要分布在黄沙、长龙、新民、桂溪、沙坪、白家等乡（镇）。桑园主要分布在新民、桂溪、曹回、周嘉、普顺、高安、高峰、白家等乡（镇）。茶园集中分布在三溪、永安、沙坪等乡（镇）及国营东印茶场。

林地　面积32682.80公顷（森林12435.69公顷、竹林2645.01公顷、经济林142.54公顷、疏林地701.09公顷、草地16765.13公顷），占总面积的21.57%。其中国有林地3426公顷，占林地总面积的17.94%。林地面积1千公顷以上的有三溪、沙坪、普顺、桂溪、沙河、永安、新民等乡镇。

城乡居民用地及工矿用地　城乡建设用地面积15918.35公顷（城镇306.6公顷、农村9631公顷），占总面积的6.50%，由4个二级类、3个三级类构成。其中街道、建制镇（桂阳街道、桂溪街道、新民镇、沙坪镇、周嘉镇、普顺镇、永安镇、高安镇、高峰镇、五洞镇、太平镇、澄溪镇、坪山镇、鹤游镇）357.64公顷。农村居民点13185.38公顷，其中集镇用地191.84公顷，村庄用地12993.5公顷。

工矿用地179.85公顷，占总面积的0.1%。

交通用地　占地4536.33公顷，占总面积的2.99%。

水域　占地8198.86公顷，占总面积的5.40%。

未利用土地　全县未利用土地25332公顷，占土地总面积的16.78%。

【矿产资源】 境内地质构造简单，矿藏不多，已发现矿产以沉积矿产为主，尤以天然气、石灰石、岩盐藏量较丰富，煤炭、铁矿等具有较高质量，但藏量不富。

煤炭　存在于三叠系须家河组香溪群煤系，全厚450米，分上、中、下煤组，每组仅有一、两线可采，最厚80厘米，薄者几厘米，可采平均厚度常在30～40厘米，为陆植或陆植与腐植的混合煤，属黑色烟煤。经19个矿点勘探，拥有地质储量930余万吨，可采储量近600万吨，分布在澄溪、太平、桂溪、新民、沙坪、普顺、永安、沙河、裴兴、三溪等地沿山一带。2005年尚余地质储量780余万吨，可采储量340余万吨。

天然气　主产于三叠系嘉陵江组，次产于须家河组，在雷口坡组一、二地层还有少量凝析油。按302地层圈定，卧龙河气田长轴34.5千米，短轴5.3千米，构造闭合面积176平方千米，分为深、浅两大气层，总储量约600亿立方米。深层气藏量丰富，井孔多属高压气井，已纳入国家计划采输。浅层气藏量不甚丰富，井孔属低压气井，已由县内开发利用。

铁矿　主存于侏罗系珍珠冲组，次存于三叠系须家河组，属结核状菱铁矿。一般厚度26厘米，含铁量32%。按地质勘查，总储量501万吨，可靠储量410万吨，经多次布点开采后，可采储量21万吨，分布在新胜、碗厂沟、江华山、木耳槽等地带。

岩盐　存在于卧龙河气田构造中，多属气盐共生地带，自喷卤水浓度高，一般有11～16波美度。经钻探了解，从岩盐厚度及稳定性看，可列为大型矿床，总储量达850亿吨，其中卧2井174第二层盐岩为41米，全井共57米。卧5井174第四层岩盐为46米，全井共54米。

石灰石 分布于县内明月山、精华山、黄草山及大梨山等地。其层位以嘉陵江组和雷口坡组为主，地表露出数量约5.8亿吨，年开采量达数百万吨。

石膏 产于三叠系雷口坡组地层，属透镜体矿。层厚60厘米左右，间夹有薄层灰岩，且不稳定，可采储量21.6万吨，分布在太平镇桂林村一带煤层底部，尚未开采利用。

硫磺矿 产于三叠系须家河组，与煤炭共生带，层厚10～30厘米，呈结核矿体，储量约8万吨，矿点在太平镇龙华村。解放前后都曾开采，均因品位虽高，但矿层较薄而停止。

含钾页岩 产于三叠系须家河组地层，分布在明月山和黄草山槽地一带，层厚8～13米，含氧化钾6%～10%，据沙坪、箐口两矿区勘测，储量约30.8万吨。1978年曾布点建厂，惜无工业利用价值停办。

长石英砂岩 产于三叠系须家河组，分布在澄溪镇王家沟、桂溪镇十路口、新民镇双河、沙坪镇萧家河沟等沿山一带，尤以十路口为最好。矿层为白色块中粗梯形长石砂岩，厚2～5米，质松软，是普瓷的主要原料。矿中的石英砂，质坚硬，又是玻璃生产原料。

高岭土 产于侏罗系珍珠冲组，分布在明月山和精华山沟槽地带，储量7500万吨。为土陶生产原料，现多为村组开发利用。

砂石 主产于侏罗系蓬莱镇组，储量丰富，硬度高达300号，层次分明，分布在全县山地、台地和丘陵地带，易于开采。

【水资源】 垫江县水资源总量15.64亿立方米。

一、地表水

2017年，境内平均年地表水量为9.31亿立方米。全县地表水量地区分布不均，总趋势是明月山、精华山、黄草山等低山区地表水量较多，向斜中部地表水量较少。

二、过境水

龙溪河 境内全长14千米，沿县境东南边缘直接注入长寿湖。流域面积1403平方千米，多年平均流量19.69立方米/秒，年径流量6.21亿立方米。

高滩河 境内长82.8千米，流域面积1015平方千米，多年平均流量14.6立方米/秒，年径流量4.59亿立方米，平均比降0.74‰，落差61米。

大沙河 流域面积352平方千米，多年平均流量5.04立方米/秒，年径流量1.59亿立方米，平均比降0.50‰，落差25米。

三、地下水

垫江地下水资源分布较广，类型齐全，可因地制宜地采取多种方式开发利用。总储量为0.6亿立方米，可开采量为0.37亿立方米。以基岩风化裂隙水含量最多，碳酸盐裂隙岩溶水出露面积虽小，但单位面积产量最大。

碳酸盐岩裂隙溶水 分布在明月山、精华山和黄草山一带。含水岩层由三迭系嘉陵江组和雷口坡组两套地层组成，主要岩性为灰岩、白云岩，其次为盐溶角砾岩和页岩等。分布面积115平方千米，储量760万立方米。出露形式为龙洞泉水，年产水量每平方千米6.62万立方米。但受裂隙、岩溶发育条件限制和岩层含水不均衡性的影响，流量随季节性变化，枯丰相差悬殊，大则可达50升/秒，少者不足1升/秒。

碎屑岩层间裂隙水 分布在明月山、精华山和黄草山外山一带。含水岩层由三迭系须家河组和侏罗系珍珠冲组、自流井组、新田沟组四套地层组成，主要岩性为沙岩和泥岩，其次为页岩和煤层。分布面积152.4平方千米，储量480万立方米。出露形式以煤洞泉水为主，水量一般比地面泉水大，年产水量每平方千米3.15万立方米。枯丰流量相对稳定，正常流量0.02立方米/秒，枯水流量0.0414立方米/秒，变化比值为3：2。

基岩风化裂隙水 分布在平坝、丘陵和台地一带。含水岩层由侏罗系沙溪庙组、遂宁组、蓬莱镇组三套地层组成。其中沙溪庙组和蓬莱镇组砂岩风化裂经济日报发育为含水层，泥岩为相对之隔水层。遂宁组中泥岩含沙质成分较高，脆性增强，裂隙发育，钙质易溶解，形成孔隙和空洞，互相连通，利用地下水的富集储存，则泥岩为含水层，砂岩为

相对的隔水层。分布面积 512.2 平方千米，储量 1580 万立方米。出露形式以向上升泉为主，年产水量每平方千米 1.26 万立方米。水量变化比较稳定，变化比值为 2：1。

松散堆积层孔隙水　分布在高滩河、大沙河、桂溪河、回龙河、卧龙河等流域两岸的温滩河阶地。含水层为第四系的疏松冲积物和洪积物，地下水赋存的砂砾卵石层中。分布面积 735.9 平方千米，储量 690 万立方米。主要补水源是大气降水，年产水量每平方千米 0.95 万立方米。旱期水量减少，雨期水量增加，旱雨季相差悬殊。

2017 年垫江县水资源总量

表 1　　单位：亿立方米

典型年	P=20%	P=50%	P=75%	P=95%
当地地表径流量	9.23	6.64	4.82	3.01
过境地表径流量	6.06	4.36	3.17	1.98
地下水	0.6	0.6	0.6	0.6
水资源总量	15.89	11.6	8.59	5.59

【森林资源】　林地总面积 59913.41 公顷，占幅员面积的 39.6%。其中林业部门管理 45582.02 公顷，占幅员面积的 30.1%。非林业部门管理 14331.39 公顷，占幅员面积的 9.5%。森林面积 53378.29 公顷，森林覆盖率 35.3%。其中林业部门管理林地森林面积 42309.59 公顷，森林覆盖率 28.0%。非林业部门管理 11068.70 公顷，森林覆盖率 7.3%。

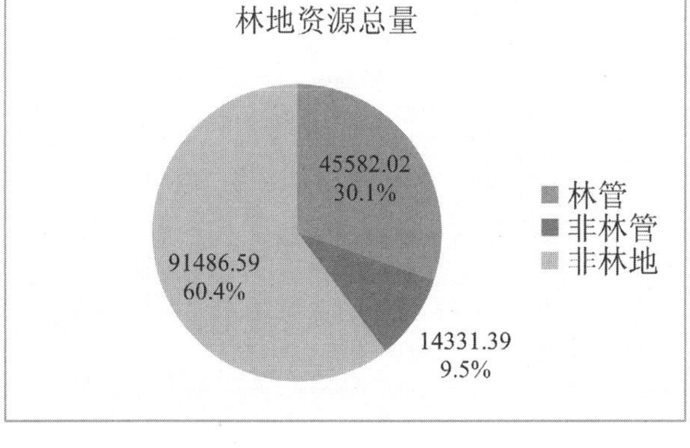

2017 年垫江县林地变更补充调查

林地及森林资源现状统计表

表 2

项目	合计	林业部门	非林业部门
面积（公顷）	59913.41	45582.02	14331.39
占幅员面积百分比（%）	39.6	30.1	9.5
森林面积（公顷）	53378.29	42309.59	11068.70
森林覆盖率（%）	35.3	28.0	7.3

林地结构现状：（1）按地类分，林地总面积 59913.41 公顷，其中有林地 48053.95 公顷，占林地总面积的 80.2%（其中林业部门管理 39789.26 公顷，非林业部门管理 8264.69 公顷）。疏林地 384.34 公顷，占林地总面积的 0.7%（其中林业部门管理 382.25 公顷，非林业部门管理 2.09 公顷）。灌木林地 7138.59 公顷，占林地总面积的 11.9%（其中林业部门管理 4072.82 公顷，非林业部门管理 3065.77 公顷）。未成林地 3714.12 公顷，占林地总面积的 6.2%（其中林业部门管理 769.09 公顷，非林业部门管理 2945.03 公顷）。苗圃地 45.52 公顷，占林地总面积的 0.1%（其中林业部门管理 2.01 公顷，非林业部门管理 43.51 公顷）。无立木林地 495.04 公顷，占林地总面积的 0.8%（其中林业部门管理 485.02 公顷，非林业部门管理 10.02 公顷）。宜林地 62.59 公顷，占林地总面积的 0.1%，全为林业部门管理。林业辅助生产用地 19.26 公顷（其中林业部门管理 18.98 公顷，非林业部门管理 0.28 公顷）。

2017 年垫江县地变更补充调查按地类面积统计表

表 3

地类 \ 林地管理类型		合计（公顷）	林业部门管理（公顷）	非林业部门管理（公顷）
合计		59913.41	45582.02	14331.39
有林地	小计	48053.95	39789.26	8264.69
	乔木林	39772.08	35377.02	4395.06
	竹林	8281.87	4412.24	3869.63
疏林地		384.34	382.25	2.09
灌木林地	小计	7138.59	4072.82	3065.77
	国家特别规定灌木林地	5324.34	2520.33	2804.01
	其他灌木林地	1814.25	1552.49	261.76
未成林地		3714.12	769.09	2945.03
苗圃地		45.52	2.01	43.51
无立木林地		495.04	485.02	10.02
宜林地		62.59	62.59	
林业辅助生产用地		19.26	18.98	0.28

（2）按林地权属分，变更后国有林地面积为 4375.09 公顷，占全县林地总面积的 7.3%。集体林地面积为 55538.6 公顷，占全县林地总面积的 92.7%。

2017 年垫江县林地变更补充调查按权属面积统计表

表 4

权属 \ 林地管理类型	合计（公顷）	林业部门管理（公顷）	非林业部门管理（公顷）
合计	59913.69	45582.02	14331.39
国有	4375.09	4375.09	
集体	55538.32	41206.93	14331.39

（3）按起源分，林地总面积 59913.41 公顷。其中天然林面积 12709.43 公顷，占林地总面积的 21.2%。人工林面积 46581.57 公顷，占林地总面积的 77.8%。未填起源（宜林地、无立木林地等）面积 622.41 公顷，占林地总面积的 1.0%。

2017 年垫江县林地变更补充调查按起源面积统计表

表 5

起源 \ 林地管理类型	合计（公顷）	林业部门管理（公顷）	非林业部门管理（公顷）
合计	59913.41	45582.02	14331.39
天然	12709.43	11678.41	1031.02
人工	46581.57	33335.01	13246.56
未填起源	622.41	568.6	53.81

（4）按林种分，林地总面积 59913.41 公顷。其中防护林面积 29957.90 公顷，占林地总面积的 50.0%。特种用途林地面积 1498.40 公顷，占林地总面积的 2.5%。用材林面积 15269.27 公顷，占林地总面积的 25.5%。经济林面积 9411.35 公顷，占林地总面积的 15.7%。薪炭林面积 188.77 公顷，占林地总面积的 0.3%。未划林种（商品林中宜林地、无立木林地等）面积 3587.72 公顷，占林地总面积的 6.0%。

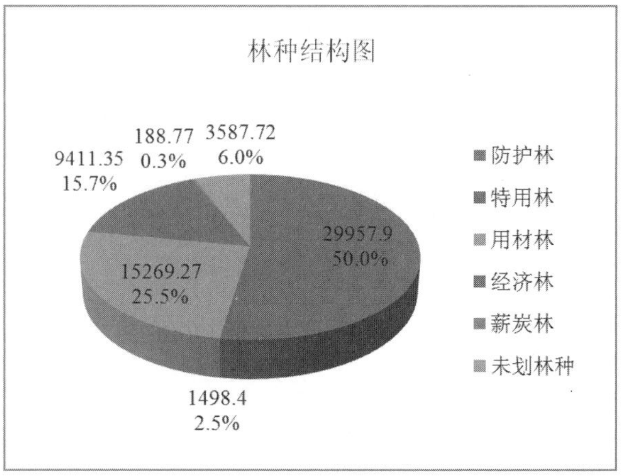

2017 年垫江县林地变更补充调查按林种面积统计表

表 6

林地管理类型 / 林种	合计（公顷）	林业部门管理（公顷）	非林业部门管理（公顷）
合计	59913.41	45582.02	14331.39
防护林	29957.90	29957.90	
特用林	1498.40	1498.40	
用材林	15269.27	9610.79	5658.48
经济林	9411.35	3751.72	5659.63
薪炭林	188.77	158.35	30.42
未划林种	3587.72	604.86	2982.86

（5）按森林类别分，林地总面积 59913.41 公顷。其中公益林面积 31456.30 公顷，占林地总面积的 52.5%。商品林面积 28457.11 公顷，占林地总面积的 47.5%。公益林面积中，国家级公益林面积 13296.28 公顷，占公益林总面积的 42.3%。一般公益林面积 18160.02 公顷，占 57.7%。商品林面积中，重点商品林面积 1096.52 公顷，占商品林总面积的 3.9%。一般商品林面积 27360.59 公顷，占 96.1%。

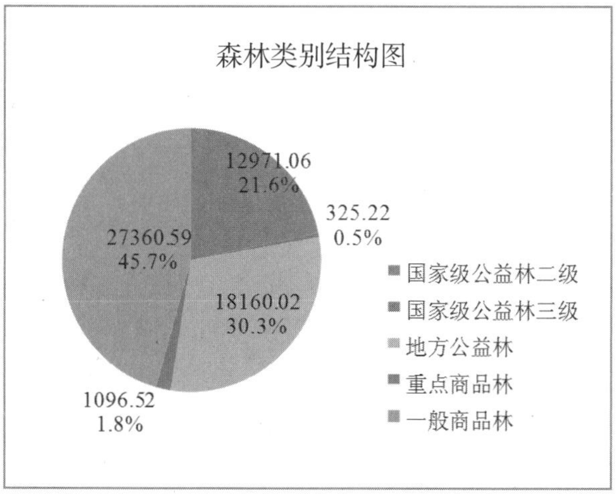

2017 年垫江县林地变更补充调查按森林类别面积统计表

表 7

<table>
<tr><th colspan="3">林地管理类型 / 森林类别</th><th>合计（公顷）</th><th>林业部门管理（公顷）</th><th>非林业部门管理（公顷）</th></tr>
<tr><td colspan="3">总计</td><td>59913.41</td><td>45582.02</td><td>14331.39</td></tr>
<tr><td rowspan="7">公益林</td><td colspan="2">合计</td><td>31456.30</td><td>31456.30</td><td></td></tr>
<tr><td rowspan="4">国家级公益林</td><td>小计</td><td>13296.28</td><td>13296.28</td><td></td></tr>
<tr><td>一级</td><td></td><td></td><td></td></tr>
<tr><td>二级</td><td>12971.06</td><td>12971.06</td><td></td></tr>
<tr><td>三级</td><td>325.22</td><td>325.22</td><td></td></tr>
<tr><td colspan="2">地方公益林</td><td>18160.02</td><td>18160.02</td><td></td></tr>
<tr><td colspan="2"></td><td></td><td></td><td></td></tr>
<tr><td rowspan="3">商品林</td><td colspan="2">合计</td><td>28457.11</td><td>14125.72</td><td>14331.39</td></tr>
<tr><td colspan="2">重点商品林</td><td>1096.52</td><td>1096.52</td><td></td></tr>
<tr><td colspan="2">一般商品林</td><td>27360.59</td><td>13029.2</td><td>14331.39</td></tr>
</table>

（6）按林地保护等级分，林地总面积 59913.41 公顷。其中Ⅱ级保护林地面积 13669.12 公顷，占林地总面积的 22.8%。Ⅲ级保护林地面积 18901.53 公顷，占林地总面积的 31.6%。Ⅳ级保护林地面积 27342.76 公顷，占林地总面积的 45.6%。（李瞻）

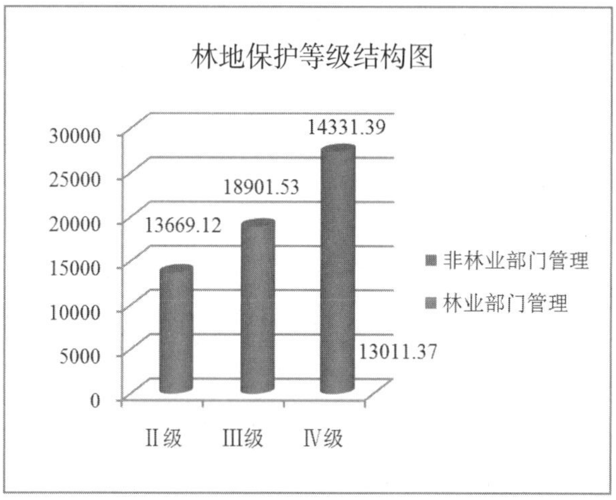

2017 年垫江县林地变更补充调查
按林地保护等级面积统计表

表 8

林地管理类型 / 林地保护等级	合计（公顷）	林业部门管理（公顷）	非林业部门管理（公顷）
合计	59913.41	45582.02	14331.39
Ⅰ级			
Ⅱ级	13669.12	13669.12	
Ⅲ级	18901.53	18901.53	
Ⅳ级	27342.76	13011.37	14331.39

环境保护

【概况】 2017 年，县环保局内设办公室、行政许可服务科、污染防治科、生态环境保护科、综合科、法制与宣教信息科 6 个机构，下属环境行政执法支队、生态环境监测站 2 个事业单位。全县环境保护工作围绕改善环境质量这“一个中心”，守好安全、廉洁“两条底线”，推进农村环境连片整治、龙溪河流域污染综合治理、乡镇污水处理厂建设运行“三大项目”，实施蓝天、碧水、绿地、宁静、田园“五大环保行动”，建成改善农村人居环境市级示范片 1 个，建设美丽宜居村庄 3 个、绿色示范村庄 6 个，高安镇被评为全国特色小镇。

【环境质量】 1. 水环境质量。龙溪河普顺断面、六剑滩断面水质均属Ⅲ类，普顺断面综合污染指数高于六剑滩断面。大沙河汪家断面、沙河断面水质均属Ⅲ类。卧龙河五洞断面水质属Ⅳ类。回龙河曹回断面、大河桥断面水质均属Ⅲ类。桂溪河八一桥断面水质属劣Ⅴ类。打渔溪海棠断面水质属劣Ⅴ类。县城集中式生活饮用水水源地双河水库水质属Ⅱ类。26 个乡镇集中式生活饮用水水源地水质达标率 88.5%，主要超标项目高锰酸盐指数、总磷。

2. 空气环境质量。县城区环境空气质量监测结果：二氧化硫、PM10、PM2.5 和二氧化氮年均浓度分别为 12、61、51 和 27μg/m^3，一氧化碳日均浓度 1.5mg/m^3，臭氧日最大 8 小时平均浓度为 131μg/m^3，降尘月均浓度为 2.04 吨/平方千米·月。按规定县城区执行国家Ⅱ类标准（年均值二氧化硫：60μg/m^3、PM10：70μg/m^3、PM2.5：35μg/m^3、二氧化氮：40μg/m^3，降尘：月均值参考值 3.96 吨/平方千米·月），其中二氧化硫、二氧化氮、PM10 年均浓度达到国家Ⅱ类标准，PM2.5 年均浓度超标 0.46 倍，PM10 最大日均值超标 0.69 倍，PM2.5 最大日均值超标 1.91 倍。县城区降水 PH 范围为 5.82～7.96，降水 PH 均值为 6.92，县城区未出现酸雨。

3. 声环境质量。县城区区域环境噪声平均等效声级为 55.7 分贝，达到二类噪声标准（标准:60.0 分贝）。县城区道路干线交通噪声污染情况有所加重，平均值为 68.1 分贝，达到二类噪声标准（标准:70.0 分贝）。县城区功能区噪声平均值昼间为 57.5 分贝，夜间为 47.0 分贝，昼夜平均为 57.3 分贝。其中Ⅱ类区（混合区）昼间平均值为 54.0 分贝，夜间为 44.0 分贝，昼夜平均为 54.1 分贝，（标准昼间：60.0 分贝，夜间：50.0 分贝），昼、夜均未出现超标。Ⅳ类区（交通干线两侧）昼间平均值为 61.7 分贝，夜间为 50.6 分贝，昼夜平均为 61.3 分贝（标准昼间：70.0 分贝，夜间：55.0 分贝），昼、夜间均未出现超标。社会生活噪声仍是影响声环境质量主要因素。

【环境污染防治】 1. 水污染防治。垫江县水污染防治工作按照《重庆市人民政府办公厅关于印发 2017 年水污染防治重点工作目标任务分解的通知》和《关于印发 2017 年环境保护目标任务分解的通知》要求，坚持绿色发展理念，加大水污染防治工作力度，印发实施《垫江县 2017 年龙溪河流域水污染防治专项行动工作方案》，制作水污染源分布总图 1 幅、分图 7 幅全部上墙，实行挂图作战，销号验收，为精准实施“一河一策”提供决策依据。推进“河长制”，每月对 14 条河流 42 个断面水质进行监测并及时向总河长、副总河长、县级河流河长、乡镇（街道）通报监测结果，县乡村三级“河长制”落实。

2. 大气污染防治。将大气污染防治纳入环保目标年度考核，并签订目标责任书，出台《黄标车提前淘汰财政奖励性补贴实施细则》《餐饮业油烟管理办法》《烧结砖瓦企业整治方案》《燃煤锅炉改造专项行动方案》《加油站油气污染治理方案》等相关大气污染防治措施和政策，实施重点工程项目监管和工业、生活、交通、建筑施工等领域大气污染防治管理。对应开展专项执法行动，完成大气污染防治重点目标任务。

3. 噪声污染防治。完成重庆捷力轮毂制造有限公司和垫江县豪爵士饭店噪声源整治工作。新创建1个市级安静居住小区（垫江县碧桂园小区）和复查2个市级安静居住小区（垫江县鼎发小区、佳华雅苑小区）。新创建2.9平方千米环境噪声达标区，巩固复查2.02平方千米噪声达标区。开展环境噪声污染整治专项行动等任务，启动环境噪声功能区调整工作。

4. 土壤污染防治。印发实施《垫江县贯彻落实土壤污染防治行动计划工作方案》，确定“到2020年，全县土壤环境质量总体稳定，农用地和建设用地土壤环境安全得到基本保障，土壤环境风险得到基本管控。到2030年，全县土壤环境质量稳中向好，农用地和建设用地土壤环境安全得到有效保障，土壤环境风险得到管控。到21世纪中叶，土壤环境质量全面改善，生态系统实现良性循环”目标，将128项主要任务分解到各部门并明确责任单位。印发实施《垫江县土壤污染治理与修复规划暨产粮（油）大县土壤环境保护方案》并报市环保局备案，加快推进垫江县生态文明进程，加强土壤污染防治，推进土壤污染治理与修复。启动土壤污染状况详查，完成土壤污染重点行业企业空间位置遥感核实及农用地土壤污染状况详查点位核实。启动玉河水泥厂等18块疑似工业企业污染场地调查评估。

【环境管理】 1. 环保目标责任管理。印发《垫江县环境保护工作责任规定（试行）》，明确26个乡镇（街道），4个县委工作机构，36个县政府有关部门及直属机构，2个县级审判和检察机关，3个驻垫机构，公民、企业事业单位和其他生产经营者环境保护责任。建立生态文明建设与环境保护考核制度，做到任务明确，责任清楚。建立生态文明建设与环境保护例会制度，定期研究解决生态工程建设、环境质量改善等重大问题。

2. 建设项目环境管理。贯彻落实长江经济带“共抓大保护、不搞大开发”总要求，以改善环境质量为核心，推进规划环评，强化源头控制。2017年，共审批环评项目33个，其中，编制环境影响报告表25个，编制环境影响报告书8个。免于环评建设项目24个，登记备案262个。“环评”执行率100%。

3. 工业企业环境管理。按照国家规定对企业检查实行“双随机”工作制度，全年对辖区内重点排污单位污染源、污染防治设施运行、排污许可证制度执行、“环评”“三同时”制度执行等方面进行现场检查，2017年实施双随机检查79家，确保辖区内重点排污单位污染防治设施正常稳定达标运行，有效发挥辖区内污染防治设施起到应有作用，在检查过程中发现问题及时提出整改，全方位督促排污单位达标排放，并依法查处环境违法行为。全年结合日常监管执法，开展两会一节专项、汛期环境安全专项、安全生产大排查大整治、化工企业污染整治、纳污坑塘专项、环境安全大排查大整治大执法、8大行业、利箭行动、涉水污染源排查整治等各类专项行动20余个。2017年度下达责令改正违法行为决定书123份，环境违法立案89家，内部审查不符合处罚条件10家,下达行政处罚决定书69件，共罚款234.5854万元，限制生产3件，查封扣押3件，移送公安机关行政拘留2件，申请法院强制执行10件，全年无行政复议和行政诉讼。2017年实行排污申报制度，规范排污信息网上申报系统，实现“全面申报、准确核定、足额征收”，全年排污申报企业数为40家，共征收工业企业排污费347.3353万元。

【生态建设与保护】 落实市委、市政府《关于加快推进生态文明建设的意见》，印发《垫江县关于加快推进生态文明建设的意见》，召开垫江县生态文明建设动员大会。将生态文明建设重点任务进行逐一分解，逐项落实牵头部门和责任单位。

印发实施《垫江县生态文明建设“十三五”规划》，主要包括生态保护与修复工程、环境质量改善与污染控制工程、生态经济与绿色发展工程、生态文明能力与社会行动体系建设等四大类重点工程项目79个子项。

春季义务植树150万余株，将水资源管理“三条红线”控制指标纳入乡镇（街道）及有关部门考核，切实加强长寿湖湿地自然保护区综合管理，完成明月山一带遗留废弃11家矿山编制复林专项方案以及关停矿山土地复垦。

编制完成《垫江县生态保护红线划定方案》，全县划定生态保护红线面积207.6平方千米，涵盖明月山、精华山、长寿湖、迎风湖等众多重点生态功能区。

【环境综合整治】 1. 实施“碧水、蓝天、宁静、绿地、田园”环保五大行动。

（1）实施碧水行动。①加大工业污染防治力度。垫江工业园区县城组团污水处理设施正常运行，完成自动在线监控装置安装并与市环保局联网。工业园区澄溪组团、高安组团污水处理工程先后于2017年11月15日、12月6日进场施工，计划2018年6月底前完成项目预验收。②城镇污染治理。建成144千米小城镇污水管网，5座新建乡镇污水处理厂基本竣工。已建成19座乡镇污水处理厂完成运营权移交12座，污水处理服务费纳入县财政年度预算，按时足额支付。20吨/日污泥干化处置设施建成投运，城市污泥无害化处理率100%。③切实防治农业农村污染。2017年取缔禁养区畜禽养殖场161家，非禁养区459家畜禽养殖场实现“零排放”。控制农业面源污染，印发实施《垫江县农业污染防治及资源化利用总体方案》，推进农村环境综合整治，完成24个行政村环境连片整治项目。④推进龙溪河流域水污染治理。重点排查龙溪河及其支流涉水污染源309个，编制《2017年垫江县龙溪河流域水污染防治专项行动工作方案》，制作涉水污染源分布总图1幅、分图7幅，为精准实施“一河一策”提供决策依据。⑤推进“河长制”。每月对14条河流42个断面水质进行监测并及时向总河长、副总河长、县级河流河长、乡镇（街道）通报监测结果。

（2）实施蓝天行动。编制出台《垫江县空气质量限期达标规划》，健全重污染天气预防应对机制，继续开展区域联防联控和预警预控，着力控制交通污染、工业污染、扬尘污染、生活污染。制定《垫江县重污染天气应急预案》，将城区重污染预警分为Ⅱ级橙色预警和Ⅰ级红色预警。巩固已划定高污染燃料禁燃区30.2平方千米，对辖区内大气污染重点企业开展清洁生产审核。兴发金冠化工有限公司完成工业废气深度治理，赛德化工有限公司除尘、脱硫设施稳定运行。淘汰佳佳乳业等7家企业8台21.95蒸吨燃煤锅炉。治辖区21家烧结砖瓦企业。淘汰黄标车334辆，超额完成市下达年度目标任务。落实扬尘控制8项强制性规定和道路清扫保洁5项规定，城市公共区域保洁和主次干道机扫冲洗实现全覆盖。完成县中医院内科综合大楼新建项目等5个扬尘示范工地及月阳路、桂南大道等2条示范道路创建。执行《垫江县餐饮业环境保护管理办法（试行）》，完成丰泽园餐饮店等6家餐饮油烟企业整治。持续加大秸秆禁烧力度，开展“秸秆禁烧”宣传行动。

（3）实施宁静行动。编制出台《垫江县声环境功能区划分方案》，开展噪声源头预防，加强建筑施工场所夜间施工噪声监管，对违规施工行为进行查处。对县城居民区加工场噪声和娱乐噪声扰民问题进行专项整治，协调交警部门开展机动车禁鸣整治。定期开展社会生活噪声专项整治，关闭垫江县豪爵士饭店，完成重庆捷力轮毂制造有限公司工业噪声限期治理。

（4）实施绿地行动。①编制出台工作方案及规划。印发《垫江县贯彻落实土壤污染防治行动计划工作方案》，确定 6 家重点行业土壤污染监管企业，启动《垫江县土壤污染治理与修复规划》编制和 16 块疑似污染地块调查评估。②加强固体废物管理。危险废物产生和经营单位规范化管理抽查合格率 95%以上。全县县级、乡镇级、村（社）医疗卫生机构医疗废物全部实现无害化集中处理。2017 年 1 月开始对汽修行业等非工业源危险废物产生单位危险废物规范管理。③加强重点生态功能区保护与建设，加强自然保护区管理与生物多样性保护。实施生态红线划定与重点生态功能区建设工程，城乡土壤修复和城乡绿化工程。对饮用水源保护区、湿地公园等区域实行保护和管控。

（5）实施田园行动。建立“户投放、村（镇）收集、企业转运、县处理”城乡垃圾收运体系。实施 115 个行政村环境连片整治，太平镇牡丹村获评“全国生态文化村”，沙坪镇毕桥村入选“中国最美休闲乡村”。

2. 中央环保督察反馈意见整改。5 月 10 日，县委办、县政府办联合印发《垫江县贯彻落实中央环境保护督察反馈意见整改方案》（简称《整改方案》）。全年发布工作简报 12 期，发布情况通报 20 期，27 项措施清单完成整改 20 项，34 个问题清单完成整改 24 个。

3. 环保专项行动。（1）开展长江经济带化工企业污染专项整治。贯彻落实党中央、国务院关于推进长江经济带发展重要战略部署，落实责任目标，开展化工企业整改。

（2）开展“零容忍、出重拳”专项行动。按照《垫江县环境监管执法“零容忍、出重拳”专项行动工作方案》，启动全县环境监管执法“零容忍、出重拳”专项行动，确保中央巡视“回头看”、中央环保督察、中央办公厅二次回访调研反馈的生态环保问题整改到位。

4. 环境投诉处理。 始终坚持把解决涉及群众切身利益的环境问题放在突出位置，坚持 24 小时值班和夜间巡查制度。全年受理群众来电来信来访及县信访部门交办案件 877 件。其中：环保部信访系统 10 件，环保部微信平台 35 件，“12369”热线 540 件，“74522369”热线 114 件，渝环保信箱 58 件，群工系统 26 件，网络媒体 94 件，投诉案件处理率 100%。做到事事有回应、件件有结果。

【环保宣传教育】 在重庆日报、重庆法制报、垫江日报、垫江电视台等媒体开展专题报道，开设宣传专栏，为公众关注环保、参与环保搭建平台。利用重庆直辖 20 周年、“4·22”地球日、“6·5”环境日等重要节点主动开展“环保杯”新闻摄影大赛以及“低碳环保·从我做起”中小学生书信绘画大赛等系列宣传活动。常态化开展环保“十进”宣传（社区、家庭、机关、工地、学校、商场、企业、酒店、医院、交通、景区、农村）。发挥网络宣传平台作用，在网站上及时更新、充实环境保护法律、法规、政策等信息，全年发布各类环境保护动态信息 3000 余条。以绿色创建为平台，推动公众参与热情，累计创建县级生态文明机关 1 个、县级生态文明旅游饭店 1 个和市县级绿色社区 13 个、市县级绿色学校 43 所。2017 年 4 月以“改善环境质量，推动绿色发展”为宗旨，以“舆论引导、工作交流、行业宣传”为理念，创办内部资料性刊物——《垫江环保》，全年出刊 10 期，发行 2600 余册。

【环保产业】 2017 年 12 月，垫江县开展环保产业现状调查，完成 18 家企事业单位调查表填报。其中：

重庆鑫顺环保工程有限公司：于 2002 年 10 月经重庆市环保产业协会批准，具备重庆环境污染治理丙级资质等级。主要从事生活污水治理工程。有固定员工 9 人，注册资金 20 万元。先后承接温州商贸城、牡丹城、温泉路安置房、桂北年租房、春花安置房、垫江八中、新政府办公楼等项目污水治理工程。

垫江康居生态环卫有限责任公司：于 2013 年 6 月经重庆市环保产业协会批准，具备重庆环境污染治理丙级资质等级。主要从事生活污水治理工程。有固定员工 8 人，注册资金 30 万元。先后承接桂溪名苑、西欧花园、佳华雅苑、桥雨水榭花都、月河小区、水岸康城、帝豪名门、桂冠花园等小区及林业局、劳动局、房管局、第十中学等项目污水治理工程。

重庆市迈威环保工程有限公司：于 2014 年 4 月经重庆市环保产业协会批准，具备重庆环境污染治理乙级。主要从事废水、废气治理工程。有固定员工 27 人，注册资金 200 万元。先后承接重庆三丰玻璃有限公司垫江分公司生产废气、废水治理工程、宝鼎林场安置房生活污水处理工程、松林小区安置房生活污水处理工程、牡丹湖湿地公园生活污水处理工程等。

旅游资源

【概况】 垫江旅游资源集中体现在“花、泉、山、水、农、古”6 个方面。

“花”：指西南地区最具规模的垫江山水牡丹。除太平牡丹源景区，又增加华夏牡丹园、牡丹樱花世界、乐天花谷、五洞李花园等踏青赏花园区，实现一花独放到百花齐放、春赏牡丹到四季品花的华丽转变，培育出众多“以花为媒”的乡村旅游品牌，太平牡丹源景区成为“重庆十大赏花目的地”。

“泉”：指明月山温泉和五洞盐温泉。明月山温泉，水质清澈、水温适宜，富含多种微量元素和矿物质，医疗保养价值颇高。五洞卧龙河盐温泉探明盐储量 30 亿吨以上，分布面积约 43.8 平方千米，储量丰富，盐质纯度达 90%以上，拥有保健、药疗、美肤等功能，具有很高开发价值。

“山”：主要指垫江境内明月山、宝鼎山、精华山等。明月山市级风景名胜区，景观奇特、山峦叠障、森林茂密、山中有山。宝鼎山市级森林公园，林木苍翠，风光幽邃，千年杜鹃花王享誉渝东地区，其佛教文化氛围突出，曾是渝东北地区的朝觐圣地。

“水”：主要指长寿湖千月湾、迎风湖国家湿地公园、双河湖水库、龙溪河流域等与水相关的旅游资源。特别是白家镇，位于长寿湖尾端，是观赏长寿湖景观的绝佳之地。垫江县于 2016 年 11 月，与太极集团合作，投入上百亿元，在白家镇滨湖地带打造大型康养项目——中华太极养生园项目，建成以“天下第一古寨卡群、太极养生乐园、儿童生态乐业、千月湾旅游度假区、花果山采摘基地”等景点为载体的旅游文化胜地。

“农”：主要是指以垫江县市级现代农业园区为载体，形成以白家、包家、杠家为主的柑橘采摘区，新民、沙坪为主的葡萄、西瓜、草莓采摘体验区，发展瓜果采摘、农事体验等旅游项目，垫江县已连续两年举办了丹乡生态水果采摘节，丰富垫江县旅游产品种类，促进了农旅融合发展。

“古”：垫江文化底蕴深厚，拥有鹤游坪古寨群，千佛摩岩（永平）、报恩寺（新民）、中嘴寨等人类文化遗址和文物，均具有良好开发价值。

2017 年，垫江县被评为“市级休闲农业与乡村旅游示范县”，太平牡丹源入选重庆新地标，成为“重庆十大赏花目的地”，沙坪镇毕桥村被国家农业部评为最美休闲乡村。2016 年，太平镇跻身“重庆市特色景观旅游名镇”。

特色产品

【蜜本南瓜】 垫江蜜本南瓜为棒锤形，整齐优美。瓜纵径 36～40 厘米，横径 12～15 厘米。瓜顶端膨大，成熟时皮面布有蜡粉，瓜皮坚硬、橙黄色，瓜肉橙红色、肉厚。

垫江蜜本南瓜始于 2000 年由垫江县白家镇引进在该镇湖滨村零星种植。2016 年成功注册“垫江蜜本南瓜”为地理标志证明商标，区域产品“黄哥”牌蜜本南瓜于 2013 年 12 月 9 日获全国绿色食品认证。2017 年种植面积达 7000 余公顷，总产量 20 万吨，总产值达 1.6 亿元。主要企业品牌有“黄哥”“岳大妈”等。

【茎瘤芥（青菜头）】 株高 40～50 厘米，开展度 60～65 厘米。叶椭圆形，叶色深绿。瘤茎近圆球形，皮色浅绿。出苗至现蕾 155～160 天，耐肥，抽薹较晚，丰产性好。

2017年，全县茎瘤芥（青菜头）种植面积1万公顷，约占全县蔬菜总面积38%。总产量30万吨，总产值达2.5亿元。栽植品种以“永安少叶”为主。其中坪山、鹤游、三溪、裴兴等镇种植面积均达到或超过667公顷。全县从事榨菜加工与销售从业人员达600 余人,有榨菜加工厂及个体加工户128个，年收购加工青菜头 23 万吨。本地主要加工品牌有“朝天门”“丹香妹”“建豪”“俊材”等。

【垫江藠头】 别名“长把藠”。耐寒性强，耐热、耐旱性中等，不耐涝。分蘖性强，1 个鳞茎可分蘖成15～20个。生育期265天左右。

垫江县种植藠头历史悠久，自20世纪70年代末开始引进种植，主要为县外贸部门提供加工原料，2006年规模化种植面积333公顷，产量8750吨。到近年，种植规模有所下降。2014年成功注册“垫江藠头”为地理标志证明商标。垫江县唯一藠头出口型加工企业（重庆恒利食品有限公司）生产的“荞头牌”盐渍、甜酸藠头，以大小匀称、色泽晶莹、风味独特、嫩脆爽口等特点畅销日本、韩国及东南亚国家，是垫江县重要出品创汇农产品之一。

经济社会发展

【经济发展】 2017年，垫江县紧扣生态涵养发展功能定位，坚持“工业强县、城建靓县、农业稳县、三产活县、开放兴县、民生安县”战略，全力稳增长、促改革、调结构、惠民生、防风险，实现了经济社会平稳较快发展。

全县地区生产总值 276.76 亿元，同比增长8.5%。其中，第一产业实现增加值41.85亿元，增长 5.0%。第二产业实现增加值 142.48 亿元，增长9.3%。第三产业实现增加值92.43亿元，增长8.9%。地方财政收入达到 36.37 亿元，同比增长 22.4%。地方财政支出 74.98 亿元，同比增长 22.8%。年末全县金融机构人民币存款余额336.58亿元，同比增长10.8%。年末金融机构人民币贷款余额194.61亿元，增长17.8%。

全县农林牧渔业总产值完成64.52亿元。其中：农业总产值35.39亿元，林业总产值1.40亿元，牧业总产值23.00亿元，渔业总产值3.18亿元，农林牧渔服务业总产值1.56亿元。农林牧渔业增加值完成 43.00 亿元。其中：农业增加值 26.60 亿元，林业增加值1.05亿元，牧业增加值11.56亿元，渔业增加值 2.64 亿元，农林牧渔服务业增加值 1.15 亿元。全年粮食总产量39.50万吨，同比增长0.3%。蔬菜产量50.3万吨，增长6.6%。肉猪出栏头数77.2万头，下降1.2%。

全县新增规上工业企业 5 户，规上工业企业数增至147户，实现规上工业总产值205.92亿元，增长 11.8%。其中，规模以上大中型企业实现总产值80.65亿元，增长11.3%。规模以上工业产品销售率为98.6%。实现利税总额25.27亿元,实现利润16.77亿元。完成主营业务收入195.38亿元，增长10.2%。主要工业产品产量：原生天然气 26881 万立方米，增长21.7%。净化天然气26044万立方米,增长23%。硫磺7295吨，增长35.2%。合成氨8.52万吨，下降44.1%。碳铵3.65万吨，下降49.4%。销铵13.94万吨，下降51.3%。销酸钠50.85万吨，下降45%。亚硝酸钠1.60万吨，下降45%，炸药3.07万吨，增长94%。发电量3391万千瓦时，增长80.9%。轮毂782万套，增长8.5%。二硫化碳4.19万吨，增长10.3%。

全县完成固定资产投资347.83亿元，同比增长12.6%。其中：建设与改造投资321.89亿元，增长9.8%。房地产开发投资完成25.95亿元,下降20.7%。全县在地建筑业实现总产值 227.18 亿元，增长10.4%。注册地建筑业总产值 195.09 亿元，增长8.3%。按注册地看，全县建筑企业房屋施工面积850.9万平方米,下降8.1%。房屋建筑竣工面积556.4万平方米，下降14.3%，其中住宅竣工面积为439.7万平方米，下降9.2%。

全县公路通车里程 3264 公里。其中等级公路2616公里，增长5.9%。全社会公路客运量586万人次，下降36.7%。公路客运周转量33158万人公里，下降 43.3%。全社会公路货运量 1238 万吨，增长 3.3%，全社会货运周转量 113738 万吨公里，增长 10.9%。年末全县非营运车辆拥有量达到 16.40 万辆。年末实有公交车 80 辆，公交运行线路 10 条。出租车 261 辆，增长 2.3%。乡镇客运车 276 辆，同比增长 11.3%。全年完成邮政业务总收入 1.07 亿元，同比增长 21.57%。电信业务总收入 3.29 亿元，增长 1.4%。固定电话用户 8.13 万户，增长 7.15%。移动电话用户 57.26 万户，增长 7.39%。互联网用户 14.49 万户，增长 23.29%。休闲旅游提档升级，全年接待国内外游客 2707839 人次、旅游收入 18.04 亿元，同比分别增长 25.1%和 44.7%。

全县实现社会消费品零售总额 105.02 亿元，同比增长 12.3%。批发零售销售额 188.45 亿元，同比增长 11.9%。住宿餐饮业营业额 30.34 亿元，同比增长 16.6%。全年进出口总额 3.20 亿元，同比增长 0.9%。全县招商引资统计项目 232 个，协议引资 324.8 亿元，累计到位资金 204.9 亿元，比去年同期下降 9.2%。其中新签约项目 132 个，协议引资 262.2 亿元，累计到位资金 85.9 亿元。

【社会发展】 2017 年，年末全县学校共计 236 所，其中：普通中学 21 所，小学 72 所，中等职业学校 3 所，特殊教育学校 1 所。专任教师总数 6983 人，其中普通中学教师 2967 人，小学教师 3706 人，中等职业教师 310 人。全县 2017 年普通中学招生 19040 人、在校生 55355 人、毕业生 16982 人。中等职业学校招生 1998 人、在校生 4666 人、毕业生 1464 人。小学招生 7507 人、在校生 57670 人、毕业生 13950 人。年末幼儿园数 140 所，在园儿童数 24340 人，同比增长 4.68%。

全年全县公共图书馆 1 个，公共图书馆藏书 24.85 万册。年末广播覆盖率 99.5%，电视覆盖率 100%，有线电视入户率 60%。

年末卫生机构 427 个，其中医院、卫生院 37 个，妇幼保健院 1 个，疾病预防控制中心 1 个。卫生机构床位数 4772 张，同比增长 13.48%。其中：医院和卫生院床位 4641 张，同比增长 12.5%。卫生技术人员 3859 人，增长 4.29%。执业医师和执业助理医师 1436 人，同比增长 6.13%，注册护师、护士 1526 人，增长 4.38%。

城镇常住居民人均可支配收入 31889 元，增加 2687 元，同比增长 9.2%。全年城镇居民人均消费支出 15030 元，同比下降 12.7%。城镇居民人均自有现住房面积 46.7 平方米。全年农村常住居民人均可支配收入 13979 元，同比增长 10.1%。生活消费支出 10294 元，增长 9.7%，其中用于食品烟酒、医疗保健、居住、交通通讯、教育文化娱乐和其他用品和服务等消费支出分别为 3290 元、1561 元、1737 元、985 元、1385 元和 213 元，分别增长 4.3%、34.4%、5.7%、9.1%、23.3%和 5.1%。衣着、生活用品及服务支出分别为 480 元、643 元，同比分别下降 12.0%、0.3%。

年末全县城镇职工养老保险人数 61062 人，增长 7.26%。城乡居民养老保险人数 407015 人，下降 0.27%。基本医疗保险人数 892962 人，下降 2.12%，其中，城乡居民合作医疗参保人数 835669 人，下降 2.67%。城镇职工基本医疗保险人数 57293 人，增长 6.56%。城乡居民合作医疗参保金额达 12002 万元，增长 24.18%。城乡居民合作医疗赔付金额 47685.39 万元，增长 5.59%。生育保险参保人数 36840 人，增长 18.4%。工伤保险参保人数 36995 人，增长 1.74%。失业保险参保人数 36180 人，增长 3.09%。

年末全县社会福利收养单位 25 个，收养单位床位数达 1549 张，社会救济总金额（包括捐赠款）20613.3 万元，同比增长 8.7%。享受最低生活保障城镇居民 6116 人，同比下降 24.26%。享受农村最低生活保障人数 14873 人，比上年减少 3883 人，同比下降 20.7%。

精神文明建设

【概况】 （1）创建市级文明县城。召开创建市级文明县城创建工作攻坚工作会议。按照创建指标，逐条分解并督促落实各相关部门。完善创建资料档案 25 卷，制作专题汇报片。（2）开展志愿服务活动。有注册志愿者 9 万人，575 支服务队伍，志愿服务时长 4.19 万小时，开展志愿服务活动 630 余场。（3）培育和践行社会主义核心价值观。开展道德模范、重庆好人等系列评选活动，推出重庆好人 10 名、感动人物 3 名。电力公司被评为全国文明单位，高安镇金桥村被评为全国文明村。开展寻找最美教师、“礼让斑马线·文明我点赞”文明劝导等活动，组织“美校园”“我志愿”“正家风”“巡回审”“微访谈”等“孝心像花儿一样绽放”系列主题实践活动 380 余场次，打造“孝善 6+1”文化品牌。

（汪超）

大事记

1月

1 日 全县开始第三次全国农业普查入户登记。第三次全国农业普查以 2016 年 12 月 31 日 24 时为标准时点，登记对象是垫江县行政区域内的农业经营户、农业经营单位、居住在农村且有确权（承包）土地的住户；填报对象是列入农业普查范围的村（居）民委员会、乡镇（街道）。

5 日 垫江县国家综合档案馆及社会保障与群众来访接待中心项目开工。该项目总占地面积 1.73 公顷。总建筑面积 3.14 万平方米，其中地上建筑面积 2.31 万平方米、地下建筑面积 0.83 万平方米。

春花大道建设工程开工。春花大道是垫江“六纵六横”的重要组成部分，该工程南与长安大道接壤，向北延伸横跨南阳大道，北与黄沙转盘交界。春花大道全长 2.24 千米，路面宽 14 米，双向六车道，设计时速 40 千米，总投资概算 2.6 亿元，其中工程建安费约 2 亿元，预计建设工期 12 个月。

年产 30 万吨不锈钢七连轧项目开工活动在澄溪镇工业集聚区举行。该项目占地面积约 12 公顷，总投资 5 亿元。该项目主要从事高品质不锈钢冶炼及后续加工，主要工艺为不锈钢重熔连铸连轧管材加工。

G243（渝巫路）复线澄溪至太平段工程项目开工。道路起于垫江县与长寿区两地交界处的海裳镇土桥，止于太平镇群力村，全长 5.7 千米。按双向六车道一级公路标准修建，总投资 2.13 亿元，。

6 日 十六届县政府召开第 78 次常务会议，审议通过《垫江县全民健身实施计划（2016—2020 年）（送审稿）》等。县长梅时雨主持会议。

7 日 由《垫江日报》发起的 2016 年度“感动垫江十大人物”评选活动揭晓。经过前期筛选、初评、投票、复评、政审、报批等环节，张怀玉、刘强、谭学田、周昌华、朱崇素、寇先江、胡运国、徐小波夫妻、兰俊高、罗中前成为“感动垫江十大人物”。

8—11 日 中国人民政治协商会议垫江县第十届委员会第一次会议在县会议中心大会场开幕。应到委员 282 名，实到委员 272 名。大会由县政协副主席李锦明主持，县政协主席杨刚代表县政协九届常委会向大会作工作报告。大会表决通过《关于县政协常委会工作报告的决议》《关于县政协常委会提案工作报告的决议》《县政协十届一次会议决议》。

9—12 日 垫江县第十七届人民代表大会第一次会议在县会议中心召开。大会应到代表 297 名，实到代表 295 名。会议由县人大常委会主任易大斌主持，县长梅时雨代表县政府作工作报告。会议表决通过大会选举办法。

13 日 “天下第一城堡”投资协议签订会在太极集团长寿湖旅游发展公司举行。县委书记蒲彬彬、县长梅时雨、县政协主席杨刚、常务副县长粟登琳、县人大常委会副主任谭建参加投资协议签订会。

20 日 中央电视台证券资讯《大国商道》栏目组走进沙坪镇重庆市垫江县泰和源生态农业科技有限公司，拍摄该公司现代生态农业发展历程。

23 日 重庆首届冬季牡丹展在垫江县牡丹樱花世界开展，人民网、光明网、中新网、中国经济网、重庆日报等 18 家中央驻渝媒体和市级媒体到垫江县聚焦牡丹花，报道冬季牡丹展。

全县乡镇（街道）和县级部门党组织书记落实全面从严治党责任述职评议会在县会议中心三楼八会议室召开。县委书记蒲彬彬主持会议并讲话。县委副书记、县长梅时雨，县人大常委会主任易大斌，县政协主席杨刚，县委副书记张波出席会议。

25 日 2017 年垫江县春节联欢晚会在县体育馆举行。

2 月

4 日 2017 年垫江籍返乡人士（工商界）代表新春座谈会举行。县委书记蒲彬彬、县长梅时雨、县人大常委会主任易大斌、县政协主席杨刚出席会议。县发改委负责人介绍全县经济社会发展情况以及 2017 年和今后 5 年的发展思路，集中观看垫江宣传片。

7 日 县纪委十四届二次全会在县会议中心召开。县委书记蒲彬彬出席会议并讲话。县委常委、纪委书记周道君代表纪委常委会作工作报告。三溪镇、周嘉镇、县城乡综合行政执法局、县农委、桂阳街道、高安镇等 6 个单位相关负责人向县纪委全会作述责述廉，接受县纪委委员现场质询和评议。

10 日 县人民医院内科综合楼(牡丹康乐养护服务中心）建设工程项目开工。工程建筑面积 5.2 万平方米，建筑楼层 18 楼，编制床位 600 张，概算投资 2.5 亿元。

县工业园区东方大道汽车产业园段道路工程项目开工。工程位于桂阳街道，南接规划主干道，北接长安大道，全长 1018.26 米，标准路宽 40 米，总投资约 9300 万元。

15 日 文笔湖公园基础设施建设项目开工。文笔湖公园位于渝万高铁垫江站前，是垫江县依托文笔水库打造的“城市滨湖休闲公园”，距离县城中心约 3.5 千米，占地 8，52 公顷，其中水域面积约 3.6 公顷，总投资约 1 亿元。县委书记蒲彬彬宣布项目开工。县长梅时雨致辞。

23 日 市文化委副主任朱茂一行调研垫江旅游文化产业发展情况，希望垫江要充分发挥资源优势，在保护好自然环境的同时，大力促进文化旅游产业融合发展，把旅游文化产业打造成垫江的一张靓丽名片。座谈会上，县委宣传部、县旅游局、县文化委、县农委等部门相关负责人就垫江县旅游文化产业发展情况作交流发言。

24 日 县委书记蒲彬彬主持召开县委常委会会议。会议审议通过《关于贯彻落实中央八项规定精神和市委实施意见加强作风建设情况的报告》（送审稿）。

是月 垫江县创建为全国义务教育发展基本均衡县。

全县启动涉水污染源大排查大清理行动。重点清查各乡镇（街道）辖区内涉水的工业企业以及榨菜加工企业，各乡镇政府所在地、撤乡场镇、居民聚居点的生活污水以及生活垃圾收集处理情况，各大小畜禽养殖场、合作社以及养殖专业户以及洗沙场、客运船等产生废水的场地和机械等其他污染源。

3 月

8 日 市人大常委会副主任夏祖相率队到垫江就垫江县实施《重庆市水资源管理条例》情况开展调研。调研组一行先后到新民镇双河水库、垫江县泰和源生态农业科技有限公司实地走访，了解畜禽养殖污染控制、水土流失治理、水环境监测、城乡居民供水安全等情况。座谈会上，副县长郭安华汇报垫江县实施《重庆市水资源管理条例》的情况。市人大常委会副主任夏祖相作讲话。

9 日 县政府与国家开发银行重庆市分行就《共同推进新型城镇化建设开发性金融合作备忘录》签约。

13 日 县政府与阿里巴巴签订农村淘宝战略合作协议。签约活动上，县商务局负责人介绍垫江县农村电子商务发展详细情况。阿里巴巴农村事业部（重庆）省域负责人杨帆介绍农村淘宝发展情况。县长梅时雨代表县政府与阿里巴巴签订农村淘宝战略合作协议。

14 日 县委副书记、县长梅时雨主持召开县委常委会会议，审议《垫江县综合交通运输发展“十三五规划”（送审稿）》《关于深入推进农业供给侧结构性改革加快培育农业农村发展新动能的实施意见（送审稿）》《垫江县深化农业农村体制改革综合性实施方案（送审稿）》等文件。

15日 太平牡丹园开园迎客。

县城中心广场举行“3·15”国际消费者权益保护日大型宣传纪念活动。

全县卫生与健康大会在县会议中心三楼八会议室召开。会议传达学习全国全市卫生与健康大会精神，贯彻落实《“健康重庆2030”规划》。

2017年3月15日下午，全县卫生与健康大会在会议中心召开

16日 垫江县第八届李花乡村旅游节在五洞李花源开园。

垫江县“青锋计划”启动活动在县会议中心三楼八会议室举行。团市委副书记张继军介绍“青锋计划”相关情况。市青年创新创业基金会、县财政局分别注资100万元、200万元，设立垫江县青年创新创业基金。

3月24日晚 第十八届垫江牡丹文化节开幕式暨中国梦·巴渝风·百姓大舞台群众文艺演出在县体育场举行。

3月25日 垫江县组织收听收看《中共中央国务院关于推进安全生产领域改革发展的意见》重庆市宣讲电视电话会议。

3月30日 垫江县2017年“康养垫江·清洁家园”城乡环境卫生集中整治活动动员大会在县会议中心一楼大会场召开。县政府副县长赵元福主持会议并安排部署垫江县2017年“康养垫江·清洁家园”城乡环境卫生集中整治工作。县教委、杠家镇、鹤游镇负责人进行交流发言。

是月 垫江县机关事业单位退休人员退休金开始由财政发放改为由社保局养老保险基金社会化发放。

垫江县著名国画家、西沤画院院长陈起作品入选“新中国美术家”国画系列作品展。

4月

7日 垫江举行首届迷你马拉松比赛。中国女子中长跑半程马拉松世界冠军孙英杰、前CBA著名篮球运动员何奔应邀领跑。此次比赛全程六千米，1000余名长跑爱好者参加比赛。桂阳街道黄经纬和垫江漫跑团张辉冀获男子、女子组冠军。

11日 垫江县天圣制药集团股份有限公司经过证监会主板发审委在北京召开的2017年第51次工作会议审核通过，成为垫江县第一家获得上市批准的企业。5月19日，天圣制药5300万股A股在深圳证券交易所中小板上市。

14日 全县脱贫攻坚工作推进会召开。县长梅时雨提出，要把脱贫攻坚作为“头等大事”和“第一民生工程”，不折不扣贯彻落实好中央、市委市政府和县委县政府决策部署，紧盯目标、突出重点，坚持不懈推进精准扶贫精准脱贫。

19日 县委组织召开“五城同创”工作专题会议。会上，县委办、县文明办、县卫生计生委、县环保局、县市政园林局、县民政局等部门对“五城同创”（创建国家卫生县城、国家生态文明建设示范县、国家园林县城、市级文明县城、市级“双拥”模范县）相关工作开展情况进行汇报。

20日 重庆市检察院党组书记、检察长贺恒扬率领市检察院调研组到垫江调研检察工作。贺恒扬一行前往县检察院派驻澄溪检察室、县检察院案管中心和控申接待大厅，实地查看县检察院派驻澄溪检察室工作开展情况和县检察院案管中心、控申接待大厅内各项工作的办理情况，并听取县委、县政府、县委政法委关于垫江县检察工作的意见建议。

25 日 高安小学庆祝建校 100 周年。重庆市教科院、江北区教师进修学院、江北区新村小学、北部新区星光学校、长寿、綦江、县内共 30 多所小学代表及该校师生、家长代表共 3000 余人参加活动。

5 月

2 日 垫江县劳动模范和先进工作者“五一”座谈会在县会议中心召开。县人大常委会副主任、县总工会主席徐明德传达学习习近平总书记关于劳动的重要论述，宣读垫江县荣获重庆市第五届劳动模范和先进工作者名单。岳龙芳、皮广礼、龙正东等劳动模范、先进工作者和“垫江工匠”代表宣读垫江县劳动模范和先进工作者倡议书，作交流发言。县委书记蒲彬彬讲话。

3 日 垫江县纪念五四运动98周年各界青年代表座谈会在县会议中心举行。县委副书记张波主持座谈会，县委书记蒲彬彬讲话。

4 日 “保护龙溪河·志愿我先行”垫江县保护母亲河行动暨全面推进河长制启动活动在高安镇滨河广场举行。活动中，县四大班子领导现场注册成为志愿者。

26 日 县政府与重庆猪八戒网络有限公司推进战略合作座谈会召开。猪八戒网相关负责人介绍其在互联网+双创、农业、旅游、工业、农村电商、智慧城市等方面做过的成功案例及取得的成绩。座谈双方代表就互联网+双创、品牌农业、全域旅游、文化、农村电商、垫江智造等方面未来合作方向及内容进行探讨。

26 日 县委在县会议中心三楼八会议室召开全县干部大会，学习宣传贯彻市第五次党代会精神。县委书记蒲彬彬主持会议并讲话。县委副书记、县长梅时雨传达市第五次党代会精神。

27 日至 11 月 30 日 垫江县开展旅游环境集中综合整治行动。此次旅游环境集中综合整治分为 3 个阶段，其中 4 月 20 日至 5 月 26 日为安排部署阶段，5 月 27 日至 11 月 30 日为集中整治阶段，12 月为总结巩固阶段。开展此次活动旨在促进旅游业实现全业转变、全域优化、全面提升，营造健康良好的旅游形象。

是月 县职业教育中心创建为重庆市首批改革发展示范校。

6 月

1 日 县政协主办“牡丹故里·康养垫江”书画作品展在市政协展厅举行。市政协主席徐松南，市政协领导燕平、宋爱荣、李钺锋、张玲，秘书长秦敏，县委书记蒲彬彬，县委副书记、县长梅时雨，县人大常委会主任易大斌，县政协主席杨刚等参观展出。

13 日晚 县委、县政府主办 2017 年“安全伴我行”安全知识宣传晚会在县会议中心举行。整台晚会通过微电影、歌舞剧表演、真实案例讲述等形式向市民宣传和普及安全知识。市安监局局长冉进红，县委书记蒲彬彬，县委副书记、县长梅时雨，县人大常委会主任易大斌，县政协主席杨刚等县领导观看当天的演出。知名演员袁立在现场进行图片解说《我与尘肺病人的故事》。

17—23 日 县总工会、文化委主办，县摄影家协会承办，县文化馆协办的“筑梦”——迎接党的十九大垫江记忆摄影展在会议中心举办。参展的 120 幅作品分别从“富民之路”“康养垫江”“幸福家园”“和谐丹乡”四个篇章全面再现垫江经济社会的发展成就，秀美的山水风光，淳朴的民风社情。

20 日 垫江县与北京乾坤恒大健康扶贫基金会在第 81 期全国健康发展暨 2017 生态旅游康养论坛开幕式上签订“服务能力项目落地及三年综合帮扶合作”框架协议。根据协议，北京乾坤恒大健康扶贫基金会支持垫江县开展健康扶贫、发展卫生事业、推动健康产业和健康城市建设，合作期限暂定 5 年。

全县非公有制经济工作促进会召开。县工商联负责人汇报全县非公有制经济发展情况；与会非公有制经济人士代表就全县非公有制经济发展提出意见和建议；县发改委、农委、经信委、商务局、国土房管局等单位坚持问题导向，围绕如何支持全县非公有制经济发展发言。县长梅时雨讲话。

20—21 日 由中国初级卫生保健基金会、北京健康扶贫基金会主办，县卫计委、旅游局、民政局协办的第 81 期全国健康发展暨 2017 生态旅游康养论坛在垫江县举行。全国 12 个省（市），40 余个市、县（区）的有关政府领导、卫生、民政、旅游部门负责人，各级医院院长、社区卫生服务中心主任，有关公益组织及支持公益事业发展的相关企业代表共计 300 余人参会。第 81 期全国健康发展暨 2017 生态旅游康养论坛，是按照国家的发展健康产业，推进“健康中国”的总体要求，围绕生态旅游、健康养生、生命康养、中医药发展新的发展趋势而举行。旨在转变理念、更新思想，统一共识，积极探索新社会组织合作模式，推进垫江的健康产业发展。本期论坛的举办，既是落实《健康中国 2030 规划纲要》和《全民健康保障工程建设规划》的重要举措，也是垫江实现“一个建成、六个显著”奋斗目标，打造“牡丹故里·康养垫江”品牌，建设“全国卫生强县”的重要实践。

22 日 在第二十届中国（重庆）国际投资暨全球采购会（简称“渝洽会”）开幕式暨重大项目签约仪式上，县长梅时雨与深圳市金视达光电有限公司总经理陈太盛正式签订“西部光电成像一体化产研基地建设项目”战略合作协议。垫江县在本届“渝洽会”期间，共签约 27 个项目，协议资金 84.68 亿元。其中，农业项目 2 个、协议资金 13.58 亿元；旅游项目 2 个、协议资金 5.9 亿元；工业项目 23 个，协议资金 65.2 亿元，涉及超薄电子玻璃、节能保温材料、医疗器械、电子智能终端和汽摩配套等项目。县委书记蒲彬彬，县领导何文武、程堃、刘德仁参加相关活动。

在重庆悦来国际会议中心举行的 2017 中国内陆投资峰会项目签约仪式上，县长梅时雨与天圣制药集团股份有限公司正式签订“小容量注射剂及粉针剂 GMP 建设项目”战略合作协议。该项目总投资 5 亿元，占地面积 6.67 公顷，将建设小容量注射剂、粉针剂 GMP 车间及辅助用房 8 万平方米，新购生产、检验检测设备 600 台，同时相应地完善环保、消防等配套工程。

垫江县第二职业中学校更名为垫江县第十一中学校。

29 日 在北京召开的全国食品安全宣传周活动上，垫江县获农业部“首批国家农产品质量安全县”授牌。

垫江县在会议中心举行中国共产党成立 96 周年纪念活动。县委书记蒲彬彬出席并讲话。县委副书记、县长梅时雨主持。蒲彬彬强调，全县广大党员干部群众要更加紧密地团结在以习近平同志为核心的党中央周围，深入学习贯彻习近平总书记系列重要讲话精神和治国理政新理念新思想新战略，全面落实习近平总书记视察重庆重要讲话精神，认真贯彻市第五次党代会部署，扬鞭奋蹄、埋头苦干，解放思想、转变作风，以崭新业绩为党的十九大献礼。举行新党员宣誓、老党员重温入党誓词活动。之后，还举行“解放思想转作风开启发展新征程”主题演讲比赛决赛。此次比赛共有 113 名选手分 16 个赛区先后进行选拔赛、预赛，12 名选手脱颖而出进入决赛。

是月 县纪委印发《关于严禁党和国家机关工作人员大操大办子女“升学宴”的通知》（以下简称《通知》），明确要求党和国家机关人员不得大操大办子女“升学宴”“谢师宴”，并将坚决纠正和处理顶风违纪行为。

7月

12 日　垫江县文学艺术界联合会成立大会暨第一次代表大会在县会议中心三楼八会议室举行。县委书记蒲彬彬出席会议并讲话。市文联党组成员、副主席杨矿，市作协副主席、副巡视员刘运勇，市文联副秘书长、组联部主任胡启华到会指导。会议审议通过《垫江县文学艺术界联合会第一次代表大会筹备工作报告》，审议通过《垫江县文学艺术界联合会章程》，选举出县文学艺术界联合会第一届委员会委员，选举产生主席、副主席、秘书长。刘健当选县文学艺术界联合会主席，黎美剑、陈起、邓晓霞、何光辉、程明亮、向晓秋当选县文联副主席，黄越当选县文联秘书长。县委常委、宣传部部长贺泽贵主持会议。

19 日　垫江县承接主城产业转移推介会在重庆举行。县委书记蒲彬彬参加会议并致辞。县委副书记、县长梅时雨主持。与会人员集中观看《兴业之城、逐梦垫江》宣传片。会上，签约招商项目 8 个，协议投资 5.45 亿元。市经信委与垫江县人民政府签订合作协议，重庆渝台经济促进会、重庆市中小企业协会、重庆铸造行业协会、重庆市新材料产业联合会分别与垫江县工业园区管委会签订意向合作协议。

24—25 日　县委、县政府组织开展 2017 年上半年乡镇（街道）特色工作调研督查。县委书记蒲彬彬，县委副书记、县长梅时雨，县人大常委会主任易大斌，县政协主席杨刚分别带队，采取现场看点、听取介绍、随机点评的方式，分四组对各乡镇（街道）特色工作进行实地调研督查。

26 日　垫江县创建重庆市文明县城攻坚工作会在县会议中心举行。县委书记蒲彬彬参加会议并讲话。县委副书记、县长梅时雨主持。市委宣传部副部长、市文明办主任万相兰到会指导。会上，县市政园林局、县城乡建委、县环保局、县水务局等县文明委成员单位代表立足工作职责作交流发言。县委常委、宣传部部长贺泽贵就垫江县创建重庆市文明县城工作进行安排部署。

8月

15—16 日　环保部环境与经济政策研究中心政策部主任沈晓悦一行 6 人，在市环保局水处处长刘明君陪同下到垫江县开展重点断面水质达标现状及监管政策调研。调研组一行先前往包家镇六剑滩流出断面及砚台镇富源化工企业实地查看水体水质、企业污水处理等情况，并在县会议中心召开座谈会。座谈会上，副县长赵元福就垫江县龙溪河水污染治理、重点断面水质监测等情况进行汇报；梁平区环保局就龙溪河上游水污染防治工作开展情况进行汇报。县委书记蒲彬彬，县委常委、常务副县长粟登琳参加相关活动。

24 日　全县推开公立医院综合改革动员部署会议召开。县委副书记、县长梅时雨参加会议并讲话。会上，县委常委、常务副县长粟登琳安排部署全县全面推开公立医院综合改革工作。副县长李小莉主持会议。县卫生计生委、发改委、财政局、人力社保局、县医院等单位分别作发言，梅时雨代表县人民政府与县卫生计生委、人力社保局等部门签订目标责任书。

30 日至 9 月 1 日　“把总书记重要讲话精神落实在重庆大地上”全媒体大型主题报道活动走进垫江。市委宣传部新闻出版处副处长徐祖国带队的《重庆日报》、重庆电视台、重庆之声、《重庆晚报》、华龙网等 9 家市级媒体单位聚焦垫江，开展为期三天的采访。县委书记蒲彬彬在交流座谈会上致辞并回答记者提问。县委常委、常务副县长粟登琳，县委常委、宣传部部长贺泽贵参加活动。

9月

17 日　2017 中国·垫江石磨豆花文化节在垫

江体育馆开幕。县长梅时雨致辞，市商务委服务业发展处处长杨来科讲话。中国烹饪协会副会长乔杰宣布 2017 中国·垫江石磨豆花文化节开幕。文化节期间，主办方还开展美团外卖网络平台“一元抢单，万人吃豆花”活动、2017 中国·垫江石磨豆花文化节书法绘画摄影作品展、名宴名菜名点评选等系列活动。

18 日 以“彰显正能量喜迎十九大”为主题的县第五届老干部艺术节开幕式暨文艺演出在县会议中心举行。本届老干部艺术节为期 5 天，将开展书画摄影作品展、游园、老干部书市、电影专场等系列活动。县委常委、常务副县长粟登琳致辞并宣布县第五届老干部艺术节开幕。

21—29 日 垫江县第四届运动会在县体育馆举行。县运会紧扣“县运惠民 健康垫江”为主题，以“参与、健身、团结、奋进”为宗旨，充分展示“更快、更高、更强”的体育精神。本届运动会分成人组和青少年组，成人组 16 个大项，青少年组 12 个大项，共计 480 个小项，有 26 个乡镇（街道）、12 个中心学习组、5 个县属企业、1 个驻垫单位组团参赛。

27 日 县第五次归侨侨眷代表大会在县会议中心三楼九会议室召开。会议听取和审议重庆市垫江县归侨侨眷联合会第四届委员会工作报告；选举产生重庆市垫江县归侨侨眷联合会第五届委员会委员；审议聘请重庆市垫江县归侨侨眷联合会第五届委员会名誉主席和顾问；审议通过重庆市垫江县归侨侨眷联合会第五次大会决议。

28 日 县总工会第十一次代表大会在县会议中心一楼大会场召开。会议听取县工会第十届委员会工作报告；审议通过《关于垫江县工会第十届委员会工作报告的决议》（草案）、审议通过《关于垫江县工会第十届委员会财务工作报告的决议》（草案）、审议通过《关于垫江县工会第十届经费审查委员会工作报告的决议》（草案）；选举产生县总工会第十一届委员会常务委员、主席、副主席，选举产生县总工会第十一届经费审查委员会委员、主任、副主任。余凤当选为新一届县总工会主席。县委常委、宣传部部长贺泽贵，市总工会党组成员、副主席杨帆分别讲话。

10 月

12—13 日 县科学技术协会第五次代表大会在县会议中心召开。会议听取县科协第四届委员会工作报告；会议审议通过《关于垫江县科协第四届委员会工作报告的决议》（草案）。会议选举产生县科协第五届委员会常务委员、主席、副主席、秘书长。陶平当选为新一届县科协主席。会议由副县长苏灿主持。市科协党组成员、副主席刘彤，县委常委、组织部部长彭锋分别讲话。

13 日 中国烹饪协会授予垫江县“中国石磨豆花美食之乡”称号，县长梅时雨在授牌仪式上接牌。

15—16 日 县第十五次妇女代表大会在县会议中心召开。会议听取县妇联第十四届执行委员会工作报告，审议通过《垫江县第十五次妇女代表大会关于工作报告的决议》（草案）。选举产生垫江县妇女联合会第十五届常务委员会委员、主席、副主席。钱志碧同志当选为新一届妇联主席。市妇联党组书记、主席丁中平，县委常委、组织部部长彭锋分别讲话。

19 日 2017 年重庆市区县党校行政院校第三片区协作组教学比赛在垫江县举行。重庆市委党校常务副校长、重庆行政学院常务副院长谢金峰担任本次评审委员会主任。县委书记蒲彬彬出席比赛开幕式并致辞。

24 日 垫江县坪山镇新风村被评为“重庆市第一批历史文化名村”，中和堂诏书阁、保合寨入选“重庆市第一批优秀历史建筑名录”。

25—26 日 共青团垫江县第十九次代表大会在县会议中心召开。会议听取团县委第十八届委员会工作报告，审议通过《关于共青团垫江县第十八届委员会工作报告的决议》（草案）。会议选举产生团县委第十九届委员会常委、书记、副书记。李行波当选为第十九届团县委书记。团市委副书记廖传锦，县委常委、组织部部长彭锋分别讲话。

30—31 日 县残疾人联合会第七次代表大会在县会议中心召开。会议听取县残联第六届主席团工作报告，审议通过《关于垫江县残联第六届主席团工作报告的决议》（草案）。会议选举产生县残联第七届主席团主席、副主席、残联理事长、副理事长、理事。副县长苏灿当选为新一届残联主席团主席。县委常委、组织部部长彭锋，市残联党组成员、副理事长张青莉分别讲话。市残联党组书记、理事长周鸣，县委书记蒲彬彬出席会议。

11 月

15 日 学习贯彻党的十九大精神市委宣讲团报告会暨县委理论学习中心组（扩大）集体学习会在县会议中心一楼大会场举行。市委宣讲团成员、市直机关工委常务副书记张国忠作宣讲报告。县委书记蒲彬彬主持会议并为“六进”宣讲分队授旗。县委副书记、县长梅时雨，县人大常委会主任易大斌等全体市管干部，县委理论学习中心组成员，县委宣讲团成员、“六进”宣讲分队各分队长，各乡镇（街道）、县委各部委室，县级各部门、各人民团体、县属各企事业单位、各驻垫单位领导班子成员 700 余人参加会议。

28 日 垫江县城市管理局（县城市管理综合行政执法局）挂牌成立，县长梅时雨授牌并讲话。

12 月

6 日 中国共产党垫江县第十四届委员会第二次全体会议在县会议中心三楼八会议室召开。县委委员、候补委员出席会议。全会深入学习贯彻党的十九大精神，全面落实市委五届三次全会精神，听取和讨论蒲彬彬代表县委常委会的讲话和所作工作报告，审议通过《中共垫江县委关于谱写好把党的十九大精神全面落实在重庆大地上的垫江篇章的决定》和全会决议。县委副书记、县长梅时雨作《决定（讨论稿）》的说明。

21 日 全县乡镇（街道）人大工作座谈会在县会议中心三楼八会议室召开。县委书记蒲彬彬参加会议并讲话。县委副书记、县长梅时雨主持会议。县人大常委会主任易大斌讲话。县委常委、纪委书记周道君通报全县监察体制改革有关情况。澄溪镇、三溪镇党委，人大桂阳街道工委，普顺镇、高安镇人大主要负责同志作工作交流发言。彭锋、张光全、徐明德、程堃、余风、谭建等县领导，县人大各专门委员会、县人大常委会各工委室负责人，各乡镇（街道）党（工）委书记，乡镇人大主席、副主席，人大街道工委主任、副主任，县级相关部门负责人参加会议。

22 日 垫江县深化国家监察体制改革试点工作小组会议召开。县委书记、县深化国家监察体制改革试点工作小组组长蒲彬彬主持会议并讲话。会议听取县纪委关于县监察体制改革试点工作开展情况汇报以及县人大人事代表工委、县人民检察院、县机关事务局改革相关工作进展情况汇报，并研究县监委主要职责、内设机构和人员编制方案。贺泽贵、郑小波、彭锋、周道君、张光全等县领导，相关部门负责人参加会议。

28 日 县委党的建设工作领导小组（扩大）会议在县会议中心三楼八会议室召开。县委书记、县委党的建设工作领导小组组长蒲彬彬主持会议并讲话。县委副书记、县长梅时雨，县人大常委会主任易大斌，粟登琳、郑小波、何文武、刘琼、彭锋、周道君等县领导参加会议。会议学习党的十九大报告中党的建设工作部分内容、《中共中央办公厅印发习近平总书记关于进一步纠正“四风”、加强作风建设重要批示的通知》《中共重庆市委办公厅关于认真学习贯彻习近平总书记重要指示精神进一步纠正“四风”加强作风建设的通知》；听取县委党建办 2017 年“两学一做”学习教育暨“思想再解放、作风大转变”主题活动开展情况汇报。县委党的建设工作领导小组成员，县委各督导组组长、副组长，各乡镇（街道），县委各部委室，县级各部门、部分县属重点企事业单位、部分组织关系在垫江的驻垫单位党组织负责人参加会议。

垫江县深化国家监察体制改革人员转隶干部大会在县会议中心三楼八会议室召开。县委书记蒲彬彬参加会议并讲话。县委常委、纪委书记周道君主持会议并向转隶人员赠送《宪法》《党章》和《十九大报告》。会上，纪委相关负责人宣布县纪委、县监委“三定”方案和转隶人员安排方案，转隶人员代表作表态发言。县委常委、组织部部长彭锋，县人民检察院检察长李志军，县纪委常委，县纪委机关和县检察院全体转隶人员，乡镇（街道）纪（工）委书记，县纪委派驻纪检组组长参加会议。

是月 全县掀起学习贯彻十九大精神热潮，组建县委宣讲团和 26 个乡镇（街道）党（工）委宣讲团等宣讲组织，广泛宣讲党的十九大精神 2109 次，受众 23.5 万余人。

农 业

【概况】 县农业委员会（简称县农委）内设办公室、政工科、计划财务科、法规与行政许可科、产业发展科、科教与市场信息科、扶贫开发科、畜牧发展科、“三农”调研室、发展计划科、农产品质量安全监督管理科 11 个科室。管理县农业技术推广站、县植保植检站、县果品蔬菜管理站、县农村能源环境保护管理站、市广播电视学校垫江分校、县渔政渔港监督管理站、县农业综合执法大队、县农村经营管理服务站、县动物卫生监督所、县畜牧生产站、县农机安全监理站、县农业综合开发管理站、县蚕桑站 13 个事业站和 25 个乡镇畜牧站。2017 年，县农委贯彻中央、市、县农村工作会议精神，以农业供给侧结构性改革为统揽，以市场需求为导向，以调结构、降成本、补短板、提质量、促融合为重点，加快建设“3+2”特色效益农业体系，促进农业增效、农民增收、农村增绿，实现农业总产值 64.52 亿元，农业增加值 43 亿元。农村居民人均可支配收入 13979 元，增长率 10.1%。 （王晓谦）

种植业

【概况】 2017 年，围绕“重庆粮仓”建设，贯彻落实国家粮食安全战略，稳定粮油 8 万公顷 42 万吨，重点发展水稻制种 866 公顷、优质稻 1.67 万公顷、粮饲玉米 0.2 万公顷，适当压缩过剩产能，调减粒用玉米面积 2000 公顷。围绕“都市菜园”建设，壮大特色蔬菜产业，实现蔬菜 2.67 公顷 80 万吨，发展榨菜 1 万公顷、蜜本南瓜 0.67 万公顷、酸泡菜（花椒）0.33 万公顷。围绕“花果之乡”建设，提档升级果品品质，建成垫江晚柚基地 333.33 公顷、晚熟柑橘基地 0.2 万公顷、晚熟李子 0.13 万公顷。

【粮油绿色高产高效示范片创建】 2017 年，县农委承担部、市级粮油绿色高产高效创建项目 2 个、县级 5 个，落实面积约 0.53 万公顷，带动 2 万公顷增产增收。8 月 16 日，市农委对县农委承担的部级“优质稻绿色高产高效创建”项目现场测产验收，普顺镇、沙坪镇、高安镇优质水稻绿色高产高效创建示范区中稻平均公顷产 9448.5 千克，比农户常规种植每公顷增产 1632 千克、节本增效 5475 元。建成多模式绿色高产高效示范片，在普顺镇、新民镇、沙坪镇实施稻—油轮作综合示范片 133.33 公顷，恢复沙坪镇油菜花观光园 66.67 公顷。在普顺镇大顺——迎风湖沿线实施油—玉模式 66.67 公顷。在新民镇、太平镇、曹回镇、高安镇探索粮饲兼用玉米高产示范 266.67 公顷，每公顷产值 2.25 万元，比粒用玉米每公顷增收 9000 元以上。在曹回镇、周嘉镇探索实施鱼稻共生综合种养技术，每公顷增加鱼 2250 千克、水稻 5925 千克、增收 5.07 万元。

【果蔬产量效益】 2017 年，果蔬总产量 94.65 万吨，总产值 16.2 亿元。其中果品产量 14.65 万吨，产值 3.4 亿元。蔬菜产量 80 万吨，产值 12.8 万元。榨菜产业实现“产销两旺”，榨菜原料（青菜头）最高收购价 1.05 元/千克，创历年最高，农户种植榨菜平均销售收入每公顷 2.55 万元，纯利润每公顷 2.25 万元。

【五洞青脆李丰收】 五洞青脆李口感清脆，果味独特，果酸味少，含糖量高，兼具蜂蜜味和冰糖味，口味沁人心脾，加之色泽鲜艳，果型较大，易于保存，素有“渝东第一李果”美誉。五洞青脆李在湖广填川时由移民带入种植于五洞镇唐家坡上，距今已有 400 余年种植历史，种植面积近 1000 公顷，约 50 余万株，主要分布在月江村、高山村、山河村。五洞青脆李 2010 年被重庆市水果联合会评为“重庆知名绿色食品”，2011 年被中国农业网评为“重庆市知名水果品牌”，2013 年获农业部无公害食品认证。2017 年，李子产量 3 万吨，交易额 2.4 亿元，销售辐射到四川、广州、厦门等省市。

【基础设施建设】 2017 年，垫江县田间工程项目资金建成高标准农田 866.67 公顷，建设果蔬基地机耕道 12.5 千米、砼生产便道 46.46 千米、蓄水池 9665 立方米、排水沟 2.49 千米、灌溉管网 166.67 公顷，累计耕地改良、道路、水利等基础设施建设面积 0.2 万公顷以上，配套棚架、杀虫灯、防虫网、遮阳网、喷微灌和中小型农机具等设施生产面积 666.67 公顷，提高种植基地综合产能和防灾减灾能力。

（杨世文　张立中）

畜牧业

2017 年 3 月 31 日，渝东北片区重大动物疫病联防联控工作会在垫江县召开

【概况】 2017 年，全县生猪出栏 78.1 万头、存栏 43.3 万头、猪肉产量 58515 吨，分别增长 0%、0.94%、1.4%。肉牛出栏 0.86 万头、存栏 1.54 万头、牛肉产量 1110 吨、存栏奶牛 0.15 万头、牛奶产量 2746 吨，分别增长 4.6%、-11.03%、4.5%、0%、4%。山羊出栏 2017 年出栏 2.4 万只、存栏 1.5 万只、羊肉产量 329 吨，分别增长 8.33%、6.42%、6.3%。家禽出栏 549.37 万羽、存栏 333.03 万羽、禽肉产量 8414 吨、禽蛋产量 2 万吨，分别增长 2.7%、0.59%、2.69%、0.05%。肉兔出栏 54.46 万只、存栏 15.6 万只、兔肉产量 770 吨，分别减少 2.33%、5.7%、2.4%。蜜蜂保有量 3.8 万群、蜂蜜产量 753.5 吨，分别增长 28.94%、6.83%。

2017 年 8 月 31 日，重庆电视台专题录制垫江县病死畜禽无害化处理体系建设

【发展环保型畜牧业】 加强中央环保督察反馈问题整改，对不符合环保要求养殖场提出整改措施和整改时限，开展规模化畜禽养殖粪便综合利用，全年取缔禁养区畜禽养殖场 186 家，减少生猪当量 4.7 万头，复垦土地 2.9 万平方米，模式化治理 459 家。健全病死畜禽无害化处理体系，全年共无害化处理县内病死猪 15564 头，禽兔 33498 羽（只），牛 45 头，羊 476 只，畜禽产品 32700 千克。县外畜禽 651 头（只），杜绝病害动物及产品抛入江河，流向餐桌。

【建设畜禽良繁体系】 开展畜牧（生猪、奶牛）良种补贴及基础母牛扩群增量，制定种畜禽场监管意见，改造生猪种场 3 个、山羊种场 1 个、肉牛种场 1 个，督促全县种畜禽场制定育种繁殖技术规程，对父母代种畜场进行个体档案登记更新。推广良种引进与人工授精技术，累积引进纯种长白、约克母猪300头，推广“洋二元”母猪0.72万头，良种猪精液1.05万头（份），奶牛冻精0.5万枚，肉牛冻精0.9万枚，新增基础母牛901头、肉牛犊牛623头。

【提高养殖设施化水平】　发展规模养殖，实施畜牧项目10个，引进大型规模化养殖企业3家，新建规模养殖场52家。打造南方现代草地畜牧业示范基地1个，新增高产优质人工饲草基地38公顷、改良草山草坡33.33公顷。推广畜牧主推技术，推广蜜蜂授粉示范地7.33公顷。加强技术培训，组织举办50人次以上技术培训班12次，累积培训600人次，选送技术人员及优秀养殖场主进修60人次。延伸产业链条，培育“蓝希络”分割肉、“树臣”牛肉、“申记”牛肉、“佳佳”乳业、“川久”食品、“鹭馨”酱板鸭、“清水湾”卤鹅等优质畜产品品牌。

（何汐）

渔　业

【概况】　2017年，全县有各类宜渔水面4345公顷，其中溪河566公顷、池塘2958公顷（其中精养鱼池1107.47公顷）、水库821公顷。水产品产量19795吨，其中养殖产量19245吨，捕捞产量550吨，名优水产品占比为18.3%，渔业经济总产值3.7778亿元。水产养殖品种有青鱼、草鱼、鲢鱼、鳙鱼、鲤鱼、鲫鱼、鳊鲂、泥鳅、鲶鱼、鮰鱼、翘嘴红鲌、黄颡鱼、鳜鱼、鲈鱼、乌鳢、罗非鱼、鳖和大鲵等。垫江县皓维水产养殖专业合作社、重庆安高农业发展有限公司（所属水产养殖场）、垫江县跃辉水产养殖场、垫江县才坤水产养殖场被农业部命名为“全国健康养殖示范场”。累积培育无公害水产品认证22个。

【养殖与水产品质量安全】　全县渔业以养殖为主，养殖模式为人工投饵养殖，近年来开始推广池塘综合种养技术，2017年在曹回镇皓维水产养殖、周嘉镇钧涵水产场、周嘉镇段家坝水产养殖开展池塘综合种养试验14.61公顷，设置浮板（浮框）8250块面积5455平方米，种植空心菜、水稻0.55公顷，显著改善养殖水体环境。建立水产品质量安全监管体系和监管制度，配备水产品质量快速检测仪器，具备对孔雀石绿、氯霉素、呋喃唑酮类代谢物残留定量检测能力和对喹乙醇代谢物残留定性检测能力，常年可定量定性检测水产品样品700余个。

【渔业资源与环境保护】　以人工增殖和春季禁渔为渔业资源保护主要措施，实行每年3月1日至6月30日境内天然水域禁渔制度。对具备条件的天然水域依法出让养殖使用权，累计出让天然水域15段次，面积500公顷。2017年，政府投入143万元，在天然水域中开展增殖放流，增殖放流鱼种1000万尾。

（高能波）

农村能源

【概况】　2017年，全县农村新安装太阳能热水器602户、沼气池54户，联户沼气7处。

2017年，垫江县农村集中居住区农村能源综合示范项目

【农村能源项目建设】 2017年市级农业行业管理与服务项目：基本完成垫江县赶饭寨启君生猪养殖场沼气工程建设、石口子村生态农业创新试点建设。重点流域农业面源污染防治示范项目完成建设任务款。完成农村集中居住区农村能源综合示范建设。2017年现代特色效益农业专项资金项目：垫江县双飞畜禽养殖股份合作社养殖场废弃物无害化处理项目新建鸡粪发酵房1栋，硬化场地500平方米，0.2米厚，搭建彩钢棚500平方米。建设养殖场大型沼气工程：完成2016年度重庆市远彬农业开发有限公司、垫江县贵丰生猪养殖场、重庆市河湾湾生态农业有限责任公司、重庆勤有奶牛专业合作社、重庆鑫伟旭生态农业发展有限公司、垫江县周嘉镇渝实肉牛养殖场、垫江县代均奶牛场、重庆市鑫桂生态农业开发有限公司、七朵种猪养殖场大中型沼气工程9处养殖场沼气工程竣工验收与审计。 （夏平）

农业综合开发

【概况】 2017年，县农业综合开发项目完成高标准农田建设1180公顷、衬砌排水沟5378米。新修提灌站1座，PE管9867米，沟带路（沟边套用）3263米，耕作道44211米，生产便道5868米。维修机耕道4362米。新建涵洞（农机桥）26座，下田坡道13个，涵洞桥2座，便民池9个，蓄水池18个，梯田埂808米，土地平整12.2公顷。开展技术培训300人次。

【项目管理】 遵照国家农业综合开发若干政策和重庆市农业综合开发系列试行办法规定执行，按照市开发办批复的项目实施计划实施。推行项目公示制、招投标制、监理制、县级报账制，增强项目建设公开性，增强群众参与意识，确保项目建设公开、公正、透明。有效规范投标公正，降低工程造价。健全项目监管手段，提高工程质量。资金专款专用，专人监理、专户储存、确保资金安全使用。

农村扶贫开发

【概况】 2017年，全县实现865户2864人脱贫越线。市下达县财政专项扶贫资金1111万元，县级财政安排专项扶贫资金1203.8万元，解决饮水困难群众44户，改造D类危房467户。救助大病、重病、慢性病患者12087人次48.55万元，教育资助11346人次1325万元，发放助学贷款231人165万元。实施精准脱贫保险26448人264.48万元。低保兜底9328人。贫困村基础设施建设，修建农村公路和便道300千米，蓄水池、山坪塘、提灌站185口（处）。发挥新型农村合作经济组织带动作用，盘活村集体闲置办公用房、闲置学校等不动产，全县10个贫困村中高安协和、三溪箐口、大石安全等5个贫困村集体收入16万元以上。

【攻坚队伍建设】 实施“双组长制”，成立以书记、县长任组长的领导小组，各乡镇（街道）成立相应机构，落实“五个一”（每个贫困村有1名县级联系领导、1个帮扶单位、1个驻村工作组、1名第一书记、1名农技员）联系帮扶机制，全县落实联系县领导30名、帮扶部门134个、驻村工作队10个44人、第一书记10名、结对帮扶干部7152名。

【精准动态识别】 按照“四进七不进一出三不出”标准和“八步四公示”程序，开展3次全县贫困对象集中精准识别，共清理“四类人员”1225户4602人，脱贫865户2872人。年末，全县共有建档立卡贫困户9697户30922人，其中贫困户1008户2811人（深度贫困户121户369人），贫困发生率0.38%，较2016年下降0.17个百分点。

【精准帮扶实施】 坚持“一村一策”“一户一法”，

实施菜单式精准帮扶，落实市上资金使用政策，整合农业、交通、国土、水务、旅游资金11750万元，用于脱贫攻坚。

【完善政策体系】 根据全市深化脱贫攻坚工作会和“一文三案”文件，出台《关于全面深化贫困人口帮扶工作的通知》，在危房改造、大病救助等方面制定“高线”政策，形成解决深度贫困群众脱贫组合拳。（陈立波）

农村经营管理

【农村土地承包管理】 制定《垫江县进一步深化农村土地承包经营权确权登记颁证工作实施方案》。完善农村土地承包经营制度，农村土地累计流转3.74万公顷，占总耕地面积的45.69%。规模经营面积2.98万公顷（其中新增规模经营面积0.2万公顷）。县农村土地承包仲裁委员会受理农村土地纠纷9件，其中调解8件，仲裁1件，按法定期限100%结案。

【农村集体资产与财务管理】 实施集体资产量化确权改革，除黄沙镇、鹤游镇、长龙镇（2个试点村已培训）外，分别对23个乡镇（街道）的281个村（居）干部、1948个组（居民小组）长、部分村务监督委员会成员以及村民代表进行集体资产量化确权改革现场业务培训。委托重庆瑞赢会计师事务所对15个乡镇（街道）100个村（居委）2015—2016年村级财务收支和26个村（居委）村干部任期（离任）经济责任进行审计。审计重点是村集体资产、资源、资金和账务管理以及群众关注的热点问题。被审计乡镇（街道）主动督促被审计村（居）对问题进行整改。

【农民负担监督管理】 指导农村公益建设“一事一议”筹资筹劳，完成8个乡镇、16个项目村60千米村社便道建设，完善农业基础设施建设，解决村民出行难问题。

【农民专业合作经济组织和家庭农场发展】 培育农民合作社和家庭农场，举办2期家庭农场和农民合作社理事长培训班，全年指导新建农民合作社54个，家庭农场29个。发展市级示范农民合作社2个、市级示范股份合作社1个、市级示范家庭农场3个。在工商注册登记农民合作社54个，家庭农场2个。探索财政投入农业产业新机制，完成农业项目财政补助资金股权化改革3392.48万元。开展政策性农业保险，实施农业保险17个险种，其中油菜442公顷，鱼228.87公顷，生猪21.3万头，生猪收益10000头，水稻3247.8公顷，玉米2113.5公顷，水稻收益783.13公顷，杂交水稻370.5公顷，牛3019头，鹅816只，蛋鸡151.2万只，羊2518头，公益林36826.67公顷，商品林15.33公顷，蚕桑188.95公顷，柑桔439公顷，奶牛198头。农村产权抵押备案登记14起，面积610.25公顷，银行贷款5090万元。

【农经统计】 农经统计数据收集整理，上报全县实现农林牧渔业总产值64.52亿元，实现农林牧渔业增加值43.0亿元，全年农村常住居民人均可支配收入13929元。（兰俊成）

农业机械

【农业机械及农机应用技术推广】 2017年，全县农机总动力43.8万千瓦，机耕、机播、机收面积分别达到6.79、0.84、2.78万公顷。综合机械化率47.63%，首次引进青饲料收获机和秸秆还田机械，机械配置涵盖农林牧渔、耕种管收各环节。果园、榨菜地等深松整地733.33公顷，完成土地宜机化整治47.33公顷，已完成规划测图正在建设中46.67公顷。开展机械化统防统治2000公顷，水稻烘干1500吨左右，揉丝青贮粮饲兼用玉米1万吨，主要农作物基本实现全环节机械化。

【农机购置补贴】 全年受益户数 4509 户，机具数量 5013 台，总补贴 550.746 万元。其中：耕整地机械 3959 台，收获后处理机械 144 台，收获机械 277 台，田间管理机械 539 台，农产品初加工机械 33 台，畜牧水产养殖机械 51 台，拖拉机 10 台。健全落实县、乡、村三级农机补贴监管机制，县级与乡镇都成立农机购置补贴监管小组。

【农机社会化服务组织建设】 按照“区域分布合理、服务配置全面”发展思路，实施“种植大户+农机作业”和“农机经销商+社会化服务”两套模式，扶持壮大农机专业合作社，全年投资 64.5 万元扶持建设农机社会化服务组织 4 个。提升农机专业合作社服务能力，参加市县级业务培训，明亮农机专业合作社选手盛明亮和盈多农机专业合作社选手邓小花分别获“重庆市第一届农机职业技能大赛”二等奖和“重庆市首届十佳农机合作社经理人”称号。成立重庆市农机职业技能鉴定农业—026 垫江工作站，完成拖拉机手职业技能初级鉴定 176 人，合格 160 人。

【农机安全监理】 2017 年，拖拉机注册 15 台、累计在册 23 台、年检 19 台，联合收割机注册 7 台、累计 25 台、年检 24 台。申领拖拉机驾驶证 139 人，累计在册 3879 人，换证 221 人。与交巡警共同上路检查 30 次，车 50 台。办理案件 5 件，全县范围内开展变型拖拉机整治，一车一档登记 418 台，挂外省籍拖拉机函查 16 份 198 台，回复 175 台。全县农机安全生产形势总体平稳，无农机安全事故发生。创建市级“平安农机”示范镇 1 个，村 4 个。

（余仕祥）

林　业

【造林绿化】 全年共完成造林任务 1233.33 公顷。其中：新一轮退耕还林 66.67 公顷，中央财政造林补贴项目 466.67 公顷。复绿修复废弃矿山 9 个、97 公倾。全县 26 个乡镇、街道先后组织形式多样植树活动，220 名市民报名就近参加义务植树。全县组织广大机关事业单位干部职工在砚台镇百胜村开展“植绿龙溪河·涵养美丹乡”义务植树活动，创建劳模林、工匠林、巾帼林、共青林等植树造林基地。此次活动累计植树 150 余万株，参加人员 95 万人次。

（孙维　汤毅）

2017 年垫江县退耕还林工程——砚台镇花椒基地

【项目资金】 申报“两行贷款”项目，经过市级审核筛选，获首批 10 亿元贷款额度计划。申报中央财政森林抚育任务 1200 公顷，补助资金 194 万元，申报中央财政造林补贴任务 466.67 公顷，资金 116 万元。完成 2017 年中央财政林业贷款贴息补贴项目申报，贷款金额合计 2340 万元，获贴息金额 53 万元。

（孙维）

【林业执法】 2017 年，立破林业刑事案件 1 起，打击 1 人。受理林业行政案件 21 起，查处 21 起，依法处罚 23 人。其中：擅自改变或占用林地案 5 起，处罚 5 人。滥伐林木案 4 起，处罚 4 人。非法狩猎案 1 起，处罚 3 人。非法收购、运输野生动物案 2 起，处罚 2 人。未办理植物检疫证 5 起，处罚 5 人。无检疫证调运 2 起，处罚 2 人。共处林业行政罚款 7.0539 万元。有效地震慑违法犯罪活动，实现“惩处一例、警示一方”目的。

（黄芬）

【森林资源管理】　全年依法办理林地征占用和林木采伐许可共审批占用林地 13 件，其中：直接为林业生产服务设施 6 起，面积 6.83 公顷。临时占用林地 5 件，4.13 公顷（市级 1.20 公顷）。永久占用林地 2 件 7.4 公顷。林权抵押贷款 2 件，抵押面积 66.32 公顷，贷款金额 1100 万元。全县办理林木采伐许可 81 件，采伐活立木蓄积 7547.91 立方米。

（李瞻）

【森林防火】　狠抓森林防火工作，2017 年全县共设置入山检查卡 59 个，刷写防火标语、悬挂横幅计 1000 余幅，制作森林防火宣传布袋 5000 余个，出动森林防火宣传车巡回宣传 60 余车次，实现全年森林防火“零目标”。（刘远德）

【森林病虫害防治】　全县各疫区乡镇履行主体责任，组建专业除治队，实施作业 1146.67 公顷，除治枯死松树 2.98 万株，防治刚竹毒蛾 33.33 公顷，完成年度飞防作业 3400 公顷次。开展检疫执法办理行政案件 12 件，完成全国林业有害生物春普工作并通过市级验收。（岳泽芳）

【生态文化】　举办第二届花卉盆景展，共展出盆景作品 120 件，评出金奖 10 件、银奖 10 件，铜奖 20 件。参加重庆市第十一届盆景艺术暨精品插花艺术展，选送 7 件盆景作品，获 1 个金奖、2 个银奖、3 个铜奖，获奖率全市最高。在宁夏银川参加第九届中国花卉博览会，全县选送 6 件盆景，陈荣中的《生生不息》获金奖、刘盛清的《柿柿如意》获银奖。

（徐东洋）

【湿地保护】　2017 年，全县完成中央环保督察反馈意见整改工作，成立长寿湖湿地自然保护区管理科。编制长寿湖湿地自然保护区（2018—2027）总体规划工作，启动长寿湖湿地自然保护区界限和功能区划调整工作。开展“绿盾 2017”“零容忍，出重拳”等专项行动清理在长寿湖湿地自然保护区各种违法违规划行为。利用“世界湿地日”“爱鸟周”等节日活动，发放宣传单 3000 余份，围腰 2000 余条，横幅 50 条。（田刚）

水　利

【概况】　2017 年，县水务局核定编制 21 人，实有人数 17 人。下设办公室、财务审计科、安全监督管理科、水利科、水政科、行政审批科。直属事业单位 8 个，片区水利管理站 7 个，直属企业 4 个，下辖乡镇水厂 19 个。水务系统党支部（总支）30 个。水务局负责指导全县农村水利和农机工作，统一管理全县水资源，组织实施取水许可制度和水资源费征收制度，主管全县节约用水工作，负责全县水政监察和水行政执法。处理部门、地区之间的水事纠纷，查处各类水事案件。主管全县水土保持工作、全县防洪抗旱工作。全县完成各类投资 3.07 亿元，为年度投资计划 3.47 亿元的 88.7%。县水务局获重庆市水利局“禹王杯”考核一等奖。

【水利设施】　2017 年末，全县有各类水利工程处，其中水库 123 座（含电力系统管理 6 座。中型 3 座（含盐井溪）、小（1）型 22 座、小（2）型 98 座），水电站 14 座（小（2）型 14 座），山坪塘 5185 处，蓄水池 5411 处，引水堰 390 处，提灌站 168 处，机井 542 处，水厂 29 座，堤防 18 处，渠沟长 1151 千米。全县总蓄引提水能力 1.5 亿立方米，有效灌溉面积 2.59 万公顷，节水灌溉面积 0.89 万公顷。

【水利工程建设】　1. 盐井溪水库大坝导流洞封堵。盐井溪水库既是重庆市“十一五”规划的大中型水利工程，也是《垫江县国民经济和社会发展第十一个五年规划纲要》中提出的重点水源工程建设。该水库的建设是为解决鹤游镇、坪山镇、包家镇、砚台镇等高台地区耕地的灌溉用水及场镇供水、农村人、畜饮水问题。水库主要任务是以农业灌溉和场镇供水为主兼有灌区农村人畜饮水等综合效益的中型水利工程。水库工程为Ⅲ等中型工程，枢纽工程主要建筑物为3级，设计洪水标准为50年一遇、校核洪水位为500年一遇。枢纽工程于2013年1月3日开工建设，2017年7月18日，大坝导流洞已封堵，实现下闸蓄水，水位为410米高程、库容140万立方米。渠系工程石鼓溪、余家山泵站土建工程及机电设备安装基本完成，水土保持完成建设任务80%，预计2018年3月底前竣工。完成投资1000万元，为计划的100%。

2. 龙滩水库枢纽工程提前竣工。龙滩水库是西南5省规划的重点水源工程之一，也是重庆市和垫江县“十二”五规划的重点中型水库。水库按50年一遇洪水设计，500年一遇洪水校核。本工程由大坝枢纽、输水工程、灌区工程三部分组成。该工程于2015年11月17日开工。2017年，龙滩水库枢纽工程提前六个月完成建设任务，并完成单位及合同工程验收。宝鼎山引水隧洞完成洞挖1200米，为年度计划任务700米的171.4%。完成225户（其中：垫江97户，忠县128户）搬迁任务。垫江境内专项设施复建招投标完成，忠县境内专项设施施工单位进场施工。全年完成投资1.51亿元，超额完成年度目标任务。

3. 龙滩水厂建设。完成“三通一平”建设工程，主体工程施工已于8月进场开工建设，工程建设有序开展，年度建设任务基本完成。完成投资3000万元，为年度计划的62.5%。工程预计2018年底完成建设。

4. 油坊沟水库建设。勘界报告通过审查，正办理用地预审和土地利用总体规划符合性审查。

5. 山坪塘整治。2017年完成山坪塘整治880口（其中：5万立方米以上重点山坪塘22口），为目标任务851口（其中：5万立方米以上重点山坪塘22口），为计划的103.4%，完成总投资3778万元。恢复和新增21.6万立方米，恢复和新增灌面2400公顷，解决抗旱水源720人水源问题。

6. 小型水库除险加固。负责全县91座小型病险水库除险加固建设管理工作，年末，主体工程竣工89座，占97.8%，通过竣工验收87座，占95.6%，办理结算审计68座，占74.7%，办理决算审计25座，占27.5%，通过竣工验收10座，占11.0%。2017年，完成新出险19座小型病险水库除险加固建设任务，累计完成投资1920万元。新增3座小型病险水库除险加固前期工作，开工建设3座，通过竣工验收2座。

7. 灌区工程。完成2015年度以前龙溪河灌区续建配套与节水改造项目垫江灌片竣工验收。利民中型灌区项目总投资1600万元，分两期实施，一期投资560万元，建设任务基本完成。

8. 县城堤防及中小河流治理。2017年完成县城堤防治理3.4千米竣工验收。完成大沙河沙河河段、龙溪河周嘉河段等6个中小河流治理项目，共治理河道26千米，全部完成验收，完成总投资8302.16万元。2017年新开工龙溪河普顺河段、回龙河曹回武安河段2个项目完成投资1800万元，为计划投资2998万元的60%。启动桂溪河城区河段、大沙河龙凤河段、龙溪河高峰河段、打渔溪河澄溪河段、桂溪河曹回河段及龙溪河闸坝综合改造等6个中小河流治理项目的前期工作，计划整治河道27千米，估算投资1.2亿元。

【水库测绘和划界】 2017年，全县完成117座水库测绘和划界，累计测绘面积21.3平方千米，划定岸线300千米，埋设界桩1800个。巡视检查水库300余次，建立水库安全隐患排查台账，及时消除安全隐患。探索水利工程管理模式，推动全县水利工程物业化管理试点工作，直管水库日常维护保洁、大坝变形观测、安全监测成效显著。制定水库大坝5年安全鉴定计划，2017年完成3座水库大坝安全鉴定工作。督促、指导各片区水利管理站完成2017年度以前20余个公益性水利工程维修养护项目实施，组织、审核、上报完成2018年度项目实施方案。

【水土保持】 基本完成2017年水土流失综合治理12平方千米年度治理任务，完成投资400万元。启动2018年水土保持项目实施方案编制及项目区选点。

1. 木耳槽河小流域 2017 年国家水土保持重点工程木耳槽河小流域位于普顺镇，涉及东风、凤林、跃进和渡口四个行政村，小流域土地总面积 40.04 平方千米，水土流失面积 12 平方千米，项目业主是普顺镇农业服务中心。其建设规模及主要建设内容是：治理水土流失 12 平方千米，实施坡改梯 11.63 公顷，种植经果林晚熟李 11.63 公顷（坡改梯上种植），营造水保林 23.20 公顷，实施封禁治理 255.53 公顷，保土耕作 909.64 公顷。配套建设截排水沟 4.55 千米，沉沙池 13 口，作业便道 7.21 千米，蓄水池 3 座，新建山坪塘 1 座，小流域碑 1 块。批复项目总投资 523.64 万元，其中：中央财政专项资金 420 万元。市级配套 90 万元，群众折劳投资 13.64 万元。年末，项目已完成治理 98%。

2. 毛二沟小流域项目 2017 年，完成 2016 年国家水土保持重点工程毛二沟小流域水土流失治理面积 11.44 平方千米，其中：基本农田（坡改梯）1.6 公顷，占计划的 91.4%。栽植经果林 44.97 公顷，占计划的 99.7%。营造水土保持林 59.48 公顷，占计划的 100%。实施封禁治理 128 公顷。保土耕作 909.95 公顷。新修建蓄水池 4 座，沉沙凼 13 座，沟渠 2.89 千米，作业便道 0.89 千米，公路 1.4 千米，输水管道 0.33 千米，工程碑牌 1 处。经审计，实际完成财政投资 391.92 万元。县水务局及相关单位组织验收委员会对该项目进行竣工验收。该项目竣工，每年可减少土壤侵蚀 2.25 万吨，每年增加蓄水量 53.2 万立方米。生态环境得到明显改善，林草覆盖率较基准年提高 2.87%。年增加经济收入 94.27 万元。

【水务管理】 1. 河道管理。开展 691 千米河道划界工作。完成上报境内流域面积 50 平方千米以上的 11 条县级河流名录和龙溪河调查成果。编制上报《垫江县 2018—2019 年河道调查评价工作方案》。全年审批涉河建设项目 8 个。加强河道日常巡查监管工作，加大全县河道清漂保洁工作的检查、指导、督查和考核力度，有效保护河道岸线资源，杜绝“八乱现象”发生。

2. 水资源管理。开展以“一牌、二规划、三规范”为重点水资源管理工作。完成桂溪河、回龙河、卧龙河、大沙河、打渔溪、龙溪河等 6 条河流 16 个水功能区水功能区保护牌设置工作。编制完成《重庆市垫江县节水型社会建设“十三五”规划》和《重庆市垫江县重要饮用水水源地安全保障达标建设方案》。进一步规范取水管理，对超量取水户县自来水公司、新民、坪山自来水厂等单位重新开展水资源论证并核发取水许可证。完成全县 28 处集中式饮用水水源地隔离网、界桩、道路指示牌及保护牌等规范化建设工作。全年征收水资源费 180 万元。加大水资源涵养及工作力度，完成裴兴联合水库水生态修复项目建设任务。定期开展全县功能区水质监测，检测结果显示，除桂溪河、卧龙河不达标外，其余水功能区水质基本达标，全县河流水功能区水质达标率同比提高 21.2%。

3. 环保督查问题整改。按照中央环保督察反馈意见 27 项措施及 34 项具体问题整改要求，牵头继续实行河长制，推进双河水库城市集中式饮用水水源地规范化建设和垫江县双河水库一级自然保护区内及乡镇饮用水水源地保护区未采取隔离措施、垫江县龙溪河至包家段违法采砂行为、县城区玉河、白泉、十路口水厂深度处理工艺不足、乡镇供水企业规模较小、小水电运行后难以保证河流生态基流等 7 个问题整改销号。

4. 水文管理。完成全县 5 个水文站、63 个自动雨量站、14 个自动水位站巡检、滴定及 50 个简易雨量站、50 个防洪预警广播站点维护维修工作，全年水文遥测站点畅通率 96%以上，达到市级要求。完成 5 个水文站水准点校核、水尺零高测量、河道大断面测量工作，并按规范完成 5—10 月测报工作。完成普顺水文站应急监测河段堤防工程、五洞水文站业务用房和高安、白家 3 个墒情站点建设任务及土壤含水量比测率定工作。

【大中型水库移民工作】 发放大中型水库移民直补资金 1320 万元。完成移民后扶项目 56 个，完成投资 2983 万元，为投资计划 3140.46 万元的 95%。完成 2016 年度培训任务 1143 人次，启动三峡农村精准帮扶项目 1 个，总投资 1194 万元。

【水利改革】 制定并印发《垫江县深化水利改革 2017 年工作要点》，确定水资源管理体制、河库管理与保护、水利投入增长、水利工程建设和管理等 10 个改革重点，确保水利改革工作落到实处。开展小型水利工程管理体制改革。制定《垫江县深化小型水利工程管理体制改革实施方案》和《垫江县水库工程划界确权工作实施方案》，按照“谁投资、谁所有、谁受益、谁负担”原则，本着尊重历史、尊重现实、实事求是原则，兼顾国家、农村集体经济组织、农民三者利益，依法、合理开展小型水利工程产权界定。按照“界定管护范围、确定所有权、明确管理权、落实使用权”要求，完成 95 座水库工程划界确权工作。推进水资源管理体制改革：实施“十三五”水资源消耗总量和强度双控行动。根据生产规模，结合用水定额，核定下达年度取用水户用水计划。编制完成《垫江县节水型社会建设“十三五”规划》。制定《垫江县农村水厂改革实施方案》，完成永安、鹤游等 5 个小型水厂资源整合，规范供水企业职工薪酬管理，实现供水经营规模化，提高企业效益，保障供水事业良性循环和可持续发展。制定印发《垫江县鼓励和引导社会资本参与重大水利工程建设运营实施意见（试行）》，鼓励和引导社会资本参与重大水利工程建设，并以水利项目资金为引导，拉动社会资本参与水利项目建设，通过水土保持项目实施，撬动社会资本参与建设乐天花谷、牡丹樱花世界等旅游项目建设，龙滩水库贷款 2.5 亿元解决县级投资配套难问题。

【河长制施行】 全县 155 条河流（县级 11 条、乡镇级 33 条、村级 111 条）、123 座水库（中型 4 座、小一型 21、小二型 98 座）明确河长，实现河长监管河库全覆盖。建立健全县、乡、村三级河长组织体系，明晰三级河长职能职责。编制印发《垫江县全面落实河长制工作方案》、河长制“八项制度”，形成河长制会议、巡查、信息共享、联合监督等机制。完成县级卧龙河（打渔溪）流域“一河一策”编制工作，指导完成其他板块区域“一河一策”编制。组织开展全县河长制工作落实情况督查。完成各乡镇（街道）“一河一档”建立和“一河一策”初步验收。河长制“六大任务”有序推进，三级河长巡河（库）4832 次，基本完成河长制年度工作任务，河长制成效初步显现。

【防汛抗旱】 完善防汛抗旱责任制，修订完善防汛预案、调度计划，全县未出现水库水电站调度失误。报送“5·21”“6·15”“9·18”洪旱灾情报表 3 套。12·13、12·14、12·18 开展山洪防御宣传进社区、进学校、进村庄宣传活动。进行三溪场镇隐患整治，签订工程整治设计合同。2017 年水毁工程建设任务为 3 个项目，长龙许家河沟、桂溪卧龙河工程已验收。龙凤水毁工程基本竣工，已进行竣工验收。山洪灾害非工程措施 2016 年建设工作培训和宣传均在 2017 年完成。做好防汛抗旱风险管控工作，防汛抗旱物资储备到位。按时保质完成防汛抗旱工程年度建设任务。完成全县防洪重点区域和薄弱环节风险点应急预案编制工作。完成市级防洪薄弱环节三溪场镇应急预案审查和报备工作。完成全市水利行业突发事件风险管理工作，进行系统数据更新，实行风险动态管理，组织本系统开展风险管理系统培训工作。所有仓库物资均由专人管理，堆码规范，清洁卫生，物资设备维护保养到位，物资调运及回收及时，建立物资进出库台账，做好防汛抗旱物资管理工作。

【农村供水】 2017 年，农村饮水安全巩固提升项目（砚台水厂）进入施工阶段，新建 10000 立方米/日净水厂反应沉淀池、无阀滤池等水处理构筑物一套，完成输水主管网互联互通和升级改造 7 千米，已完成工程总量 80%以上。抓实水质管理，保障和改善民生。制定出台水质专项考核管理办法，组织对乡镇水厂制水化验人员进行分片区九项常规指标检验培训，做到人人培训考核过关。共采集水样 191 件，合格为 171 件，合格率 89.5%，水质合格率再创新高。

【安全生产】 制定2017年度安全生产执法检查计划，与下属各企事业单位签订安全生产目标责任书29份，下发16个指导性文件，多形式开展“安全生产宣传月”活动，宣传培训安全知识，提高安全管理和检查水平。开展水利安全生产“大排查、大整治、大执法”和危化品、电气火灾、高温汛期等安全专项整治行动。全年共排查出一般隐患185个，已整改185个，隐患整改率100%，确保“五一”“国庆”“十九大”等重要节日和重要时段安全稳定，实现安全生产事故零目标，通过国务院、市级和县级安全督查，并得到“底数清、情况明、措施实、效果好”评价。

【水务执法】 全年日常巡查河道约520千米，巡查库区面积约9平方千米，出动执法人员200余人次，发出责令停止水事违法行为通知书15份，联合执法取缔打砂场6处，销毁砂池12口。拆出涉河违法建筑3处;立案查处水事违法案件2件，结案2件，罚没收入1万元。建立部门公安等联动机制，严厉打击非法偷采河沙行为，依法管理水事行为进一步规范。

农业行政执法

【概况】 2017年，结合“双随机一公开”，开展系列农资质量抽检和执法检查活动，重点加强畜禽产品等质量抽检、种子质量管理、高毒及限用农药管理、渔业违法捕捞执法工作。对26个街道、乡镇，1030个农资企业（个体）进行拉网式检查，共出动执法车辆443台次，派遣执法人员1100人次。立案32件，结案30件，涉案金额17万元，罚没款4.27万元，移送司法机关9件。争取财政专项销毁资金31万元，销毁剧毒高毒高残留农药2960千克。全年共受理涉农纠纷22起，通过行政调解全部达成协议，赔偿农户经济损失3.2万元。

【种子专项执法】 清查生产经营品种依法备案，从外省进入县内10家制种企业全部在网上依法备案，委托生产品种10个，登记备案委托代销“两杂”品种19个，经营不分装“两杂”品种257个，其中水稻品种122个，玉米品种135个，未发现违规品种。开展种子质量监督抽检，抽取26个批次种子异地检验结果全部合格。开展种子生产企业、经营批发商和零售商检查，检查种子批发企业14家，种子零售摊点205个，对5起销售标签内容不符合规定种子进行立案处罚，共处罚款人民币1.4万元。

【农药肥料执法】 整治剧毒高毒高残留农药，检查经营企业113家，收缴禁用农药百草枯水剂2047.39千克，甲磺隆1.34千克，过期报废农药509.22千克。开展农药安全大检查，抽样送检51个，对2起经营假农药案进行立案处罚，共处罚款人民币7530元，对2起经营已撤销登记农药违法行为分别给予50元罚款现场处罚。开展肥料抽检，抽检样品30个，对1起经营有效成分或含量与登记批准内容不符肥料进行立案处罚，罚款人民币4750元。

【兽药执法】 开展禁限用兽药等养殖投入品质量安全检查，检查352户养殖场，未检出违禁兽药和兽药残留。加强经营市场监督，按照兽药GSP标准，依法办理9户《经营许可证》，配备监督管理兽药二维码扫描枪3支，所有兽药经销户配备二维码扫描枪，为兽药质量追踪检查提供保证。协助市兽药饲料检测所监督抽检，抽检兽药21个品种，合格率95.24%。

【饲料和饲料添加剂执法】 开展“瘦肉精”专项整治，出动执法、检测人员278人次、车辆397车次，检查养殖场（户）352个、兽药、饲料经营门市（点）56个，监督抽检饲料品种38个，未发现添加“瘦肉精”行为。随机抽取19个乡镇26户生猪规模养殖场和养牛场156个样品进行现场尿检，结果均为阴性。开展饲料中兽药残留量抽检，抽取自配饲料38个送检，未检出规定兽药残留量。

【渔业执法】 广泛禁渔宣传，开展渔政、公安、检察联合宣传活动5次，有53位捕捞渔民签订禁渔承诺书，31家涉渔餐饮行业经营者签订禁渔承诺书。加强天然水域渔业资源养护，放流各类鱼苗鱼种750余万尾。查获各类违法捕捞案件27起涉嫌人46人，其中行政立案14起，涉嫌25人，罚款6000元。公安立案侦结电捕鱼案件14起，涉嫌人23人，采取强制措施21人，移送司法起诉9人。开展渔业船舶安全监管，调查摸底渔业船舶，全县登记办证各类渔业船舶70条，发放捕捞许可证57本，处罚不符合安全标准渔业船舶1条次。

【农产品质量安全执法】 开展农产品生产基地和农民专业合作经济组织检查，出动执法人员142人次，检查蔬菜生产单位52家（其中豆芽11家）、水果生产单位64家、茶叶生产企业1家、粮油生产单位13家，对检查中发现5家单位违规行为当场发放《责令整改通知书》，要求限期予以整改。11月对农产品质量安全进行监督抽检，抽检农产品样品4个。

【生鲜乳整治】 加强生鲜乳生产、收购、运输等环节监督检查力度，在重大节日、重大活动、重点时段共开展集中检查整治活动5次，坚持每季度必须到场检查1次。全县4个生鲜乳生产单位均在醒目位置悬挂生鲜乳质量安全责任公示牌，明确企业负责人为生鲜乳质量安全第一责任人。3月农业部委托辽宁省来垫江检查，3个收奶站全部达标。

【调解农业投入品使用纠纷】 调解农业投入品使用纠纷，收到群众举报种子、农药、肥料、兽药等各类农业投入品使用过程中问题或纠纷投诉22起，及时调查取证，耐心细致解释，开展行政调解，挽回经济损失3.2万元。（谭向东）

工 业

【概况】 2017年，全县实现工业增加值112.2亿元，同比增长8.6%。规上工业用电总量30568万千瓦时（不含富源公司用电量），上升23.1%。工业用气总量48621万立方米，同比增长87%。工业用水总量488.5万立方米、同比增长6%。

全县有工业企业1521个。其中：规上工业135户（国有、集体企业6个，民营企业129个），实现总利润19.9亿元，从业人数约6万人。

产值过亿企业51户，分别是天圣制药、鼎发实业、中昆铝业、捷力轮毂、松德再生资源、力能民爆、汉华汽车、富源化工、隆斯达、兴发金冠、乾程不锈钢、佳佳乳业、凯尊汽车、博邦汽车、重庆钟表、金粤电器、圣皓机械、民赢塑胶、翔东鞋机、任丙科技、坪山榨菜、坤豪食品、美天弘建材、远东门窗、金龙科技、石山印刷、芝草堂药业、威冠毛发、俊杭建材、川久食品、强江陶瓷、南阳食品、益源捷科技、皇鼎木业、辉虎催化、江通环保、鸿裕食品、安鹭建材、亚核保温、双腾化工、金韵精密、运好金属、三丰玻璃、镜辰美科技、正清药玻、宏凌水泥、中汇路面、美凯达新材料、坤砂水泥、澳德保温、泰硕塑胶。

2017年4月19日，县委常委、组织部部长彭锋（右二）调研工业园区

【重庆鼎发实业股份有限公司】 始建于1977年，是一家集天然气采输、净化、销售及建材为一体的集团化国有企业。公司先后与中国石油西南油气田分公司（西油分公司）、中国燃气控股有限公司（中燃集团）、重庆燃气集团股份有限公司（重燃集团）、贵州燃气集团股份有限公司（贵燃集团）、重庆市汽车运输（集团）有限责任公司（渝运集团）等大型知名企业建立良好、稳固合作伙伴关系。公司生产工业硫黄、工业级焦亚硫酸钠、系列陶瓷墙地砖等，主要产品远销湖南、河南、陕西、广西、广东、新疆等地。公司曾多次获“重庆工业企业五十强”称号，系垫江县“工业十强”企业领头雁，连续多年获垫江县“纳税大户”称号，是垫江县委、县政府命名“双文明标兵”单位，是全国“模范职工之家”和“质量万里行”企业，2017年入列“重庆市100户成长型工业企业”。

2017年末，公司资产总额7.3亿元，拥有员工1000余人，各类专业技术人员300余人。公司下辖分（子）公司、参股公司14个，拥有天然气产气井15口，年产能5000万立方米。LNG工厂1座，日处理能力15万立方米。天然气脱硫回收装置3套，年处理能力5亿立方米， 年生产硫磺能力1.5万吨。生产焦亚硫酸钠装置3套，年生产能力1.8万吨。原生天然气增压站2座，增压机组13台，集配气站10座，CNG站2座，天然气输配主管网400余千米。服务居民用户13万户，工业用户40余户，商业用户近5000户，CNG汽车用户500余辆。

【重庆富源化工股份有限公司】 重庆富源化工股份有限公司（简称富源化工）始建于1970年，原为垫江县氮肥厂，位于砚台镇。2010年，富源化工国有股权（56.41%）划转重庆建峰工业集团有限公司。2017年，形成以天然气制合成氨（15万吨/年）

生产硝酸铵（20 万吨/年）、硝酸钠（8 万吨/年）、亚硝酸钠（4 万吨/年）、硝基复合肥（20 万吨/年）、碳酸氢铵（12 万吨/年）的综合性化工企业。

富源化工是大西南地区唯一硝酸钠、亚硝酸钠产品上规模生产企业，产品通过 GB/T19001—2008、GB/T24001—2004 和 GB/T28001—2011 体系认证，先后获"重庆市用户满意产品""重庆知名产品"和"重庆名牌产品"等称号，市场占有率 90%，拥有稳定的印度、巴基斯坦及东南亚客户群。企业先后获"全国化肥生产先进企业""市级文明单位""重庆市先进基层党组织""重庆工业企业进步奖""重庆市无泄漏工厂""环保先进集体"和"劳动创新奖"等称号，是垫江县重点企业和纳税大户。

【葛洲坝易普力重庆力能民爆股份有限公司】 是专业从事民用爆炸物品生产、销售国家民爆器材定点生产企业，系葛洲坝易普力股份有限公司控股子公司。公司下辖合川分公司和黔江民爆公司，注册资本 1500 万元，占地 20 余公顷。公司生产区位于桂阳街道群山村，有膨化硝铵炸药、乳化炸药两条生产线，主要生产岩石乳化炸药，岩石膨化硝铵炸药，一、二、三级煤矿许用乳化炸药等产品，年生产许可能力 22000 吨，产品销往重庆、四川、湖北、湖南等省市。2017 年，总资产 1.8 亿元，固定资产 6353 万元，职工 300 人。

【重庆辉虎催化剂有限公司】 成立于 2006 年 4 月，位于重庆垫江工业园区，公司性质为有限责任公司（私营企业）。重庆辉虎是一家以汽车尾气净化为主营产品的高新技术企业，主要从事摩托车催化剂、汽车催化转化器、柴油车颗粒捕捉器以及 SCR 研发、生产和销售。公司拥有载体焙烧、浆料涂覆与系统封装三大核心技术，拥有发明专利授权 2 项，发明专利受理 2 项，实用新型专利授权 11 项，实用新型专利受理 6 项。2017 年，有员工 100 余人。与宗申集团、隆鑫集团、洛阳北易、江门轻骑、长安跨越、华晨鑫源、郑州日产、世纪中原等各个中大型主机、整车厂配套合作。

【重庆市佳佳乳业有限责任公司】 成立于 2003 年，是专业从事健康饮品研发、生产、销售为一体的现代化食品企业。公司是伊利和君乐宝西南地区唯一乳酸菌代工厂，拥有国内先进水平乳酸菌生产线 3 条、利乐生产线 4 条条、利乐钻生产线 1 条，拉罐生产线 2 条共 10 条生产线，饮料加工能力 10 万吨/年。产品涵盖植物蛋白饮料、乳酸菌饮料、含乳饮料、果汁果粒饮料、功能饮料等品类，包装有利乐砖、利乐钻、拉罐、PET、PE、BOPP 等。 产品通过 ISO 9001、ISO 22000、HACCP 质量体系认证，获 2015 年"优润杯"技巧锦标赛独家冠名及指定饮品，并成为 2015 年亚欧男子乒乓球全明星对抗赛战略合作伙伴。2017 年，有员工 253 人。其中专业技术人员 28 人，研发、检验人员 22 名，管理人员 21 人。

【重庆捷力轮毂制造有限公司】 创建于 1996 年，2006 年迁址重庆垫江工业园区，为国内一流专业生产摩托车铝合金轮毂企业。厂区固定资产投资 2 亿元，占地约 13 公顷，厂房及配套设施建筑面积 8 万平方米。拥有各类先进生产设备 370 余台套，摩托车铝合金轮毂设计年生产能力 1200 万只。公司拥有专利项目 60 余项，按照 ISO 9001—2000 及 TS16949 标准建立健全质量管理体系，导入精益生产、QCC、TPM、IE 等先进管理手法。产品 2002 年通过 ISO 9001 质量体系认证，2008 年通过 ISO/TS 16949 质量体系认证，2015 年通过 ISO 14001 环境体系认证。为多家国内国际著名品牌摩托车整车配套（广州五羊本田、大阳、大运、奔马、上海新大洲本田、天津新大洲本田、钱江集团、轻骑集团、北方易初、重庆嘉陵、隆鑫、宗申、鑫源、力帆、建设、银钢、银翔、印度英雄集团、巴西本田、越南本田等），已形成以本市、国内、海外为主三大市场体系。公司先后获中国摩托车零部件优秀企业、重庆工业企业五十强、重庆名牌产品、重庆制造业 100 强以及众多摩托车厂家优秀供应商金奖等荣誉和称号。

2017 年，公司有职工 1700 余人，其中中高级工程技术人员 200 余人。产销摩托车铝合金轮毂 900 万只，销售收入近 10 亿元。产品品种 1000 余个，远销东南亚、中东、欧美等市场，出口额 5000 万美元。

【重庆兴发金冠化工有限公司】 始建于 2005 年，位于澄溪镇。注册资金 1.2 亿元，资产 2.8 亿元。公司先后获国家高新技术企业、国家安全标准化二级企业、首届重庆中小企业 100 强企业等称号，通过 ISO 9001 质量管理体系、ISO 14001 环境管理体系及 OHSAS 18001 职业健康安全管理体系认证。2017 年，有员工 320 人，其中专科及以上学历 165 人。年产二硫化碳 5 万吨（采取天然气硫黄法）、年产二甲基亚砜 2 万吨和二甲基硫醚 1.6 万吨，产品销往全国并出口美、法、韩、中东等 10 多个国家和地区。

2017 年，中昆铝业生产线

【重庆中昆铝业有限公司】 成立于 2011 年，位于重庆垫江工业园区，占地约 5 万平方米，项目总投资 5 亿元。是国家高新技术企业、重庆市重点企业，拥有重庆名牌——“重铝”铝材产品，重庆轻金属复合材料研发和生产基地。公司拥有高端轻合金结构材料生产线 10 条（含挤压，熔铸、氧化、机加、涂装、检测和理化分析检验室等），先后通过 ISO 9001 质量管理体系、ISO 14001 环境管理体系、OHSAS 18001 职业健康安全管理体系认证。主要产品高端轨道交通型材、汽车车体型材、智能设备缸体铝型材、高端民用型材等，畅销全国 30 多上省市，部分出口欧洲和东南亚。2017 年，有员工 500 人，销售收入 20 亿元。

【重庆垫江工业园区】 于 2003 年设立，为市级特色工业园区。2006 年，经国家发改委确认为省级开发区。园区总体布局为“一园四集聚区”，规划面积 23.8 平方千米。其中：县城园区规划面积 11.1 平方千米，重点发展汽摩、生物医药、钟表计时及精密加工、环保节能、新材料五大产业。澄溪集聚区规划面积 4.3 平方千米。城北集聚区规划面积 4 平方千米，重点打造生物医药产业。砚台集聚区规划面积 4 平方千米，重点发展精细化工产业。高安集聚区规划面积 3.5 平方千米。

2017 年，建成区面积 7.5 平方千米。“一园四集聚区”入驻企业 158 户，其中规上工业企业 53 户。重点企业有捷力轮毂、博邦汽车内饰、金龙科技、辉虎催化器、益源捷科技、镜辰美科技、兴发金冠、三丰玻璃、博杰能源、天圣制药、富源化工、悦之恋食品、西轩食品等。实现规上工业总产值 111.2 亿元，同比增长 8.7%。实现工业增加值 26.2 亿元，实现利税 13.5 亿元。固定资产投资完成 25.5 亿元，解决就业 1.9 万余人。

商贸·旅游

【概况】 2017年，全县围绕“一个建成、六个显著”目标，建设大市场、培育大商圈、发展大物流、扶持大企业，打造渝川东部区域性商贸物流中心。全年实现实现社会消费品零售总额105.02亿元，增速12.3%。批发零售业商品销售总额188.45亿元，增速11.9%。住宿餐饮业营业额30.34亿元，增速16.6%。实现进出口总额5.98亿元，同比增长9.03%，其中自营进出口3.20亿元，同比增长0.88%。

【商贸设施建设】 2017年，全县商贸设施不断升级。加快推进社区商圈建设，明悦天街商业综合体已完成工程量80%，并与大地影院、永辉超市签订入驻住协议。牡丹城商业街建成营业，商业综合体主体竣工，与南方院线、佳惠超市签订入驻协议。统筹城乡商贸发展，建成坪山镇农产品集配中心和包家镇益花柑橘农产品集配中心。新民镇、坪山镇分别获评市级商贸强镇和市级乡镇商贸服务中心。

【会展活动】 2017年，垫江县以“迎新春”为主题，组织重百垫江商场等8家大型超市商场开展让利促销等活动，实现销售6669.8万元。先后举办 “第二届迎春购物节”“第十八届牡丹文化节商品展”“汽车区县巡回展”等系列展示展销活动，现场销售4379.6万元。组织商场、超市开展2017年商圈联动促销活动。永辉超市“9·2”全民购物日、重百商场“淘宝夜宴”，销售火热。组织本土餐饮、农产品企业参加县外、市外各类展销活动，扩大本土产品影响力。举办“2017中国垫江石磨豆花文化节”，开展垫江石磨豆花名店（示范店）、名宴、名菜、名点、名豆花评选活动，先后评选出垫江石磨豆花名店（示范店）6家、名宴3席、名菜12道、名点12道、名豆花6家。

【公共品牌建设】 2017年，结合“康养垫江”理念，加快发展休闲消费产业。出台《关于推进“牡丹人家”休闲消费品牌建设的意见》，首批完成升级改造37家。推动以“石磨豆花”为特色的餐饮行业发展，创建“中国石磨豆花美食之乡”，《垫江石磨豆花烹饪技术规范》纳入渝菜体系，打造规范垫江石磨豆花餐饮店37家。引导国能国际大酒店、垫江大酒店、樱之花大酒店创建“中华餐饮名店”，蓝花旗、垫江大酒店获评为国家钻级酒家示范店。

【电子商务发展】 2017年，电子商务产业园部分建成投用，投用面积1万多平方米。建成县级电子商务公共服务中心和快递物流集散中心，入驻电商企业30家，快递企业14家。以邮政垫江公司为龙头，规范化建成电子农村电商服务站130个。建立全县物流共同配送体系，24个乡镇“快递物流+电子商务”综合服务站建成投用。实施电商扶贫计划，完成100个农特产品网货化，建立垫江农特产品网货数据库，2017年，全县电商市场主体累计2400余户，电商交易额6.1亿元、增长53.8%。鹤游米枣、鸡蛋、李子、柚子、蒸鸭等本土特色农产品电商平台线上销售量实现1522063单，同比增长37.88%，工业品等快递进口量：4984367件，同比增长46.77%。开展电子商务专题培训，电商龙头企业培训30期、600多人次，农村电商普及培训26场共3000余人参加培训。

【粮安工程实施】 2017年，市储备粮管理公司垫江直属库异地扩建项目建设17栋粮仓主体工程竣工，11栋投入使用。创建2017年“中国好粮油”示范县，获优质粮食工程项目中央财政资金1300万元支持。中储粮轮换计划稻谷12512吨，已轮入4533吨、轮出12512吨。市储轮换计划稻谷20868吨，轮出20868吨，轮入18934吨。玉米轮换计划7207吨，轮入1282吨、轮出5525吨。

供销商业

【概况】 2017年，县供销合作社联合社（简称县供销社）内设办公室、经济发展科、合作指导科、安全科（烟花爆竹专营管理办公室）、财务审计科5个机构，在职职工16人。下属新民股份社、周嘉股份社、高安股份社、高峰股份社、坪山股份社、鹤游股份社、澄溪股份社、桂溪股份社8个基层社和宏业棉麻公司、电缆厂、“四季鲜”电子商务公司、富民农资公司和烟花爆竹公司5个企业。县供销社获全市供销系统2017年度目标考核特等奖。

【农资经营服务】 县供销社组织检查组，主动配合县工商、质监和农业执法相关部门，分别对全县26个乡镇（街道）及部分村级化肥经营网点进行农资质量专项安全大检查，均未发现假冒伪劣农资商品。组织各销售门店做好经营和配送指导工作，保证全县农资市场供应。2017年，县供销社筹集资金近1500万元，储备化肥2万余吨。

【农村电子商务发展】 县供销社在新民、周嘉等8个乡镇新建“四季鲜”电商销售网点15个，采用电商平台线上线下销售方式，与当地农产品生产大户和农民合作社合作，交易农副产品70余种，农产品远销湖北、湖南、四川等地。年末，签约平台上线各类农民合作社及农产品生产大户约60家，农产品100多个。2017年通过四季鲜线上商城销售额7336万元。同时，加强建设地方特色销售店建设，借助“绿优鲜”便民销售店，实现大宗农产品线下一体化交易。

【基层组织体系建设】 县供销社围绕全县特色农业和产业优势，采取股权融合、牵头领办等多种方式，新发展农民合作社42个。其中：股份合作社19个、专业合作社23个。

【农村金融服务】 2017年，县农合会资金互助中心严把风险关，为农合会会员单位提供资金帮助。1. 严控服务对象范围，仅限于全县加入农合会的会员单位。2. 制定资金拆借制度，按照“不对外吸纳资金、不支付固定回报、小额分散、运行规范、风险可控”原则，把互助金调剂给有融资需求的会员单位。3. 规范资金拆借流程，由资金互助中心管委会及管理班子按照管控风险、确保互助金安全的原则进行审批。2017年，资金互助中心为26个农民合作社、涉农企业累计拆借互助金1025万元。

【流通服务】 1. 构建农产品现代流通网络。发挥富民农资有限公司作用，为农产品销售提供平台，并设立产品特色展示柜。在配送经营生产生活资料的同时，采购农产品，组织农产品进超市、进城市，实现农民专业合作社与超市对接。2. 构建农资现代经营服务网络。发挥农资流通主渠道作用，依托县社建立县级农资配送中心，发展连锁网点，形成统一配送、统一价格、统一标识、统一服务农资连锁经营网络。3. 构建烟花爆竹经营网络。以烟花爆竹经营网络为载体，巩固加强烟花爆竹专营管理，改造提升经营网络，进一步完善采购、配送、零售一体化运营模式，做大做强产业规模。

（刘欣）

旅　游

【概况】 县旅游局于2003年4月成立。2017年，内设一科一室：办公室、规划发展科。核定行政编制5名。下属旅游监察执法队、旅游营销招商中心2个事业单位，核定事业编制11名。2017年，垫江县旅游业围绕重庆休闲旅游目的地建设，树立全域旅游理念，全力打造“牡丹故里、康养垫江”旅游品牌，实现从单纯的生态观光游向“观光—休闲—度假”旅游产品转变，着力推动垫江旅游从“中转地”向“休闲旅游目的地”转型。2017年，全县共接待旅游 270.66 万人次，同比增长 25.1%，实现旅游总收入 18.04 亿元，同比增长 44.7%。

【旅游资源】 垫江县旅游资源丰富，历史文化厚重，生态环境优美，田园风光秀丽，品牌效应凸显，自然资源与人文风景相得益彰。分别有："花之魁"，以垫江牡丹作中国山水牡丹的代表，素有"牡丹故里"的美誉，太平牡丹园、华夏牡丹园、牡丹樱花世界、乐天花谷、五洞李花园、金桥荷花园等地处处繁花似锦、绚丽多彩。"城之肺"，明月山、金华山等林木苍翠、山峦叠嶂、富含负氧。"水之净"，牡丹湖湿地公园、迎风湖湿地公园、千月湾、龙滩水库鸟语花香、波光潋滟。"果之香"，白柚、柑橘、李子、草莓、葡萄等果实累累、香甜诱人。"古之韵"，天下第一山寨式古寨群鹤游坪、报恩寺、中嘴寨等人类文化遗址和文物历史悠久、古色古香。"文之魅"，高安唢呐、大石竹编等非遗底蕴深厚、源远流长。"味之美"，石磨豆花、咂酒、赵牛肉、酱板鸭、川久蒸鸭色味俱佳、唇齿留香。2017 年末，垫江县被评为"市级休闲农业与乡村旅游示范县"，太平镇被评为重庆市特色景观旅游名镇，牡丹园被评为"重庆十大赏花胜地之一"，沙坪镇毕桥村被国家农业部评为"最美休闲乡村"。

【旅游开发】 1. 规划编制。已经编制完成《牡丹花海景区修建性详细规划》《垫江牡丹樱花世界总体规划》。启动《垫江康养旅游总体规划》《迎风湖生态旅游度假区专项规划》《卧龙盐浴招商策划》，《中华太极养生园专项规划》以及明月山避暑（度假）地产项目的相关调规，为十三五期间旅游产业发展做好前期规划。

2. 旅游商品。 2017 年末，在发展角雕、竹编等非物质文化遗产的基础上，包装推出丹皮、石斛、赵牛肉、金柚红、咂酒、酱板鸭、石磨豆干、黑花生等 13 种健康旅游特色商品。其中，"鹭馨酱板鸭"系列产品获"重庆市非购不可旅游商品"和"重庆市最受消费者喜爱商品"等称号，是垫江特色名小吃之一。巴人咂酒获"垫江县知名商标"和"最受消费者喜爱产品"等称号。永安青水咂酒获"市级特色产品创意奖"和"重庆商品交易会畅销品牌"等称号。川久蒸鸭获"中国蒸鸭领导品牌"和"全国最具创新产品"等称号，是市级龙头企业之一。

3. 旅游营销。组织参加国家、市局和渝东北区域旅游协会组织的重大节会推介，共发放出垫江旅游指南 5000 份、旅游宣传单 3 万余份，接受咨询上万人次。

4. 宣传推广。2017 年，启用"微游垫江"微信公众号发布本地旅游资讯 41 条，宣传发布牡丹文化节高速路道闸广告 31 根和 T 型广告 1 块，在重庆江北机场航站楼 LED 屏幕投放垫江旅游形象专题宣传片并滚动播放，投放楼宇广告牌 243 块。通过交通电台采访和群工系统阳光重庆采访推出：垫江非遗文化展示、垫江旅游商品展示和垫江特色饮食旅游线路，并在专题节目中推出垫江石磨豆花之旅，根据四季旅游资源推出特色彩铃和入境短信。

5. 智慧建设。强化旅游政务网站和微信公众号的运用管理，其中政务网发布政务信息 92 条，旅游行业动态及新闻 50 条，县域内旅游景点及线路推荐 21 条，旅游招商咨询 2 条。"微游垫江"公众号平台发布旅游资讯 41 条，组织加入市旅游局微信矩阵，太平牡丹园、牡丹樱花世界、华夏牡丹园等重点景区安装高清球形摄像头并接入重庆城 APP。

6. 项目招商。实施招商项目全程跟踪服务，2017 年，签约项目 4 个，签约投资 67 亿元。起草《垫江县旅游产业招商引资办法》上报县政府，力争为旅游项目招商引资提供政策支撑，优化投资环境。

7. 项目建设。坚持以打造景区核心吸引物为重点，确保产业发展提速增效。2017 年，全县旅游在建项目 110 个，总投资 105.8 亿元。建立项目资源库，筛选推出特色鲜明、业态新颖的重点旅游项目（垫江牡丹花海景区、牡丹文化旅游城、牡丹樱花世界、青水鱼庄生态农业大观园、县城旅游集散中心、卧龙盐浴、千月湾风景区、迎风湖旅游度假区等），加速推进规划发展。2017 年初，牡丹樱花世界启动升级改造，创建 AAAA 景区。同时，太平牡丹园、乐天花谷、牡丹樱花世界、华夏牡丹园、仙草园申报重庆市研学旅游示范基地。

【旅游景区】 年末，垫江县拥有2A级景区2个：垫江牡丹花海景区（太平牡丹园）和乐天花谷。其中，太平牡丹园景区已于2017年7月移交兴垫公司投资经管，启动百灵山、五指岛及楠竹山的经营权回收，拓展垫江牡丹花海景区，共同推动4A级旅游景区创建。

【旅游节事】 2017年，举办具有代表性的大型旅游文化节庆活动2个，垫江县牡丹文化节和冬季康养旅游节会。其中，第十八届牡丹文化节期间共接待游客152万人次，较上届增长19.7%，实现旅游总收入10.6亿元，同比增长29.6%。节庆期间，共策划开展旅游节会活动10个，创新开展主题快闪活动、迷你马拉松、重庆青年企业家进垫江等活动3个。

【旅游假日接待】 2017年，全县在2个黄金周和4个小长假共接待游客63.18万人次，占全年接待游客总量23.3%，同比增长19.9%。实现旅游假日接待收入4.43亿元，占全年旅游总收入24.6%，同比增长63.5%。1. 元旦小长假：接待游客2.33万人次，同比增长91.4%。旅游收入1595万元，同比增长221.5%。2. 春节黄金周：接待游客13.08万人次，同比增长19.2%。旅游收入9286万元，同比增长52.2%。3. 清明小长假：接待游客25.89万人次，同比增长22.5%。旅游收入18381万元，同比增长117%。4. 五一小长假：接待游客10.08万人次，同比增长22.2%。旅游收入7158万元，同比增长54.9%。5. 端午小长假：接待游客2.53万人次，同比增长20.6%。旅游收入1601万元，同比增长21.5%。6. 中秋国庆黄金周：接待游客9.27万人次，同比上升17.2%。旅游收入6313万元，同比增长15.6%。

【旅行社】 2017年末，全县共有旅行社分社及门市部21家，新设立旅行社门市部6家、注销1家。由旅游百事通、青年旅行社、中国旅行社等门市部组建的垫江首家旅游服务中心，使旅游产品和服务质量进一步优化提高，旅游市场秩序进一步得到规范，旅游企业竞争力进一步促进增强。

【旅游饭店】 推进星级饭店建设提升，拥有旅游星级饭店2家，其中四星级2家旅游星级饭店共拥有客房218间，床位350余张，员工400余人，可接待容纳2000余人就餐，接待能力不断增强。

【旅游定点餐饮点】 2017年末，全县定点餐饮点有50余家，其中大型餐饮点有新华酒店、垫江大酒店、国能国际酒店、樱之花生态餐厅、垫江石磨豆花、垫江味道、清水鱼庄、恬园度假山庄、太极山庄、仙草园、桃之林生态园等地。

【旅游行业管理】 1. 旅游安全。2017年，县旅游局牵头联合公安、工商、安监、交委、食药监、质检、消防等部门开展旅游环境集中综合整治，开展"春季行动""暑期整顿""秋冬会战"联合执法和专项检查58次，检查企业159家次，出动检查人员463人次，立案查处案件10件，罚款8800元。全年共开展行业安全宣传活动4次，发放宣传资料2500余份，全县无旅游安全生产责任事故发生。

2. 行业规范。每季度末分别对19家旅行分社（门市部）进行核查，及时发现问题，责令纠正、限期整改和通报批评。加大星级酒店的监管和复核力度，不断提升服务质量。完成第三届旅游协会换届，完善章程，理顺体制，发挥行业组织自律作用。

3. 行政审批。及时将经营国内和入境旅行业务旅行社设立审批纳入2017年行政许可事项目录，并对行政审批项目权限中的有关事项进行逐项核实和调整，推进行政许可标准化建设。

4. 文明旅游。开展文明劝导、健康旅游倡导及常态化景区管理宣传等志愿服务活动8次，多渠道发布文明出行、理性消费等信息100余条，引导游客自觉做文明人、办文明事。

5. 教育培训。下半年组织全县旅游行政管理人员和企业管理人员在涪陵、酉阳等区县分两批进行为期3天实地专题培训。开展全县景区讲解员专项培训，推动旅游从业人员整体业务素质提升。

交通·城乡建设

交通运输

【概况】 县交委下设办公室、规划科、公路建设管理科（铁路民航科）、安全运输科行政许可服务科（法规监察科）、财务审计科 5 个科室。委属事业单位 7 个（县道路运输管理所、县交通综合执法大队、县公路管理局、县地方海事处、县交通工程质量安全监督站、县邮政业发展服务中心）。客运企业 5 家（渝运集团垫江公司、城镇运输公司、公交公司、互邦出租汽车公司、汽车客运中心）。公路建设、养护企业 2 家（昌远路桥有限责任公司、交通开发公司）。

2017 年，全县公路通车总里程 3407.9 千米，基本形成以沪蓉 G42、沪渝 G50 高速公路和国道 S243、G350 和省道 S415、 S413、 S206、S205 等四条省道为干线、县乡村道路为支线的陆上交通运输网络。全县 26 个乡镇、街道，300 个行政村（居委）于 2014 年实现通达通畅“三百”目标。2017 年完成完成客运量 457 万人次，同比下降 37.7%。客运周转量 27218 万人千米，同比下降 44%。货运量 909 万吨，同比增加 0.9%。货运周转量 83773 万吨千米，同比增长 11.1%。

【重点项目建设】 全年实施重点工程项目共 11 个，建设总里程为 150.2 千米，累计完成投资 268410 万元。 G350 澄溪互通收费站至四川邻水界升级改造工程 4k 米已竣工投用，余下马峡口至四川邻水界段 11k 米正在进行路基整治，已完成形象进度 65%。G350 澄溪至垫忠界段大修工程已完成路基整治 G243 渝巫路改线工程澄溪段 5.7k 米已开工建设，完成此段路基工程 60%。高速路收费站“改扩建”工程，已完成路基整治 60%。S415 武田岔路口至大竹田坝 9.3 千米改造工程已完成路基整治 95%，完成路面水温层铺装 4.5 千米。S415 武田岔路口至曹回场镇改造工程已完成路基整治 30%。完成安全整治隐患 307 处。

【农村公路建设】 全县实际完成村级公路硬化 209.3 千米，超额完成市交委下达 “村通畅”项目 82 个 158.793 千米农村公路建设任务，超额完成计划率 131.82%。

【公路养护管理】 围绕“建设养护同发展”指导方针，构建“更安全、更畅通、更绿色、更高效”公路交通网络。全年上路巡查 18488 人次，施划标线 8537.10 平方米，施划振荡线、人行横道线 1968 平方米，铺装彩色警示抗滑薄层路面 2500 平方米，维修护栏 1952 米，标志牌整修 78 块、公路安全告示宣传牌 500 套，标志标牌安装 740 套，安装波型护栏 155.2 千米，更换凸面镜 20 套，挡墙修复 454.68 米立方米、路肩修复 199.72 立方米、路面灌缝 18.89 万米、路面挖补 17980.73 平方米、绿化养护 8120 棵、清理边沟 495.42 米、清理涵洞 43 处、清理路肩杂物 58 处、坍方清理 804.59 立方米、整修边沟 754.45 延米、清理隐患行道树 146 株。完成 S205 垫武路 K19+100、K30+000、K32+500 等 5 处边坡危岩喷锚加固工程。有序推进黑岩桥、石口桥、汪家大桥等危桥加固工程。

【交通综合执法】 开展各项专项行动，上路巡查 1450 余人次，出动巡查车 360 余台次，查处各类违法涉路案件 193 起，结案率 99%，收取公路路政赔补偿费 71572 元。加大超限超载治理力度，全年检测市内货运车辆 156296 台次、卸载 565 辆，卸载货物 826.4 吨，查处超限超载车辆 147 辆，向公安和运管部门抄告违法超限超载车辆信息 84 条，超限率控制在 1%以内。

【道路运输】 全县拥有道路运输客运企业 4 家，客运车辆 716 辆，一级客运站 1 个，四级客运站 4 个，五级客运站 2 个，货运企业 48 家，机动车维修企业（户）152 家，农村客运车辆 65 台 1255 座，城市公交线路 10 条、公交车 80 辆。全年完成客运量 457 万人次，同比下降 37.7%。客运周转量 27218 万人千米，同比下降 44%。货运量 909 万吨，同比增加 0.9%。货运周转量 83773 万吨千米，同比增长 11.1%。

【公路建设质量监督】 坚持综合检查、日常巡查、专项检查相结合，监督检查覆盖面 100%。2017 年，共监督检查路基工程 71 千米，路面工程 276 千米，其中村级公路 261 千米。全年，对在建工程进行 269 人次质量监督捡（抽）查，792 人次安全监督检查。现场查出一般安全隐患 84 个。分别发出质量、安全监督意见书 14 份、10 份。行政处罚 3 件，结案 3 件，罚款 13200 元。

【组织应急演练】 开展公路水上应急演练，并对突发事件风险信息进行录入和管理。落实好人员、队伍、物资等。2017 共组织 2 次应急演练。9 月 21 日在长寿湖水域坪山镇辖区观音桥渡口开展水上交通安全应急救援演练。11 月 17 日在 X165 太卧路 K5+800 处发生刮大风行道树阻断交通道路抢险保通演练。

【站场设施建设】 全县有等级客运站 7 个（垫江客运中心、澄溪客运站、沙坪客运站、坪山客运站、裴兴客运站、包家客运站、白家客运站），其中一级站 1 个，四级客运站 4 个，五级客运站 2 个，建成农村客运招呼站 289。

【乡镇渡口与船舶】 垫江县水上交通属内河封闭式水域，水域里程共计 178.37 千米：龙溪河 97.87 千米，大沙河 31.5 千米，长寿湖 29 千米，回龙河 20 千米，实际通航里程 56.23 千米，渡口 20 道，分布于全县 15 个乡镇，实际拥有各类船舶 149 艘，机动客渡船 45 艘，共计 1325 客座。货船 13 艘，农自用船 91 艘。2017 年，对部分客运量较少渡口进行整合，开展客渡船切割退市，全年共切割船舶 18 艘，全县通航水域龙溪河、大沙河营运客船全部退出航运市场。

【安全生产】 坚持以防控事故为中心，以“平安交通”创建为抓手，开展“平安交通”专项整治、“道路运输平安年”“大排查大整治大执法”等专项行动，累计组织执法检查 752 次，查处各类运政、路政案件 335 件、暂扣证牌 230 个，查扣各类非法营运车辆 23 台，累计罚款 59.83 万元，责令停产停业停工整顿 4 起。

【扶贫攻坚】 2017 年，县交委完成 8 个 17.2 千米扶贫村公路建设计划，同时摸清每家贫困户人口组成、劳动力、家庭收入等情况，针对贫困户不同情况，建立帮扶台账，精准扶贫，全年县交委共对口帮扶 81 户。

【信访工作】 2017 年，共受理各类信访平台接收办理信访举报件共 251 件。其中，党政内网接收办理 188 件，群工系统接收办理 53 件，重庆市网上信访信息系统接收办理 5 件，来信转办举报信访件 5 件。

【党风廉政建设】 落实“两个责任”和“一岗双责”，开展政风行风评议，利用每月的集中学习日，结合单位实际，以典型违法事例作为廉政教育教材加以剖析，组织全系统职工学习法律、法规、交通廉政手册，切实提高干部职工拒腐防变能力。开展交通系统群众身边的不正之风和腐败问题专项整治，全年共排查交通系统农村公路建设项目 23 项，项目资金管理使用 17 项，行政审批许可事项 3258 项，并对交通行政执法、监管、公共服务等重点领域以及收受“红包”礼金、工作作风等方面开展自查，排查出问题共 11 个，已全部整改落实，增强干部职工为民、务实、尽责、清廉意识，树立勤政廉洁良好形象。

2017 年 11 月，伟业汽修获“全国汽车维修行业诚信企业”称号

【伟业汽修第三次获“全国汽车维修行业诚信企业”称号】 2017 年 11 月，重庆市垫江伟业汽车维修有限责任公司获由中国汽车维修行业协会授予的“全国汽车维修行业诚信企业”称号。“全国汽车维修行业诚信企业”由中国汽车维修行业协会按照党中央关于建立健全社会主义市场经济信用体系要求和交通运输部《关于进一步加强道路运输市场诚信体系建设的意见》部署，经过各地评估、推荐，协会审查、公示等程序，每两年表彰一次。重庆市垫江伟业汽车维修有限责任公司第三次获中国汽车维修行业协会“全国汽车维修行业诚信企业”称号，也是全国汽车维修行业诚信建设最高荣誉。

城乡建设

【概况】 2017 年，县城乡建设委员内设办公室、建设科（县重点工程建设办公室）、行政许可服务科、勘察设计科、建筑管理科、民防科 6 个科室，行政编制 15 人。下设县建设工程质量监督站、县建设工程施工安全管理站、县建设科技教育培训中心、县城乡建设档案室、县城市建设配套费征收管理办公室、县民防（应急）指挥信息保障中心 6 个事业单位。2017 年 11 月，因国有企业改制整合，下属垫江县兴渝城市建设有限责任公司合并到重庆广驰置业有限公司。行政机关在职职工 12 人，委属事业单位在职职工 68 人。2017 年，完成《县城市规划建设管理情况调研报告》，争取市级以上城市棚户区改造、地下综合管廊等 19 个城建项目专项资金 31.8 亿元。年末，县城建成区面积 17 平方千米。

城乡规划

【概况】 垫江县规划局设置内设办公室、规划编制科、行政服务科、规划管理科（挂测绘地理信息科）4 个机构。下辖垫江县规划信息中心 1 个事业单位。编制 21 名，其中行政编制 9 人，事业编制 12 人。

【多规合一】 完成城乡总体规划、土地利用总体规划、生态环保规划和相关专业专项规划等 59 个规划“多规合一”（指将国民经济和社会发展规划、城乡规划、土地利用规划、生态环境保护规划等多个规划融合到一个区域上，实现一个市县一本规划、一张蓝图，解决现有各类规划自成体系、内容冲突、缺乏衔接等问题），形成全域空间规划“一张图”，厘清各类空间规划的矛盾，重构空间规划秩序，真正实现“一张蓝图”的管理格局，促进城乡建设、生态保护、耕地保护多空间协调统一。12 月 15 日，垫江县“多规合一”一张图成果通过市级部门审查。年末，垫江县多规合一获市政府批准实施。

【城乡总体规划】 2017 年，编制完成《县城乡总体规划》，优化乡镇职能和深化城乡空间布局，统筹安排县域重大基础设施和公共服务设施，强化生态环境保护与城乡建设，引导经济社会协调可持续发展。规划形成“一区两翼三轴”的城镇空间体系结构，优化县域范围内综合交通体系，深化城乡公共服务设施布局并加强城乡空间管制。规划至2030年，垫江县全域常住人口72万人，城镇人口46.8万人、城镇化水平65%，全域城镇建设用地46.8平方千米，县城区城市人口35万人、城市建设用地35平方千米、人均建设用地指标100平方米，镇建设用地为11.8平方千米、人均建设用地提高到100平方米。

【镇乡规划】 2017年，全县22镇2乡全部完成镇总体规划和乡规划。澄溪、新民、高安3个市级中心镇完成控规100%全覆盖，其余建制镇完成近期建设用地范围内控规覆盖。

【城市设计】 按照“望得见山、看得见水、记得乡愁”12字精神，坚持全域塑造美丽垫江，完成垫江县总体城市设计，确定“一轴六片、一环五心”的城市景观结构，切实加强对全县依山滨水地区的山脊线、滨水岸线管控。同时，全县出台《县城市空间形态管理办法（试行）》并相继完成渝万高铁站前片区城市设计、三合片区城市设计、桂西大道三期城市设计、工农路以西片区总体城市设计、明月大道沿线详细城市设计、文化路片区城市更新规划及详细城市设计，基本实现重要片区、重要节点的城市设计全覆盖，同时探索构建“控规+城市设计”双控机制，推动城市品质提升。

【村规划】 2017年末，全县已编制完成260个村域现状分析及规划指引和71个村规划，全县村域现状分析与规划指引已实现规划编制全覆盖，有需求编制的村规划已基本实现编制覆盖。

【行政许可】 实施建设项目行政审批网上公开运行制度，强化电子政务平台运用。按照选址—方案—用地—放线—工程—核实（划拨用地）、用地—方案—放线—工程—核实（出让用地）阶段办理规划许可手续。全年共核发选址意见书38份，拟选址用地140.15公顷。核发建设用地规划许可证28份，建设用地公顷;核发方案审查意见书29份，建筑面积69.91万平方米。核发建设工程规划许可证32份，建筑面积83.13万平方米，道路长度7.2千米。规划核实确认书57份，建筑面积112.29万平方米，道路长度5.42千米。

（冯阅）

城市建设

【重点项目建设】 2017年，以县城“北二环”为代表的“五个一批”重点项目玉鼎大道、东方大道二期、东方大道三期建成通车，县城进入“二环”时代。北新街道路工程开工建设。人民东路延伸段和文毕大道北延伸段完成方案设计。完成牡丹文化旅游城36.67公顷土地上房屋拆迁。县城“北二环”道路：主要由玉鼎大道、东方大道二期、东方大道三期三条道路组成，全长6570米，总投资14.5亿元。其中：玉鼎大道全长2990米，东方大道二期全长2350米，东方大道三期全长1230米。于2017年全线贯通。

【东部新区开发建设】 2017年，启动东部新区开发建设。新区位于县城东北部，规划面积10平方千米，南靠迎宾大道，西临城市一环路，高铁站、高速路出入口、汽车客运中心、旅游集散中心均位于新区，区位优越，基础设施完备。

2016年12月，县委提出实施东部新区开发工程。2017年6月，县委召开关于东部新区规划建设的专题会议，对东部新区的范围面积、定位、功能、开发原则和管理机制进行明确。2017年12月，垫江县东部新区开发建设领导小组及管委会成立，负责东部新区开发建设的统筹指挥和协调推动。同时，启动东部新区“两路一湖”即人民东路延伸段、文毕大道北延伸段、三合湖公园建设。

2017 年 12 月，垫江东部新区开发建设管委会成立

【三合湖公园建设】 该项目总设计面积约 138.63 公顷（绿地总面积约 103.8 公顷，水域总面积约 5.4 公顷，不含城市道路占地）。其中公园主体占地约 109.67 公顷（含水域 31.33 公顷）。东通廊占地约 81 公顷。西通廊占地约 17.07 公顷。北通廊占地约 6.4 公顷（含水域 3.4 公顷）。项目于 2017 年完成设计招标。

【民生项目建设】 2017 年，编制完成垫江县海绵城市专项规划。基本完成桂溪河约 6.3 千米河道黑臭水体整治。南阳大道、玉鼎大道等 13 千米城市地下综合管廊开工建设，全年完成 10 千米廊体建设。全年完成文化路等片区棚户区改造 609 户、面积 12.53 万平方米。黄沙转盘节点和文毕大道 340 米风貌改造分别完成方案设计和招标。

2017 年，县委、县政府民生事业重点项目——文笔湖公园开工建设。该项目规划占地约 8.67 公顷（其中水面面积为 3.33 公顷），建设内容包括公园环湖步道、观景平台、绿化景观、照明、雨污水管（沟）网及公园其他配套基础设施建设等，总投资约为 1 亿元（其中土地成本费约 0.65 亿元，建安费约 0.25 亿元，其他费用约 0.1 亿元）。于 2017 年 12 月建成投用。

【房地产开发】 2017 年，滨湖郡、蓝湖玉墅、尚品今典、明悦天街、丹乡御府、翠湖名都等房地产开发项目抓紧建设，全年完成房地产销售面积 60.95 万平方米，完成投资 25.95 亿元。全年指导开发企业转正二级开发企业 1 家，三级开发企业 1 家。新培育 1 家暂定二级开发企业。

城市管理

【概况】 2017 年 11 月，垫江县市政园林管理局更名垫江县城市管理局，挂垫江县城市管理综合行政执法局牌子。内设办公室、市政管理科、行政许可服务科、园林绿化科、安全督查科、财务科和法制科 7 个机构。下辖县城市管理综合行政执法支队（参公）、县市政设施管理所、县园林管理所、县环境卫生管理所 4 个事业单位。垫江县推进城市管理综合行政执法体制改革，先后完成改革方案、三定方案、九定方案、机构人员编制、装备采购、执法换装等“六统一”和八大改革工作任务，健全完善执法人员岗位职责和规范管理标准等常态管理机制。

【市政建设】 1. 城市道路畅通工程。2017 年，桂西大道北段人行道改造工程完工投用，铺装透水砖 3.2 万平方米、安砌路缘石约 5000 米，总投资 1225 万元。县城道路路面整修工程、温泉路道路改造工程、县国土房管局至尚品今典人行道改造工程投入使用。对桂西大道、桂东大道、工农路、人民路、凤山路、温泉路等 50 余条道路、街道和背街小巷道路进行维护，累计维修人行地砖约 1.54 万平方米、车行道约 2900 平方米，道路大、中修车行道 1.06 万平方米、人行道 3.41 万平方米，维修路缘石 1195 余米、防撞护栏 218 米、人行道护栏 158 米、树池 180 余座，更换翻新凤山隧道等市政防撞栏杆 50 余根。

2. 环卫工程。新建县城垃圾中转站 1 座，城镇生活垃圾无害化处理率 100%，农村生活垃圾处理率 95%以上。添置冲洗机扫车 9 辆、果皮箱 300 个、垃圾自动计量仪 1 台，增加机扫冲洗作业范围，提高进入填埋场垃圾数量的准确性，实现城郊路段果皮箱全覆盖。改建桂园公厕、金质天街公厕，纳入监测的化粪池 892 座，按年度工作要求清掏 138 座，实现城区化粪池全面建档监测，定期清掏及安全监测率 100%，环卫所直管化粪池定期清掏率 100%。完成南印寺生活垃圾填埋场重大安全隐患排查整治，建成雨污分流系统，完成垃圾填埋场雨污分流工作，生活垃圾渗滤液减量 35%以上。

3. 亮化美化工程。长安大道路灯建设工程项目完工投用，安装垫江县监狱至蒋家店约 296 组 897 盏路灯，投资约 686 万元。县城部分花台（4 处）改道路修建工程及道路照明拆除安装恢复工程、城市道路照明专用变压器（15 台）检修工程、城市道路照明控制箱（28 台）维护维修工程、垫涪路道路改线路灯工程完工亮灯。投入约 168 万元，在城市主干道、转盘、公园、步行街等主要路段和重要节点布展迎春灯饰。加强路灯设施日常管护及美化，及时维护维修，每隔 3 个工作日对全城（含背街小巷）路灯例行夜间巡查；美化路灯设施，定期擦洗灯罩，定期对老旧灯杆喷涂油漆；防范安全隐患，及时排查用电、漏电等安全风险，加强设施老化路段的正常检修、测试盒保养，减少设备故障；保障设施安全，为防止景观灯饰、电缆被破坏，采取重点布控、人力蹲守等方式对盗窃易发地段进行看护，并对其他各类亮化设施及电缆采取加固、包封等技术防盗措施。共维修维护路灯 2100 余盏（次）、保洁 550 盏（次），照明设施完好率 97%以上、亮灯率保持在 98%以上。

4. 污水管网建设。全年新增污水管网近 110 千米。垫江县小城镇污水管网工程（二期）建成，全县 26 个乡镇（街道）新建污水管网约 98 千米，总投资 9800 万元。县城白龙沟等 4 条河沟排污管网工程建成，新建污水管网约 8 千米，总投资 1479 万元。坛子沟（桂西大道出口——桂溪河入口）污水管网应急抢险工程建成，全长 1.25 千米，总投资 280 万元。坪山、砚台污水提灌站应急抢险工程，南阳路 C 线雨、污管网应急抢险改造工程，桂溪河与玉鼎大道交汇处污水管网应急抢险工程，县种子公司家属院污水管网改造工程完工投用，总投资 230 万元。

5. 停车管理配套建设工程。启动南新街 103 个路内停车位的智能化停车收费试点。在城区教委、槐荫花园、报社、机关事务局等地方指导施划停车位 800 余个，在桂溪名苑广场、槐荫花园、凤山西路、北门转盘、西欧花园等重要节点、路段设置防停车路桩 400 余个，安装大理石球 100 余个。盛世港湾公共停车场、南阳待货停车场建成。

6. 数字化城管平台建设。垫江县数字化指挥中心大厅已建设完成，投资 450 万元。安装城市部件普查、大屏及监控设备，实现数字化城市管理模式升级。与公安局视频系统对接，完成软件布置调试、业务培训等。数字化城管平台每天受理城管各类信息案件 200 余件，按时处置案件 160 余件，处置率 80.5%。

【市政管理】 1. 环境卫生管理。（1）农村生活垃圾治理工作走在全市前列。以“康养垫江 · 清洁家园”活动为契机，创造性探索出“户集、村收、公司转运、县级处理”治理模式，收运、处置农村生活垃圾 49246 吨，农村生活垃圾治理行政村比例 100%，96.5%以上农村生活垃圾得到集中处理，农村生态环境得到有效改善。（2）覆盖城乡的生活垃圾治理体系基本建成。道路清扫保洁、垃圾清运转运、公厕管理等环卫工作实现市场化运作，与市环卫集团合作的全市首个农村生活垃圾收运“政府特许经营项目”正式运行，垃圾投放、清扫、清运、转运、处置等各个环节运作更加规范，乡镇垃圾中端、末端清运转运工作效果明显。县城清扫保洁面积增至 320 余万平方米，保洁率 100%。（3）环卫作业成效显著。城区环卫作业实现人工清扫保洁、机扫冲洗全覆盖，人工清扫保洁力度达 320 万平方米/天，日清扫城市道路面积达 150 万平方米，机械清扫率 70%。推行“见脏就扫”考核制度，日清运垃圾300余吨，清运率100%；日河道清漂约30千米，实现“垃圾不见天不着地”“视线范围内无裸露垃圾”目标。

2. 污水管网及桥涵管理。全年巡查雨污管网1500多千米，发现并整治130余处问题。清理疏通工农路、人民路、凤山路、北苑小区、温泉路、青年路、白银路、南阳路、南新街、凤山路、滨河路、月阳路、北门农贸市场、凤山市场、南门坝市场等650余处的雨污下水道约54000余米，整治水篦子810余个，整改、修砌窨井120余座，更换窨井盖250余个，县城内更换修复污水管网3060余米，整治缺失污水管网5处、近1000米。强化桥涵、隧洞、人行天桥管理维护，重新建立、完善桥隧管护系统，完善网上数据录入。执行桥梁“三年一检测，三天一巡查”制度，确保桥梁运行安全和人民生命财产安全。

3. 市容市貌管理。（1）全力整治街面秩序，创新“九定”和“点（街路）长”工作模式，实行片、线、段、点包干整治，推进城管执法精细化、网格化。先后多次发布占道经营、夜市烧烤、亭棚伞、烟熏腊制品等专项整治通告，依法强制拆除中央华府、罗家巷、丹湖苑、牡丹城、黄沙转盘、南门综合市场、滨河公园等处占道亭棚。共规范各类占道行为4000余起、取缔725余起、立案查处13起，取缔违法搭棚290个、面积6380余平方米。（2）打击占道停车行为，对城区非法占道停车及非法挪用、占用停车设施、“僵尸车”进行综合治理，暂扣人行道上违停机动车248台次、摩托车103台次。（3）美化城市户外广告及招牌，对城区店招店牌进行备案管理，对影响市容市貌或存在安全隐患的户外广告依法实施强制拆除。暂扣各类违章广告牌635块、灯箱452个，强制拆除户外广告牌63块、广告条幅686幅。规范整治店招店牌268块，拆除40块、面积628平方米，完成店招店牌备案登记158个。（4）有效控制道路扬尘污染。建成桂北大道、长安大道、高安大道3个免费自动冲洗点并投入运行。执行渣场备案、工地开工许可、建筑垃圾清运许可、渣土密闭运输等系列制度，定段定片全天候开展巡查，重点路段蹲点值守，做到扬尘污染早发现、早制止、早查处。办理《建筑垃圾运输许可证》116个，出动执法人员2600余人次，查处违章施工工地13个、未按规定清运建筑垃圾车辆48辆。重点对尚品今典存在的建筑材料、垃圾占道堆放现象开展整治，清理占道堆放18处、大型水泥搅拌机械3台。（5）有效遏制毁绿占绿违法行。清除牡丹大道、滨河路、牡丹城及碧桂园周边违章侵占绿地种植农作物7万余平方米，及时植绿补绿，城区绿化景观得到优化。依法强制拆除紫金豪庭小区绿化地违章搭棚及固定设施630余平方米，重新栽植樱花、海棠等树木1300余株、麦冬250余千克，彻底恢复小区绿地。立案查处桂溪名苑、锦绣江都、尚品今典等处毁绿行为30余起。

【园林绿化】 1. 绿化工程。通过“创建、增绿、提质”等措施，切实增加城市绿量，使城区人均公园绿地面积9平方米以上，城区绿地率33%以上。天宝寨公园停车场建设项目完工80%，项目中登山梯步即将完工，乔木已栽植完成。垫江县桂溪河滨河公园下游段（八一桥至关门桥）景观提升工程建设规模7万平方米，完成地表构筑物、原有苗木清理，石栏杆安装及铺装70%以上，总投资2500万元。完成明月大道、东方大道行道树栽植，栽植行道树973株。完成碧桂园周边、体育公园周边、长安大道节点、北转盘周边等处菜地清理及绿化，新增绿地2万平方米。完成城区转盘、交通岛、南阳公园、会务中心、高铁广场、凤山公园入口、凤山隧道等区域鲜花布展，累计布展鲜花150万钵。实施“格桑花”计划，在牡丹大道高铁处节点、碧园路小游园、长安大道、明月大道等地播撒草花种子，播撒面积约6.5万平方米。在南阳公园边坡、桂东大道边坡实施立体绿化，共栽植九重葛、蔷薇、爬山虎、夹竹桃、斑竹等植物2万余株。

2. 城市绿化管理。（1）绿地精细化管护取得良好效果。对新增管护区域——体育公园、天宝寨公园、碧园路游园等约30万平方米绿地进行专项整治，相继开展枯枝死树清除、植物补栽、草坪修剪、打孔，整形修剪、施肥等管护工作，改变杂、乱、差形象，使绿地植物焕发新机。对城区124公顷公共绿地加强常态化管护，及时清除杂草、整形修剪、施肥、病虫害防治，对全城绿地3.5万株骨干树种及行道树进行刷白，使病虫害得到有效防控，绿地更加整洁干净，植物生长态势良好。（2）公园广场日常管理不断加强。认真落实定岗定责、24小时值班等制度，确保园内秩序良好、环境干净整洁。为公园及广场增设座椅150张、果皮箱62个，为广大市民休闲娱乐提供便利。（3）苗圃作用发挥更加明显。在新民、高峰苗圃进行生产繁殖，生产金森女贞、九重葛、木槿等开花小乔木及色叶植物约60万株，用于城市绿化补栽补植工作。安装枯枝粉碎机对绿化枯枝等废弃物进行粉碎，将粉碎后的木渣转变成肥料用于城市管护，实现园林绿化废弃物再利用，为苗圃可持续发展、城市绿化管护苗木补给提供保障。（4）对牡丹大道高速路入口、滨河公园下游段、主干道公交站台等项目的乔灌木进行移植，移植乔木1750余株、灌木8万余株，地被5100平方米。（5）与重庆市风景园林科学研究院开展技术交流与合作，大力推广园林绿化方面新技术、新方法。植物病虫害防治、大树复壮、土壤改良等技术为高效、有序开展城市园林绿化工作提供支撑。

（吴治勇）

乡镇村建设

【小城镇建设】 2017年，完成乡镇基础设施“八个一”项目（场镇道路油化、场镇人行地砖铺装、场镇路灯安装、场镇行道树栽植、场镇公共厕所、综合性市民活动广场、农产品交易市场、汽车客运站）摸底调查。高安镇申报为第二批全国特色小镇，新民镇启动申报重庆市特色小镇。争取到特色小镇市级补助资金600万元，完成高安镇污水管网建设和场镇路灯升级改造。

【改善农村人居环境】 2017年，争取到改善农村人居环境市级示范片补助资金450万元，美丽宜居村庄市级补助资金300万元，完成沙坪镇稻香田园改善农村人居环境市级示范片和红旗村、李白村、毕桥村3个美丽宜居村庄建设。创建新民镇明月村、太平镇牡丹村、五洞镇月江村、高峰镇民主村、白家镇静峰村、包家镇甄桥村等6个绿色示范村庄。完成农村整洁庭院创建526户。

【农村危房改造】 2017年，争取重庆市建卡贫困户农村D级危房改造计划484户，获市级及以上补助资金1016.4万元。实际完成改造484户。

建筑业

【概况】 2017年，勘察设计管理审批建筑施工初步设计49份。其中：房屋建筑项目26个，建筑面积98.42万平方米，总投资18.36亿元；市政项目23个，总投资10.55亿元。备案施工图审查合格书56份。其中：房屋建筑25个，建筑面积为74.91万平方米，总投资22.89亿元；市政项目31个，总投资9.35亿元。

建筑业注册地建筑业总产值完成195.1亿元，同比增长8.3%。在地建筑业总产值227.2亿元，同比增长10.4%。建筑业增加值同比增长为11.6%（全市最高增长11.9%），建筑业增加值对占GDP比重10.93%（2016年同期9.63%），排名位列考核组第6位，全市前10位，分别较2016年前进3位、4位。

新培育建筑企业10家（其中施工总承包企业5家，专业承包2家，劳务分包3家），建筑装修装饰专业承包二级升一级1家，公路工程施工总承包三级1家，实现零的突破。水利水电工程施工总承包三级升二级1家， 启动3家房屋建筑施工总承包三级升二级资料筹备。年末，全县建筑施工企业150家，其中施工总承包企业68家（一级3家，二级19家，三级46家）、单一的专业承包7家、施工劳资和模板脚手架专业承包75家，在市内外从事建筑业人员30万人。（石超）

房屋管理

【房地产市场管理】 加强对房地产市场的监督，建立房地产市场监督举报渠道，每季度随机抽查房地产开发企业和房地产中介机构，联合相关部门开展整顿规范房地产开发销售中介行为专项检查。核发商品房预售许可证24个55.6万平方米。举办夏季房交会，销售房屋579套5.5万平方米，金额2.74亿元。全年房产交易8491套面积88.01万平方米，金额35.22亿元，其中，新建商品房销售5394套55.7万平方米，金额24.24亿元（住宅4124套42.7万平方米。非住宅1270套13万平方米）。存量房转移登记3097套32.34万平方米，金额10.98亿元。

【房屋安全管理】 排查21个乡镇旧危房79幢6.67万平方米，向乡镇（街道）发出整改函13份，指导和督促乡镇（街道）及时整改消除安全隐患。

【房屋征收管理】 启动国有土地上房屋征收项目4个，拟征收房屋167户24530平方米，征收房屋163户。其中，国有土地上房屋征收项目2个纳入垫江县第二轮征地拆迁，拟征收房屋150户22950平方米，征收房屋146户。

【物业管理】 开展物业“效能、诚信、品牌”三项建设活动，加强物业小区安全管理，下发物业安全文件8个。检查物业小区61个，排查安全隐患712处，整改落实711处。规范物业小区前期物业管理招投标秩序制定法规文件1个，办理物业服务备案15件，指导6个小区业主委员会，处理投诉信访135人次。归集物业专项维修资金5344户2301万元，提取使用2014户44万元，累计归集69个小区47711户12154万元，累计提取使用29个小区13773户244万元。

【住房保障】 廉租房摇号配租58户，发放租赁补贴96户7万元，超额完成市国土房管局下达2017年保障性住房分配219套目标任务。接收重庆渝垫国有资产经营有限责任公司交付廉租房96套，廉租房签订租赁合同104户，续签1320户，维修259户，安全排查廉租房小区4个，发放安全通知2665份。

【公房管理】 维修公房60户9万元，安全排查7次，发放安全通知420份，动员危旧公房搬迁33户，协调房地产开发企业公房拆迁还房。

【不动产登记】 办理国有土地上不动产业务登记52699件，其中，房地产抵押5255件193.7万平方米，贷款73.35亿元。抵押注销5934件。房屋权证15879件275.7万平方米。预告登记2933件。档案查询13312件。无房证明9386件。办理土地抵押登记23件55.1万平方米、贷款9.2亿元，农房抵押登记51件1.99万平方米、贷款0.64亿元。抽查服务事项6497件，测评满意率99.5%。发放农村房屋不动产权利证书2164本25.5万平方米，补办发放不动产权证书454件，解决“两证”历史遗留问题37件。

金融·财税

金　融

【概况】　县政府金融工作办公室于2007年5月18日设立，设综合科、金融科、企业科三个科室。核定编制10名。2017年，有干部职工12人（包括2名购买服务人员）。2017年，全县实现金融业增加值4.5亿元，增长9.3%，占GDP比重1.7%，占比提高0.2个百分点。各项存款余额为333.4亿元，比年初增加29.6亿元，增长9.8%。各项贷款余额为193.8亿元，比年初增加28.7亿元，增长17.4%。存贷比58.2%，比年初上升3.8个百分点。

农发行信贷支持建设项目——文毕大道

【银行类金融机构】　1. 中国农业发展银行垫江县支行　中国农业发展银行垫江县支行于1997年1月16日挂牌成立，现位于垫江县桂阳街道南阳路3号。2017年，有在职职工21人，支行领导2人。内设办公室、信贷业务部、会计结算部。农发行垫江县支行确保粮食储备安全，重点支持棚户区改造、土地整治、城乡基础设施建设、污水处理、康养垫江、农村路网和水利建设等重大项目，累计投放各类贷款23.75亿元，投放农发重点建设基金7.26亿元，不良贷款余额及占比保持为0，累计实现利润1.04亿元。2017年末，各项存款余额14.42亿元，各项贷款余额27.79亿元。

2. 中国工商银行垫江支行

中国工商银行股份有限公司垫江支行成立于1985年5月。2017年，内设综合办公室、公司金融业务部、个人金融业务部3个部门，下设垫江支行营业室、桂南支行、牡丹支行3个营业网点，从业人员71人。主要经营业务包括本外币存款、人民币贷款、人民币结算、结汇及各项中间业务。有在行式自助银行3个，离行式自助银行5个，离行式ATM站2个、存取款机25台、自助终端20台套。近三年来新发放贷款10亿元，支持垫江火车站广场、明月大道项目建设，支持县医院、中医院、中小企业和个体工商户的发展。2017年末，各项存款余额17.58亿元，各项贷款余额13.39亿元。

3. 中国农业银行垫江县支行

中国农业银行重庆垫江支行成立于1979年11月1日，位于垫江县桂溪街道人民西路217号。支行内设部门5个，下设营业网点9个（城区网点4个，乡镇网点5个），有自助银行5个、自助设备69个，惠农通254个，POS商户1163个，转账电话709个，超级柜台24台。全行共有在职职工162人。2017年末，支行各项存款余额53.02亿元，各项贷款余额34.75亿元。全年实现拨备前、拨备后利润分别为15618万元、14258万元，实现中间业务收入3895万元。2017年，行获2017年度三农行综合绩效考核第二名、涪陵辖区银行业消费者权益保护知识竞赛第三名、2017年度安全防范工作暨第五轮银行业金融机构安全评估“优秀单位”、垫江县第四个全国“扶贫日”募捐爱心企业称号。在内部，支行被评为2017年度总行级“三化三达标”（持续推进安全保卫工作标准化、制度化、精细化。促进各一级支行、金库、营业网点实现物防、技防、人防达标）先进单位，获分行 2017 年度中间业务收入贡献（三农行）先进集体、2017 年度创利贡献（三农行）先进集体称号。在分行“迎七一、强两学”知识竞赛中获第二名，运营条线技能大赛中获团体进步奖，支行监控中心被评为 2017 年度市分行级“三化三达标”先进单位。支行全年无责任事故和经济、刑事案件发生。

4. 中国银行垫江县支行

中国银行垫江支行成立于 1994 年 5 月 18 日，位于垫江县桂溪镇人民路 57 号（重庆百货大楼旁）。支行内设综合管理部、业务发展部、营业部 3 个部门，下设凤山支行、桂溪支行 2 个经营性支行，凤山西路自助银行、新华酒店自助银行 2 家自助银行。全行共有在岗职工 50 人，其中本科以上文凭 46 人，大专文凭 4 人。经营范围为：办理人民币存款、贷款、结算、汇兑。办理要卖贴现。代理收付款项。保险代理业务。总行在中国人民银行和银监局批准的业务范围内转授权的业务。经中国人民银行和银监局批准的其他业务。2017 年末，各项存款余额 15.56 亿元，各项贷款余额 7.62 亿元。2017 年，中国银行垫江支行营业收入 5178.60 万元，同比增长 17.93%。税后利润 2267.34 万元，同比增长 21.23%。

5. 中国建设银行垫江县支行

中国建设银行垫江支行成立于 1978 年，本部位于垫江县桂溪镇人民路 49 号。支行下设综合管理部、业务管理部、客户部等 3 个内设机构，辖支行营业部、北苑支行、体育场支行、凤山路支行等 4 个对外营业网点，在县城、澄溪、新民、高安共设立 8 个自助银行。有员工 73 人，其中本科以上学历 42 人。建行垫江支行围绕服务垫江县经济社会发展，按照总分行转型发展规划和工作部署，以转型和创新为推动，依法合规经营，服务实体经济和广大群众。2017 年末，各项存款余额 31.64 亿元，各项贷款余额 26.76 亿元。

6. 中国邮政储蓄银行垫江县支行

中国邮政储蓄银行垫江支行成立于 2007 年 12 月，位于垫江县桂溪镇西门广场北侧新时代大厦。内设综合管理部、个人金融部、公司业务部 3 个机构，下辖网点 44 个。有员工 84 人，其中本科学历 35 人、大专学历 47 人。支行开办以人民币存款为主的负债业务，国内汇兑、国际汇兑、转账、银行卡、代理基金、国债、保险和代收付等多种形式的中间业务，以个人贷款和微小贷款等为主的资产业务。2017 年末，各项存款余额 63.81 亿元，各项贷款余额 8.88 亿元。2017 年，实现营业收入 4148 万元，实现利润总额 1899 万元。

7. 重庆农村商业银行垫江县支行

重庆农村商业银行垫江支行成立于 2008 年 6 月，前身为重庆农村信用合作社垫江联社。2017 年，有营业网点 48 个，自助银行 2 个，农村便民服务点 6 个，内设 9 个职能部门，7 个贷款中心，在岗员工 348 人。主要业务范围：吸收公众存款。发放短期、中期、长期贷款。办理国内结算。办理票据承兑与贴现。代理发行、代理兑付、承销政府债券。买卖政府债券、金融债券。从事同业拆借。从事银行卡业务。代理收付款项业务。提供保管箱业务。经中国银行业监督管理机构批准的其他业务（按许可证核定事项从事经营）。2017 年末，全行各项存款余额 114.8 亿元，贷款余额 37.62 亿元，实现经济利润 1.5 亿元。

8. 重庆银行垫江县支行

重庆银行垫江支行成立于 2010 年 3 月。内设行长室、综合部、保卫部、营业部、业务部 5 个部门，有员工 26 人。2017 年末，贷款余额 33 亿元，存款余额 10 亿元。

9. 重庆三峡银行垫江县支行

重庆三峡银行垫江支行于 2014 年 3 月。2017 年，内设综合管理部、业务部、营业部 3 个部门，有员工 21 人。支行办理国内结算，办理票据承兑与贴现以及监管当局、重庆三峡银行股份有限公司批准的业务。2017 年末，各项存款余额 6.46 亿元，各项贷款余额 1.43 亿元。

10. 重庆垫江中银富登村镇银行有限公司

重庆垫江中银富登村镇银行有限公司（简称垫

江中银富登村镇银行）于 2016 年 3 月开业，是总部设在垫江县的一级法人金融机构，位于桂阳街道凤山西路盛世华都 A 组团 1 号楼 12 号门市。内设公司金融部、零售金融部、三农金融部、风险管理部、运营部、综合管理部 7 个机构，在职员工 34 人。下属澄溪支行，在职员工 12 人。垫江中银富登村镇银行由中国银行股份有限公司与富登金融控股私人有限公司共同发起、经中国银行业监督管理委员会重庆监管局批准设立，并经重庆市工商行政管理局注册登记的新型农村金融机构。业务范围：吸收公众存款，发放短期、中期和长期贷款，办理国内结算，办理票据承兑与贴现，从事同业拆借，从事借记卡业务，代理发行、代理兑付、承销政府债券，代理收付款项及代理保险业务，经银行业监督管理机构批准的其他业务。致力于“立足县域、支农支小”，为县域的中小企业、微型企业、工薪阶层、“三农”客户提供本土化、高水准、全方位的金融产品和服务。2017 年末，存款余额 9428.2 万元，存款客户数 3097 户。贷款余额 17669.14 万元，贷款客户数 497 户，户均贷款 35.55 万元。

【保险类金融机构】 1. 中国人寿保险股份有限公司垫江县支公司　中国人寿保险股份有限公司垫江县支公司成立于 1999 年。公司主要以人寿保险服务作为主营业务，经营范围涵盖寿险、人身意外险、健康险、年金等人身保险的全部领域。公司内设个险销售部、团体业务部、银行保险部、综合部、客户服务中心 5 个部门，下设 10 个依法经营的农村营销服务部。公司在职职工 30 人，销售人员 400 人。2017 年，总保费收入 1.36 亿元，赔付支出 8990 万元。

2. 中国太平洋人寿保险股份有限公司垫江县支公司

中国太平洋人寿保险股份有限公司垫江支公司成立于 2002 年 5 月，位于桂阳街道桂东大道金属回收公司 B 幢 2 楼。支公司设险业务部和法人事业部 2 个核心业务部，有员工和个人代理人 400 余人。2017 年，总保费收入 7187 万元，赔付支出 1627 万元。

3. 中国平安人寿保险股份有限公司垫江县支公司

中国平安人寿保险股份有限公司重庆市垫江支公司于 2002 年 6 月成立，是中国平安人寿保险股份有限公司重庆分公司下辖的一个四级机构。位于牡丹大道 88 号温州商贸城 A 区 A1 栋四楼。2017 年末，有内勤员工 11 人，下设 2 个（澄溪、坪山）二元网点，有保险代理人 460 余人。主要经营承保人民币和外币的各种人身保险业务，包括各类人寿保险、健康保险（不包括“团体长期健康保险”）、意外伤害保险等保险业务。办理各种法定人身保险业务等。2017 年，保费收入约 8000 万元，赔付支出约 1000 万元。

4. 中国人民人寿保险股份有限公司垫江县支公司

中国人民人寿保险股份有限公司垫江支公司成立于 2010 年 4 月，位于桂溪街道石岩路一号地星源大厦。公司设综合部、个险部、银保部、团险部、互动部 5 个部门，有内勤人员和外勤营销人员 700 余人。主要经营人寿保险、健康保险和意外伤害保险业务。公司产品涵盖终身寿险、定期寿险、两全保险、年金保险、养老年金保险、疾病保险、医疗保险、失能收入损失保险以及意外伤害保险等各业务领域的人身保险产品。

2017 年，实现电子化投保，推出 E 动神州 APP 出单，在线实时转账，简化投保流程，提高承保实效，改善服务质量，提升品牌效应及竞争力。2017 年，保费收入 14356.86 万元，赔付支出 6569.93 万元。

5. 新华人寿保险股份有限公司重庆市垫江支公司

新华人寿保险股份有限公司重庆市垫江支公司成立于 2011 年 12 月，位于桂阳街道桂南大道稽征所北侧 A 栋 5 号。支公司经营范围：个人意外伤害保险、个人定期死亡保险、个人两全保险、个人终身寿险、个人年金保险、个人短期健康保险、个人长期健康保险、团体意外伤害保险、团体定期寿险、团体终身保险、团体年金保险、团体短期健康保险。为境内外的保险机构代理保险、检验、理赔等业务。保险咨询业务。经中国保险监督管理委员会批准的其他业务。2017年，保费收入1409.84万元，赔付支出153.19万元。

6. 泰康人寿保险股份有限公司重庆市垫江支公司

泰康人寿保险有限责任公司重庆垫江支公司成立于2010年1月，位于桂溪街道渝东商业城A栋高层5楼5号。支公司经营范围：个人意外伤害保险、个人定期死亡保险、个人两全保险、个人终身寿险、个人年金保险、个人短期健康保险、个人长期健康保险、团体意外伤害保险、团体定期寿险、团体终身保险、团体年金保险、团体短期健康保险。为境内外的保险机构代理保险、检验、理赔等业务。保险咨询业务。经中国保险监督管理委员会批准的其他业务。2017年，保费收入683.1万元，赔付支出95.6万元。

7. 幸福人寿保险股份有限公司重庆市垫江支公司

幸福人寿保险股份有限公司重庆分公司垫江支公司成立于2011年4月，位于桂溪街道人民西路锦府小区。2017年末，公司设部门5个，在册207人。2017年，保费收入700万元，赔付支出35万元。

8. 富德生命人寿保险股份有限公司重庆市垫江支公司

富德生命人寿垫江支公司成立于2011年8月，位于桂溪街道人民路49号13层。经营范围:意外伤害保险、健康保险、人寿保险、年金保险以及经中国保险监督管理委员会批准的其他人身保险业务。2017年，有机构负责人1人、内勤人员3人、续收专员2人。2017年，保费收入60万元，赔付支出40万元。

9. 恒大人寿保险有限公司重庆分公司垫江营销服务部

恒大人寿保险有限公司重庆分公司垫江营销服务部成立于2013年11月，位于垫江县美华钻石城。业务范围：对营销员开展培训及日常管理，收取营销员代收的投保单等单证，分发保险公司签发的保险单、保险收据等相关单证，接受客户的咨询和投诉。2017年，有员工4人（其中经理1人，组训2人，内勤1人）。2017年末，保费规模307万元，人力规模278人。2017年，保费收入450万元，赔付支出15万元。

10. 阳光人寿保险股份有限公司重庆市垫江支公司

阳光人寿保险股份有限公司重庆市垫江支公司成立于2014年1月。经营范围涵盖人寿保险、健康保险和意外伤害保险等各类人身保险业务。2017年末，在职员工266人，累计保费3000余万元。2017年，保费收入1200万元，赔付支出64万元。

11. 中国人民财产保险股份有限公司垫江县支公司

中国人民财产保险股份有限公司垫江支公司成立于1996年10月，位于垫江县桂阳街道工农路361号。经营范围包括：机动车辆保险、企事业单位财产保险、建筑和安装工程保险、货物运输保险、农业保险、责任保险、人身意外伤害保险、短期健康保险、家庭财产保险、信用保证保险等多个险种。中国人民财产保险股份有限公司垫江支公司始终秉承“人民保险、服务人民”的使命，履行企业社会责任，为服务经济社会发展和保障国计民生，提供全方位、高质量的保险保障和服务。2017年末，支行公司下设桂溪营销服务部、澄溪营销服务部、周嘉营销服务部、坪山营销服务部4个营销服务部，在职职工30人，营销员32人。2017年，保费收入8154万元，赔付支出4000万元。

12. 中国太平洋财产保险股份有限公司垫江支公司

中国太平洋财产保险股份有限公司垫江支公司成立于2002年，位于桂溪街道桂西大道北段449号，营业场所面积近500平方米。支公司设业务科，综合科，理赔科，财务室4个部门，注册职工19人。公司主要经营经保监局批准的财产险，短期人意险，责任险等，是全县公务用车，校园及教职工责任保险，城镇职工大病医疗保险的独家承保公司。2017年，累计入账保费4682万元，客户55376个。累计赔款支出2700万元，上缴税收200万元。2017年，支公司为全县摩托车承保交强险近3万余台，为残疾人捐款2万元，在重庆保监局服务质量评比中取得第一名。2017年，保费收入4682万元，赔付支出2750万元。

13. 中国平安财产保险股份有限公司垫江支公司

中国平安财产保险股份有限公司垫江支公司成立于2003年9月，为中国平安财产保险股份有限公司重庆分公司下辖的县域四级机构。2017年，有员工34人，主要经营企业财产损失保险、家庭财产损失保险、短期健康保险、意外伤害保险、建筑工程保险、货物运输保险等经中国保监会批准的其他业务等。2017年，保费收入5476万元，上缴税费472元，赔付4358万元。

14. 中国大地财产保险股份有限公司重庆市垫江支公司

中国大地财产保险股份有限公司重庆市垫江支公司成立于2011年3月，位于桂阳街道南阳社区南阳路99号。主要经营业务范围：财产损失保险、责任保险、法定责任保险、信用保险和保证保险、农业保险、其他财产保险业务、短期健康保险和意外伤害保险、上述保险业务的再保险业务。2017年，有员工31人（其中本公司员工11人，保险营销员20人），保险规模1350万元。2017年，保费收入157万元，赔付支出53万元。

15. 永安财产保险股份有限公司涪陵中心支公司垫江营销服务部

永安财产保险股份有限公司涪陵中心支公司垫江营销服务部成立于2007年1月，位于桂溪街道桂西大道科凯北部湾1-11-13号门市。业务范围主要是车险、非车险有财产险、意外险及健康险。2017年，有职工6人。

16. 阳光财产保险股份有限公司重庆市垫江支公司

阳光财产保险股份有限公司重庆市垫江支公司成立于2013年4月，位于桂溪街道桂西大道北段329号底层。业务范围：出具财险保险保单，处理理赔事故，赔款划账，承保国家政策性保险，接受客户的咨询和投诉。2017年，有员工7人，其中负责人1名，内勤2名，理赔查勘1名，业务员3名。2017年，保费收入946万元，赔付支出590万元，纳税55万余元。

17. 中华联合财产保险股份有限公司重庆分公司垫江支公司

中华联合财产保险股份有限公司垫江支公司成立于2013年8月。业务范围包含：财产损失保险、责任保险、法定责任保险、信用保险和保证保险、农业保险、其他财产保险业务、短期健康保险和意外伤害险、上述保险业务的再保险业务。2017年，在编人员共计6人，保费收入791万元，赔付支出550万元。

18. 安诚财产保险股份有限公司重庆分公司垫江支公司

安诚财产保险股份有限公司重庆分公司垫江支公司成立于2013年11月。业务范围主要包括车险、财产保险、意外保险、健康保险、责任保险、工程保险、家财保险等。2017年，有在职员工9人，其中常规险销售4人，经理1人，出单1人，查勘1人，综合内勤1人，农险岗1人。2017年保费收入661万元，同比增长27.7%，赔付支出270万元。

19. 华安财产保险股份有限公司重庆分公司垫江支公司

华安财产保险股份有限公司重庆分公司垫江支公司成立于2016年6月，是专业性保险公司。主要经营各种财产险、责任险、信用保证险、农业险、意外伤害险、短期健康险和再保险业务。2017年，在编员工4人。2017年，保费收入130万元，赔付支出12万元。

【西南证券股份有限公司重庆垫江证券营业部】西南证券股份有限公司重庆垫江证券营业部成立于2010年3月。公司经营范围：证券经纪，证券投资咨询，与证券交易、证券投资活动有关的财务顾问，证券承销与保荐，证券自营，证券资产管理，融资融券，证券投资基金代销，代销金融产品，为期货公司提供中间介绍业务，股票期权做市业务。2017年，公司内设运营中心、财富管理中心、营销中心3个部门，有员工9人，经纪人2人。普通账户合格客户数12364户，两融客户数578户。2017年，托管垫江新上市企业天圣制药部分限售股总计116.98万股，并完成一单股票质押业务，为投资者融资200万元。

【重庆市垫江县兴农融资担保有限公司】 重庆市垫江县兴农融资担保有限公司于2012年4月成立，由重庆渝垫国有资产经营有限责任公司和重庆兴农融资担保有限责任公司共同出资组建。注册资本金10000万元，重庆渝垫国有资产经营有限责任公司出资9000万元，占注册资本的90%，重庆兴农融资担保有限责任公司出资1000万元，占注册资本的10%。垫江兴农是垫江县首家融资担保公司，也是重庆市“三权”抵押伞状担保体系的区县级第一家开业的担保公司，经营业务范围为开展贷款担保、票据承兑担保、贸易融资担保、项目融资担保、信用证担保等融资性担保业务为“三农”服务。2017年，公司内设综合管理部、业务发展部、风险控制部、资金财务部4个部门，有员工16人。2017年，担保129笔，金额38230万元，实现担保业务收入1089万元。

（谭明利）

财　政

【概况】 2017年，县财政局内设科室12个，有3个下属副科级参公事业单位，1个下属副科级全额拨款事业单位，主要承担全县各项财政收支管理，办理和监督县级财政的经济发展支出，开展财政投资评审管理、政府债务管理、会计工作，监督检查财税法律、法规、政策的执行情况，查处违反财经法纪的行为。县财政坚持“保运转、保民生、保稳定、促发展、防风险”工作思路，主动适应经济新常态，全力稳增长、促改革、调结构、惠民生、防风险，保障全县经济社会发展和民生事业改善。

【财政改革】 完成新一轮乡镇（街道）财政管理体制改革，新一轮体制比上一轮体制每年支出增加15900万元，体现事权与支出责任的有机统一。完成财政资金整合改革，通过盘活各领域“沉睡”的财政资金，将除救灾救济、对个人的补助以及其他有特殊指定用途的资金以外，中央、市、县财政安排的用于经济建设、基础设施建设、企业发展、强农惠农、环境保护等各项资金以及基金都纳入整合范围，促进新型工业化建设、康养旅游特色发展、生态宜居城市、生态环境治理、保障和改善民生五方面重点建设，集中财力办大事、急事。完成澄溪工业园区上划县工业园区的财税划转工作，工业园区财政体制改革、预算绩效管理改革加快推进。税收制度改革、国库集中支付改革、“三去一降一补”政策、公务卡改革、预决算公开、机关事业单位养老保险改革、公立医院改革等在工作推进中不断完善。

【财政收支】 2017年，全县一般公共预算收入完成19.48亿元，增长12.5%，税收占一般公共预算收入比重56.5%。同时，按照《垫江县向上争取专项资金考核奖励办法》，准确把握政策导向，督促各部门向上争取专项资金42.9亿元，较2016年增长42.46%，其中，县财政争取新增债券额度10亿元。

【财政管理】 联合城乡建委制订财政评审计价原则，使财政评审最高限价更能接近市场水平，挤掉建设领域的高额利润，节约财政资金。实行预算编、审同步，提高财政评审效率。财政投资评审项目136个，送审金额11563万元，审定金额10170万元，审减率12.04%。对10个单位的会计信息质量和收支进行专项检查。完成政府集中采购19543万元，节约财政资金4812万元，节约率19.76%。开展惠农领域不正之风和腐败问题专项整治，组成5个工作组，历时两个月对全县7个涉农部门、26个乡镇（街道）自2013年以来兑现给农民群众的惠农补贴资金和其他涉及农民群众利益的专项资金进行检查，对发现的问题落实督促整改，保障农民合法权益。各乡镇（街道）、县级各主管部门（单位）按照财务隶属关系对所属单位开展国有资产自查核实工作，县财政局对县级 25 个单位（含 1 个基建项目）的国有资产清理自查工作进行核查，进一步摸清行政事业单位国有资产家底，盘活单位存量财政性资金和国有资产，实现国有资产的保值增值。按照《基本建设项目财务竣工决算实施办法》，对政府性工程转固进行清理， 2017 年收回部门财政沉淀资金 14400 万元。2017 年，财政专项资金重点绩效评价项目 5 个，预算单位自行评价项目 10 个，涉及资金 2.66 亿元。试点探索项目实施过程绩效跟踪监控，将 2017 年城市保洁资金 5090 万元、科技发展资金 1500 万元纳入项目绩效目标跟踪监控试点范围，加强财政资金跟踪问效。除涉密单位外，全县所有部门预决算全部及时对外公开，公开支出功能分类到项级，一般公共预算基本支出公开到经济性质分类款级科目，自觉主动接受社会监督。撤销应撤未撤相关财政专户 13 个。完成 2017 年农村财务人员业务和支农政策培训工作，进一步增强干部业务能力。落实市县审计问题整改，提升财政管理服务水平。

2017 年 4 月 21 日，县财政局开展群众身边不正之风和腐败问题专项整治

【保重点产业发展】 投入 25500 万元支持工业园区发展。落实工业发展基金 3500 万元，安排商业、旅游发展基金各 1000 万元。安排 1000 万元“助保贷”垫底资金，拉动银行对中小企业新增贷款 8000 万元。落实对企业减税降负政策，提升实体经济活力。保民生事业发展，提升人民生活品质。全县禁养区畜禽养殖场关闭取缔投入 5500 万元，关闭禁养区畜禽养殖场 191 户。修建、改建、扩建乡镇污水处理厂，加强乡镇污水管网建设，开展农村垃圾统一清运，保障乡镇污水处理厂运行经费，改善人居生活环境。2017 年，民生事业投入 43.68 亿元，占一般公共预算支出的 68.2%。2017 年，全县共计整合各类资金 5831 万元，重点支持特色产业发展、易地扶贫搬迁、连片开发、劳动技能培训、社会保障、基础设施、社会事业发展等。设立医疗救助、教育资助、住房改造专项资金，统筹用于贫困人口的健康、教育和住房帮扶，切实解决“插花”贫困问题。统筹整合资金支持牡丹樱花世界创国家 4A 级景区项目。2017 年投入 40696 万元专项资金，支持高标准农田建设。保城市建设发展，2017 年，筹集整合资金 34.8 亿元，按照急需和必须原则安排城市项目建设，靓化城市环境。创新项目融资模式，东部片区城镇化综合开发 PPP 项目落地，涉及资金 62.9 亿元。

【债务风险管控】 全县坚持严控政府性债务增量、消化存量、稳定总量原则加强债务管控工作。2017 年，全县争取市级置换债券资金 14.27 亿元，进一步优化债务结构。2017 年，财政部、重庆市人民政府相继出台系列文件，对债务风险管控提出更高更严的要求。全县相继建立政府性债务风险应急处置机制，开展不规范融资担保整改工作。对全县 17 家融资平台公司清理整合。其中：注销 8 家，合并 3 家，保留 6 家（其中：2 家公益类国有企业、4 家商业国有企业），已完成平台公司资产、债权债务的处置工作，全县平台公司整合工作走在全市区县前列。2017 年底政府性债务余额 48.43 亿元，债务率 66.74%，债务在绿色可控范围之内。

（王明勇）

国 税

【概况】 垫江县国税局设1个直属机构（稽查局），1个办税服务厅，8个税务所，内设12个科室，工会组织1个。

10月26日，市国税局党组成员、总审计师耿青（女）率队调研垫江县国税局工作

【税收收入】 2017年，垫江县国税局累计完成税收收入96315万元，同比增长42.89%，完成重庆市国税局年度计划的105.84%。实现县级收入40071万元，同比增长1.72倍，完成县政府县级收入年度计划的100.18%。实现增值税70706万元。消费税5428万元。企业所得税11824万元。车辆购置税8357万元。税收规模排全市第26位，增速排名第16位。在渝东北地区税收总量排名第五。

（尹沁心）

【税收法治】 1. 全年共组织完成《税收政策执行情况专题报告》《关于互联网+税务电子税务局在运用中的问题反馈意见》《税收优惠政策执行情况的反馈意见》的专题报告和反馈意见等。2. 重大涉税事项集体审议。2017年计审理重大涉税事项2次共6件，共计退税838万元。全年税务行政处罚决定654件，处罚金额34.94万元。其中简易处罚641件，涉及金额20.32万元。稽查立案13件，处罚金额14.62万元。审理稽查局提请的重大税务案件2件，处罚1.8万元。3. 行政许可事项办结情况。增值税专用发票（增值税税控系统）最高开票限额审批受理件数492件，承诺时限办结件数492件。其他行政许可项目受理0件数。4. 开展税收执法督察。成立两个执法督察重点检查组，对辖区内8个基层单位进行重点检查，重点检查面100%。对供给侧结构性改革相关税收优惠政策落实、推开营改增落实情况、贯彻落实组织收入原则、税务稽查、重点行业及重点事项税收管理、发票管理、纳税人注销清税管理、出口退（免）税管理情况等8个方面进行检查。

（夏予川）

【税收政策落实】 1. 全年共有出口退免税企业21户，有出口退免税申报业务的10户。2017年落实出口退税额3111万元。2. 为辖区内7户民政福利企业落实增值税即征即退1939.67万元，为4户户资源综合利用企业，落实增值税即征即退119万余元。3. 辖区内增值税小微企业有6684户，享受优惠政策3063户。减免税1344.75万元，其中征前减免1342.25万元。4. 有177户企业享受小微企业优惠政策，减免所得税88万元。6户企业享受西部大开发优惠政策，减免所得税1289万元。38户企业享受农林牧渔项目企业所得税优惠政策，免征所得929万元。3户企业享受安置残疾人员工资加计扣除优惠政策，加计扣除金额178万元。5. 依托市国税局开发的各种分析系统，加强对未备案申报减免税收入、达标未认定一般纳税人、小微企业享受优惠政策、即征即退C、D级不符合条件退税等纳税人的风险预警监控，及时发现推送违规纳税人。不合规纳税户数大幅下降，降低政策执行风险。加强企业所得税年报审核，采取集中审核、分组审核等形式，逐户开展审核，校验数据，确保申报率与数据准确率要求。

（朱洪生、徐星）

【税收改革】 1. 征管机构职能职责改革。按照上级要求和税收征管客观需要，合理调整征管职能职责，调整后有 4 个承担属地管理职能的税务所，2 个专业化管理税务所，2 个税收风险管理税务所。

2. 商事制度改革。与工商加强信息沟通，每月下发“五证合一”存量户变更情况，督促管理所强化本项工作，督促纳税人及时完成税务登记信息补录。逐户清理、核实、修改、补录，未补录户数从年初 1434 户下降到 16 户。

3. 一票清税推进。2017 年 5 月 9 日，全县各办税服务厅（室）代开发票点“一票清税”推开。截至年末，“一票清税”系统入库主税 132.59 万元，附税 77.94 万元。

4. 委托邮政代开普通发票并代征税款。2017 年委托邮政代开普通发票并代征税款网点增至 26 个，覆盖全县所有乡镇街道。截至 12 月底，开具有效发票 40233 份，征税 14098 笔，代征增值税额 597.57 万元。（谭增先）

【纳税服务】 1. 深化国地税合作。县税务服务大厅实行统一导税、统一咨询、统一税法宣传、联合开展主题党日活动 2 次、税务业务培训 5 次，共同提升人员素质。全职能窗口实现“一窗一人一机一POS”一站式办理服务。对 1506 户纳税人开展信用评价，评定 A 级纳税人 61 户，共同出台对 A 级纳税人激励措施。推进纳税人学堂教学，先后实施教学 19 次，近 1000 人次的纳税人接受学习培训，其中与地税局开展联合教学 2 次。

2. 推进“互联网+纳税服务”。落实分解重庆国税 12366 电子税务局办税人员实名办税，开展对内对外培训。纳税人绑定率 100%，业务替代率平均 95%以上。完善微信公众号平台建设，并成立相关的运维团队。发布“二维码”一次性告知以及热点问答“二维码”。

3. 完善办税硬件设施。拓展纳税人自助办税区，2017 年在原有六台电脑的基础上新增 5 台计算机设备，提供免费上网服务，并安排税务人员对纳税人进行辅导。增设普票领取、专票领取、发票代开、车购税 4 类业务共 5 台自助办税设备。

4. 其他延续性纳税服务措施。（1）持续开展“便民办税春风行动”。（2）落实《全国税务机关纳税服务规范》3.0 版。（3）持续完善微信公众号以及“企讯通”平台的建设，及时发布税收的业务知识，办税流程、申报期限等内容。（钟瑜）

【税务稽查】 2017 年，县国税局稽查局共计查补入库税收收入 1364.83 万元，其中督导企业自查补缴税款 1048.93 万元、加收滞纳金 135.06 万元。立案重点检查 21 件查补税款 158.82 万元、滞纳金 18 笔 7.4 万元、罚款 13 笔 14.6 万元。对 2 户企业申请法院强制执行银行扣缴税款 8.11 余万元、滞纳金 2847.68 元。配合公安部门重点查处 3 个税收违法案件，现已抓获 6 名犯罪嫌疑人、追缴入库税款 100 多万元。（程颖）

地 税

【概况】 垫江县地方税务局共有干部职工 103 名，内设 7 个科室，6 个基层税务所，3 个直属机构。2017 年，垫江县地方税务局凝心聚力，攻坚克难，税费收入实现稳步增长，征管体制改革进一步深化，党的建设切实加强，干部队伍素质明显提升，获市人社局、地税局联合表彰“先进集体”称号。

2017 年 12 月 22 日，全市地税系统党建和思想政治工作调研会议在垫江县地税局召开

【税费收入】 2017年，全县地方税费收入21.25亿元，同比增长30.48%（剔除2016年1—5月营业税1.46亿元），增收4.97亿元。其中：税收收入实现8.64亿元，同比增长2.75%（剔除2016年1—5月营业税1.46亿元），增收2309万元。社会保险费实现收入12.10亿元，同比增长61.91%，增收4.63亿元。其他收入实现5097万元，同比增长26.01%，增收1052万元。

【税收法治】 按照要求完成行政审批制度改革和行政许可规范化建设，向社会公开税务行政审批事项、税收权力和责任清单。提请县政府召开全县综合治税工作大会，出台《进一步加强综合治税工作的通知》，全县涉税信息交换部门由原来的16个拓展到41个，将部门涉税信息报送工作纳入县政府重点督察考核内容。建立常态化执法督察机制，与梁平、长寿、石柱等局联合开展交叉执法督察，实施税务所之间季度交叉执法督察，集中开展税收执法案卷交叉评查。稽查查办案件40件，查补入库税款3250万元。

【税收征管】 加强信息管税，全年累计采集涉税信息10.59万条，风险应对查补入库6330万元，税收贡献率7.33%。开展基础征管排查“百日行动”，与工商、国税、国土、社保等部门建立起信息比对常态化机制。推进税种集成化管理，实施重点税种团队管理。较好的完成企业所得税汇算和年收入12万元以上个税申报两项工作，狠抓个税全员全额明细申报和数据质量清理工作，“两率”分别居全市系统前茅。推行实名办税制度，高标准实行税收征管档案电子化管理，落实优惠备案通告制度，规范欠税管理和追缴历年欠税，税警合作依法追缴欠税250万元。委托乡镇（街道）代征工作实现全覆盖，全年零散税收代征入库2100余万元。实施信用评价D级预警机制和动态管理模式，纳税人自行补缴税款260余万元。同时，参与“信用垫江”建设，持续加强纳税信用等级查询、红黑名单信息共享等工作，联合多个部门实施守信激励和失信惩戒。

【税收优惠】 落实税收优惠政策。执行西部大开发、小微企业、个人住房交易等税收优惠政策，特别是国务院6项减税政策，2017年，全县享受地方税收优惠政策14855户次，税收优惠总额2.26亿元。

【纳税服务】 开展纳税人需求调查，并根据所反映的问题和诉求，制定5类17项整改工作责任清单。优化窗口设置，推行“一票清税”，主动试点存量房交易网上办税，在前台窗口开通“存量房网上预约办税绿色通道”。开展上门服务、定制服务、组团服务、绿色服务等，局党组深入工业园区、税种专家团队深入重点行业企业、税务人员深入特殊群体开展宣传辅导。（皮先荣）

经济监督管理

计　划

【概况】 2017年，县发改委内设办公室、综合科、投资科、经济社会事业科、稽查督办科、公共资源综合管理科（公共资源交易管理办公室）、价格收费管理科、成本监审科、统筹科、行政许可服务科、节能监察科、长输管道监管科、价格监督所13个机构，下属价格认证中心、经济信息中心、项目服务中心、节能监察中心4个事业单位。县发改委编制完成《垫江县2017年国民经济和社会发展计划》，围绕“一个建成、六个显著”宏伟目标、“三地一心一城”（指垫江县“十三五”规划提出的发展目标。“三地”指重庆重要工业基地、重庆优质农产品生产加工基地和重庆休闲旅游目的地；“一心”指渝川东部区域性商贸物流中心；“一城”指重庆生态宜居城市）发展定位和“12345”工作部署，不断调结构、稳增长、促转型、惠民生。

2017年3月10日，垫江县发改财税工作会在会议中心召开

【参谋辅政】 编制年度计划报告，起草和执行国民经济和社会发展计划工作报告。开展经济运行监测分析，落实时序监测机制，及时协调解决经济运行、企业发展、项目建设中的困难问题。撰写全县经济形势分析材料和计划报告执行情况，以经济的角度、全局的视野、务实的精神，为县委、县政府决策作力所能及的参考。开展重大战略谋划对接，龙溪河流域成为全国流域生态治理和可持续发展16个试点区之一。创刊《发改资考》，针对性研究解决项目工作、资源要素等事关全县战略性、全局性、先导性重大问题。

【项目管理】 1. 紧扣县域发展需要，建立3年滚动项目库、5年项目库、6大重点项目体系。入库3年滚动投资项目466个，储备2017—2021年项目库重大项目393个，策划2017—2021年6大重点项目体系，涵盖城市新区、工业经济、生态旅游、乡村振兴、交通融通共20个一级项目53个二级子项目，总投资346.2亿元。2. 全年争取资金超80亿元，其中：中央、市级项目资金4.04亿元，国开行、农发行和亚行贷款13.5亿元，东部片区新型城镇化PPP项目62.7亿元。3. 成立运行县重点项目服务中心，完善出台“1+2”招投标管理办法、重大项目奖惩考核办法等制度。创新重点项目互联网管理平台、移动APP、无人机巡查“三位一体”稽察新模式，定期印发项目进展对比通报，实现对全县所有重点项目的全过程监管、可视化感知和高效率推进。全县“互联网+项目管理”工作经验被国家发改委发文全国推广。年度22个中央预算内投资项目全部实现开工。92个“五个一批”重点项目基本竣工27个、新开工26个，13个在建项目、30个前期项目加快推进，累计完成投资79.2亿元，带动实现固定资产投资366亿元，增长11%。

【改革开放】 1. 供给侧结构性改革。关停全县唯一地条钢企业。落实涉企减负 30 条等减负政策，清理核查涉企行政事业性收费项目 61 项、政府性基金收费项目 6 项，停（免）征行政事业性收费、政府性基金 13 项，新增直购电企业 2 户，减免小额和困难企业社保缴费金额，为企业减少各类成本 1.8 亿元。西部鼓励类产业减免退税 3998 万元。推进全县信用体系建设，建成“信用垫江”平台和综合数据库，启动 2200 家县内企业免费信用体检，入选全市十大信用典型案例。推进“放管服”改革，加快推进行政许可标准化工作，公示审批事宜、实行在线审批，审批提速 60%以上。2. 统筹城乡综合配套改革。户籍制度改革常态化推进，累计流转土地 3.28 万公顷，复垦参加社保统筹 1118 户 1505 人。争取获并加快推进全国返乡农民工国家级创业试点示范，明确建成两园四基地的工作目标。筹办双创活动垫江周系列活动。3. 对外开放合作。垫江县同市发改委、长寿和梁平深度对接，协同推进龙溪河生态经济带战略，编制完成流域生态专项治理规划，推动出台流域生态修复与治理（试点）实施方案，总投资 72.96 亿元。主动对接川渝“两地四方”合作，协调做好明月山旅游整体规划与建设发展规划编制。高效推进长垫对口帮扶。广垫忠黔货运铁路前期论证加快，垫丰武速公路前期完成。

【年度计划执行】 全年完成地区生产总值 276.80 亿元，增长 8.50%。一般公共预算收入增长 12.50%，金融存贷比 58.30%，经济质量效益同步提升。实现工业增加值 112.20 亿元，增长 8.60%。社会消费品零售总额 105 亿元，增长 12.30%。实现农业增加值 41.90 亿元，增长 5%。单位万元 GDP 能耗同比下降 1%。城镇常住居民人均可支配收入 31889 元，增长 9.20%。农村常住居民人均可支配收入 13979 元，增长 10.10%。在完成年度计划的过程中存在的突出困难和问题主要有：1. 经济下行压力仍然较大。重大项目特别是产业类项目落地建成还不多，支撑还不强。2. 新旧动能接续仍有空档。产业结构还不优，新增“四上”企业还较少，少数原有“四上”企业停产停报。3. 财政收支矛盾仍较突出。乡镇财政保障压力加大，全县刚性支出增多，新的税源培植涌现不足，财政收支平衡的难度进一步加大。

【固定资产投资】 固定资产投资实现 347.80 亿元，增长 12.60%。民间投资占比 81.94%，投资结构进一步优化。重点项目建设加快。年度 22 个中央预算内投资项目全部实现开工。“五个一批”重点项目 92 个基本竣工 27 个、在建 28 个，其余 37 个前期工作累计完成投资 79.20 亿元。全力争取上级专项资金 42.98 亿元，渝垫公司 15 亿元企业债券获国家发改委批准，争取“两行”（国开行、农发行）贷款 10 亿元，基本敲定亚行贷款 3.50 亿元，全市试点示范的东部新区新型城镇化 PPP 项目获批，为经济社会发展注入强大动力。实施两轮征地拆迁集中攻坚行动，新增建设用地 144.98 公顷。

【“三去一降一补”改革】 2017 年，垫江县“三去一降一补”（去产能、去库存、去杠杆、降成本、补短板）改革关停全县唯一地条钢企业，消化商品房库存 55.60 万方，注销僵尸空壳企业 73 户。落实减负 30 条，发放“助贷保”“应急转贷”贷款 9644 万元，停（免）征行政事业性收费、政府性基金 13 项，新增直购电企业 2 户，减免小额和困难企业社保缴费金额，为企业减少各类成本 1.80 亿元。营改增退税 1182 万元。西部鼓励类产业减免企业所得税 3998 万元。推进“放管服”改革。承接市级行政审批等管理事项 31 项，动态调整行政许可事项 4 批次，加快推进行政许可标准化工作，全面公示审批事宜、实行在线审批，审批提速 60%以上。

【民生实事】 完成 25 件民生实事年度任务。新增城镇就业 7263 人，城镇登记失业率控制在 4.10%以内。获批全国支持农民工等人员返乡创业试点县。牡丹文化节、四运会、惠民电影、篮球联赛等群众性文化体育活动蓬勃开展。全国义务教育发展基本均衡县创建，普通高考重本上线 1242 人，上线率 21.52%、提升 2.82 个百分点。公立医院综合改革人均住院费下降 7%。城乡养老、医保率均稳定在 96%以上。改造危房 407 户、资助贫困学生 59175 人次（其中建卡贫困学生 5050 人次）、救助大病患者 3535 人、实施精准脱贫保险 26447 人，实现 865 户 2872 人脱贫越线。

【经济运行监测】 县发改委分析国际国内经济形势，深入基层、企业和经济实体单位了解情况，多次和统计、商务、农林、水务等部门及相关企业沟通联系、召开座谈会，就经济运行中出现的新情况、新问题进行研究，并针对经济运行中存在的困难和问题提出政策建议，撰写一、二、三季度的经济形势分析报告和政策建议，为县政府提供决策参考。针对经济运行中的热点、难点问题，完成《推进全县项目工作的思考和建议》《深入实施“五个一批”重点建设项目》等多篇调研分析报告。

（皮路遥）

国有资产管理

【概况】 县国有资产监督管理委员会于 2011 年 6 月成立，2017 年，编制 11 人，完成并上缴国有资本经营收益 800 万元。

【国资国企改革】 1. 稳妥推进 17 家融资平台公司整合重组，完成鼎发公司整合吉顺然气公司工作。2. 依法清算注销 73 户盈利能力差、竞争能力差、长期处于歇业状态、依靠政府资金支持而存续的“僵尸”“空壳”企业。3. 积极协助县政府开展剥离国企办社会职能和解决历史遗留问题有关工作。4. 将县国有资产监督管理委员会管理的权属证为种子公司等 8 处国有资产划转给渝垫国资公司、交通开发公司。

【财务监管】 组织 65 户企业开展 2016 年度财务决算，及时开展 2017 年度企业财务专项检查。同时，开展 2015 年和 2016 年企业财务专项检查存在问题整改“回头看”工作。

【企业经营业绩考核】 完成鼎发公司、文化娱乐公司和保安公司 2016 年经营业绩目标考核，分别对国资委直接出资的渝垫国资公司等五户企业制定 2017 年经营业绩考核目标现责任书。

【支持企业和县域经济发展】 1. 指导渝垫国资公司与中石化合作投资 1.5 亿元，拟建加油加气站 7 座以上。指导鼎发公司与重庆中法能源服务有限责任公司和贵州燃气集团股份有限公司，共同出资 1500 万元实施县医院天然气分布式能源项目。2. 批准同意兴垫公司与重庆泊水源农业发展有限公司共同出资 670 万元成立子公司在高安实施高标准农田（药用牡丹）建设项目、与垫江县林山香料有限公司共同出资 2000 万元成立子公司在沙河实施高标准农田（油樟）建设项目、与海博园林科技股份有限公司共同出资 2100 万元设立子公司在新民投资建设高标准农田（五彩田园）项目。3. 积极协助配合审批企业申报各类融资项目 37.0 亿元，获批金额 16.3 亿元，到位资金 20.35 亿元。同时，引导企业开展地下综合管廊企业专项债 10 亿元、非公开债务融资工具（PPN）10 亿和中期 10 亿元票据的编制包装工作。4. 指导垫江兴农担保公司加大对个体小、发展潜力大、带动产业发展效果明显等实体企业的担保力度。2017 年共担保 131 笔、金额 41145 万元。

（曹守春）

国土资源管理

【概况】 县国土资源和房屋管理局内设 7 个职能科室，下辖 9 个直属事业单位和 9 个片区国土房屋管理所。行政编制 16 人，事业编制 177 人。2017 年，按照“生态优先、绿色发展”方针，紧扣垫江县“一个建成、六个显著”和“三地一心一城”建设任务，做好稳增长、促改革、调结构、惠民生各项工作，开创国土房管工作新局面。

【土地规划调整】 完成土地利用总体规划方案编制上报，并通过市国土房管局评审。完成 23 个村土地利用规划编制和审查工作。完成 10 个项目 189 公顷土地利用总体规划局部调整。

【土地征收】 开展垫江县第二轮征地拆迁集中攻坚工作，尾欠 16 个项目 253 户房屋拆迁，因法定程序有 13 户纳入 2018 年完成，应拆 240 户，完成 221 户。新启动 9 个项目 473 户房屋拆迁，完成 435 户。完成 30 个项目 287 公顷的征地补偿安置，应安置 5832 人，自愿放弃安置 160 人，安置 5672 人，符合参加基本养老保险条件的参保 4347 人，补贴保险费 6314 万元，发放代扣参保后的安置补助费 14922 万元。开展 11 宗地征地补偿安置工作。

2017 年 12 月 31 日，垫江县文化路棚户区改造征地拆迁项目征地拆迁房屋拆除安全检查

【用地审批】 取得新增建设用地计划 25 个项目 271.8 公顷，其中“集中攻坚”和“五个一批”重点项目 246.47 公顷。取得征地批文 13 个项目 159.2 公顷，其中“集中攻坚”和“五个一批”重点项目 156.67 公顷。已将征地资料报市国土房管局审批项目 7 个 150.07 公顷，其中“集中攻坚”和“五个一批”重点项目 149.93 公顷。办理 34 个建设项目用地预审，审批农村宅基地 450 户 4.33 公顷，设施农用地备案 45 宗 8.47 公顷，审批临时用地 1 宗 2000 平方米、延期审批 1 宗 2668 平方米。

【土地资产管理】 编制 2017 年度土地储备方案，建立储备土地数据库。完成 3.2 公顷国有土地收购储备工作，完成拟计划收购 4582 平方米国有土地前期准备工作，获计划储备土地 120.27 公顷征地批文。清理 12 个乡镇的储备土地，并上报处置方案。

【耕地保护】 完成永久基本农田划定工作，实现耕地保有量 7.25 万公顷，永久基本农田 6.14 万公顷。超额完成市下达垫江县年度目标考核任务，完成土地开发整理和农村建设用地复垦项目新增耕地 154 公顷，建成高标准农田 4360 公顷（国土部门 2307 公顷，农业部门 2053 公顷）。完成 2016 年度耕地质量等别更新评价。2016 年度土地矿产卫片执法认定违法占用耕地的面积 12.93 公顷，整改到位 7.6 公顷，通过市级核查。

9 月 29 日检查白家镇静峰等 3 村农村建设用地复垦项目

【土地整治复垦】 组织实施（含续建）土地整理项目 130 个 4172 公顷，拟投资 23317 万元，其中，实施土地整理两江新区建优项目项目 3 个 905 公

顷，拟投资 1082 万元。续建土地整理（高标准农田建设）项目 11 个 2881 公顷，拟投资 12432 万元（其中，市级项目 6 个 1613 公顷，拟投资 10700 万元。县级项目 5 个 1258 公顷，拟投资 1732 万元）。续建农村建设用地复垦 116 个 386 公顷，拟投资 9803 万元。

【国有土地供应】 供应建设用地 34 宗 164 公顷，收取价金 19.14 亿元，其中，招拍挂出让土地 23 宗 112.7 公顷，收取价金 13.74 亿元。划拨供应土地 11 宗 51.67 公顷，收取价金 5.4 亿元。划拨土地补办出让手续 424 宗 11 万平方米，收取价款 1389 万元。已出让土地增加建筑面积补缴土地出让价金 5 宗 7.2 万平方米，补缴 2264 万元。

7 月 5 日，重庆耀祥实业有限公司开发的书香华府项目土地供后监管现场检查

【地籍管理】 做好 2016 年度土地利用现状变更调查工作，完成征地确权 42 个。逐宗调查核实国土资源部下发垫江县 2016 年度 314 宗土地矿产疑似违法图斑，及时完善用地手续，并协助查处不能提供合法手续的违法用地。

【地质灾害防治】 地质灾害群测群防工作发布预警信息 141 次，会商 3 次，宣传 6 次，培训 5 次，监测信息上报率 97%。159 个地灾隐患点全部进行应急演练，汛前排查 3 次，汛中巡查 126 次，汛后核查 1 次，防灾督查 3 次，地灾危险性评估备案 5 宗、审查认定 10 宗，处置突发险情 63 起，临时避让 157 人。市级治理项目 1 个，争取市级资金 1119 万元，正进行招标准备。县级治理项目 23 个，落实补助资金 323 万元，完成 11 个。应急抢险排危项目 30 个，落实补助资金 339 万元，完成 23 个。“金土工程”搬迁避让项目 5 个 7 户 36 人。编制完成《垫江县“十三五”地质灾害防治规划（2016—2020 年）》。

【矿产资源管理】 垫江县已发现矿产资源种类 12 种，分别为：天然气、煤、水泥用石灰岩、建筑石料用灰岩、铁、硫铁矿、含钾岩石、建筑用砂岩、砖瓦用页岩、地热、矿泉水及岩盐等。探明并有一定储量的矿产资源有 7 种：煤、水泥用石灰岩、建筑石料用灰岩、建筑用砂岩、砖瓦用页岩、地热、矿泉水，探明储量分别为 40 万吨、4584 万吨、1404.9 万吨、791.9 万吨、384.4 万吨、1500 立方米/吨、1000 立方米/吨。

垫江县开发利用的矿产资源仅有建筑石料用灰岩、砖瓦用页岩、建筑用砂岩、矿泉水 4 个矿种。全县已设置各类采矿权 22 宗，其中：建筑石料用灰岩 9 宗，建筑用砂岩 3 宗，砖瓦用页岩 9 宗，矿泉水 1 宗。设置探矿权 2 宗，其中：垫江县桂阳街道天赐温泉探矿权 1 宗，已于 2005 年勘查完成，可采储量为 800 立方米/吨。垫江县五洞镇卧龙河东翼岩盐矿普查项目 1 个，现勘查钻探 3712 米，已见盐层 12 层，可采盐层厚度 50.5 米，完成野外钻探及终孔验收、岩盐样品测试化验报告和岩盐勘查评价报告，通过市国土房管局第九批采矿权出让复核会审。

实地核查抽查 24 家矿山 2 次，完成全国采矿权数据库配号系统清理工作，注吊销采矿权 7 宗。清理过期采矿权 10 宗，整改完成延续登记 7 宗、完善资料 3 宗。开展矿山巡查 99 次，发现问题 28 个，整改销号 14 个，正在整改 14 宗。完成采矿权标识牌及界桩交叉检查工作，办理采矿许可证登记审批 17 宗，征收采矿权价款 329.2 万元。完成《垫江县矿产资源总体规划（2015—2020年）》和《垫江县矿产资源区划设置方案》的编制及市级评审，编制印发《垫江县绿色矿山建设工作方案》。五洞镇卧龙河盐浴项目勘查钻探3712米，已见盐层12层，可采盐层厚度50.5米，完成野外钻探及终孔验收、岩盐样品测试化验报告和岩盐勘查评价报告，通过市国土房管局第九批采矿权出让复核会审。完成永安镇丰沃矿泉水采矿权出让。中央环保督查反馈问题完成整改和督查销号，收取矿山环境恢复治理保证金264万元，督促县林业局完成13宗废弃矿山复绿工作的70%。（胡延）

8月24日检查新民镇双河村危岩人行通道防护措施

审　计

【概况】　2017年，县审计局内设办公室（电子数据审计科）、法规审理科、整改督促与内审管理科、财政审计审计科、企事业审计科、投资审计科、经济责任审计科（经济责任审计工作联系会议办公室）。下属有垫江县审计中心（参公管理事业单位）。编制18人，实有18人。县审计局计划完成审计项目62个，实际完成审计项目96个，完成年初任务的157%。审计查出主要问题金额267407万元，违纪违规资金113508万元，管理不规范资金153898万元，投资审计核减投资额12614万元，增收节支金额1348万元，提出审计建议690条。

【国家重大政策措施贯彻落实跟踪审计】　按照市审计局统一部署，围绕中央和市委市政府出台的政策措施，把促进“稳增长”等宏观政策措施落实作为工作的重中之重，对全县重点改革专项、投融资体制改革和重点民生实事、重大项目的推进等进行持续跟踪审计并及时向有关部门反馈审计发现的问题，按时上报审计结果。

【财政（预算执行）审计】　在审计重点上，由过去的面面俱到向点面结合。在审计内容上，由过去的以支出审计为主向收支并重向收入的完整性、真实性审计转变。在审计方法和技术上，从过去的账簿式审计向内查外调的真实性审计和计算机筛查疑点审计转变。在审计目标上，由合规、合法性审计向效益性审计转变。

【固定资产投资审计】　完成71个政府投资竣工决算审计项目，核减项目投资额12614万元，节约政府投资资金、促进项目规范管理。对审计中发现的共性问题、重点问题进行挖掘。针对工程项目建设管理中存在的问题，印发《县审计局投资审计限时办结管理办法》《县审计局投资审计中介机构派出人员管理办法》。

【经济责任审计】　围绕领导干部权力运行和责任落实，深化审计内容。截至2017年12月20日，完成县交易中心、九中等7个单位8名领导干部的经济责任审计，查出主要问题金额103821万元，其中管理不规范金额94815万元。

【专项资金审计（调查）】　开展重庆市教育重点专项资金审计调查，审计专项资金总额60832.12万元，促使教育等部门建立健全专项资金长效管理机制，推动贫困地区义务教育发展，保障教育实现公平。对垫江县市政园林管理局2015—2016年度清漂保洁专项资金管理使用情况进行审计，专项资金总额200万元，提高清漂专项资金使用效果，确保资金安全。

2017年12月27日，县审计局审计人员在县教委开展审计工作

【信息化建设】 2017年，共采集275个县级预算单位三个年度的财务数据，已收集515个电子数据账套、268万多条记账凭证，资金收支规模约501亿。年末，大数据审计平台参与财政预算执行、地税预算执行、教委主任经济责任、水务局局长经济责任、公共资源交易中心主任经济责任等审计项目。利用大数据技术分析275个单位（含二、三级单位），编制数据审计模型432个，形成数据的查询分析和疑点3万多个，精确度70%以上，发现预算内资金转入代管资金、未及时征缴非税收入、预备费使用不规范、大额提现及单位库存现金规模过大等问题。

【内部审计】 2017年3月召开全县内审工作会，确定2017年度县级内审项目25个、乡镇内审项目15个、事业单位内审项目1个、企业内审项目18个。组织部分内审人员召开座谈会，6个单位作交流发言，组织内审人员学习《中国内部审计准则》《重庆市内部审计业务工作规程》。3月以来，县审计局对市政园林局、交委、水务局等部门的内审工作进行督导，5月以来，对4个外聘中介机构审计的项目质量进行抽查。（郭娟）

统　计

【概况】 2017年，县统计局内设办公室、综合统计科、工业建筑业统计科、商贸服务业统计科4个科室，下属社会经济调查队（参公）、统计执法检查大队、社情民意调查中心3个事业单位。行政事业人员25名。县统计局被国务院农业普查领导小组表彰为“第三次全国农业普查先进集体”。连续5年被中国信息报社通报表彰为统计宣传先进集体，在重庆市统计局对各区县统计工作目标管理考核中获渝东北片区二等奖。在2017年市统计局17项专业考核评比中，县统计局有14项获奖（一等奖2个、二等奖6个、三等奖6个）。

县委组织部、县委党校、县统计局联合举办2017年全县基层统计业务培训班

【统计服务】 加强统计业务培训，全年开展统计业务培训十余次。其中：一季度，全市2017年商贸统计业务培训班在垫江举办，各区县100余名商贸统计分管领导及统计人员参加培训。下半年邀请市统计局领导（专家）为全县各乡镇（街道）及县级相关部门统计分管领导和业务骨干开展集中培训，参训人员120余人次。积极撰写统计快讯、统计分析一百余篇，高质量编印《垫江县2017年统计年鉴》《领导干部手册》《统计月报》，推广“数据垫江”APP，适时更新维护“垫江统计”微信公众平台。

【统计宣传】 以“12·4”国家宪法日和“12·8”统计法颁布纪念日、统计开放日、第三次全国农业普查为契机，宣传统计法。

【统计法制】 坚持以统计执法营造统计大环境的工作理念，注重常规统计督导检查和“双随机”执法检查。对1户提供不真实或者不完整统计资料的企业进行查处，给予警告并处罚款的行政处罚。

【社情民意调查】 开展社情民意电访调查和面访调查，全年共开展县委、县政府系列重大决策部署知晓度民意调查、乡镇社会满意度调查、部门社会满意度调查、创建市级文明城市民意调查、垫江县“简政放权、放管结合、优化服务”改革社会满意度民意调查、安全感满意度调查等10余项调查。

【第三次全国农业普查】 2017年，县乡两级农业普查机构组织全县3000余名农业查“两员”对20余万户普查对象进行第三次全国农业普查入户登记。第三次全国农业普查的登记对象是垫江县行政区域内的农业经营户、农业经营单位、居住在农村且有确权（承包）土地的住户 。填报对象是列入农业普查范围的村（居）民委员会、乡镇（街道）。主要内容包括：农业从业者情况，土地利用和流转情况，农业新型经营主体情况，农业现代化进展情况，农业生产能力和结构情况，粮食生产安全情况，农产品销售与农村市场建设情况，村级集体经济与资产状况，乡村治理情况，乡镇社会经济发展状况，农民生活状况，建档立卡贫困村与贫困户情况，主要农作物种植等空间分布情况。标准时点为2016年12月31日24时，时期资料为2016年度资料。

（杨召发）

价格管理

【概况】 2017年，出台全县公共资源交易服务收费标准，制定全县物业服务收费政府指导价标准，降低电信网码资源占用费等部分行政事业性收费标准。规范开展价格认证，共办理涉案财物价值认定185件，房地产交易价格认定1968件，为政府增收税费约1500余万元。开展电力、客运、涉农、医药、涉企收费等专项检查，加强公立医院综合改革医药价格监管。查处价格违法行为，受理办结各类价格举报投诉80件，群众满意率100%。力保管线安全。编制天然气长输管道监督检查执法计划，先后开展20余次安全生产计划检查，实现14家长输管道企业172条长输管网（全县总里程967.3千米，全市5100千米）安全事故“零发生”。县发改委成本监审剔除各种不合理成本3750余万元，获国家发改委表彰为先进集体。

【价格改革】 1. 制定物业服务收费标准。首次实现网络同步视频直播论证会实况。8月1日起全县开始执行新的收费标准，解决多年物业服务收费管理的难题。2. 调整部分收费标准，制定全县公共资源交易服务收费标准。从9月1日起降低非居民用天然气价格，实行工商同价。3. 开展乡镇供水价格改革。澄溪作为阶梯水价试点乡镇，从2018年1月1日起率先推行居民生活用水阶梯价格。4. 平稳推进医疗服务价格改革，全程跟踪监督县医院、中医院等4家公立医院价格执行情况，每天向市局报送医疗服务价格及相关政策执行动态，确保全县公立医院综合改革实施。

【价格服务】 1. 涉案价格认定。全年共办理涉案财物价值认定185件，标的金额77.48万元，为公、检、法打击刑事犯罪提供有力依据。2. 涉税价格认定效益明显。完成房地产交易价格认定1968件，认定金额2398.12万元，为政府增税约1500万余元。3. 成本监审精准开展。完成鼎发管道输气成本、澄溪、永安自来水厂供水成本监审工作，剔除各种不合理成本3750余万元。

【价格监管】 开展电力、然气、涉农收费、涉企收费等专项检查，检查违规收费金额近百万元，对6家燃气公司燃配气价格及延伸服务收费公示不规范等问题责令进行整改。处罚出租车乱收费行为0.66万元。化解医疗服务价格矛盾5个，开展全县各条线路客运票价政策执行情况大检查3次。调查处理重庆钻之心珠宝有限公司网上销售商品涉嫌价格欺诈问题。巡查全县驾校培训和部分洗车场收费情况。办理市民各类价格举报投诉80件，办结率及群众满意率100%。开展元旦、春节、五一、国庆、十九大期间的价格监管和市场巡查工作，全年开节假日和特殊时期的价格巡查9次，确保假日价格稳定。

2017年3月，县发改委价格监测人员采价现场

【农本监测】 1. 日常监测及时准确。新增价格监测点3个，高质量完成7大类250个商品价格日报测数据4000多次（项），全年共对粮油、肉蛋、春耕化肥、农药、种子等价格市场巡查共380多人次；2. 热点关注卓有成效。国家放开食盐价格前后，每天定点采集5个规格的食盐价格上报国家发改委，确保全县食盐价格稳定。及时开展春耕农资及化把市场价格巡查、生猪生产成本效益调查，集体研判价格趋势15批次，通报价格信息12期。3. 特色农本初见成效。开展黑花生、蜜本南瓜、黄沙白柚等特色农产品生产成本及效益调查，《特色效益农业助农增收》经验交流报告被国家发改委采用为专题宣传材料。4. 农本调查日益稳固。上报国家发改委的全县农户农资购买、中籼稻生产、生猪饲养成本等成本数据1000余项，数据准确性和真实性得到国家发改委肯定。被国家发改委评为全国农本调查先进集体。 （皮路遥）

工商行政管理

【概况】 县工商行政管理局内设12个科室，下属1个直属单位、1个事业单位，8个工商所。年末在职人员119人。其中：公务员102人，机关工勤13人，事业单位编制4人。县工商局贯彻落实商事制度改革，提升市场监管现代化水平。2017年，垫江县“爷爷维权团”代表消委组织参加全国人大常委会《产品质量法》执法组召开的工作座谈会并做交流发言。工商登记窗口连续10年被评选为年度“红旗窗口”。县消委会获全市工商系统第二届“最美工商人”先进集体。国家工商总局非公党建办调研组和市工商局主要领导先后到沙坪民协分会党总支现场调研。清理整顿人力资源市场秩序专项行动，获人社部和国家工商总局联合发文通报表彰。

【商事制度改革】 2017年，全县新发展各类市场主体6911户，完成县政府全年发展任务5000户的138.22%，其中新发展内资企业1181户，个体工商户5672户，新发展农民专业社（股份合作社）58户。全县累计有各类市场主体（存活）45055户，注册资本（金）322.18亿元。及时清理“僵尸”企

业，共注销市场主体 2587 户，其中内资企业 702 户，个体工商户 1869 户，农民专业合作社 16 户。发挥动产抵押备案职能，全年办理动产抵押登记 219 件，帮助企业融资 4.45 亿元。

12 月 20 日，垫江县委书记蒲彬彬走访调研垫江县工商局 2017 年重点打造创建的市级非公党建工作示范点——重庆南门实业有限公司党支部

【微型企业发展】 2017 年，改进优化微型企业扶持政策，全方位开展微型企业政策宣传，推动扶持政策从前端“直补”向精准“后扶”、从资金补助向以奖代补、从面上普惠向重点支持转化，提高微型企业发展质量和效益。全县新发展微型企业 860 户，带动就业 4731 人，发放创业补助资金 124.82 万元，发放后续扶持资金 133.84 万元，发放微型企业提质发展奖励资金 70 万元。年末，全县累计发展微型企业 8893 户，发放创业补助资金 9238.42 万元、后续补助资金 815.17 万元。

【商标监督管理】 加强新《商标法》、新《商标法实施条例》等商标法律法规的宣传力度，发展一般商标注册，开展行政指导，帮助企业促进地理标志的管理和运用，强化商标监管执法，依法严厉打击商标侵权假冒行为，开展商标代理机构专项整治，严厉打击商标代理违法行为。将“蓝花旗”“巴人哑”“川久”“恒利”等多个商标列为著名商标培育对象。对“川能”“远东”“树臣”“宝顶”“天圣”“松鹤”6 件著名商标进行续展。同时，组织开展商标发展奖励工作，奖励一般商标 342 件，争取并兑现县政府商标发展奖励资金 51.3 万元。年末，全县新申请商标注册 321 件，注册商标 423 件，全县注册商标总量 3361 件。

【消费者权益保护】 开展“3·15”主题宣传活动，使“网络诚信 消费无忧”年主题深入人心。2017 年，县消委会和 12315 平台共受理各类消费申诉 617 件，解决率 100%，为消费者挽回经济损失 288.3 万元。以“爷爷维权团”为品牌深入推进义务维权社会化管理，2017 年 3 月 23 日，县消委会“爷爷义务维权团”代表消委组织参加全国人大常委会《产品质量法》执法组召开的工作座谈会并做交流发言。2017 年县消委会获全市工商系统第二届“最美工商人”先进集体，县消委会秘书长刘波获中国消费者协会 2016—2017 年度全国消协组织先进个人称号。

【电子商务监管】 加强市场主体信息的运用，年末，共有 5123 户各类市场主体列入经营异常名录。共向发改委、财政局等成员单位征集资质、行政许可、行政处罚等信息 3329 条。共为企业、个人等提供查询服务 2912 次，共向社会提供信用报告 283 份。为农民工提供劳务纠纷查询 269 次，协助追回拖欠农民工工资 3914.2 万元。因有严重违法记录的信用信息被取消投标资格的 2 户，受到市场准入和任职资格限制的 9 人。2017 年，共征集建库电商主体 66 户，新发展电子商务企业 56 户，全县具有独立域名的电子商务主体申请电子标识 100%。开展网络市场监管专项行动，全年检查网站、网店 389 户次，实地检查网站、网店经营者 261 户，立案查处 7 件。

【市场监管】 先后开展民办教育培训机构、投资类市场主体广告、校园周边市场、“红盾护农”等专项整治，同时制订流通领域产品质量抽检计划，2017 年，开展流通领域商品质量抽检共计抽样商品 61 组，其中成品油 24 组、服装 15 组、家电（含小家电）17 组、手机 5 组。通过检测机构检验，柴油不合格 1 组、服装不合格 6 组、家电（含小家电）不合格 5 组、手机不合格 1 组，已全部进行立案调查。加强年报公示政策宣传，稳步提升市场主体年报率。年末，全县内资企业年报率 98.52%，个体工商户年报率 85.48%，农民专业合作社年报率 98.97%，在渝东北片区排名第 1。开展双随机一公开抽查，2017 年 8 月 15 日开始，对 2016 年 12 月 31 日（含）前成立的企业、农民专业合作社、个体工商户，按照 3%的比例抽取，共抽取 1184 户作为检查对象，于 2017 年 11 月 20 日全部实地检查并录入完毕，按时完成抽查任务，未发现问题 827 户，未开展本次抽查涉及的经营活动 5 户，未按规定公示应当公示的信息 16 户，通过登记的住所（经营场所）无法联系 261 户，检查过程当中注吊销 75 户。

【执法办案】 发挥好执法办案的“拳头”作用，以办大案、办要案为重点，切实规范行业秩序、净化行业风气。2017 年，重点开展打击投资类市场主体的广告违法专项执法、打击销售假冒伪劣商品专项执法、打击商业贿赂行为的专项执法、打击侵害消费者权益行为专项执法、打击传销规范直销工作、打击非法集资专项执法行动等。年末，共立案查处案件 36 件，办结案件 27 件，涉及的类型有商标侵权，产品质量，商业贿赂，广告违法，侵害消费者权益，无照经营，其它不正当竞争等案件。开展“双打”工作，维护市场经营秩序，开展治理公用企业限制竞争行为工作，排查涉嫌不正当竞争行为的案件。

食品药品监督管理

【概况】 2017 年，重庆市食品药品监督管理局垫江县分局（垫江县食品安全委员会办公室）内设 9 个科室，下属 2 个直属食药监所，24 个非直属乡镇食药监所。机关行政编制（行政执法专项编制）52 名，机关后勤服务编制 2 名。全县有食品药品（以下简称“三品一械”，即：食品、药品、化妆品、医疗器械）生产经营企业 6993 户。其中：食品生产企业 74 户、食品加工小作坊 91 户、食品流通经营主体（含个体）3583 户、餐饮服务单位 2089 户，化妆品经营单位 305 户，药品生产企业 3 户、药品经营企业 427 户（其中：药品批发企业 6 户），医疗器械生产企业 1 户、医疗器械经营企业 33 户，药包材生产企业 3 户，涉药涉械医疗机构 384 户（含三等甲级医院 2 家）。有县级以上农产品龙头企业 167 个、农产品加工企业 154 家。榨菜、晚熟柑橘等特色果蔬基地 3.53 万公顷。标准化农产品基地 4.73 万公顷，创建“三品一标”（即无公害农产品、绿色食品、有机农产品和农产品地理标志）123 个，新建和改造乡镇规范化农贸市场 29 个，建成农产品产地集配中心 4 个。发展蓝花旗酒店、吉之源火锅等总部型、连锁型餐饮食品企业 13 家，在县内外开设直营、连锁店 165 家。

【食品安全监管】 1. 强化组织协调，提升食品安全综合监管能力。及时修定完善全县食品安全相关工作制度，将食品药品安全工作纳入县对乡镇（街道）的社会发展实绩考核内容，实行重大食品药品安全事故“一票否决”。2. 依托“12315”“12331”“12316”等投诉举报平台，及时受理、转办消费投诉，严厉打击虚假宣传、消费欺诈、销售不合格食品等行为，妥善处理消费纠纷，维护良好的消费环境。投诉举报规定时限内办结率 100%。对行政处罚信息按要求公开，并充分发挥社会力量监督食品安全工作。广泛开展“3・15”“3・31”、食品安全宣传周、农村场镇赶集日宣传等社会化宣传活动。加大创建食品安全示范城市在高铁站、高速公路、渝巫路沿线、公路治超站、公交站台、公交车和出租车车身的宣传力度。在新华网、《重庆日报》、华龙网、长安网等中央、市级媒体累计报道垫江县食品安全示范城市创建工作及《食品安全法》实施情况 15 篇。县广播电视台、垫江日报、丹乡手机报、垫江食品药品微信公众号等县内媒体发布食品安全信息 250 余条。县食品药品今日头条累计阅读量5万余人次。2017年，全县各级各部门共组建食安城市创建宣传队伍30支，宣传队员1000余人，组织开展街头集中宣传120场次，制作创建宣传手提袋5000个、宣传桌牌1.3万个、宣传背心7200件、宣传日历年画5万张、宣传手旗1030面、宣传手册1万份、创建告市民书信30万张、电梯宣传画报2600张。开通微信公众有奖答题活动，累计参加4万余人次。制作创建宣传广播音频，通过全县村村通广播、综治巡逻车全天候巡回播放。在"三网通"手机平台发送创建工作短信100万条。部分乡镇采取寓教于乐的形式把食安城市创建宣传工作融入到场镇腰鼓队、广场舞表演队和农村红白喜事演出队的节目演出中。3. 突出监管重点，确保食品全过程质量安全。①突出农产品源头监管。组织开展"绿剑护农"农药残留专项整治、"瘦肉精"专项整治等七大专项整治行动，农产品质量安全得以保障。2017年，检测畜禽产品453批次，饲料、兽药检测96批次，瘦肉精检测1000份，水产品检测抽样700个，农残速测样品10262个，合格率99.91%。②突出生产环节监管。强化食品"属地管理"制度，落实基层监管执法工作，对全县食品生产加工企业实行巡查、回访、监督抽查、质量承诺和预警。印发《2017年垫江县食品生产企业日常巡查工作计划》和《关于加强食品生产加工小作坊日常监督检查的通知》，将食品小作坊纳入常态化制度化管理。完成对规模以上及问题较多的企业预计巡查105家次，督促辖区21家规模以上食品生产企业设置食品安全管理机构和专职管理人员。发放《食品生产经营守法告知书》5500份，组织巡查食品生产企业和小作坊960余户次，开展调味面制品等休闲食品、食品生产企业清洁消毒情况、"两超一非"及欺诈和夸大宣传、白酒产品等专项检查，共下达责令整改书180余份，约谈13人次，查扣问题产品1010千克。③开展清查清缴、主体资质、流通环节食品检验等专项工作。全年出动执法人员4938人次，检查经营户2469户次，检查批发市场、集贸市场28户次，监督抽检381批次，抽样快检2335批次，立案查处食品案件64起，没收过期食品40.2千克，罚没款37万元，受理办结举报投诉13件。重点开展白酒专项整治、校园周边环境整治、打击销售病死猪肉专项执法检查、农村食品市场、日本核辐射区问题食品、婴幼儿配方乳粉等专项治理行动。共检查食品销售主体5200余户，督促食品销售主体办理许可400户，取缔无证经营3户，规范食品销售主体落实主体责任1450户，检出问题企业6家，查获问题食品14.75千克，立案查处4件，罚没款198180元。④突出餐饮环节监管。实施餐春秋期学校食堂及周边食品安全专项检查、餐饮企业油烟排放治理、火锅类食品安全、养老机构食品安全专项检查、废弃油脂专项检查、餐饮单位明厨亮灶、校园及周边风险隐患排查、农村餐饮市场整治、旅游景点及农家乐专项整治等9次专项检查，出动执法人员12000余人次，共检查餐饮服务单位7076户次，制作现场检查笔录、下达执法意见书1300余份，下达责令改正通知书126份，立案查处29件，查扣问题食品60余千克，罚没金额13.5055万元。4. 强化示范创建，稳步推进食品安全示范城市创建。制定《食品安全行业主体示范创建实施方案》及创建评价细则、《创建"放心肉菜示范超市"实施方案》《农贸市场规范化建设实施方案》等示范创建方案。新世纪中心广场店、新城店、永辉、福记等4家食品超市开展"放心肉菜示范超市"创建活动，桂西、凤山2个市场全力开展农贸市场规范化建设，全县191个食品生产企业、食品商超商铺、学校食堂、餐饮企业参与食品安全示范创建。推动餐饮业"明厨亮灶"工程建设。年末，全县已有部分学校及大型餐饮酒店共计123家启动"明厨亮灶"工程建设。

【药品安全监管】 1. 突出生产环节监管，确保药品质量安全。强化药品监管"属地管理"制度，落实基层监管执法工作，对全县药品生产加工企业实行巡查、回访、监督抽查、质量承诺和预警。对企业关键系统、关键工艺进行督导检查，督促其完善工艺处方档案。运用风险管理手段对基本药物、高风险品种进行重点检查。开展药品生产企业中药饮片专项整治，确保地产药品质量过关。按照网格化监管要求，分局全年共出动执法人员 62 人次，按照年初分局制定的 2017 年药品生产监管工作计划，对辖区内的 3 家药品生产企业（天圣制药集团有限公司、重庆万利康制药有限公司、重庆芝草堂药业有限公司）和 2 家医院制剂（县医院、县中医院）单位开展 28 家次的监督检查。检查覆盖率 100%，对企业关键岗位人员、质量保障部门、质量控制部门、物料供应商、物料及采购管理、生产管理、药品销售等多个方面检查。2. 突出流通环节监管，确保药品消费安全。年初分局制定 2017 年药品流通日常监管和双随机检查工作计划，明确分局药品监管科室与乡镇（街道）食药监所的监管职责，加强日常监管和飞行检查，促进企业规范化管理。开展药品经营企业 GSP 认证、跟踪检查和飞行检查，2017 年度，共发放药品 GSP 认证证书 32 家，进行 GSP 跟踪检查 25 家，对零售药店飞行检查 8 家。按要求开展药品流通风险研判，建立风险清单并实施动态管理，共排查药品批发企业 6 家，排查出隐患 8 条。对疫苗配送、使用、储存、运输开展监督检查，共出动执法人员 156 人次，检查疫苗使用单位 104 家次。3. 突出药品使用环节监管，确保药品使用安全。在组织开展药品使用单位日常监督检查的基础上，加强对含麻黄碱类复方制剂及精神药品的监督检查，重点核查药品流向，确保药帐票数量一致，确保药品在合法渠道内流通，严防流失。切实强化安全管理，进一步规范市场秩序。开展药店诊所药品质量集中整治，重点查处药品质量管理中存在的违法违规行为。制定《重庆市食品药品监督管理局垫江县分局严厉打击非法医疗美容专项行动方案》。4. 突出医疗器械监管，确保医疗器械使用安全。推进《医疗器械生产质量管理规范》实施工作，督促指导医疗器械生产企业按照《规范》要求的两个节点实施硬件改造，按照新修订的《医疗器械监督管理条例》，切实加强第三类医疗器械的监督检查工作。全年共出动执法人员 1030 人次，检查医疗器械经营使用单位共 828 家次，发出整改通知书 12 余份。5. 突出药械保化案件查处，发挥案件查处震慑作用。“四大行动”期间，共立案 108 件（其中食品类立案 83 件，药品类立案 16 件，医疗器械类立案 9 件），结案 74 件，罚没金额 31.16 万元（其中食品类结案 54 件，罚没金额 27.06 万元，药品类结案 12 件，罚没金额 2.32 万元，医疗器械结案 8 件，罚没金额 1.78 万元）。6. 突出保健食品和化妆品监管，确保保化品质量安全。制定化妆品监管工作计划和化妆品监督抽检与风险监测工作实施方案。将日常监管与专项整治紧密结合，对全县保健食品、化妆品监管单位摸底检查，开展美容美发场所综合整治和保健食品等三类食品非法添加非法声称问题专项治理等专项整治。开展保健食品化妆品日常监管和风险等级评定，全年共出动执法人员 426 人次，检查保健食品化妆品经营使用单位 638 户次，达到检查全覆盖。开展严厉打击非法医疗美容专项整治，共出动执法人员 76 人次，车辆 24 台次，检查医疗美容机构 2 家次，美容美发场所 243 家次。立案查处 1 件，罚没款金额 0.6 万元。在食品保健食品欺诈和虚假宣传整治行动，出动执法人员 626 人次，执法车辆 38 台次，检查保健食品经营单位 218 家，查办案件 5 件，罚没款金额 3.7 万元。对辖区内 1 户国产非特殊用途化妆品备案单位开展备案后的监督检查，规范国产非特殊用途化妆品备案行为。启动化妆品质量安全示范街创建，在县城桂溪街道内的西欧花园步街和南内街开展化妆品质量安全示范街建设，街区内的化妆品经营使用单位均基本达到示范标准要求，分局组织初步验收。2017 年，共上报药品不良反应报告 789 例，任务完成率 191.5%。上报医疗器械不良事件报告 191 例，任务完成率 109.1%。上报药物滥用报告 275 例，任务完成率 275%。上报化妆品不良反应监测报告 58 例，任务完成率 116%。 （欧为）

质量技术监督

【概况】 2017 年，重庆市垫江县质量技术监督局内设办公室、质量（标准、认证认可）科、行政许可科、特种设备安全监察科、执法大队5个科室。在职职工23人。

【实施质量强县和名牌战略】 1. 发挥标杆企业示范作用，提升全县企业质量管理水平。3月，对第二届县长质量管理奖获奖的天圣制药、亚核保温材料2家企业在全县科技质监工作会上进行表彰，政府给予每家企业奖励10万元。2. 开展专家企业行。聘请专家对富源化工、兴发金冠、脱硫厂等7家危化品化工生产企业，从企业生产过程控制、质量成本控制、供应链管理、特种设备使用安全等方面指导，促进企业提升质量管理水平。垫江县脱硫厂改进关键工艺控制，原生气处理量再创新高。兴发金冠在专家指导下优化加热炉制备工艺，二硫化碳、二甲基亚砜产能充分释放，利税突破“亿元”大关。全县危化品获证产品质量监督抽查合格率 100%。3. 发挥标准化助力质量提升作用。9月，《渝菜 垫江石磨豆花烹饪技术规范》标准文本和标准编制说明，通过国家标准委备案，并于10月1日公告实施，提高垫江石磨豆花菜品的质量保障能力，助推垫江获评“中国石磨豆花美食之乡”。4. 开展认证“双提升”行动。制定《垫江县质监局2017年认证“双提升”行动计划》，邀请金质认证公司免费为园区中昆铝业等2家企业开展低碳产品认证。联合重庆检测认证集团与县工业园区管委会签订《2017—2020发展合作备忘录》，完成对园区企业的一对一指导工作，指导皇鼎木业等3家企业通过质量管理体系认证。

【维护产品质量安全】 集中开展“利剑行动”，保持对质量违法行为严厉打击的高压态势。开展农资专项检查。随机抽查农资产品生产单位2家、专营店11家，抽取样品8组，查获不合格农资产品案2件。开展水务工程管材专项检查，检查自来水厂4处，抽取给水管样品7组，不合格1组。对交通工程沥青混合料、埋地用管廊防水建材、公路护栏等材料开展质量监督和执法打假，检查交通工程施工路段6个，抽样5组，经检验检测不合格2组。开展消防产品质量专项整治活动，联合检查消防器材生产企业2家、经销单位4家、使用单位11家、消防工程4处，涉及消防器材134当量台。查获不合格热镀锌管一批，正在调查处理中。开展生活用品质量监督检查。对涉及人体健康安全的卫生纸、床垫等生活用品生产企业，加强监督检查和帮扶指导。针对床垫生产企业，执行“名优带头，齐头并进”的工作方法，推广获重庆市名牌产品称号的重庆市好梦圆床垫厂的生产、经营、管理经验。共检查生产企业6家，抽取床垫样品6组，不合格2组，已立案查处完毕。开展儿童玩具及学生用品专项执法检查。以县城及周边部门超市、婴幼儿商品店等为重点抽查对象，重点检查童车、电玩具、塑胶玩具、金属玩具、弹射玩具、娃娃玩具“ccc”认证情况和作业本、课桌椅的产品质量情况。共计出动执法人员37人次，抽查生产、经营单位12家次，检查各类产品 46 件，发现销售未经强制性产品认证的塑料玩具2件。开展电线电缆专线检查。按照总局、市局部署和要求，重点检查新建电力工程使用的电线电缆，核查生产许可证、电线电缆产品质量。共检查新建电力工程3处，抽取电线电缆样品2组，不合格1组。

【计量监督管理】 全力抓好基层医疗机构医用计量器具免费检定民生实事，健全医疗计量监管服务体系，推行医疗计量目视化管理。完成全县309个基层医疗机构医用计量器具的免费检定工作，免费检定933医用计量器具台件，基层医疗机构覆盖率、在用计量器具检定率、目视化率 100%，检定合格率96.11%。机动车安检机构强检计量器具监管每月至少1次明察暗访，全年开展机动车安检机构日常监督检查 12 次。完成市区联动“双随机”产品质量监督抽查工作。完成食品相关产等产品抽样送检6个批次。

【特种设备安全监察】 印发《2017年电梯安全隐患整治攻坚战工作方案》，对电梯使用单位安全管理自查和维保质量进行专项抽查，对加装电梯进行专项监管，对中医院等电梯使用单位进行维保质量抽查，对高铁垫江站等扶梯使用单位进行扶梯安全专项检查。开展压力管道安全隐患整治攻坚战。基本摸清了全县在用公用管道数量、分布和安全状况。开展燃煤锅炉节能减排攻坚战。县城建成区禁止新建 10 吨/小时及以下燃煤锅炉，基本淘汰 4 吨/小时及以下燃煤锅炉，共完成对重庆市垫江监狱等 7 家使用单位共计 21.95 吨/小时燃煤锅炉淘汰工作。开展大型游乐设施隐患排查治理专项行动。制定印发《2017 年大型游乐设施安全隐患排查和治理工作方案》，按照方案要求对全县在用大型游乐设施进行隐患排查。开展场（厂）内专用机动车辆专项整治。按照“3211”要求督促企业开展安全检查、排除安全隐患，确保使用安全。开展危险化学品储存装卸安全隐患暨气瓶两站专项整治。对重庆博杰能源有限公司 LNG 充装站、重庆市和业运输有限公司等气瓶充装单位和移动式压力容器使用单位的储存、装卸环节进行检查，督促按照法律法规要求进行使用。开展危险化学品安全综合整治。按照《重庆市垫江县质量技术监督局关于印发危险化学品安全综合治理实施方案的通知》要求，对辖区内重庆富源化工股份有限公司等危化企业使用的特种设备进行安全检查。（宋青松）

劳动管理

【概况】 推进农民工工资支付改革工作。在全县各乡镇（街道）、各清欠责任部门成立“清欠办”，对外公布举报投诉电话，实现举报投诉全覆盖。全力推进“两金三制”工作，对全县 73 个建设项目落实“一金三制”情况开展联合执法检查，对检查发现问题限期整改，整改情况纳入政府目标考核。加大劳动监察执法力度，监察用人单位 180 户，涉及劳动者 1.14 万人。加大打击拒不支付劳动报酬力度，移交公安部门处理涉嫌拒不支付劳动报酬案件 3 件，兑现农民工工资 80 万元。开展全市劳动保障监察执法示范区创建工作。

安全生产监督管理

【概况】 垫江县安全生产监督管理局（简称县安监局）于 2001 年 9 月成立。2015 年核定机关行政编制 9 名。下属垫江县安全生产监察执法大队（参公）、垫江县安全生产应急救援指挥中心、垫江县安全生产宣传教育中心 3 个事业单位。2017 年，全县共发生统计考核口径内生产安全事故 17 起，死亡 20 人，其中较大事故 1 起，死亡指标和较大事故起数均控制在市下达指标之内。2017 年，县安全生产监督管理局获市对县安全生产考核优秀等次。

【安全生产监督管理会议】 县安监局每季度向县委常委会专题汇报全县安全生产工作，每季度向县政府常务会报告、专题研究安全生产工作。县政府各分管副县长坚持每月召开一次分管行业（领域）安全生产形势分析会，督办一次隐患排查治理落实情况，到行业（领域）、乡镇（街道）督查检查一次安全生产工作。推动全县切实强化企业主体责任、部门监管责任、乡镇（街道）党政领导责任，落实“党政同责、一岗双责”。

2017 年，组织召开县安委会成员单位（扩大）会议 6 次，学习传达全国、全市安全生产电视电话会议精神及安全生产相关重要文件，专题研究全县安全生产工作，细化工作方案，对全县安全生产工作进行详细安排部署，并结合重点，开展风险研判、执法检查、专项整治，取得良好效果，在党的十九大等重要节点，全县安全生产形势保持稳定。

县委、县政府与 26 个乡镇（街道）及 20 个县级重点部门签订《迎十九大保安全生产承诺书》，作出“坚决遏制一般事故，杜绝较大事故，迎接十九大胜利召开”的承诺，在全县形成主要领导亲自抓、分管领导具体抓的责任体系，层层落实安全生产责任。

【安全风险控制】 平均每2个月集中研判一次安全风险和重大隐患，并推动管控整改措施落实。1. 针对性研判。道路交通方面，研判出四条事故多发路段，县委、县政府分管领导组织召开现场会，研究制定整改方案，并推动了9月份启动的电动车专项整治。建设施工方面，着力解决未报监的较大建设工程风险高的问题，明确属地必须聘请专业人员进行监管，并纳入三、四季度督查和年度目标考核。民政方面，对民办养老机构的安全现状作重点剖析，并推动全县民办养老机构专项整治的开展。工贸方面，对老企业、小微企业安全现状进行分析，推动了120家重点工业企业安全生产现状评价。2. 多方式交办。除召开会议进行部署外，采取现场会、警示约谈、文件督办等方式，确保管控整改措施落实到位。3. 突出专家作用。多次聘请市级一流权威专家对重点行业领域生产经营单位进行检查，共排查出隐患200余条，县安监局在将问题隐患进行交办的同时，也作为风险研判依据。

【企业主体责任落实】 1. 严格检查执法。以大排查大整治大执法为抓手，督促企业开展"日周月"排查，通过严厉打击非法违法行为倒逼企业落实主体责任。2017年，县安监局共检查企业537家次，下达限期整改指令书298份，整改复查298次，行政处罚30起，罚款153.78万元。2. 突出专项整治。县安监局针对生产安全事故防控特点，推动开展道路交通、建设施工、非煤矿山、危化、烟花爆竹、烧结砖、电动车等重点行业领域专项整治。道路交通领域加大路面管控，严查违法违章，高压护安。建筑施工领域突出"两防"专项整治，狠抓薄弱环节安全监管。危险化学品、烟花爆竹领域开展"打非治违"专项行动。3. 集中开展曝光。利用安监手机报、微信公众号、公众信息网等平台，开设事故警示专栏，对违法违规典型案件进行曝光。2017年，重庆商报曝光重大火灾隐患1起。垫江电视台、《垫江日报》集中曝光违法违规行为6起。

【安全督查考核】 2017年，县政府安全生产常态督查组牵头开展3次督查。8月至9月，由县管正职干部带领6个督查组，实行分片包干制度，对全县26个乡镇（街道）开展安全生产综合督查，对督查发现问题及时交办、限期整改。组织乡镇（街道）、县级相关部门和企业负责人召开安全生产工作专题约谈会3次，重点约谈隐患突出的2家运输企业、3家危化品企业和3个行业主管部门、3个乡镇。制定安全生产考核办法，明确安全生产考核时段、考核对象和实施细则，实行扣分制，对发生事故的单位实施"一票否决"。

【安全生产监管能力提升】 1. 理清职能职责。推动出台《关于推进安全生产领域改革发展的实施意见》，进一步析清部门职能，理顺安全监管机制。2. 推动队伍建设。推动下发《关于进一步完善我县安全生产监管体制的通知》（垫江府办发〔2017〕45号）文件，县安监局成立巡查办，明确配备人数要求，独立设置乡镇（街道、园区）安监机构。3. 着力干部培养。4. 开展能力提升。一方面加强培训，举办综合监管能力、工业行业安全监管、建设施工安全监管业务知识培训、全县安全生产专题培训和非公有制企业安全监管培训等专题培训，受训人员570余人次。另一方面突出专家作用。邀请市级专家对建设施工项目、重点工业企业等进行安全检查，对排查出的安全隐患均进行督办。5. 逐步配齐安监执法装备。将安全保障能力建设纳入县2017年全县民生实事重点建设项目进行推动，为县安监局、9个乡镇（街道）配齐专业监管装备。

（陈建初）

党政群团

中共垫江县委

【概况】 2017年，县委有县纪委、县委办公室（县委机要局、县委保密办、县国家保密局、县密码局）、县委组织部、县委宣传部、县委统战部（县台办、县民宗办）、县委政法委 （县综治办、县防邪办）、县编办、县直机关工委等8个工作部门。县机关事务局、县委老干部局2个部门管理机构。县委非公工委 1 个派出机构。县委改革办（法治办）、县文明办、县网信办、县委人才办等4个县委设在机构。县委督查室1个县委管理的行政机构。

【十四届二次全委会】 2017年12月6日，县委十四届二次全会在县会议中心三楼八会议室召开，共210余人参会。会议学习贯彻党的十九大精神，落实市委五届三次全会精神，听取讨论蒲彬彬代表县委常委会的讲话，审议通过《中共垫江县委关于谱写好把党的十九大精神落实在重庆大地上的垫江篇章的决定》和全会决议。

【推进经济建设】 2017年，垫江县委贯彻落实中央、市委决策部署，紧扣建设“三地一心一城”，推进“一个建成、六个显著”奋斗目标，坚持生态优先、绿色发展，深化重点领域改革，实施创新驱动发展战略，抓重点、补短板、强弱项，既着力稳住经济发展基本面、稳住实体经济，培育新的经济增长点，全县经济发展稳中有进、稳中向好。2017年实现地区生产总值276.8亿元，增长8.5%，一般公共预算收入19.5亿元，增长12.5%，城乡常住居民人均可支配收入分别达31889元、13979元，增长9.2%、10.1%。突出工业发展主导地位，加快培育战略性新兴产业，着力打造汽摩、生物医药、钟表计时及精密加工、环保节能、新材料五大产业集群，加快建设重庆重要工业基地，工业势能不断积蓄。持续打造“3+2”农业产业体系，增加高附加值、绿色优质农产品供给，推进农业与二三产业融合发展，加快建设重庆优质农产品加工基地，现代农业稳步发展。发展休闲旅游，着力打造“牡丹故里·康养垫江”旅游品牌，深度开发盐浴温泉、中医中药、休闲旅游目的地建设，康养旅游持续升温。发展大市场、大商贸、大流通，培育和完善市场体系和新兴业态，推进商贸平台建设，加速发展现代服务业，加快建设渝川东部区域商贸物流中心，商贸物流繁荣活跃。实施城市建设“五大工程”，启动乡镇集镇“八个一”工程，城乡面貌持续改善。

【推进社会文化事业建设】 县委重视文化建设对经济社会发展的引领促进作用，开展群众性精神文明创建活动，推进市级文明县城创建。强化对外宣传营销，《乡约》《东西南北过大年》等央视品牌栏目走进垫江，第十八届垫江牡丹文化节获评“重庆十佳赏花节会”，太平镇被评为“重庆市特色景观旅游名镇”，垫江角雕、大石竹编、永安梅咂酒等非物质文化遗产备受青睐，赵牛肉、鹭馨酱板鸭等特色旅游商品畅销市内外。文体事业健康发展，体育文化公园、图书馆、文化馆开放，全民健身中心建设竣工，新建市级社区健身点6个，县第四届运动会、DBA男子篮球联赛等群众性体育文化活动蓬勃开展，获体育比赛单项奖国家级4项、市级138项，坪山镇新风村被评为“重庆市第一批历史文化名村”，中和堂诏书阁、保和寨入选“重庆市第一批优秀历史建筑名录”。推进“七五”普法工作，全社会尊法学法守法用法观念增强。开展“渝安2号”专项行动，打击各类违法犯罪，刑事发案数同比下降21%。探索建立信访稳定“发现、化解、处置、问责”机制，发挥医调会、交调会等调解机构作用，矛盾纠纷化解率90%以上。开展“5·12”地震灾害应急救助演练，处置“9·18”暴雨洪灾等突发事件，人民群众生命财产安全得到保障。重视民生工作，做好普惠性、基础性、兜底性民生建设，全年民生支出占一般公共预算支出70%以上。推进“全国支持农民工等人员返乡创业试点县”建设，城镇新增就业7334人。创建义务教育发展基本均衡县，桂东小学建成投用，长龙中学一期工程竣工，普通高考一本上线率21.53%、提升2.83个百分点，县医院内科综合楼、县中医院医技综合楼建设加快推进，公立医院综合改革人均住院费下降7%，城乡养老、医保率均稳定在96%以上。

【促进生态文明建设】 2017年，垫江县落实国家“大气十条”“水十条”“土十条”，推进五大环保行动，完成中央环保督察反馈意见整改，生态环境质量持续改善。水环境治理推进有力。关闭禁养区畜禽养殖场191家，综合治理规模化畜禽养殖场450家，取缔投肥水产养殖366.7公顷。建成城镇二三级污水管网144.5千米，新建、改建医疗机构污水处理设施37个，桂溪河黑臭水体整治基本达标。建立县、乡、村三级“河长”组织体系，完成重点涉水污染源整治303个。龙溪河流域入选“国家首批流域水环境综合治理与可持续发展试点”。争取国开行、农发行和亚行贷款13.5亿元，用于明月山生态建设、龙溪河流域治理。空气质量持续向好。划定高污染燃料禁燃区30.2平方千米，实施工业、交通、扬尘和生活污染综合治理，城区空气质量优良天数303天。开展噪声源头预防和专项整治，县城环境噪声达标区覆盖率100%，区域环境噪声平均值连续7年优于国家标准。生态屏障不断筑牢。划定生态保护红线面积207.6平方千米。划定永久基本农田6.13万公顷，实现耕地保有量7.2万公顷。实施水土流失综合治理12平方千米，退耕还林666.7公顷，新增植树造林1200公顷，森林覆盖率44%。

【推进政治建设和党的建设】 2017年，垫江县委坚持党委总揽全局、协调各方的重要原则，支持人大、政协、各民主党派依照法律和章程履行职能，抓好县“两会”筹备工作。发展人民民主，基层民主建设不断加强。推进依法治县，法治建设有序推进，全社会尊法学法守法用法氛围日益浓厚。司法体制改革、公安改革、诉讼制度、员额制配套等改革稳步推进，政法队伍满意度、司法公信力显著提高。落实“两个责任”，制定县委常委会、县委书记、县委常委落实从严治党3个责任清单，细化县委常委会责任8项27条、县委书记责任5项35条、县委常委责任4项20条，县委常委会会议审议党建议题占全部议题的35%。着力净化党内政治生态，践行“三严三实”要求，严明政治纪律和政治规矩，严肃党内政治生活，涵养党内政治文化，推进“两学一做”学习教育常态化制度化，开展“三会一课”和支部主题党日活动，党内政治生活的政治性、时代性、原则性、战斗性不断增强。加强干部队伍建设，坚持“二十字”好干部标准，完成县人大常委会、县政府、县政协换届工作、县级部门联动调整、市党代表选举，总体实现组织放心、群众满意、干部服气。出台《2017—2021全县干部教育培训规划》，每两月邀请1名市级部门负责人作专题培训。开展“思想再解放、作风大转变”主题活动，聚焦“五破五立”，查找问题536个整改完成412个，各级干部干事创业的拼劲、开拓进取的闯劲、埋头苦干的韧劲得到加强，推动形成心齐气顺、风正劲足、担当实干的生动局面。加强基层组织建设，新建、改建便民服务中心8个，37个后进基层党组织完成整顿。非公经济和社会组织党组织覆盖率分别达86%、75%。村（社区）党支部书记培训实现全覆盖。加强党风廉政建设和反腐败斗争。持之以恒反“四风”，开展“1+3”专项整治行动，中央八项规定精神落细落实。开展“挖蛀”“拍蝇”专项行动，严查“微腐败”，整合力量实行片区协作执纪审查，县纪检监察系统立案103件112人，结案103件111人（含2016年遗留件）。稳步推进深化国家监察体制改革试点，完成人员转隶，

2018 年 1 月 20 日前完成县监委选举和挂牌工作。发挥巡察利剑作用，完成工程建设行政审批领域 10 个单位的“政治体检”和 10 个脱贫攻坚重点村所在乡镇专项巡察。用好监督执纪“四种形态”，在脱贫攻坚、安全稳定、生态环保等领域开展约谈，党风政风民风持续向好。

纪检监察

【概况】 中共垫江县纪委和垫江县监察局合署办公，实行“一个领导班子，两块牌子。一套工作机构，履行两种职能”。2017 年中共垫江县纪律检查委员会有委员 21 人，其中常委 9 人。垫江县监察局局长 1 人，副局长 3 人，其中 1 人为非中共人士。2017 年 9 月，执纪审查与执纪监督部门分设机构改革，委局内设办公室、组织部、宣传部、研究室（法规室）、党风政风监督室（政府纠正部门行业不正之风办公室）、信访室、案件监督管理室、第一执纪审查室、第二执纪审查室、第三执纪审查室、第一执纪监督室、第二执纪监督室、第三执纪监督室、案件审理室和纪检监察干部监督室 15 个部室。

【学习贯彻党的十九大精神】 通过召开中心组学习会、县纪委常委（扩大）会、党支部学习会、党小组讨论会多次专题学习党的十九大精神，并制定学习计划。及时将十九大报告、中央纪委工作报告和党章修正案汇编成册，共发放 160 余本，做到全体纪检干部人手一册。编印“两学一做”学习教育系列记录本、《作风建设有关规定汇编》，让全县纪检干部学思践悟、知行合一。通过建立廉政公益广告牌、打造廉政示范点、宣传本地廉政文化名人，促使党员干部知廉、明耻，营造更加浓厚的全面从严治党氛围。

【县纪委全体会议】 2017 年 2 月 7 日，中国共产党垫江县第十四届纪律检查委员会第二次全体会议召开，出席会议的县纪委委员 21 人。中共垫江县纪委常务委员会主持会议。会议学习贯彻党的十八届六中全会、中央纪委七次全会和习近平总书记重要讲话精神，总结 2016 年全县党风廉政建设和反腐败工作，安排部署 2017 年工作任务。审议通过 周道君代表县纪委常委会所作《强化监督执纪问责，推动全面从严治党向纵深发展，以优异成绩为富民强县升位提供坚强纪律保障》的工作报告，并形成决议。

2017 年 12 月 8 日，中国共产党垫江县第十四届纪律检查委员会第二次全体会议召开

【深化国家监察体制改革人员转隶干部大会】 2017 年 12 月 28 日，垫江县深化国家监察体制改革人员转隶干部大会召开，县委书记蒲彬彬参加会议并讲话，县委常委、纪委书记周道君主持会议。会议贯彻落实党的十九大部署，有序推进国家监察体制改革，宣布县纪委、县监委“三定”方案和转隶人员安排方案，转隶人员代表作表态发言。

【全面从严治党“两个责任”落实】 县委带头履行主体责任，制定县委常委会、县委书记、县委常委落实全面从严治党 3 个责任清单，开列 90 项工作任务。县委常委会专题研究党风廉政建设和反腐败工作 14 次。县委书记履行第一责任人的责任，例行约谈不走过场，问题约谈直中要害，动辄则咎不留情面，查处不“护犊子”。在县内形成一级抓一级、层层抓落实的良好局面。县纪委创新约谈方式，对 26 个乡镇（街道）、54 个县级部门党组织、纪检组织主要负责人完成“点穴式”约谈，约谈人须回答提问并亲自填写《约谈记录表》，报县纪委备案。加强问题约谈，全年约谈专项整治行动进展缓慢的镇街“一把手”5 人、未开展立案审查的纪检组织负责人 10 人、中央环保督查反馈意见整改进度缓慢和安全稳定工作进展滞后的单位主要负责人 17 人，把压力传导到“神经末梢”，推动全面从严治党向纵深发展。对失职的党组织、管党治党工作部门及其第一责任人，以及未落实好“一岗双责”的班子成员、落实监督责任不力的纪委书记动真碰硬、严肃问责、不讲例外，以强力问责倒逼管党治党责任落细落实。《不问责就要被问责》《以严肃问责促进履职尽责推动全面从严治党》在《中国纪检监察报》《党风廉政调研》刊载。全年问责脱贫攻坚、安全生产、生态环境、征地拆迁等领域工作滞后，以及落实“两个责任”不力 50 人，其中乡镇街道、县级部门“一把手”8 人，激发起全县各级党员领导干部更加担当实干。

【作风建设】 县纪委直面“四风”问题，碰硬较真、毫不手软，查处 20 件 25 人，给予党纪政纪处分 19 人，问责 15 人，其中问责“一把手”5 人，持续释放越往后执纪越严强烈信号。规定动作不走样。3 月，通过印发文件宣传发动，拉开“1+3”专项整治工作帷幕。4 月 11 日，县委召开各级各部门党组织、纪检组织主要负责人会议专题部署，整体推进。6 月 12 日，召开纪检组织负责人专项督办会，督促各单位自查整改问题 200 个。7 月至 9 月，持续开展购买消费高档白酒和违规操办“升学宴”专项治理，立案查处 2 件 2 人，组织处理 25 人，问责 1 件 2 人。自选动作出实效。抓住中秋国庆、十九大等重点时段明察暗访，利用公安、税务等信息查询平台持续纠“四风”转作风专项整治，发现问题线索 16 件，立案查处 2 件 2 人，组织处理 2 人，问责 2 人。强交办重督办。对市纪委交办督办 11 件问题线索，均通过市纪委审核。其中，立案查处 3 件。2017 年，交办督办乡镇（街道）纪（工）委 113 件，立案查处 13 件 16 人，给予组织处理 15 人。

【群众身边的不正之风和腐败问题整治】 坚持以人民为中心的发展思想，重点聚焦精准脱贫等 7 大领域开展“挖蛀”“拍蝇”专项整治，对群众身边的不正之风和腐败问题线索硬交办、强督办、严查办。2017 年，累计受理群众身边“微腐败”问题线索 127 件 137 人，立案查处 42 件 65 人，先后有 22 名党员干部因整治和查处群众身边的不正之风和腐败问题不力被问责，维护群众切身利益。该项工作群众满意率 91.84%，中央纪委党风政风监督室给予肯定。

全面摸排“乡匪”“村霸”，对巡察发现的高安镇新溪村原支部书记敲诈勒索、强买强卖、暴力殴打他人、道德败坏、聚众斗殴等问题，落实市委常委、市纪委书记陈雍批示精神，县委高度重视，组织精干力量审查，查实其违反政治纪律、对抗组织审查，违反中央八项规定精神、违规公款吃喝，违反组织纪律、不按规定报告个人有关事项，违反群众纪律、在低保评定工作中优亲厚友等问题，给予开除党籍处分，将其涉嫌违法犯罪问题移送司法机关处理。《岂容“村霸”横行乡里》在《中国纪检监察报》刊登后，先后被中国新闻网、凤凰网、华龙网等几十家媒体转载，引起强烈反响和各界警醒。

针对“四风”问题监督检查、扶贫领域专项巡察、“挖蛀”“拍蝇”专项整治发现的各种“微腐败”行为，深入基层调研，通过解剖麻雀，既责成有关单位及时堵塞漏洞，又推动出台《垫江县关于进一步加强农村党风廉政建设的工作意见》（垫江委办〔2017〕99 号），从“三资”管理、涉农项目资金特别是小微工程发包、验收以及村（居）务公开等多方面着手限权控权，促进规范用权、廉洁用权，铲除基层腐败滋生土壤。

【案件查处】 2017 年，县纪委坚持有案必查、有腐必惩，坚持“老虎”“苍蝇”一起打，推行“66”工作机制（把纪检监察工作分成信访举报、问题线索、党风政风监督、执纪监督、执纪审查、执纪审理 6 个模块，定期研究部署。把全县纪检组织划分成 6 个片区，加强管理和协作，“聚指成拳”合力反腐），准发现和惩治腐败问题。全县纪检监察组织共初核违纪线索326件，立案查处180件，其中党纪处分165人、政纪处分58人，查处一批典型案件，为国家和集体挽回经济损失186.5万余元。运用监督执纪“四种形态”（1. 经常开展批评和自我批评、约谈函询，让“红红脸、出出汗”成为常态。2. 党纪轻处分、组织调整成为违纪处理的大多数。3. 党纪重处分、重大职责调整的成为少数。4. 严重违纪涉嫌违法立案审查的成为极少数），全年累计约谈4276人次，分别处理79、24、16人次。民意调查显示，群众对“查处党员领导干部违纪违法案件对增强党员领导干部廉洁自律意识是否具有作用”满意率91%。

【信访举报工作】 推行领导下访、预约走访、带案下访、包案督办等方式，不断拓宽直接对话渠道。构建来信来访电话网络“四位一体”的天罗地网，2017年，共受理信访举报612件，其中检控类489件，对上级转办的448件信访举报（中巡组转办40件）和260件初信初访件全部交办（转办），交办率100%。始终把解决重复信访举报问题列入重要议事日程，采取集体会诊、领导包案、片区协作等方式，破解重复信访。成立6个片区协作组，由县纪委常委或监察局副局长任协作组组长，统筹成员单位力量，对疑难、重大和复杂的问题线索集中攻坚。2017年，已化解累计重复信访举报144件次，占重复举报件62.88%，减少信访存量，遏制信访增量。服务领导决策。坚持把信访举报分析和调研，作为观察“森林”的一面镜子，适时分析谁是“歪树”、谁是“病树”、谁是“烂树”，全面准确掌握“树木”和“森林”的情况，弄清政治生态，服务领导决策。

【党风廉政建设宣传教育】 强化警示教育。2017年，组织全县党支部书记、新提拔领导干部和党校主体班领导干部等1200余人到垫江监狱接受警示教育，累计开展警示教育18批次，进一步增强党员干部抵御风险的意识和拒腐防变的能力。

拓宽宣传阵地。注重搭建和用好报刊警示、微信宣传、电视播报三大平台，定期刊播全国查处违反中央八项规定精神的典型案件和党风廉政建设追责案件、发布全县党风廉政建设工作动态和编发温馨提示、监督举报电话，教育引导党员干部崇廉耻贪、拒腐防变，筑牢思想道德之堤。

以打造党风廉政示范点为契机，推进廉政文化建设，打造桂阳天宝社区、沙坪毕桥村、县人社局等11个示范点，并建立由机关部室点对点联系指导的方式，加强创建力度。

严控舆情扬正气。加强舆情应急处置工作，做好重点网站、论坛涉纪涉腐舆情的日常监控工作，做到无漏报、无误报、无重大舆情事件发生。针对重大事件和社会关注的热点问题，开展网评，用正确的舆论抢占宣传阵地。

【执纪监督与执纪审查分设改革试点】 开展执纪监督和执纪审查部门分设试点工作，强化综合派驻，将原22个派驻纪检组整合为12个。强化执纪监督，县纪委机关增设3个室专门从事执纪监督工作。制订《垫江县执纪监督工作规程（试行）》，将执纪监督工作内容细化实化为三个方面38个小项。坚持“上每家门、认每个人、交每颗心、画每人像、建一本账”的工作思路，创新采取上门送学、集体谈话、听取汇报、民主测评、个别约谈等举措，掌握被监督单位及其领导干部基本情况，做到情况明、底数清，形成见人、见事、见问题、见结果的监督机制。2017年，走访单位56个，对210名领导干部开展例行约谈，函询4人，提醒谈话32人。

【深化国家监察体制改革】 县纪委履行专责，先后12次召开专题会研究，制定实施方案、转隶方案、“三定”方案等系列工作方案。县人大机关、县编办、县检察院等单位凝聚共识、形成合力，齐心协力推进改革试点各项工作，做到人员编制、机构设置、问题线索“三必清”，为如期高质量完成深化改革试点各项工作奠定坚实基础。抓住转隶这个关键环节，坚持转隶在前、挂牌在后，集中精力抓好转隶组建工作，对转隶人员坚持同等对待、交叉编成、统筹使用，强化“进一家门、成一家人、说一家话、干一家事”的意识，由县纪委书记先集体谈话再逐一谈心家访，做到“三清三不”，即把改革的重大意义讲清楚，把改革的政策要求讲清楚，把干部的思想动态摸清楚，确保思想不乱、队伍不散、工作不断。

【纪检监察队伍自身建设】 坚持党管干部原则，突出政治标准，把好干部标准落到实处，统筹选拔使用纪检监察干部，着力把牢固树立“四个意识”和忠诚干净担当的干部选拔出来、使用起来。2017年，全县纪检监察干部提拔重用8人、交流54人，纪检干部精气神焕然一新。结合“两学一做”学习教育常态化制度化，将党章、廉洁从政准则、十九大报告等汇编成3期专用记录本，每期发给纪检干部人手一册，组织学习讨论，要求真学真懂真用。强化素质提升，既组织135人次“走出去”参加中央纪委调训和西南政法大学封闭培训，又将市纪委有关业务骨干“请进来”专题辅导420人次，并采取上挂锻炼、跟班办案“实战”培训41人次。修订基层纪检组织负责人实绩考核办法和纪检监察干部外出请假报告等工作制度，注重抓早抓小，做到重在日常、抓在经常，做深做细做实纪检干部监管工作。对“问题”纪检干部“零容忍”，防止“灯下黑”。2017年收到纪检干部问题线索12件14人，均及时调查处理，谈话函询6件，问责16人，通报典型3起6人次，维护队伍纯洁。（李佩珊）

组织工作

【概况】 2017年，垫江县组织系统贯彻党的十九大精神，以全面从严治党为总抓手，以构建良好政治生态和促进各级领导干部担当实干为着力点，突出主业主责、弘扬“严细实”作风，开展“两学一做”学习教育暨“思想再解放、作风大转变”主题活动，合力推动干部、人才、基层组织、自身建设等各方面工作取得新成效，为实现“一个建成、六个显著”奋斗目标，加快建设“三地一心一城”、推进富民强县升位提供坚强的组织保证。

2017年3月3日，垫江县组织工作会在会议中心举行

【开展“两学一做”学习教育暨“思想再解放、作风大转变”主题活动】 2017年，按照中央、市委统一部署，结合垫江实际，开展“思想再解放、作风大转变”主题活动，持续推进“两学一做”学习教育常态化制度化。印发《在“两学一做”学习教育中开展“思想再解放、作风大转变”主题活动实施方案》《关于推进“两学一做”学习教育常态化制度化的实施方案》，县委常委会开展集中学习29次，全县各级党组织定时间、分专题组织集中学习研讨4591次，印制《党的十九大精神学习卡》3.6万张。对照“四个合格”、着眼“五破五立”，开展“大问计、大讨论、大走访、大调研、大交流”活动，召开座谈会1284次，开展个别约谈1326人，收集意见建议2769条，查改突出问题637个，推动工作见到实效。选树“两学一做”学习教育先进典型276个，征集各单位正反典型工作案例184个，编印《典型案例选编》4000册、主题活动简报71期，开设媒体专栏7个，报道主题活动逾460条次。组建5个督导组，召开督导工作交流会6次，对92个活动单位开展经常性督导。

【干部队伍建设】 2017年，是本届县委的开局之年。一年来，在市委的坚强领导和市委组织部的精心指导下，县委贯彻落实党的十九大精神和习近平新时代中国特色社会主义思想，以“二十字”好干部标准为总遵循，执行《干部任用条例》，围绕“建设高素质专业化干部队伍”总体要求，着眼全县经济社会发展需要，坚持党管干部原则，坚持德才兼备、以德为先，坚持五湖四海、任人唯贤，坚持事业为上、公道正派，着力把好干部选出来、用出来、管出来、带出来。先后两批次集中开展县级部门领导班子调整工作，共选拔县管领导干部236人，其中提拔县管正职15人，提拔县管副职60人，平级交流161人。对县级部门领导班子回访调研，首次全覆盖开展教育、卫生、国企县管领导班子回访调研工作，“下深水”、摸实情，力求做到对班子知强知弱、对干部知长知短。注重“精准滴灌”，实施干部“墩苗计划”，着眼未来5年到10年，分级分类制定干部培养储备计划，建立优秀干部到沿海发达地区，对口市级机关，县内东部新区、征地拆迁、信访接待等急难险重岗位“三个维度”挂职锻炼培养体系，让干部在实践锻炼中成长成才，保证使用上有梯队、选择上有空间，全年共抽调35名政治素质好、大局意识强，敢冲敢闯、敢担善为的人员到东部新区、工业园区等“吃劲”岗位挂职锻炼，强化政治历练和实践磨练，帮助干部进一步开阔视野、提升能力。

【干部管理监督】 2017年，强力推进“超职数配备干部”问题整治，开展“带病提拔”倒查工作。落实个人有关事项报告制度，集中组织填报2016年度个人有关事项293人，开展随机抽查核实31人，重点抽查核实106人。用好用活提醒、函询、诫勉监督利器，谈话提醒43人、函询1人、诫勉4人。强化领导干部经济责任审计监督，制定经责审计对象确定原则和5步工作流程，组织实施领导干部经济责任审计项目7个，被审计对象8人。做好涉组涉干信访核查，建立健全组织部门《群众来信登记制度》《群众来访接待制度》《信访承办制度》和《信访档案管理制度》，依法依规处置群众来信来访。

【干部考核】 建立健全考核激励约束机制。出台《垫江县重点工作激励约束考核实施办法（试行）》，把重要经济指标、重点项目、征地拆迁、市对县考核成绩等6项重点工作完成情况与年度考核加减分、评先评优、责任追究等直接挂钩，强化正向激励和反向倒逼作用。优化年度考核办法。坚持对标对表中央、市委要求，对接承接市对县考核任务，紧扣紧贴垫江实际，进一步优化和完善乡镇（街道）、县级部门领导班子和领导干部2017年度考核工作实施方案。开展平时考核。坚持“统筹兼顾、体现差异、正向激励”原则，把平时考核与年度考核相结合，重点从细化指标、量化考核、分级评定、结果运用四个关键环节下功夫，考准考实县管领导干部公务员平时工作。强化考核结果运用，采用班子之间横向比、历年考核纵向比、班子成员内部比“三比”方式，对全县县管领导班子和领导干部近5年考核结果综合分析比较，挖掘“数据背后的东西”，把能力突出、实绩显著的干部通过考核选出来、用起来。

【干部教育培训】 2017年，全县干部教育培训工作以落实全面从严治党为重点任务，以换届后新任领导干部为重点对象，以健全培训机制为重要手段，共完成上级调训178人次，举办本级培训班47期，培训干部4800余人次。开展习近平新时代中国特色社会主义思想、市第五次党代会和党的十九大精神的学习培训。开展“五大模块”党性教育，提升全县干部党性修养。紧扣中央、市委以及县委重大决策部署，结合“一个建成、六个显著”的奋斗目标，围绕干部履职需要，通过办短班、办小班的方式，采取菜单式选学、结构化研讨等形式，提升领导干部专业能力和专业精神。制定出台《2017—2021年全县干部教育培训规划》，健全前置申报审批制度、运行管理监督制度、训后考核评价制度，实现重点班次，重点用力，重点对象，重点培训，着力构建干部教育培训新格局。

【人才工作】 2017年，人才工作坚持党管人才原则，着眼于服务全县经济社会发展大局，坚持政策、需求、问题三个导向，加大高层次、紧缺人才引进培养服务力度，着力实施重点人才项目，统筹推进各类人才队伍建设，各项工作务实有序开展，取得新突破、新成效。引进各类人才728名，其中博士研究生1名、硕士研究生55名。天圣制药跻身进入全国医药工业100强企业，获授权发明专利3项、实用新型专利5项，2017年5月在深圳中小板上市交易。任丙科技自主研发建成提纯度99.99%以上年产4000吨高纯氧化铝生产线，被重庆市列为重点鼓励类新兴产业，重点战略性新产品，企业入列全市100户“专精特新”中小工业企业，获授权实用新型专利12项。镜辰美科技牵手北斗民用，共建北斗民用战略新兴产业研究院光学产品研发中心，获授权实用新型专利4项。重庆金龙科技FFC排线智能代创新团队入选2017年重庆市创新创业示范团队培育计划立项名单。利用全国老中医药专家传承工作室、全国基层名老中医药专家传承工作室平台，发挥名老专家传帮带作用，建有国家级重点专科1个、市级重点专科5个。杨德钱作为全市区县唯一代表申报国家卫生计生突出贡献中青年专家并获评重庆市第五届先进工作者，刘明怀获重庆市名中医荣誉称号，杨廉方传承工作室完成专著撰写并出版。培养的湖南中医药大学10名七年制硕士研究生通过答辩，获硕士学位证书。实施“县管乡用”基层卫生人才培养工程，该项目获评2017年全市精品人才项目，成为全市唯一获此殊荣的县级人才项目。对接“三峡之光”访问学者计划，从教育系统择优选派2名优秀中青年专业技术人才到西南大学附属中学、巴蜀小学等市级单位参加为期半年的访学研究。

【基层组织建设】 务实推进村（社区）基层党建工作。1. 开展后进基层党组织整顿。建立党员县领导包点联系、相关部门包点帮扶制度，全县25名党员县领导带领帮扶部门深入联系点指导后进基层党组织整顿80余次。各乡镇（街道）指导后进基层党组织制定整顿方案，细化措施，分解责任，一支一策整顿后进基层党组织37个。2. 强力推进便民服务中心建设。按照“便民高效、资源整合、因地制宜、美观适用”的要求，制发《关于进一步加强村（社区）便民服务中心建设的通知》，对建设面积、室外建设、室内布局、便民服务、村（居）务公开等5个方面作出具体规定。建立新建、改建便民服务中心申报、审批、监管、验收制度，批准新建便民服务中心12个，改建8个。3. 推动发展村集体经济工作。着力探索村级集体经济发展路径，会同县农委开展专题调研。在此基础上，草拟《关于发展新型农村集体经济的实施意见（试行）》，提出政策扶持、产业发展、资金帮扶等发展措施。给10个贫困村各下拨50万元专项资金发展集体经济，全县已消除贫困村20余个。4. 强化村级组织日常监督管理。开展“村霸”“蝇贪”和侵害群众利益整治工作，联合县纪委对全县301个村（社区）摸排，开展“群众身边的不正之风和腐败问题专项整治”工作，依纪依规查处村霸1人。加强村级财务监管，制发《关于委托会计事务所开展村（社区）组财务管理办法的通知》，进一步规范村组财务管理。印发《垫江县村（居）务公开详细目录》，开展专项督查16次，所有村（社区）均按时、按要求公开村（居）务。5. 开展联系服务群众工作。强化群工系统推广运用，常态化开展“两代表一委员”联系群众工作，2017年，群工系统受理群众反映事项10682件，已办结10623件，办结率99.4%，评价满意率96.7%。“两代表一委员”收集群众反映事项148件，已办结148件，办结率、评价满意率均为100%。

推进城市基层党建工作。1. 及时部署推动。于12月19日组织召开全县城市基层党建工作推进会，调研了解有关情况，安排部署城市基层党建工作。街道、社区层层召开党建联席会议，谋划部署本区域城市基层党建工作。2. 建立工作机制。在深刻领会市上有关要求的基础上，结合垫江县实际，制发《县城市基层党建工作三级联席会议制度》，建立县、街道、社区三级联席会议制度，明确各级党建联席会议和成员单位的工作职责，建立“四个一”工作机制，即：每月开展一次联合走访问计、每季度开展一次联合主题党日、每半年开展一次联合志愿服务、每年开展一次述职评议，拓展载体、丰富内容，推动街道社区和驻区单位党组织互联共建、互动融合。

抓好基层党建工作责任制。1. 细化工作责任。制发《县委常委会、县委书记、县委常委 2017 年抓党建工作责任清单》，细化党建责任 90 项。同时，督促指导各级党组织制定党组织、党组织书记、党组织成员抓党建工作责任清单，依单定责，照单落实。县委书记蒲彬彬主持召开县委常委会、党建工作领导小组会 13 次，研究解决基层党建重点难点问题 29 个。先后到所有镇街和部分县级单位、村（社区）督促检查 146 次、解决问题 268 个。参加所在党支部组织生活 14 次。县委常委、组织部部长彭锋主持召开部务会、专题会、座谈会 15 场次，研究落实基层党建工作任务，联系指导 4 个后进基层党组织、6 个联系点基层党建工作，到基层一线调研督导 30 余次。在县领导带动下，全县各级党组织及负责人知责履责担责尽责，形成齐抓共管的良好格局。2. 强化考核促责。制定 2017 年基层党建工作考核细则，组织开展 2017 年党组织书记抓基层党建工作述职评议考核工作，层层传导压力，压实工作责任。

【非公党建工作】 全力开展党员定向查找。通过点对点走访、面对面核实，采集录入新增非公组织信息 6700 余条，查找非公领域失联党员、口袋党员 212 名，清理党组织关系应转未转党员 57 名。着力提高两个覆盖。新建非公企业党组织 14 个、社会组织党组织 11 个，新覆盖非公组织 59 个，非公企业和社会组织党组织覆盖率分别达 86.1%、92%，党的工作覆盖率进一步提升。推进阵地建设。500 平方米维安产业园党群服务中心投用，2000 平方米工业园区党群服务中心主体基本竣工。为每个党支部发放“三会一课”记录本，为每名非公党组织党员发放党章、党费证、党徽。按照“明确主题、固定时间、规范内容”的要求，全覆盖开展支部主题党日，党员身份意识、党性意识和组织观念、纪律观念明显增强。落实税前列支、财政补助、党费返还等政策制度，解决非公组织党组织工作经费。划拨清理收缴党费 25 万元、追加党费 28.5 万元，为每个非公组织党组织补助工作活动经费 4000 元，并按照管理党员 10 人以上，每增加 1 名党员增补 100 元的标准落实党组织活动经费，工作保障进一步加强。

【党员教育管理】 高标准做好发展党员工作。开展发展党员工作培训 2 期，培训 270 余人次。按照“控制总量、优化结构、提高质量、发挥作用”要求，科学制定全县发展党员工作计划，优化新发展党员年龄、性别和学历结构。坚持考察入党申请人一贯表现，坚持尊重党员群众意见，坚持发展党员公示制度，严把发展党员标准。坚持入党材料三级审查制度，持续提高发展党员工作规范化水平，全年发展党员 315 名。规范基层党组织组织生活，制定下发《垫江县基层党组织组织生活基本规范（试行）》，对“三会一课”、组织生活会、民主评议党员、谈心谈话等党的组织生活，从时间要求、参加对象、主要任务、工作步骤等方面予以明确和规范。印发全县支部主题党日方案，按照“固定时间、明确主题、规范内容”基本要求，采取“1+6”模式（1 个明确主题、6 个具体步骤），指导基层党组织常态化开展支部主题党日。为每个党支部发放“三会一课”记录本，为每名党员发放党章、党费证、党徽。做实党员日常教育管理。建立和完善“12371”党务信息管理系统，信息完整度 100%。依托该系统完成全县组织关系转接和党内统计年报工作，党建工作信息化水平进一步提升。开展建党 96 周年系列纪念活动，组织“解放思想转作风、开启发展新征程”主题演讲比赛，乡镇分片区、县级部门分协作组举办初赛，乡镇、部门分别举办专场预赛，并最终评选出决赛选手 12 名。注重用身边人身边事教育引导党员，制作报送党员电教片 6 部。进一步加强党内关怀帮扶。“七一”和元旦春节期间，划拨党内慰问金 40 万元，慰问老党员和生活困难党员 1500 余人次。根据患病情况和困难程度，慰问困难党员 14 名。下拨近 900 万元，补助党龄 40 年以上生活困难老党员，及时传递党组织的关心和温暖。

【组织部门自身建设】 2017 年，县委组织部贯彻“讲政治、重公道、业务精、作风好”12 字要求，争做优秀组工干部，不做优越组工干部，坚定不移建设模范部门。把讲政治作为基本规矩。学习党的十九大精神、市委五届三次全会精神，以及县第十四次党代会、县委十四届二次全会精神，自觉增强“四个意识”，坚定“四个自信”，维护习近平总书记的核心地位，维护党中央权威和集中统一领导，执行党中央决策部署。把重公道作为基本要求。加强以公道正派为核心的组工文化建设，进一步完善《县委组织部部机关制度汇编》，建立健全包括职能职责、岗位运行、部务会工作规范、财务管理办法等在内的后勤保障、办文办会、工作纪律规范，确保部机关自身建设有章可循。把业务精作为基本素质。举办组工干部业务培训班、组工沙龙等活动，实施素质提升工程。把作风好作为基本修养。贯彻落实好习近平总书记关于进一步纠正“四风”、加强作风建设的重要批示精神，自觉接受驻部纪检组监督，执行财务报销、公车使用、上下班签到等工作制度，从一件件小事抓起，防止不良风气反弹回潮，不断巩固和拓展落实中央八项规定精神的成果。

宣传思想工作

【概况】 2017 年，垫江县宣传思想文化战线深学笃用习近平新时代中国特色社会主义思想，贯彻落实党的十九大精神，牢固树立“四个意识”，增强“四个自信”，把迎接党的十九大召开作为重大的政治责任，把学习宣传贯彻党的十九大精神作为当前和今后一个时期的首要政治任务。坚持稳中求进工作总基调，围绕中心、服务大局，突出重点、打造亮点，传播好声音、讲出好故事、展示好形象。为实现“一个建成、六个显著”五年奋斗目标、建设“三地一心一城”、推进富民强县升位汇聚强大正能量。

【理论学习与调研】 1. 推进理论学习。县委理论学习中心组举行集体学习 38 次，学习党的十九大精神和习近平新时代中国特色社会主义思想。党的十九大召开后，县委理论学习中心组庚即学习贯彻党的十九大精神 7 次。2. 开展理论宣讲。开展重大主题宣讲活动 63 场次。结合学习贯彻习近平总书记“7·26”重要讲话精神，开展“理论龙门阵”宣讲 100 余场次。组建“六进”宣讲团，开展党的十九大精神等重大主题宣讲活动 2109 场次，受众 23 万余人次。3. 着力加强理论研究，开展学思用转化提升活动，完成市哲学社会科学重大委托项目《加强基层宣传思想工作实效性研究》，在中央、市级媒体发表理论文章 20 余篇，在《重庆宣传》杂志发表 9 篇，《重庆宣传信息》用稿 30 余篇，均排名全市前列。

【形势政策宣传】 1. 抓好公益广告宣传。开展党的十九大户外公益广告宣传设施巡视、督查 16 次，并分类统计，做到情况清、底数明。发布学习宣传党的十九大精神公益宣传画面近 3 万平方米。开展“图说社会主义核心价值观”公益宣传，让社会主义核心价值深入人心。2. 抓好主题活动。开展深化“做有梦想有追求的重庆人”主题活动。开展“感动”“梦想”“惜福”“责任”系列活动。承办全市“党的十九大精神进社区”主题活动暨第八期“最美巴渝·感动重庆”月度人物发布会。开展“梦想驿站”垫江分站活动。3. 抓好宣讲宣传。组建“榜样面对面”党的十九大精神宣讲团垫江分团，开展宣讲活动 30 余场次，受众 1 万余人。

【新闻宣传】 1. 坚持党管媒体，旗帜鲜明讲政治。重要事情、重要节点出台规范性文件指导新闻报道工作，确保全年刊播零事，加强新闻从业人员管理，从源头上杜绝违法违纪违规行为。2. 主题宣传。做好“把总书记重要讲话精神落实在重庆大地上”全媒体采访走进垫江、“实干树形象·实绩惠民生”两大主题宣传。落实“新时代新气象新作为”主题系列宣传活动，完成市级主要媒体专访区县书记。紧扣把“党的十九大精神全面落实在重庆大地上”主题开展新闻宣传。围绕“砥砺奋进的五年”“两学一做”“绿色发展”“脱贫攻坚”等工作报道。3. 完善制度机制，新闻宣传出效果。建立每月新闻线索报送制度、月度新闻选题协调会制度，向《人民日报》、新华社、《重庆日报》、重庆电视台等中央、市级媒体推送新闻线索 1267 条，用稿 700 余条，其中《重庆日报》（城市版）刊发 120 余条、头版 8 条，《人民日报》用稿 3 条。

【对外宣传】 1. 组织媒体集中采访。实施“采访线工程”，加强生态文明、扶贫攻坚、乡村旅游等采访线建设，并组织多批媒体采访。邀请大公网等 5 家境外媒体对第十八届牡丹文化节集中采访，全年刊播相关主题稿件 500 余条。2. 开展重点主题外宣。“把总书记重要讲话精神落实在重庆大地上”全媒体大型采访走进垫江，全方位、多角度宣传报道垫江县扶贫攻坚，绿色发展和以新业绩新气象迎接党的十九大等主题活动。“新时代新气象新作为”大型主题报道采访县委主要领导，从学习贯彻党的十九精神、生态文明、乡村振兴、康养垫江、党风廉政等方面深度报道垫江县贯彻落实党的十九大精神情况。3. 加强活动外宣。举办承接主城产业推介会。组团参加第 20 届中国（重庆）国际投资暨全球采购会。承办迎接直辖二十周年“我和重庆一起飞”主题活动。对外推介角雕、大石竹编等非物质文化遗产、康养文化、牡丹文化。邀请日本友人作客牡丹樱花世界，交流中日樱花文化、举办《星光大道》等创新城市形象宣传活动和产品。举办“第十八届牡丹文化节之海外仙子畅游牡丹园”等活动加强中外人文交流，传播垫江好声……4. 开展城市形象外宣。央视《东西南北过大年》栏目以“实施乡村振兴战略”为创作背景，走进白家、新民等地拍摄录制春节特别节目，让全国观众感受垫江独特的春节文化特色，展示华夏牡丹故里博大精深的优秀传统文化。编撰《中国人文地理·垫江卷》丛书，以地理为载体，立体展现垫江的历史文化、人文地理、生态环境以及经济社会发展，扩大对外影响。

统一战线工作

【概况】 2017 年，县委统战部增核领导职数 1 名，县民宗办增设民宗科，增加行政编制 2 名，既增强工作力量，更彻底解决民宗办行政执法主体资格缺失的遗留问题。举办全县党外干部培训班、垫江县非公有制经济代表人士西南大学培训班，学习传达党的十九大和十九届一中全会精神，学习宣传习近平总书记系列重要讲话、视察重庆重要讲话精神，“四个意识”不断增强，“四个自信”坚定。支持在民主党派中开展“不忘合作初心，继续携手前进”主题教育活动，支持在非公经济人士中开展理想信念教育实践活动，民革垫江工委的“观故居学历史坚定信念走多党合作之路”活动，民盟垫江总支的 2017 年首次“议政沙龙”活动，进一步统一思想、凝聚共识。先后举办县委中心组（扩大）集体学习暨《认真学习贯彻全国全市宗教工作会议精神做好基层宗教工作》《深入学习贯彻习近平总书记统一战线重要思想推进重庆统战工作持续创新发展》专题报告会，普及宗教知识，提高统战能力，鼓励党内干部广交朋友，增加政治共识，促进共同进步。

【促进非公有制经济“两个健康”】 1. 经济实体数量稳中有升。垫江县共有非公经济市场主体 41168 户，其中 2017 年前三季度新发展非公经济市场主体 3126 户，比上年底净增加 1129 户，为全县经济发展提供支撑。开展系列“理想信念教育”主题活动和“行业自律规范”活动，“亲清”政商新型关系得到进一步改善。组织银企对接活动 2 次，推动青年商会获重庆银行授信 2 亿元，为商会会员贷款超过 3300 万元，破解融资难题。2. 责任履行担当有为。开展“喜迎十九大、关爱环卫工”大型公益活动，与全县环卫工人共进晚餐，共庆双节，感动全城。开展“金秋行动·光彩助学”活动，筹集资金 32.4 万元，资助 100 名贫困家庭学生。在全国第四个“扶贫日”募捐活动中，非公经济代表人士和企业共捐款 33 万元，助推全县脱贫攻坚工作。

【维护民宗台侨领域和谐稳定】 争取市级少数民族发展项目资金 65 万元，创建“民族团结进步示范村、示范学校、示范医院”3 个。建立外来少数民族维权服务站 2 个，处理涉及少数民族矛盾纠纷 2 起。对全县少数民族人员特别是少数民族流动经商人员和少数民族领导干部摸底，建立信息库。开展民族团结进步宣传周活动，发放民族政策法规宣传资料 3000 余份，在全县营造民族团结的浓厚氛围。开展宗教活动场所安全检查和“两乱一私设”排查整治活动，与乡镇（街道）签订《垫江县民族宗教安全稳定工作责任书》，实现宗教安全稳定事件“零发生”，为十九大召开提供良好的社会环境。解决白家大型露天佛像、全县宗教场所用地合法化、县基督教堂建设欠款等历史遗留问题。宗教工作的经验和做法获市民宗委高度肯定，形成专刊供各区县学习借鉴。在澳大利亚、加拿大和新加坡等地建立海外同乡联谊会，拓宽对外开放交流渠道。接洽 4 名新加坡客商，推介垫江，为招商引资引智工作奠定基础。召开垫江县归侨侨眷联合会第五次代表大会，完成侨联班子换届。

2017 年 3 月 27 日，县委统战部检查指导宗教工作

【党外代表人士建设】 1. 发现储备强基础。开展党外知识分子调查摸底工作，建立 590 名党外高级知识分子数据库，摸清全县党外知识分子的家底。在全县各级党委（党组）推荐人选中逐一筛选，在各行各业逐一排查，建立完善 230 名党外代表人士数据库，做到情况清，底数明。2. 培养锻炼提能力。在举办培训班的基础上，选派 3 名党外干部到市上挂职锻炼，派选 3 名党外干部参加市级培训。3. 推荐使用聚人心。3 名党外干部提拔为县管正职领导干部，7 名党外干部提拔为县管副职领导干部，交流党外领导干部 7 名，在 12 个县政府组成部门配备党外干部，推荐 14 名党外代表人士作为市级党外代表人士后备人选，按时按规定做好第五届党外市人大代表和市政协委员的提名推荐工作。4. 作用发挥显成效。制定《加强政党协商的实施意见》《中共垫江县委 2017 年度政党协商计划》，民革、民盟和知联会开展专题调研共 12 次，召开双月座谈会暨暑期谈心会，形成高质量调研报告 9 篇，建议意见 76 条，为县委、县政府科学决策提供有益参考，民主协商及参政议政作用发挥成效凸显。依托县知联会阵地，组织开展环境保护宣传、六一助学、重阳慰问、送医送药送健康等社会服务活动，打造党外知识分子同心服务品牌。

【基督教堂主体竣工】 基督教堂新址落定在桂西大道以东原松林小学旧址区域（现明悦二路延伸段），该地块面积 6270 平方米，按规划前面临街，背靠大面积绿化地带，具备打造城市园林精品教堂条件。2015 年 2 月，县基督教堂一期工程完成招投标，3 月，与中标单位重庆方业有限公司签订垫江县基督教堂一期工程建设合同。预计工期 360 天，经财政审核（垫江财政发〔2014〕585 号），一期工程资金额度为 997 万元，建设资金由县财政 2015 年、2016 年、2017 年分期支付。2015 年 6 月，教堂一期工程开工进入建设，年末，教堂一期工程主体建设已完成，即将进入装修阶段，预计 2018 年上半年投入使用。

【民族团结进步示范单位创建】 垫江县民宗办向市民族宗教委争取少数民族发展资金，在全县开展民族团结进步示范单位创建活动，改善少数民族生产生活条件。2017 年，县民宗办向市民宗为争取民族资金 66 万元，其中 20 万元拨付给长龙镇龙安村修建便民道路，10 万元拨付给坪山镇硬化道路，10 万元拨付给永平镇秋桥居委道路硬化，15 万元拨付给曹家小学创建民族文化进校园示范校，10 万元拨付给沙坪卫生院购买医疗设备。

【党外代表人士队伍建设】 1. 发现储备强基础。通过调查摸底、逐一筛选，分年龄梯次、分行业类别建立 50 名党外后备干部数据库，实行动态跟踪管理，为党外干部的成长打下坚实基础。2. 培养锻炼提能力。会同县委组织部，制定短、中、长期梯次培养计划，并把党外干部培训纳入全县大规模培训计划，每年举办党外干部培训班。上年选派 3 名党外干部到市级部门挂职锻炼，选派 2 名党外干部到市级党外代表人士实践基地锻炼。3. 推荐使用显力度。实职安排上，3 名党外干部提拔为县管正职，8 名党外干部提拔为县管副职，交流党外干部 12 名。在 14 个县政府组成部门配备党外领导干部，占县政府组成部门总数的 51.9%。政治安排上，在县人大、县政协换届中，共有 275 名党外代表人士成为县人大代表和政协委员，党外代表均达到《条例》规定的比例，党外人大代表都能依法行使职权，党外政协委员都能履行职责，较好地发挥代表、委员的作用。

老干部工作

【概况】 2017 年末，中共垫江县委老干部局（简称老干局）编制干部职工 5 人（公务员 4 人，工勤人员 1 人），内设办公室、综合科，下设县老干部服务中心 1 个直属事业机构。挂靠单位有垫江县关心下一代工作委员会，联系县老年大学和县老年人体育协会。老干局服务管理的离退休老干部共 359 人，分布在全县 67 个单位。现有离休干部 14 人，其中异地安置 1 人，代管市属单位离休干部 1 人，异地来垫安置 1 人。副处级退休干部 280 人。离休干部中年龄最大的 95 岁，最小的 83 岁，平均年龄 89 岁。退休干部中年龄最大的 76 岁，最小的 59 岁。

（程建琳）

2017 年 6 月 7 日，县委书记蒲彬彬向老干部传达市第五次党代会精神

【老干部政治待遇】 组织老干部学习政治理论、各级重要会议精神、重要文件精神共计 8 次。邀请老干部听取经济形势专题报告会 1 次，参加市老干部党校学习和县内参观工农业生产各 1 次。听取县主要领导通报垫江经济社会发展情况 1 次，举办 2017 年老干部迎新春座谈会。全年共组织老干部参加学习活动 1000 多人次，组织老干部到涪陵工业园区、大裂谷开发区等地参观学习考察 100 余人次。

（冯小春）

【老干部生活待遇】 在春节、老年节对全县离退休干部进行全面走访，并对异地居住的 1 名老干部进行异地走访慰问，日常中走访慰问生病、行动不便老干部 16 人次，到医院探望生病住院老干部 13 人次，帮助老干部家属妥善处理老干部丧后事宜 6 次，全年来共落实帮扶慰问金额达 5.25 万元；2017 年 4 月组织 358 名副处级以上老干部参加健康体检。

（程建琳）

【老干部活动】 2017 年 3 月 21—23 日，组织老干部参加重庆市第四届乒乓球比赛活动。2017 年 9 月 18—22 日，举办垫江县第五届老干部艺术节。

参加重庆市第七届老干部艺术节，获优秀组织奖。全年组织老干部开展钓鱼、棋牌、摄影等比赛活动以及健康知识讲座活动。（冯小春）

【老干部作用发挥】 2017年4—6月，由15名老干部组成4个县委老干部调研组，针对文化旅游发展、农业供给侧结构性改革、农村义务教育“两免一补”政策实施、建设重庆优质农产品加工基地、交通建设发展、龙溪河生态经济带建设、发展老年人体育事业和现代商贸物流产业等8个课题开展专题调研，形成较有针对性和可操作性的调研报告8篇，调研报告被梅时雨县长肯定性批示。1名老干部被聘为县机关食堂监督员。离退休干部20余人出席县党代会、县“两会”以及县委召开的十四届一次、二次全委会。老干部50余人参与老年人体育协会活动，10余人加入县级各种艺术团体与协会，50余人深入农村、社区进行关工委工作调研，300余人（次）投入到关心下一代工作。老干部在《老同志生活》《新垫江》发表文章3篇。

（冯小春）

【老干部工作拓展】 1. 开展扶贫工作。全体干部职工先后5次到永安镇的鱼龙村、双桥村帮扶9户贫困村民。2. 在全体干部职工中开展争做“三心三实”老干部工作者创先争优活动。（冯小春）

【四就近工作】 2017年7月19日，根据重庆市利用社区资源做好离退休干部服务工作领导小组《关于调整垫江县市级“四就近”工作试点社区的批复》，市级试点社区中的新村社区调整至天宝社区，原新村社区专职老干部工作人员吴顺香调至天宝社区工作。2017年，天宝社区和松林社区组织老干部开展活动8次，发放慰问金12000元。

（冯小春）

机关事务管理

【概况】 县机关事务管理局设4个内设机构：办公室、接待科、房屋资产管理科（挂“公务用车管理科”牌子）、公共机构节能科。含1个下属事业单位：垫江县机关后勤服务中心（增挂“机关用车管理服务中心”牌子）。全局人员编制21人，其中行政4人、事业15人、工勤2人。2017年，垫江县机关事务管理局按照“两条例五办法”要求（《党政机关厉行节约反对浪费条例》《机关事务管理条例》和《重庆市机关事务管理办法》《重庆市党政机关办公用房管理办法》《重庆市党政机关国内公务接待管理办法》《重庆市行政事业单位公务用车配备使用管理实施办法》《重庆市公共机构节能办法》），做到管理规范、保障有力、服务到位。

2017年8月25日，县机关事务局组织开展“重礼仪树形象，做表率强服务”礼仪培训

【房屋资产管理】 1. 加强办公用房清理腾退。2017年，按照《党政机关办公用房建设标准》和各部门、各单位“三定”方案对全县党政机关各级办公人员办公用房使用面积进行两次核定，共核定总使用面积为51737平方米，清理腾退面积为237平方米。2. 注重办公用房合理调配。按照各级《党政机关办公用房管理办法》调配使用办公用房，提高县级办公用房利用率。与县委办、政府办、人大机关办、组织部、审计局、发改委等单位签订办公用房使用协议，共新增调配使用办公用房面积为385平方米。3. 促进国有资产保值增值。2017年，在

重庆联交所涪陵分所公开挂网出租门市房屋7批，成交租赁门市房屋77间3705.11平方米，全年共收租金229.82万元。全年投入13万元，对垫江县槐荫花园粮食局综合楼、原环保局大楼屋顶、人民西路原国土局出租门市维修维护。4. 推进重点项目建设。牵头做好县国家档案馆及社会保障及群众来访接待中心建设项目土建施工图设计、项目变更设计、装饰设计、弱电工程方案设计和行政服务中心布局调整方案报批和深化设计工作。

【县级公务接待】 贯彻落实中央八项规定精神和《党政机关国内公务接待管理规定》，规范接待管理，提升接待能力，做好优质服务。执行接待审批、接待清单、接待公函制度，控制接待范围和标准，党政机关公务接待活动原则上在机关食堂安排，除外事活动和招商引资活动外公务接待用餐，不提供酒水。2017年，完成121批次、1421人次公务接待任务。其中：接待中央领导1人次，省部级领导8人次。同时协助民政局完成全市地震灾害救助演练工作会、全市敬老院院长工作培训会等5次大型会议接待任务。

【公务用车管理】 1. 做好公务用车置换、更新审批、非参公事业单位公务用车情况自查、行政事业单位黄标车提前淘汰、公务用车标识化整改等工作。2. 机关用车管理服务中心运行规范。以“保障为主、安全为重、服务为先、节约为荣”为指导思想，精简驾驶人员，提高队伍素质，降低县内和短距离用车价格，强化服务意识。2017年，机关用车管理服务中心共调派车辆5000余次，车辆行驶里程50余万千米，无任何安全事故发生。

【公共机构节能管理】 1. 抓好基础数据统计。印发《垫江县实施公共机构能源资源消费统计制度的工作方案》，按照月份、季度、半年、全年的时间节点，对全县各公共机构能源资源消耗数据统计，对各单位节能工作科学评估，并建立全县重点用能单位名录库。2. 开展调研制定规划。对全县重点用能公共机构“十二五”期间的能源审计、电梯改造、空调改造、燃气具改造、配电系统改造、节能插座更换、节水器具更换、分项计量设施完善等具体情况摸底调研，结合调研情况制定《垫江县公共机构节约能源资源“十三五”规划》。3. 加强节能工作宣传。通过悬挂横幅、制作展板、主题活动等多种形式引导全县干部职工形成绿色环保、循环利用的办公和生活方式。开展“节能有我，绿色共享”公共机构节能宣传周活动。宣传节能小知识100条、发放节能宣传手册500册、节能倡议书1000份、节能宣传画1500张，并举行现场签名倡议活动。4. 推进示范单位创建。2017年5月，垫江县机关事务管理局被市委宣传部、市环保局、市机关事务局评为“重庆市生态文明示范机关”。指导垫江一中、县医院申报市级公共机构节能改造示范项目，通过重庆市公共机构节能改造示范项目专家评审验收。同时，探索推进公共机构节能工作向基层延伸。将节能奖励资金补助两个乡镇用于办公大楼照明、水龙头、插座、灶具等改造，打造乡镇（街道）节能示范点。

【机关后勤保障】 1. 加强物业管理。按照一级物业标准做好安全保卫、维修维护工作。2017年，投入67.05万元进行设施设备改造和维修维护。垫江县县级机关综合办公楼被评为重庆市2017年度“物业管理示范大厦”。2. 加强会场管理。2017年，会场使用总场次687次，同比增长165.25%。会场租金收入48.45万元，同比增长204.14%。3. 加强周转房管理。制定《保洁人员、维修人员、安保人员工作职责及要求》《周转房卫生保洁考核细则》，加强环境卫生检查考核，设施设备维修维护。2017年，周转房室内设施设备维修维护190人次，更换、加装、升级通讯设备和电视机顶盒等22台（套）。4. 加强食堂管理。完善各项规章制度，提升食堂硬件水平，形成现场监管、每日检查、每月考核长效机制。2017年，投入17.3万元对职工食堂6号厅装饰改造，投入12.8万元对职工食堂电梯改造。共有58个单位2105名职工办理职工食堂就餐卡，平均每天就餐职工 391 人次，多数职工满意。

（张冬）

人民代表大会

【概况】 2017 年，垫江县共召开人代会 1 次，常委会 9 次，听取和审议专项工作报告 17 项，作出决议决定 8 项、审议和评议意见意见 12 项，对 6 部法律法规的实施情况开展执法检查，依法任免国家机关工作人员 67 人次，督促办理代表议案建议 168 件，处理群众来信来访 142 件次。

【垫江县第十七届人民代表大会第一次会议】 2017 年 1 月 8—12 日，垫江县第十七届人民代表大会第一次会议在会议中心大会场举行。大会听取和审查通过县长梅时雨作垫江县人民政府工作报告、县人大常委会主任易大斌作的垫江县人民代表大会常务委员会工作报告、县人民法院院长程晓东作的垫江县人民法院工作报告、县人民检察院检察长李志军作的垫江县人民检察院工作报告。会议审查和批准垫江县 2016 年国民经济和社会发展计划执行情况与 2017 年国民经济和社会发展计划、垫江县 2016 年财政预算执行情况和 2017 年财政预算。会议审查县十六届人大七次会议议案建议办理情况的报告。会议选举易大斌为县第十七届人民代表大会常务委员会主任，选举张光全、徐明德、程堃、余凤、谭建为县第十七届人民代表大会常务委员会副主任，选举县第十七届人民代表大会常务委员会委员 29 名。会议选举梅时雨为县第十七届人民政府县长，粟登琳、赵元福、周行、苏灿、马强、郭安华、李小莉为县第十七届人民政府副县长。会议选举程晓东为县人民法院院长、李志军为县人民检察院检察长。会议表决通过关于设立县第十七届人民代表大会法制委员会、财政经济委员会、城乡建设环境保护委员会三个专门委员会的决定，表决通过各专门委员会组成人员。

【重大事项决议决定】 围绕全县中心工作确定审议事项，运用“深度调研、公众参与、专家咨询、代表联动、讨论”工作机制，实行常委会会议集中听取报告、分组分议题审议、集中表决的方式，听取审议国民经济和社会发展计划执行、财政预算执行、法治政府建设、工业园区建设管理、综合交通规划建设、水利工程建设管理、教育督导工作、环境状况和环境保护目标完成情况、审计专项报告、代表议案建议办理等 17 个专项工作报告，依法作出决议决定 8 项、审议和评议意见 12 项，全力推动经济社会发展，维护人民群众根本利益。

【选举和任免工作】 完成换届人事任免。全年共依法任免国家机关工作人员 67 人次。出台《规范任命人员任前法律知识考试的意见》，建立健全考试题库、随机抽取试题、临时确定阅卷人员、严肃考试纪律等工作机制。出台《规范任命人员任前表态发言的意见》，规范表态内容、行文格式、文字篇幅、仪表仪容等。实施《国歌法》，在举行向宪法宣誓时奏唱国歌。指导“一府两院”及乡镇人大规范宣誓活动，增强任命人员的宪法意识和责任意识。

【监督工作】 贯彻实施《监督法》和《重庆市实施〈监督法〉办法》，以增强监督实效为核心，加强和改进监督工作，更好地发挥人大监督对促进依法行政、公正司法、维护人民利益的作用，推动地方经济社会又好又快发展。

开展执法检查。开展《安全生产法》执法检查，引导全社会牢固树立安全生产观念，提升安全生产工作法治化水平。开展《水污染防治法》执法检查，推动政府加大水污染防治工作力度，形成保护水环境的良好社会氛围。配合市人大常委会开展《固体废物污染防治法》《农业技术推广法》《保险法》《重庆市水资源管理条例》等四部法律法规实施情况的执法检查，确保各项法律法规在全县范围内正确实施。

着力加强促进公平监督。加强前移监督关口，开展对县级部门项目预算评审试点工作，促进项目预算编制规范化、科学化、效益化。专题询问县政府公共医疗服务工作，推动建立公平、有效、安全、方便的公共医疗服务体系。开展县农委行政审批工作专项评议，推动其行政审批工作机制的完善和服务能力的提升。

加大议案建议督办力度。建立领导牵头督办重点建议工作机制，对县交委、县市政园林局办理工作开展专项评议，并组织代表开展视察和测评。县十七届人大一次会议提出的3项6件议案、162件建议批评及意见在法律规定时间内全部办结。

促进法治垫江建设。以检查县人大常委会“七五”普法决议执行情况和开展“国家宪法日”宣传活动为契机，推进普法工作。组织人大代表开展法律知识讲座、法律知识竞赛、法律知识巡回宣讲等学习宣传活动，坚持会前学法制度，督促相关部门完善法治理论考试机制，推动全民尊法学法守法用法。围绕建设法治政府，通过开展专题调研和听取审议，督促政府围绕“放管服”转变职能。听取社区矫正情况汇报，专题调研检察院民事行政检察工作，组织人大代表参与旁听庭审等活动，促进公正司法。加强规范性文件备案审查，出台《规范性文件备案审查办法》，规范备案审查程序，全年共审查县政府规范性文件 13 件。不断健全完善人大信访工作机制，引导群众遇事找法。全年县人大常委会信访办共受理群众来信来访142件，引导群众依法依规按程序反映诉求389个。

【代表工作】 坚持为人民履职、为人民服务，加强人大代表同人民群众的密切联系。开展代表主题活动，组织人大代表为群众排忧解难，在脱贫攻坚中帮扶困难群众 1800 余人次，在维护社会稳定中化解矛盾纠纷230余件。建立县人大常委会组成人员联系3名代表、5名选民的制度，每月定期组织代表通过接访、走访、到选区述职等形式，听取社情民意，全年向各级国家机关反映基层群众意见建议 1100 余条。邀请人大代表列席县人大常委会会议和视察、调研、专题询问、执法检查等活动 28 次。组织人大代表 30 余人次参与住宅物业服务收费政府指导价标准论证会、县城镇天然气供气区域划分方案听证会，拓宽代表知情知政渠道。推进“网上代表活动之家”建设，率先在全市完成四级人大代表信息录入工作，市人大信息中心将垫江作为全市乡镇、街道代表之家网站样板。完善代表履职评价办法，建立代表履职档案，加强代表履职情况评价考核，增强代表履职责任感和使命感。

【自身建设】 发挥两个党组作用，履行全面从严治党主体责任，支持纪检组全面履行监督责任。推进“两学一做”学习教育常态化制度化，开展“思想再解放，作风大转变”主题活动。贯彻落实中央八项规定精神，执行《中共中央政治局贯彻落实中央八项规定的实施细则》和《中共重庆市委常委会贯彻落实中央八项规定精神实施意见》，不断提高常委会机关党员干部遵章守纪的自觉性。制定出台《县人大常委会关于进一步加强自身建设的意见》和《县人大常委会工作规则》，规范常委会及其组成人员履职行为。不断加强县人大法制委、财经委、城环委3个专门委员会工作力量，依法发挥专门委员会职能作用。贯彻落实全市乡镇人大工作座谈会和县委乡镇、街道人大工作座谈会精神，督促乡镇、街道执行“两法两条例”，指导乡镇人大主席团、人大街道工委在自身建设、监督检查、代表培训、考核评价等方面，健全工作制度，规范工作程序，提升工作水平。落实《关于进一步加强和改进人大宣传工作的意见》，加强人大新闻队伍业务培训，提升人大新闻宣传工作效果。

垫江县人民政府

【概况】 2017年，县政府有县政府办公室、县发展改革委、县财政局、县经济信息委、县教委、县科委、县城乡建委、县交委、县农委、县商务局、县公安局、县监察局、县民政局、县司法局、县人力社保局、县国土房管局、县环保局、县规划局、县城管局、县水务局、县文化委、县卫生计生委、县审计局、县安监局、县统计局、县林业局、县旅游局、县信访办27个工作部门。桂阳街道办事处、桂溪街道办事处、县工业园区管理委员会、县行政服务中心管理办公室4个派出机构。县供销社为县政府其他机构。县档案局为县政府局馆合一机构。

【2016年县政府全体会议】 2016年12月29日，县政府召开全体会议，讨论审议《2017年垫江县人民政府政府工作报告》《垫江县2016年国民经济和社会发展计划执行情况与2017年国民经济和社会发展计划（草案）的报告》《垫江县2016年财政预算执行情况和2017年财政预算（草案）的报告》，并就近期有关工作作安排部署。

【2017年县政府全体会议】 2017年12月29日，县政府召开全体会议，讨论审议《2018年垫江县人民政府工作报告》《垫江县2017年国民经济和社会发展计划执行情况与2018年国民经济和社会发展计划（草案）的报告》以及《垫江县2017年财政预算执行情况和2018年财政预算（草案）的报告》，并就近期有关工作作安排部署。

【县政府常务会议】 2017年，县政府共召开24次常务会议（十六届第78次、十七届第1次至23次），审议并原则通过相关文件及事项130项。主要涉及6个方面。1. 关于经济发展。包括《关于进一步加快工业园区发展的意见》《垫江县2017年农村产业融合发展示范工程项目股权化改革试点方案》《垫江县人民政府建设重庆休闲旅游目的地工作报告》《垫江县鼓励企业挂牌上市财政扶持办法》《垫江县向上争取专项资金考核奖励试行办法（试行）》《垫江县国有建设用地使用权招标拍卖挂牌出让交易实施办法》《垫江县财政资金整合实施方案（试行）》等。2. 关于深化改革开放。《垫江县深化农业农村体制改革综合性实施方案》《关于深入推进农业供给侧结构性改革 加快培育农业农村发展新动能的实施意见》《垫江县进一步完善乡镇街道财政体制方案》《垫江县进一步深化农村土地经营权确权登记颁证工作实施方案》《垫江县工业招商引资政策（试行）》《垫江县承接主城区产业转移工作方案》等。3. 关于城乡规划、建设与管理。包括《垫江县县城规划区范围内集体土地上房屋产权分户暂行规定》《重庆市垫江县“十三五”新型城镇化规划》《垫江县人民政府关于进一步加强控制性详细规划管理工作的通知》《县城市管理综合行政执法体制改革工作实施方案》《县城市控制性详细规划》《县城总体城市设计》《县城市空间形态规划管理办法（试行）》《垫江县黄沙镇总体规划（2015—2030）》《垫江县医疗机构设置规划（2016—2020）》《垫江县海绵城市专项规划（2017年—2030年）》等。4. 关于生态建设和环境保护。包括《垫江县生态保护红线划定方案》《2017年垫江县龙溪河流域水污染防治专项行动工作方案》《垫江县实施河长制工作方案》《垫江县榨菜行业废水治理方案》《垫江县贯彻落实土壤污染防治行动计划工作方案》等。5. 关于社会事业发展和民生保障。《关于加强和改进新形势下宗教工作的实施意见》《垫江县消防事业发展第十三个五年规划》《垫江县政府性债务风险防控应急处置预案》《垫江县“十三五”加快残疾人小康进程规划》《垫江县“十三五”卫生计生事业发展规划》《垫江县全面推开公立医院综合改革实施方案》《推进医疗卫生与养老服务相结合的实施意见》《垫江县支持农民工等人员返乡创业试点工作方案》《关于深化脱贫攻坚的实施意见》《关于进一步深化文化市场综合执法改革的实施意见》《关于推进安全生产领域改革发展的实施意见》《垫江县安全生产“十三五”规划》《垫江县食品药品安全“十三五”规划》《垫江县全民健身实施计划（2016—2020年）》《“健康垫江2030”规划》等。6. 关于政府自身建设。包括《2017年垫江县人民政府工作报告重点工作目标任务分解》《垫江县人民政府工作规则（修订稿）》《2018年垫江县人民政府工作报告》《垫江县2017年国民经济和社会发展计划执行情况及2018年计划草案的报告》和《垫江县2017年财政预算执行情况和2018年财政预算草案的报告》等。

【产业发展】 发展工业经济，加快形成汽摩、生物制药、钟表计时及精密加工、环保节能、新材料等五大产业集群，引进亿元级项目 17 个、5000 万元级项目 13 个，实现工业增加值 112.2 亿元，增长 8.6%。发展效益农业，持续巩固“重庆粮仓”“都市菜园”“花果之乡”，发展水稻制种、蜜本南瓜、榨菜、垫江晚柚、晚熟李等特色产业，实现农业增加值 43 亿元、增长 5%。发展商贸流通，成功创建“中国石磨豆花美食之乡”，加快建设“国家电子商务进农村示范县”，成为重庆市首个寄递安全管理信息系统试点区县，实现第三产业增加值 92.4 亿元、增长 8.9%。发展休闲旅游，有序推进牡丹樱花世界 AAAA 级景区创建，加快太平牡丹园、华夏牡丹园等景区升级改造，《乡约》《东西南北过大年》等央视品牌栏目走进垫江，实现接待游客 270.8 万人次、旅游总收入 18 亿元，分别增长 25.1%、44.7%。

【城乡面貌改善】 2017 年，全县城镇化率 44.8%，县城建成区面积 17 平方千米。完成城市设计 5 项、行政村村规划 89 个，实现 59 个规划“多规合一”。垫邻路、武田路有序改造，渝巫路复线、南部快速通道加快建设，城市“二环”全线贯通，“四好农村公路”工作开展。开工建设南阳大道、玉鼎大道等城市地下综合管廊 12.2 千米，完成棚户区改造 609 户、12 万平方米，实现征地拆迁 9 宗尾欠地块 17 个项目“清零”。完成农村改厕 3700 户。农村生活垃圾有效治理率、集中处理率分别达 96.5%、100%。

【生态文明建设】 2017 年，关闭禁养区畜禽养殖场 191 家，综合治理规模化畜禽养殖场 450 家，完成重点涉水污染源整治 303 个。龙溪河流域入选“国家首批流域水环境综合治理与可持续发展试点”，六剑滩出境断面水质Ⅲ类。城区空气质量优良天数 303 天。县城环境噪声达标区覆盖率 100%。森林覆盖率 44%。划定生态保护红线面积 207.6 平方千米，划定永久基本农田 6.13 万公顷，耕地保有量 7.2 万公顷。

【改革开放创新】 2017 年，完成城市管理、乡镇（街道）财政体制改革。依法注销国有“僵尸企业”“空壳企业”73 户，完成钢铁行业去产能任务。落实“涉企减负 30 条”，为企业减负 1.8 亿元。与阿里巴巴、猪八戒网等建立战略合作关系，深化川渝“两地四方”融合发展，协同推进龙溪河生态经济带建设，参加渝洽会、中国（重庆）西部旅游产业博览会、承接主城产业转移推介会等。全年签约项目 120 个，到位资金 218 亿元。培育科技型企业 42 家、市级研发平台 5 个、高新技术产品 33 个。

2017 年 6 月 23 日，垫江县参加第五届中国西部旅游产业博览会旅游营销推介

【民生事业发展】 2017 年，民生支出 43.7 亿元，占一般公共预算支出的 68.2%。打赢脱贫攻坚战，实现 865 户 2872 人脱贫越线。成为“全国支持农民工等人员返乡创业试点县”，新增就业 7263 人，城镇登记失业率 4.1%。公立医院综合改革推开，县医院、县中医院通过“三甲”复评。县第四届运动会、DBA 男子篮球联赛等群众性体育文化活动蓬勃开展。开展“渝安 2 号”专项行动，刑事发案同比下降 21%。开展安全生产大排查大整治大执法，安全生产形势总体稳定。

信访工作

【概况】 2017 年，围绕“平安垫江”建设主线，推进信访制度改革，开展“解难题，办实事”专项行动，解决群众合理诉求，维护群众合法权益，为维护社会大局和谐稳定做出贡献。2017 年，垫江县信访办被市委、市政府评为“2011—2015 年度重庆市信访工作先进集体”，在全市安保维稳工作中被授予集体二等功。县委常委会、县政府常务会定期研究信访工作，并将 31 件疑难信访案件纳入全县“五个一批”重点项目工程，县委主要领导定期研究解决。各乡镇（街道）、各部门实行“一把手”负总责，分管领导履行“一岗双责”，全县形成上下联动，齐抓共管的信访工作格局。

【领导干部接访下访群众】 1. 县委、县政府主要领导坚持每月一天公开接访群众，其余“四大家”领导每个工作日轮班到县信访接待中心接待群众，镇街（部门）领导同步接待群众，一般干部和村社干部随时走访群众。2017 年，全县领导干部接访下访群众 6500 余批次、10000 余人次，解决大批群众合理诉求，将大量矛盾化解在基层。2. 坚持领导干部阅批群众来信。筛选甄别一批群众合理诉求来信，呈送领导阅批研究，促成一大批群众反映强烈的信访问题和信访个案有效解决。2017 年县委、政府主要领导批示件 30 余件，其他县领导阅批群众来信 150 件，共解决问题 180 个。3. 推行“互联网+信访”工作。全县加强信访工作平台建设，26 个乡镇（街道）、32 个部门连通全市信访信息系统，实行“一张网”办理。推行网上信访代理工作，并实行网上信访代理，打造一支网上信访代理队伍。4. 开展“3+2”突出信访问题专项整治。开展房地产建设、环保领域、涉众型经济案件、征地拆迁和违法上访专项整治，治理突出问题 50 余件，化解一批突出信访问题。5. 领导包案化解疑难信访案件。市级交办的 11 件信访积案、排查 12 件县级信访积案由县领导包案，实行“一案一专班”，定期研究，限时办结，全年积案化解率 100%。

【信访体制机制建设】 依法及时就地解决群众合理诉求。制定《垫江县健全信访稳定工作发现、化解、处置、问责机制的实施意见》，出台《垫江县到非接待场所上访人员接返办法》，提升全县信访稳定工作制度化、规范化、法治化建设水平。

政协垫江县委员会

【概况】 政协垫江县第十届委员会常务委员会由政协主席 1 人、副主席 6 人、秘书长 1 人和常务委员 43 人组成。政协垫江县委员会设办公室、提案委员会、经济委员会、农业委员会、社会事务委员会、政协委员联络委员会、社情民意办公室，共五委两室。办公室下设县政协信息中心（副科级事业单位），秘书科、行政科、综合科。经济委员会下设工业经济科。农业委员会下设农业经济科。社会事务委员会下设社会事务科。2017 年，县政协围绕统筹推进“五位一体”（以经济建设、政治建设、文化建设、社会建设和生态文明建设为一体）总体布局、协调推进“四个全面”（指全面建成小康社会、全面深化改革、全面依法治国、全面从严治党）战略布局，坚定不移走“生态优先、绿色发展”之路，围绕“一个建成、六个显著”奋斗目标和“三地一心一城”建设任务，履行政治协商、民主监督、参政议政职能，发挥社会主义协商民主重要渠道和专门协商机构作用，为全面建成小康社会、推进富民强县升位做出贡献。

【委员概况】 政协垫江县第十届委员会委员共 282 名，分为中共界、无党派界、侨联界、科技界、共青团界、医卫界、总工会界、少数民族界、宗教界、妇联界、工商联界、文艺界、教育界、经济界、农业界、特别邀请人士 16 个界别。

【政协垫江县第十届委员会第一次会议】 2017 年 1 月 7 日至 11 日，政协垫江县第十届委员会第一次会议在县会议中心召开。杨刚代表政协垫江县第九届委员会常务委员会向大会作工作报告，章华荣代表政协垫江县第九届委员会常务委员会向大会作提案工作报告。与会人员列席垫江县第十七届人民代表大会第一次会议。听取并协商讨论垫江县人民政府工作报告、垫江县人民法院工作报告、垫江县人民检察院工作报告、垫江县 2016 年国民经济和社会发展计划执行情况与 2017 年计划草案报告、垫江县 2016 年财政预算执行情况和 2017 年财政预算草案报告。听取中共垫江县委书记，垫江县人民政府县长，政协垫江县委员会主席讲话。大会选举产生新一届政协主席、副主席、秘书长和常委委员。大会审议通过《政协垫江县第十届委员会第一次会议关于政协垫江县第九届常务委员会工作报告的决议》《政协垫江县第十届委员会第一次会议关于政协垫江县第九届常务委员会提案工作报告的决议》《政协垫江县第十届委员会第一次会议的决议》。

【政协垫江县第十届委员会常务委员会】 2017 年 3 月 7 日，政协垫江县第十届委员会常务委员会第一次会议在县会议中心三楼六会议室召开。会议学习《中国人民政治协商会议章程》有关内容。通报县政协十届一次会议提案审查情况。审议通过《政协垫江县委员会 2017 年工作要点（审议稿）》。审议通过《政协垫江县委员会常务委员会工作规则（审议稿）》《政协垫江县委员会关于加强县政协常务委员会自身建设的意见（审议稿）》。审议通过有关人事事宜。

2017 年 4 月 7 日，政协垫江县第十届委员会常务委员会第二次会议在县会议中心三楼六会议室召开。会议传达学习全国政协会议精神及习近平总书记在全国两会期间的讲话精神。协商全县交通规划建设情况。

2017 年 6 月 28 日，政协垫江县第十届委员会常务委员会第三次会议在县会议中心三楼八会议室召开。会议对水污染与治理工作专题协商。审议通过有关人事事宜。

2017 年 8 月 1 日，政协垫江县第十届委员会常务委员会第四次会议在县会议中心三楼八会议室召开。会议专题协商工业园区建设情况，视察工业园区三期一号线、标准化厂房、汽车产业园建设情况。审议通过有关人事事宜。

2017 年 9 月 28 日，政协垫江县第十届委员会常务委员会五次会议在县会议中心三楼八会议室召开。会议学习《中共重庆市委办公厅印发<关于加强和改进人民政协民主监督工作的实施意见>的通知》。专题协商全县康养产业发展情况。审议通过《垫江县政协委员履职服务管理办法（试行）》。

2017 年 11 月 8 日，政协垫江县第十届委员会常务委员会六次会议在县会议中心三楼八会议室召开。会议视察东部新区骨干道路建设情况，专题协商东部新区规划工作和骨干道路建设工作。听取县委县政府对县政协十届一次会议以来提案办理情况的通报。学习党的十九大会议精神。审议通过有关人事事宜。

【政治协商】 县政协提出实施创新驱动战略、坚持企业集聚发展、建立入园企业土地利用动态档案等意见建议，助力全县工业经济加快发展。提出加快总体规划编制工作、推进重大项目建设、鼓励社会资本参与等意见建议，形成《关于加快垫江县康养产业发展的调研报告》。围绕“康养垫江 · 清洁家园”城乡环境卫生集中整治、水资源保护等课题开展视察，提出维修改造县城污水干管、统一招标购买清漂服务、加强龙溪河流域管理等建议，形成《关于进一步做好水污染治理工作的建议》，助推垫江县环境保护和生态建设。提出高水平规划、高品位建设、合理确定土地储备规模、拓展融资渠道、创新融资方式等意见建议，促进县城市布局不断优化。从优化交通规划、完善路网结构、加快基础设施建设、破解制约瓶颈、提升综合管理水平等方面提出意见建议，得到县政府领导高度肯定，并批示相关部门落实。紧扣“提升开放水平，促进垫江发展”主题，抓住国家“一带一路”、长江经济带重要战略机遇，提出进一步提高开放意识、改善投资环境、加大区域合作、搭建互联互通平台、优化服务水平等建议，为促进垫江县经济健康发展提供有益参考。在重庆市东部片区政协会议上交流发言，提出加强对龙溪河经济带的宣传、配合市发改委编制龙溪河生态经济带融合发展规划、建立联系协调沟通机制、强化互联互通交通建设等建议，形成《关于发展龙溪河经济带的建议》，得到市级相关部门的重视。提出扩大行政服务中心办公面积、完善工作管理机制、提升服务水平等建议，深化“两集中、两到位”行政审批制度，促进行政审批提质增效。

2017 年 6 月 7 日，县政协视察村庄环境连片整治“污水处理”民生实事工程

【民主监督】 县政协围绕农业供给侧结构性改革、农业特色发展、高标准农田整治等课题开展调研，助推农业农村现代化建设。发挥自身包容性强、党派合作的优势，邀请各民主党派、工商联负责人、无党派人士代表参加政协开展的调研视察、学习考察等各项活动，支持他们以本党派、团体名义提出提案，反映社情民意。与各民主党派负责人的联系沟通、思想交流，宣传中国共产党的重大方针、政策，增强拥护中国共产党领导的自觉性，增强他们心系大局、议政建言、贡献智慧的使命感和责任感，为有效参与全县经济社会发展搭建平台，形成凝心聚力谋发展、团结一心促和谐的强大合力。县政协领导参与全县重点项目建设、招商引资、帮扶企业等一系列重要工作和重大活动。针对重庆太极养生园、卧龙盐浴、国道 G243 澄溪到沙坪段、桂西大道北二段、春花大道、超薄电子玻璃等项目推进中的问题和困难，及时召开专题协调会议研究提出解决建议。维护和谐垫江，履行司法公正。县政协听取法检两院工作通报，组织政协委员旁听法院庭审。组织政协委员协商并视察公安、司法、安监和综合执法工作，助推“平安垫江”建设。

【参政议政】 县政协围绕养老服务体系建设，组织政协委员深入县社会福利院、桂溪街道孝顺园养老院、桂阳街道天宝社区等地视察，提出加强城乡社区养老服务设施建设、提高行业服务水平等意见建议，助推全县养老产业健康发展。针对社会救助对象的认定、救助资金的监管等问题开展专题调研，形成《关于加强垫江县社会救助工作的建议》，提出建立社会救助协作机制、加强部门协调联动、加大社会救助监管力度、加强基层民政能力建设等意见建议，为全县社会救助工作提供参考。围绕基本公共文化服务体系构建、职业教育发展、民生供气、龙滩水库项目建设、文笔湖公园项目建设以及东方大道、文笔大道、玉鼎大道等城市骨干道路建设专项视察。围绕医养结合产业发展、文化产业发展等课题开展重点调研，形成《关于加快垫江县医养结合产业发展的建议》《关于加强垫江县文化产业发展的建议》。组织政协委员围绕社会综合治理创新工作开展调研，提出建立健全社会治理体系、加强疑难问题的化解、提升社会治理水平等意见。组织政协委员视察电动车安全管理，提出加强政策宣传、完善电动车管理等意见建议。

【提案工作】 县政协围绕全县工作大局，以提高提案质量为导向，以深化办理协商为重点，以增强办理实效为目标，创新工作机制，突出协调配合，形成广泛参与、联合办理、整体推进、协调高效的运行模式。2017 年全年共提交提案 151 件，经审查立案 130 件，立案率 86.1%，合并类似提案后为 117 件。截至 2017 年 8 月 31 日，提案全部办理完毕。提案者对提案办理的满意和基本满意率 100%。从反映内容上看，主要涉及经济科技类、城建城管类、教文卫体类、社会法制类等类别。其中《关于大力发展垫江县康养旅游产业的建议》挖掘全县康养旅游产业潜力和优势。《关于加快推进垫江县工业集群发展的建议》《关于加强垫江县工业园区平台建设的建议》推动工业组团管理权属调整，加快园区发展的相关政策出台。《以创新精神，引领产业发展》《关于进一步加强垫江县青年电商创业的建议》践行创新发展理念，增强创新活力。《关于积极建设东部新区，打造城市经济新引擎的建议》推进东部新区骨干道路建设。《倡导全民阅读，共建书香垫江》《关于让垫江优秀传统文化进校园的建议》催生《垫江县全面阅读方案》的制定。

【社情民意工作】 县政协把了解和反映社情民意作为政协工作的重要基础和关键环节，作为政协履行职能最具特色的工作之一，不断畅通政协委员及其所代表的各界群众反映意见、诉求的渠道，把各界别群众的呼声和意见建议及时提供给党委、政府参考。2017 年全年共收集信息意见 124 条，反映社情民意信息 45 篇，编发社情民意专刊 20 期。其中，报县级领导和相关部门 13 期。报市政协信息处 7 期。从反映内容上看，主要集中在反映经济文化建设、城市乡镇建设、科教文卫体、农林水利及党政管理等方面。其中《关于加强出租车管理，规范营运秩序的建议》和《关于清理路边、小区僵尸车的建议》都是广大居民群众普遍关心的民生事宜。《关于加强全县基层食品药品监管力量建设的建议》得到县政府相关领导的批示。《关于改善黄沙转盘至桂溪街道大门口外交通状况的建议》改善该路段的交通状况。《关于规范垫江县公立学校编外教职工管理的建议》为规范垫江县教职工队伍管理提供参考。《关于进一步加强青少年心理健康教育的建议》填补垫江县青少年心理健康教育的建档空白。县政协还邀请市政协领导对垫江县反映社情民意信息工作开展信息研讨会和信息写作培训会，提高政协委员和骨干信息员的写作水平。

【对外宣传和交流】 县政协发挥人民政协联系广泛、渠道畅通的优势，开展对外交流联谊活动，在招商引资、项目争取宣传垫江等方面发挥作用。1. 依托政协委员中的书画人才，以文学之名为家乡增光，以艺术之花为家乡添彩，在春节之际辞旧迎新，开展县政协 2017 年迎新春书画作品展。2. 精选垫江本土优秀书画作品，到市政协举办“牡丹故里·康养垫江”专场书画作品展，旨在展示全县“千年耕读史、一山牡丹香”的垫江人文美景，得到市政协领导肯定。3. 主题明确的组队赴川黔渝部分区县政协交流学习政协工作的好做法、好经验并总结学习交流成果，将三地政协工作的经验做法与本地实际结合起来，运用到进一步加强和改进新形势下的政协工作，力求解决换届以后县政协在开展工作过程中存在的困惑，达到预期目的。4. 对接市政协“创新驱动发展战略”重点调研课题，参与子课题的调研任务，撰写《关于加快区县科普阵地建设的建议》。5. 接待贵州省、江苏省等市外政协和大足区、璧山区、巫溪县等区县政协来垫学习考察医养结合、薪酬制度改革、残疾人事业发展等工作。6. 依托工商联界、经济界政协委员，开展创业兴业座谈会，走访委员企业，慰问垫江籍在外成功人士，到北京、云南、重庆等地开展招商活动，向一些大集团公司、上市公司宣传推介垫江。7. 组织政协委员开展送科技、送医疗、送教育、送文化、送物资活动。医卫界委员开展义诊活动，文艺界委员进学校、进农村、进机关开展送书画活动，体现委员的责任担当，彰显政协人的为民情怀。8. 县政协领导带头走向基层、贴近群众，开展脱贫攻坚调研，解决脱贫攻坚工作中的困难和问题。县政协机关干部加强与新民镇及相关帮扶单位的联系协调，组织参与结对帮扶。

【自身建设】 县政协始终坚持把强化自身建设作为履职之基，为适应新形势、推动新发展提供坚实保证。1. 出台《中共政协垫江县委员会党组议事规则》，发挥好政协党组在政协工作中的引领作用。推进“两学一做”学习教育常态化制度化，开展“思想再解放、作风大转变”主题活动，开展政协党组中心组集中学习讨论，精心开展“三会一课”，党内政治生活的政治性、时代性、原则性、战斗性不断增强。执行中央八项规定精神和市委“八严禁”“十二不准”以及县委实施意见，反对“四风”。2. 研究制定《县政协机关请销假制度》《县政协机关财务管理制度》等制度。强化廉政体制建设，签订《廉政建设责任书》，落实廉政建设责任。支持县纪委派驻机构履行监督职责。利用市级县级媒体全方位、多角度宣传报道政协工作，增强政协凝聚力。3. 制定《县政协常委会工作规则》《县政协主席会议议事规则》《关于加强县政协常委会自身建设的意见》《加强县政协委员履职服务管理暂行办法》以及关于联系走访委员、委员学习培训、加强调查研究等10余项制度。举办十届县政协委员“履职能力提升”专题培训班，不断提升委员“懂政协、会协商、善议政”的履职能力。

人事工作

【概况】 2017年，县人力资源和社会保障局内设科室8个：办公室、政策法规科（信访科）、人力资源管理科、公务员管理科、事业单位管理科（县职称改革办公室）、机关事业单位工资福利科、行政许可服务科、教育培训管理科。下属有5个事业单位：垫江县社会保险局（参公）、垫江县就业和人才服务局（参公）、垫江县劳动保障监察大队（参公）、垫江县劳动人事争议仲裁院（参公）、垫江县国家职业技能鉴定所。全系统核定人员编制143名。

【公务员管理】 2017年，公开招录遴选公务员（参公人员）42名，办理公务员（参公人员）调动27名。开展人民满意公务员示范单位和示范岗创建活动，命名桂溪街道办事处等3个单位、垫江县行政服务中心公安窗口等4个岗位分别为全县示范单位和示范岗。加强公务员教育培训，举办中层干部及公务员政治理论培训各2期160人。

【专业技术人才管理】 执行2017年职称申报评审政策，按空缺岗位开展职称申报，全年共审核评审各类职称439人。做好专家服务工作，在春节、国庆节日之际组织慰问，组织高级职称专家健康体检。组织垫江县市级高技能专家参加重庆市“巴渝工匠”绝技绝活展演，举办卫生系统岗位练兵和技能大赛，在全社会营造崇尚技能、爱惜人才良好氛围。组织开展职业技能鉴定工作，2768人取得职业资格证书。开展职业资格目录清理工作，取消职业资格清理项目58项，保留项目13项。

【军转干部和大中专毕业生就业管理】 在“春节”“八一”等重要节点，对全县企业军转干部和自主择业军转干部开展慰问。安置2017年计划安置军转干部和自主择业军转干部。实施五大行动，拓宽高校毕业生就业渠道，组织50名高校毕业生参加SYB创业培训，引领103名学生创业。开展“高校毕业生就业服务月”活动，举办专场招聘会2次，提供岗位400个，32名离校未就业高校毕业生实现就业。

【人员工资与职工福利管理】 统筹做好2017年度全县机关事业单位工作人员工资调整和企业职工退休养老待遇调整兑现工作。完成渝垫国资公司、鼎发实业公司国有企业负责人薪酬制度改革工作，启动实施部门管理国有企业负责人薪酬制度改革前期工作。

【人事管理与服务】 印发《关于规范机关事业单位抽调借用人员工作的通知》，规范全县机关事业单位抽调借用人员管理。按照岗位聘任相关规定，组织开展事业单位人员岗位聘任工作。

开展百千万人才工程、“百人计划”、学术技术带头人、突出贡献中青年专家推荐评选工作。贯彻实施基层紧缺实用人才招聘、赴高校招聘和高层次人才组团招聘“三大计划”。实施“双师交流计划”，选派部分职业学校教师、企业技师或工程师相互交流。研究制定“垫江工匠2020计划”，发挥高技能人才传帮带作用，选拔培养紧缺技能人才。与县人才办和相应主管部门到西南大学、重庆医科大学、湖南中医药大学等重点高校，引进人才105名。

【离退休人员干部】 按时足额发放养老待遇26920万元。做好退休人员服务工作，为每个退休人员建立健康状况、家庭成员、现居住地等基本信息，及时将信息资料传送到各乡镇和社区工作站，实行动态管理。上门为高龄、重病、行动不便残疾退休人员开展领取养老金资格认证工作，在元旦、五一、重阳节、国庆节、春节慰问高龄、特困、残疾退休人员。

机构编制管理

【概况】 2017年，全县机构编制工作以政府职能转变为核心，不断优化政府职能、明晰权力边界，推进行政审批制度改革。在编制管理上按照“控制总量、盘活存量、优化结构、有减有增”要求，挖掘机构编制潜力，用好用活机构编制资源，为推动经济社会较快发展提供体制、机制保障。

【城市管理体制改革】 推进城市管理体制改革工作，将垫江县市政园林管理局更名为县城市管理局，加挂县城市管理综合行政执法局牌子。将原县市政园林管理局下属事业单位垫江县市政园林管理监察大队更名为县城市管理综合行政执法支队，依法接受委托具体承担城市管理行政执法工作，并针对职能调整情况重新进行“三定”“九定”。

【县民宗办机构设置】 2017年9月，根据《中共重庆市委、重庆市人民政府关于加强和改进新形势下宗教工作的实施意见》（渝委〔2016〕31号）和《重庆市编办关于进一步强化区县民族宗教工作机构职能加强执法能力建设的通知》（渝编办〔2017〕75号）文件精神，在县委统战部挂县民宗办牌子，明确县民宗办为县政府履行民族宗教事务管理主管部门，承担县政府依法管理民族宗教事务行政职能，进而明确县民宗办履行行政职能主体资格，同时在县委统战部增设内设机构民宗科。

【行政许可权力清单动态调整】 根据《重庆市人民政府关于协同配套下放一批市级行政审批等管理事项的决定》要求，承接市级行政审批等管理事项31项，并及时制定具体承接办法，明确承接机构，落实承接措施。出台行政审批事项目录管理办法，健全行政权力清单和责任清单动态调整机制，严把行政审批项目关口，按照调整程序动态调整行政许可事项3批次。年末，全县具有行政审批权限单位32个，有行政审批事项351项。

【行政许可标准化】 围绕“事项管理、流程管理、服务规范、场地建设与管理、监督评价”建立标准体系，形成《垫江县政务服务（行政许可）通用标准（试行版）》。对照市编办、市质监局《区县通用参考目录》，组织开展全县行政许可事项清理调整工作。组织各审批单位根据行政许可事项，修改完善服务指南、流程图、审查工作细则。定期组织行政服务中心窗口工作人员进行标准化服务和业务培训，编制具体事项服务指南，建立标准服务制度，采购查询机、排队叫号机等服务硬件设备，规范网上行政审批服务。

【控编减编】 按照《垫江县控编减编工作方案》，严控增设行政机构和事业单位，执行编制总量控制制度，采取多种形式在全县机关事业单位宣传机构编制政策法规和控编减编目标和具体措施。行政编制在市上核定总额内分别核定到县级党政群机关和各乡镇（街道），执行超编和满编不得进人的规定，全县各部门和乡镇（街道）行政实有人员均未超过核定编制数。截至2017年12月31日，市编办核定垫江县县级行政编制690名（含价格检查专项编制 13 名）。核定乡镇（街道）行政编制 808 名。编制使用情况：垫江县已使用县级行政编制 632 名，乡镇（街道）行政编制 808 名。编制待分配情况：县级行政待分配编制 16 名。编制结余情况：年末县级行政编制余编 58 名。

【事业单位登记管理规范化建设】 实现事业单位登记管理"全事项"网上办理，及时督促各事业单位依法及时办理设立登记和变更登记。新核准设立登记 10 个、变更登记 91 个、证书补领 3 个。事业单位年度报告单位 405 个，已全部在垫江县政府网站进行公示，年报率 100%。按照《重庆市人民政府关于建立完善守信联合激励和失信联合惩戒制度加快推进社会诚信建设的实施意见》，发文告知主管部门限制失信被执行人登记为事业单位法定代表人，要求主管部门及时核实处理。按照《重庆市事业单位法人公示信息抽查实施办法（试行）》，对县级 8 个事业单位法人公示信息开展实地抽查。

【2017 年全县机构设置】

县级机构

1. 县委序列（16 个）

县纪委（县监察局合署办公）

县委工作部门（7 个）：垫江县委办公室（县委保密办、县国家保密局、县委机要局、县密码管理局、县委政策研究室）、县委组织部、县委宣传部、县委统战部（县台办、县民宗办）、县委政法委（县综治办）、县编办、县直机关工委

县委部门管理机构（2 个）：县机关事务局、县委老干局

县委派出机构（1 个）：县委非公工委

县委其他机构（5 个）：县委改革办（法治办）、县文明办、县委防邪办、县委人才办、县委网信办

2. 县人大常委会工作机构（9 个）：县人大常委会办公室、县人大法制委、县人大财经委、县人大城环委、县人大常委会人代工委、县人大常委会教科文卫工委、县人大常委会农业工委、县人大常委会预算工委、县人大常委会信访办

3. 县政府序列

县政府办公室和组成部门（27 个，监察局不计算机构数）：县政府办公室（县政府法制办）、县发展改革委、县财政局、县经济信息委、县教委（县委教育工委）、县科委、县城乡建委（县民防办）、县交委、县农委（县委农工委）（县农综办）、县商务局、县公安局、县监察局、县民政局、县司法局、县人力社保局、县国土房管局、县环保局、县规划局、县城市管理局（县城市管理综合行政执法局）、县水务局、县文化委、县卫生计生委（县中医发展办）、县审计局、县安监局（县煤管局）、县统计局、县林业局、县旅游局、县信访办

县政府局馆合一机构（1 个）：县档案局（县档案馆）

县政府派出机构（2 个）：县工业园区管委会（县工业园区党工委）、县行管办

4. 县政协工作机构（7 个）：县政协办公室、县政协提案委、县政协经济委、县政协农业委、县政协社事委、县政协联络委、县政协社情民意办

5. 民主党派（2 个）：民革垫江工委、民盟垫江总支部

6. 群众团体（10 个）：县总工会、团县委、县妇联、县工商联、县残联、县侨联、县计生协会、县红十字会、县科协、县法学会

7. 直属事业机构（2 个）：县委党校（县行政学校、县社会主义学院、县成教中心、重庆电大垫江分校）、垫江日报社

8. 部分县属事业单位

相当于行政正科级单位（21 个）：县委外宣办（县政府新闻办）、县社科联、县文联、县委政策研究中心、县政府研究中心、县金融办、县城乡建设综合行政执法局、垫江中学、垫江实验中学、垫江一中、县职教中心、县一职中、县医院、县中医院、县广播电视台、县国资委、县就业和人才服务局、县社会保险局、渝东卫生学校、县教师进修学校、县公共资源交易中心

相当于行政副科级单位（88 个）、其他类事业单位（285 个）

乡镇（街道）机构

全县有 2 个街道（桂溪街道、桂阳街道），24 个乡镇。乡镇分为特大乡镇、较大乡镇和一般乡镇三类。其中澄溪、高安、周嘉、坪山为特大乡镇，沙河为一般乡镇，其余乡镇为较大乡镇。

1. 街道行政机构：党政办（挂人大工委办公室牌子）、经济发展科、社会事务科（挂民政科、卫生和计划生育科牌子）、社会治安综合管理办公室（挂安全生产监督管理办公室、信访办公室牌子）、规划建设管理环保办公室、财政所。

2. 乡镇行政机构：各类乡镇设内设机构 7 个：党政办（人大办）、经发办（挂统计办牌子）、社事办（挂民政办、计生办牌子）、综治办（挂安监办、交安办、信访办、防邪办牌子）、财政所、规划建设管理环保办公室、食药监办（挂县食品药品监督管理分局 XX 乡镇食品药品监督管理所牌子），另外新民、澄溪、太平在经发办增挂煤监办牌子。

3. 街道事业机构：街道设置 4 个财政全额拨款事业单位：社区服务中心、劳动就业和社会保障服务所、文化服务中心、产城融合发展服务中心。

4. 乡镇事业机构：乡镇设置 3 个财政全额拨款事业单位：社会保障服务所、文化服务中心、农业服务中心。原有各乡镇人口和计划生育生殖健康服务站撤消，其职责划入各乡镇卫生院，在各乡镇卫生院加挂计划生育服务站牌子。（张博）

民主党派

【概况】 2017 年，垫江县有民革垫江工委和民盟垫江总支 2 个民主党派组织，民主党派成员 129 人（民革党员 66 人、民盟盟员 61 人、致公党党员 1 人、农工党党员 1 人）。2017 年，新发展民革党员 6 人，配备民革专职副主任 1 人。

2017 年末，民革垫江工委有党员 66 人，设主任 1 人，副主任 4 人（包含 1 名专职副主任），下辖法律、教育医卫、综合、农业 4 个支部，县政协副主席徐鹏任主任。民盟垫江总支有盟员 61 名，设主委 1 名，副主委 3 名，下辖教育、医卫、联合 3 个支部，副县长苏灿任主任。

【民主协商】 制定政党协商实施办法、年度协商计划，首次将协商意见以议提案的方式交办给相关部门吸纳，并将吸纳情况向县委作专题汇报，确保政党协商成果事事有回音、件件有成效。2017 年民主党派重点考察调研 4 次，开展各类政党协商 8 次，形成高质量调研报告 8 篇，各种意见建议 64 条。

【民主监督】 邀请民主党派、无党派人士列席有关重要会议、参加专项调研和检查督导工作，每年 2 次向民主党派、工商联、无党派代表人士通报全县经济形势和党风廉政建设的情况。

社会团体

总工会

【概况】 2017年末，全县共建有基层工会843个，覆盖企业2784个，入会会员17.95万人。2017年，县总工会开展“思想再解放、作风大转变”主题活动暨“主题党日活动”，推动“两学一做”学习教育常态化、制度化。

【干部提质】 1. 做好联系服务职工群众工作。开展“五个一”联系结对活动，即联系1个非公经济组织工会、1名一线职工、1名劳动模范（或先进工作者）1名农民工、帮扶1名建档困难职工。2. 深化干部教育培训工作，发挥工会大学校作用。全年开展培训各类培训6期，培训基层工会干部500余人次。

【基层工会建设】 1. 开展“双争”活动。全年评选推荐市模范职工之家1个，小家2个，第二届“重庆市职工群众信赖娘家人”1个。2. 开展工资集体协商。2017年建会企业新签集体合同341份、覆盖企业1262个、职工76801人。续签集体合同311份，覆盖企业1120个、职工61237人，集体合同签订率100%。新签工资专项集体合同341份，覆盖企业1262个、职工76801人。续签工资专项集体合同311份，覆盖企业1120个、职工61237人，工资专项集体合同签订率100%。企业合同建制动态率100%以上，企事业职代会、厂务公开建制率95%以上，国有企事业单位在供给侧结构性改革中履行民主程序推进面100%。3. 推进工会组织建设和会员实名制工作。2017年新建工会组织52个，覆盖企业52个，并在重点行业、重点区域开展农民工入会集中行动，农民工入会会员1235人（含农民工会员）。

【服务阵地建设】 1. 建设服务阵地。2017年，建设职工书屋3家，爱心妈咪小屋3家，其中爱心妈咪小屋建设在重庆市第五次工代会期间在重庆电视台宣传报道。2. 实现服务阵地标准化管理。由县总工会牵头探索出服务流动人口的流动群团服务站建设“三建三送”工作模式得到市委改革办和市总工会肯定。并在《工人日报》、《重庆日报》、《重庆时报》、华龙网等媒体宣传报道。

【工作品牌提升】 1. 经济技术工作不断创新。2017年参加市总开展的市第一届中小学青年教师教学技能竞赛及渝东北片区烹饪、刺绣、汽修、电焊技能竞赛5次，主办安全用电、消防救援等竞赛，参赛职工720人次，涉及职工3490人次。垫江县澄溪小学左天玖劳模创新工作室创建为“重庆市劳模创新示范工作室”。2. 弘扬劳模精神。叶清源、邓小花、谢洋武、程伊彬、皮广礼、杨德钱6人被评为重庆市第五届劳动模范和先进工作者，县委县政府分管领导出席劳模赴渝表彰大会欢送仪式并由县委副书记张波带队赴渝参加表彰大会。5月2日垫江县召开历届劳模（先进工作者）、垫江十大工匠“五一”座谈会，四大家主要领导及分管联系领导出席会议。全年组织7名劳模参加疗休养活动。3. 开展工会保障工作。“四季帮扶”“六大节日”送温暖活动共慰问1729人次，发放慰问金79.24万元。联手其他群团组织举办“金秋助学 携手圆梦”活动，共发放助学金200余万元，县总工会发放助学金13.2万元，圆78名困难学子的大学梦。开展职工互助保障工作，截至12月，参保单位266家，参保人数16204人次，参保金额202万元。共理赔

2769人次，理赔金额为340万元。开展女职工关爱行动3次，走访慰问单亲困难女职工及其家庭208户，发放慰问金26.96万元，女职工工作得到市总高度肯定，在2017年总结会上作为唯一县交流发言。4. 服务农民工。开展就业服务“春风行动”2次。5. 强化维权维稳和法律援助工作。全年参与事故调查12次，主张处罚责任人21人。聘请5名律师联系40个企业对口帮扶，全年服务职工1000人次以上，开展“千名律师进企业 服务职工在基层”活动。6. 开展劳动保护工作。组织职工开展“安康杯”竞赛活动6次，参加企事业单位139个、1.32万人次。组织开展“炎夏送清凉”活动6次，走访慰问8个企业、350名一线职工，发放降暑药品、物品折合人民币 2.24 万元。7. 联手活动。牵头制定活动方案，开展“筑梦——垫江记忆”摄影展、“鼎发杯”职工篮球赛等活动。并在“五一”前夕在《垫江日报》开辟公益广告栏——《向劳动模范致敬》。

共青团

【概况】 2017年，垫江共青团牢固树立“四个意识”，全面落实从严治团，持续纵深推进共青团改革，着力构建“凝聚青年、服务大局、当好桥梁、从严治团”四维工作格局，敢于担当、积极作为，团的各项工作取得显著成效：垫江二中教师团支部获全国五四红旗团支部，县法院第四团支部获2017年重庆市共青团先锋岗称号。垫江四中左政获重庆市优秀共青团干部，西部志愿者胡睿获重庆市最美禁毒志愿者。

2017年共青团有关信息统计表

表9

		基层团委数	基层团工委数	团总支数	团支部数	团员数	2017年新发展团员数	专职团干部数	兼职团干部数	挂职团干部数
公办学校	高校	—	—	—	—	—	—	—	—	
	中学	21	0	0	588	15387	2558	24	24	
	中职	3	0	0	102	2126	485	3	2	
民办学校	高校	—	—	—	—	—		—	—	
	中学	1	0	1	5	140	13	1	1	
	中职	—	—	—	—	—	—	—	—	
国有企业		3	0	2	21	325	0	2	2	2
非公企业		—	—	—	—	—	—	—		
机关事业单位		24	14	3	15	268	0	31	45	
社会组织		—	—	—	—	—	—	—		
农村		—	—	—	286	3265	—	—	286	
城市社区		—	—	—	15	121	—	—	15	
总数		52	14	6	1032	21632	0	61	375	2

填表说明：

1. 基层团组织是指企业、农村、机关、学校、科研院所、街道社区、社会组织和其他基层单位的团组织，含乡镇团委。

2. 机关事业单位团组织、团干部含乡镇、街道团组织、团干部。

3. 驻外团工委列入流入地团组织统计。

4. 农村团员不含学生团员、企业团员、外出务工团员。

5. 企业团员含外来务工团员。

6. 中专学校列入中职学校类别统计。

7. 专职团干部是指由单位正式工作人员担任、职级待遇根据团的岗位确定、以团的工作为主要任务的团干部。如各级团的领导机关正式工作人员，乡镇（街道）团委书记，部分高校、机关事业单位、国有企业等单位的专职团干部。兼职团干部指除专职团干部、挂职团干部以外的团干部。

8. 挂职团干部是指在各级团的领导机关挂任职务时间1年以上的工作人员，由团的领导机关统计，基层团组织不需填报。

9. 所填数据截至到2017年12月31日。

2017年共青团有关统计数据对比表

表10

类别 \ 年度	2017年	2016年	增减幅度（%）
基层团委数	52	55	−5.5
基层团工委数	14	14	0
团总支数	6	31	−80.1
团支部数	1032	795	29.8
团员数	21632	29454	−26.56
专职团干部数	61	63	−3.17
兼职团干部数	375	380	−1.32

说明：1. 基层团委数52个（减少3个，减幅5.5%），其原因为：国有企业内部员工团员数量减少，达不到团委人数要求。

2. 团总支数6个（减少25个，减幅80.1%）。

团支部数1032个（增加237个，增幅29.8%），其原因为：根据教委均衡教育发展要求，大班额情况得到控制，增加班数，也就增加团支部数。

3. 团员数21632个（减少7822个，减幅26.56%），其原因为：根据团市委全市近几年发展团员调控工作的要求，推优入团，严控入团关，控制新团员的发展；调控后团青比较高的高三学生毕业。

【共青团改革】 县委配齐团县委工作力量，增加3名挂兼职副书记、1个内设机构，垫江县少年宫由相当于行政股级升格为相当于行政副科级。新建非公有制经济团组织15个。完成乡镇（街道）、村（社区）的团组织换届工作，构建全覆盖的团组织网络。加强团的阵地建设，在县少年宫、成都和上海等地打造群团服务站，依托乡镇（街道）公共服务中心和村（社区）便民服务中心等平台，联手设立群团服务窗口350余个，扩大阵地覆盖面。深化“互联网+共青团”模式，推进网上团支部建设，开展“支部上网行动”。建立“青年点单、团组织办单、青年评单”服务机制，举行线上线下服务活动45场次，实现线上线下互联互通。牢固树立做青年友，不做青年“官”的意识，建立团干部常态化下沉基层“8+4”“4+1”工作模式和“1+100”联系服务青年制度，团干部直接联系青年1.1万余人。

【队伍建设】 坚持党建带团建，推进“党的群众路线”“三严三实”“两学一做”“学习总书记讲话、做合格共青团员”“思想再解放、作风大转变”等学习教育实践，落实团组织“三会两制一课”制度，团员干部工作面貌焕然一新。加大团干部培训力度，纳入全县干部教育培训规划，组织全县团、队干部到重庆市团校等地学习培训220余人次。开展团支部书记岗位实践能力大比武活动，全县530名团支部书记参加活动。建立团干部工作评价机制，对全县695名团支部书记满意度测评，满意度86.69%。制定团员发展计划，严把入团关，坚持入团先当志愿者，全年新发展团员3380名，全部实现网上注册、统一编号、规范化管理。

【青少年思想政治建设】 开展十九大专题学习89场次。开展“不忘初心跟党走”主题团日活动123场次，参与青年8500人。开展“青春喜迎十九大 不忘初心跟党走”主题宣讲交流活动52场次，直接参与青年2万余人次。开展学习宣传贯彻习近平总书记系列重要讲话精神“四进四信”活动，通过“进支部、进社团、进网络、进团课”，累计举办辩论会、分享会80余场次，引导帮助青年学生和团学干部增进对以习近平为核心的党中央的信赖。深化主题活动凝聚青少年，高举团旗跟党走，开展“学习总书记讲话，做合格共青团员”教育实践活动。坚持以社会主义核心价值观体系引导青少年，着重利用传统节假日节点和仪式化教育，组织全团开展“我与祖国共奋进”“红岩精神代代传”“红领巾心向党”“中华魂”“喜迎十九大——我向习爷爷说句心里话”等主题教育实践活动和入队、入团离队等主题活动120余场次。承办重庆市“梦想摇篮”少儿迎新主题晚会，1000余名观众到场观看演出。

【网上共青团工作】 抢占网络宣传阵地，以“垫江共青团”官方微博、微信为主阵地，开展“学党史、知党情、跟党走”“砥砺奋进的五年”“喜迎市五次党代会”“奋斗的青春最美丽”等话题活动，发布正能量博文500余条，吸引粉丝3万余人，阅读量25万余人次。依托全县各级团组织设立QQ群、微信群651个，在4万余名青少年中宣传社会主义核心价值观。

【青年创新创业】 实施农村青年创业致富“领头雁”培养计划、“新芽计划”、农村电子商务等青年创新创业培训12期，服务青年1302人次。整合各界资源组织创业沙龙 20 余场次，为全县创业青年提供政策咨询和交流平台。争取重庆市青年企业家协会、重庆市青年商会走进垫江调研考察，并与县工业园区管委会达成合作意向，签订《招商引资战略合作协议》，吸引青年企业家在垫江县创业兴业。实施垫江县“未来企业家培养青锋计划”，争取市青年创新创业基金会、县财政局分别注资100万元、200 万元，设立垫江县青年创新创业基金，发放青年创业小额贷款31笔，380万元。

【青年志愿服务】 倡导入团先当志愿者，并依托“暖青汇”APP平台发布活动信息、招募志愿者，吸引1.6万名青少年注册成为志愿者，累计服务时长7.3万小时。在全县建立31所城乡社区市民学校，常态化开展“四点半课堂”“七彩假期”等品牌活动，服务群众3万余人次。助力市级文明县城创建，建立创卫青年服务队，开展“随手拍、随手护”创卫青春行动，共同打造城市新形象。整合重庆邮电大学等 22 支“三下乡”队伍和垫江论坛、爱眼志愿者服务队等县内青年志愿者队伍，开展“保护龙溪河”“情满回家路”等志愿服务活动52场次。

【中学共青团和少先队改革】 贯彻落实中学共青团和少先队改革方案，转发《重庆市中学共青团改革实施办法》和《重庆市少先队改革方案》，23 所小学、5 所中学结合工作实际，制定本校共青团改革实施方案或少先队改革实施方案，并按照改革的任务分解，做好深化、细化工作。重点做好团员规范管理、增强少先队员的光荣感和组织归属感和提升辅导员队伍专业化程度等。与县教委联合成立改革工作督导组，定期深入各中小学学校，对改革推进情况督导检查，实质性推动改革工作。

【困境青少年帮扶】 2017年，开展助力精准扶贫，实施“希望工程·圆梦行动”“冬日阳光·温暖你我”等关爱活动25场次，筹集资金 88.6万元，帮助 257 名贫困学生，为 2100 余名农村儿童实现新年心愿。实施“山茶花”扶贫攻坚青年志愿者突击队项目，组织招募、派遣扶贫接力志愿者36人次，协助做好脱贫攻坚工作。发挥少年宫校外素质教育主阵地作用，开展“流动少年宫”等公益活动 85 场次，参与人数2万余人次。维护青少年合法权益，以帮扶弱势青少年为工作重点，组织开展“关爱明天·普法先行”青少年普法教育、“莎姐”进校园等活动，在全社会形成关爱未成年人健康成长的浓厚氛围。开展“共青团与人大代表、政协委员面对面”活动，不断拓宽沟通渠道，扩大帮扶覆盖面，为更多的弱势青少年提供有效帮助。

（郇倩）

2017年1月5日，团县委举行“冬日阳光 温暖你我”2017年垫江县新春关爱行动，共帮助1300名贫困儿童实现新年心愿。1 月 23 日，梦想摇篮.希望之春——重庆市少年宫“梦想摇篮”少儿迎新主题晚会在垫江举行。3月22日，重庆市青年企业家协会、重庆市青年商会走进垫江，与垫江达成合作意向，签订《招商引资战略合作协议》。5月4日，垫江县举行保护母亲河.志愿我先行——垫江县保护母亲河行动暨全面推进河长制启动活动。活动中，县四大班子领导现场注册成为志愿者，县委书记、总河长蒲彬彬，县委副书记、县长、副总河长梅时雨及6名乡镇（街道）河长代表在龙溪河流域水系图上签名，承诺将履行好河长职责，保护好龙溪河。

妇女联合会

【概况】 2017年，县妇联行政编制4人。下属事业单位垫江县妇女儿童工作委员会办公室事业编制4人。全县建立行业系统妇工委6个，机关、事业单位妇委会89个。

【垫江县妇女联合会第十五次妇女代表大会】 10月15日—16日，垫江县妇女联合会第十五次妇女代表大会在县会议中心一楼大会议场隆重召开，来自全县各条战线280名代表出席会议。会议审议第十四届执委会工作报告，选举产生垫江县妇女联合会第十五届执行委员会委员、主席（钱志碧）、副主席（贺进于、彭娟）和常务委员会委员。

【宣传教育】 全县各级妇女组织学习贯彻党的十九大精神、习近平总书记系列重要讲话及视察重庆重要讲话、落实群团改革精神和市委、县委的决策部署要求，建立妇联组织三级联动宣传机制，发挥传统媒体和新媒体的作用，宣传习近平总书记系列重要讲话精神和治国理政新理念新思想新战略。在“三八”妇女节期间，开展“巾帼心向党 聚力新发展”等主题宣传教育活动50场次，引领广大妇女听党话、跟党走，坚定中国特色社会主义妇女发展道路。组织各界妇女开展“巾帼心向党 聚力新发展”座谈会，围绕习总书记治国理政新思想新理念新战略，结合妇联工作实际，畅谈如何发挥妇女“半边天”作用助力经济社会发展。结合“巾帼心向党 聚力新发展”主题到各镇街开展专题调研，征求广大妇女在新时代如何发挥作用聚力垫江新发展。利用微博、微信、新闻网等传统和新兴媒体宣传先进妇女典型，使妇女学有榜样。县妇联组织20多余名优秀妇女代表在砚台镇百胜村1社登丰大桥桥头，开展“植绿龙溪河 涵养美丹乡”共建巾帼林植树活动，植树350余棵，在全县妇女中树立生态绿色保护意识。以城乡社区“妇女之家”为依托，开展践行文明礼仪、交通文明劝导、法律宣传咨询、和睦家庭关系、情感关怀抚慰、科学教育子女、社区环境美化、群众文化健身的宣传等志愿服务活动。向社会宣传弘扬传统美德，倡导时代新风，以家庭文明建设促进社会和谐进步发展。全县城乡各级妇女组织发动妇女开展“最美家庭”“最美庭院”“最美阳台”“平安家庭”等系列评选活动，全县评选表彰“最美家庭”50户，“最美庭院”10户，创建县级平安家庭50余户，“最美军嫂”10名，“最美兵妈妈”9名。发挥妇女在两个文明建设中的重要作用。开展妇女维权宣传活动，“三八”节期间县妇联组织、县公安局、县检察院县法院、县司法局等单位在县城中心广场开展法律宣讲和法律咨询活动，宣传男女平等基本国策、《反家庭暴力法》《未成年人保护法》《重庆市家庭教育促进条例》。2017年全县设“妇女维权宣传站”“法律咨询站”46个，接待咨询群众1.2万余人。印发宣传资料8000余份，开通维权热线，接待热线咨询135次，办街头法律宣传展板150块，标语宣传300余幅。

【维权帮扶】 发挥妇联执委作用，通过送政策、送技术、送资金等方式，鼓励贫困妇女自立、自强，通过发展手工编织业、现代农业实现致富增收。做好困难群体关爱工作。宣传贫困母亲“两癌”救助项目，1万余名农村妇女参加免费体检，发放救助金48万元。启动对实施“失独母亲心理辅导”项目，帮助失独家庭走出心理阴影，重拾生活信心。开展慰问活动，为贫困妇女儿童送去关爱，发放各类慰问资金60余万元，慰问困难妇女儿童2000余人次。同时县妇联争取市级资金、县级资金和女企业家资金10余万元，对特殊困难群体开展“春蕾圆梦”行动，帮助30余名名贫困女高中、女大学新生圆学业梦。创新实施困境儿童关爱项目。重点帮扶、关爱留守妇女儿童、困境儿童、贫困母亲、失独母亲。继续采用“1+1+N”帮扶模式开展困境儿童工作，对爱心妈妈、监护人培训，提升他们与困境儿童相处能力。依托市心理咨询师协会，开展困境儿童、爱心妈妈团辅活动，依托“牡丹花蕾心理服务小分队”，开展个辅活动 20 余次，让困境儿童拥有健康快乐的心态。发挥社会组织专业化的优势，延长妇联工作手臂，与“牡丹社会工作室”“开州区和平心理咨询服务所”签订合作协议，有效开展对农村留守儿童精神成长的关爱和对失独母亲的心理疏导工作，取得很好的效果。

【“巾帼建功”“巾帼兴业”“巾帼促农”行动】 创新创业继续深化，妇女在经济社会发展中大显身手。2017 年评选市级巾帼文明岗 5 个、县级巾帼文明岗 10 个，对已命名表彰的巾帼文明岗实行动态化管理。26 个镇街举办巾帼技能比武活动 26 场次，引导 1000 余名女职工立足岗位建功立业。“巾帼兴业”行动，1—9 月发放妇女小额担保贷款 2836 万元，帮助 204 户家庭增收致富，鼓励广大妇女发展网络电商、家庭经济、体验经济等新业态。依托社会组织—垫江鼎汇家政培训学校开展妇女就业技能培训，培训妇女 240 余人。“巾帼促农”行动，加大对“巾帼现代农业科技示范基地”“巾帼家庭农场”的创建力度，组织巾帼志愿队伍为女大户送政策、送技术。

【妇女儿童合法权益保护】 县妇联继续完善维权机制，改进维权方式，突出维权重点，建立反家暴报警投诉维权机制和妇女儿童维权联动机制，成立婚姻家庭纠纷调解委员会，及时解决涉及妇女儿童权益的纠纷。发挥妇联 12338 维权热线作用，开通 74615030 心理咨询热线，建立妇联主席接访制度、创新实施法律护家“301”计划、组建“牡丹花蕾心理服务小分队”“家庭工作室”，为妇女儿童提供维权服务，完善社区维权岗、乡镇家暴举报点。2017 年，接待妇女群众来信来访 127 件、296 人（次）。127 件中，婚姻家庭纠纷案件 117 件，占 92%。其他 10 件占 8%。

【纲要（规划）实施】 2017 年 2 月，国务院督导组督导垫江县纲要、规划目标推进情况，《垫江县妇女发展规划（2011—2020）》和《垫江县儿童发展规划（2011—2020）》80%以上指标达到 2020 年终期目标。

【儿童之家建设】 2017 年“重庆市儿童工作资源中心项目”在垫江试点启动，县妇联通过摸底调研，按照优中选优的原则在新民镇新民社区等 10 个村（社区）试点建立省级资源儿童工作中心。深化示范妇女之家建设。在全县 26 个示范妇女之家开展“去办公化”的阵地建设，让妇女之家成为广大妇女群众的娘家。用活妇女儿童活动中心。发挥妇女儿童活动中心作用，依托社会组织，举办月嫂、育婴师、家政培训班，为广大妇女提供“菜单式”服务。在县妇联建立家庭建设、牡丹花蕾心理健康工作室、家庭教育指导服务中心，为全县广大妇女提供全方位服务。

【“爱我家乡 康养垫江”羽毛球赛】 2017 年 3 月 5 日，县妇联、县文化委在县体育文化馆举办“爱我家乡 康养垫江”羽毛球赛，全县各中心学习组、乡镇（街道）、企业（厂矿）等 19 支代表队，176 名运动员参加参加比赛。比赛评出团体奖，女子单人组，女子双人组，男子双人组，男女混双组一、二、三名，儿童组一、二、三、四、五名。

（龙琼瑶）

工商联（总商会）

【概况】 县工商联机关设一室两部一中心（办公室、会员部、经联部、非公经济服务中心）。有编制 10 名（其中行政编制 6 名，事业编制 3 名，购买服务人员 1 名）。年末，机关在岗人员 14 名，其中行政人员 7 名、事业人员 3 名、工勤人员 1 名、购买服务人员 1 名、志愿者 1 名，所属商会学习人员 1 名。退休人员 8 名。工商联（总商会）领导班子有驻会领导 4 名，党组书记由县委统战部副部长担任，主席、副主席、秘书长各1人。有兼职副主席13名，兼职副会长16名，常委49名，执委82名。

全县共有县工商联所属商会组织36个，其中乡镇（街道）商会26个，行业商会6个（快消商会、美容美发商会、机砖商会、建材市场商会、养殖行业商会、饮食行业商会），青年商会1个，异地商会3个（昆明垫江商会、广东垫江商会、成都垫江商会）。共有会员1868人，其中乡镇街道商会会员1128人，行业商会会员324人，青年商会会员79人，异地商会会员347人。所属商会有党支部5个（鹤游、新民、建材，流动党支部2个）。

【执委会议】 2017年2月14日，县工商联（总商会）第十二届二次执委会议在垫江县会议中心三楼八会议室召开。垫江县委常委、统战部部长刘琼、垫江县人大常委会副主任徐明德、垫江县政协副主席卓小波出席会议，县工商联全体执委参加会议。垫江县委统战部副部长、县工商联党组书记钱志碧主持会议。会议学习贯彻党的十八届六中全会、市委四届十一次全会、市工商联四届六次执委会、县第十四次党代会、县十七届人大一次会议、县政协十届一次会议以及县委书记蒲彬彬参加县政协十届一次会议工商联界分组讨论讲话精神，听取并审议县工商联主席、总商会会长吴平代表常委会所作的工作报告，通报2015年度会费收支情况以及副主席（副会长）轮值制度和联系常、执委工作制度。

2017年8月21日，县工商联（总商会）召开十二届三次常、执委会议。垫江县委常委、统战部部长刘琼、垫江县人大副主任徐明德、垫江县政协副主席卓小波，县工商联（总商会）常委、执委参加会议，县工商联荣誉会长、各行业商会、异地商会、乡镇商会负责人列席会议。会议组织学习习近平总书记在省部级主要领导研讨班上的重要讲话精神，传达重庆市工商联第五次代表大会精神。县工商联主席吴平向大会报告2017年上半年的工作，安排部署下半年工作。会议通报《县工商联（总商会）兼职副主席（副会长）联系常委、执委工作制度（试行）》的工作开展情况，并对《县工商联（总商会）执委以上会员分组活动制度（试行）》作简要说明。会议审议并通过 增补县工商联（总商会）第十二届副主席（副会长）2人，常委11人，执委31人。大会倡议各商会和广大非公经济人士参与金秋助学活动，帮助贫困学生圆大学梦想。

【百名学生获县工商联“金秋行动·光彩助学”爱心捐款】 2017年8月25日，县工商联、垫江县慈善会脱贫攻坚“金秋行动·光彩助学”爱心捐款集中发放仪式在长龙镇举行。当天，垫江县委常委、统战部部长刘琼，县工商联、县民政局等相关单位负责人为长龙镇40名贫困受助学生发放爱心助学捐款。助学捐款活动为期15天，由全县47家企业、13个协会组织、36个爱心人士共筹集资金32万余元，对全县26个乡镇（街道）小学、初中、高中和大学4个层次的100名学生发放助学捐款。

【“扶贫日”募捐】 在第四个全国扶贫日到来之际，县工商联（总商会）根据垫江县委、县政府的统一部署，响应“扶贫济困·爱心捐助”扶贫日募捐活动倡议，及时召开动员大会，并在机关职工、总商会常委执委，以及垫江籍异地商会组织中发动。2017年10月12—15日，募集扶贫捐款33.7万元。其中，县工商联（总商会）直接募捐13.7万元。26个乡镇（街道）商会向当地政府共计捐款20余万元。所有捐款通过县工商联（总商会）和乡镇政府全部转交垫江县红十字会用于全县脱贫攻坚工作。8—12月，县工商联（总商会）以及所属商会组织共开展扶贫、助学捐款活动2场，累计募集捐款65万余元，响应扶贫日募捐活动，体现县工商联各级商会组织和非公经济人士“致富思源，富而思进”的良好品质，弘扬“勇于担当，服务社会”的企业家精神。

【基层商会融资工作座谈会召开】 2017年8月2日，县工商联（总商会）基层商会融资工作座谈会在县工商联会议室召开。吴平主席主持会议，谭建全秘书长及部分基层商会会长、银行代表参加会议。会上，杠家镇、鹤游镇、砚台镇、普顺镇、白家镇等基层商会会长介绍商会协调解决会员企业融资难的经验与方法，并对如何灵活运用银行及其他各大贷款平台的优惠政策进行讨论。吴平主席指出，拓宽融资渠道是缓解企业发展中资金困难的有效办法，县工商联将为广大会员企业搭建融资平台，配合大家与各大银行协调沟通，全力支持企业，做大做强。2017 年，县工商联所属商会组织与邮储银行、重庆银行、重庆农村商业银行、中银富登村镇银行进行对接，为 50 余户会员解决贷款 3000 余万元，有效缓解会员企业贷款难的问题。

【企业战略发展咨询培训】 2017 年 9 月 20 日，县工商联邀请广东博汇教育咨询有限责任公司专家团队，为垫江县总商会所属 10 余家企业量身打造一堂精彩、高效、务实的企业战略发展咨询课程。培训中，专家组除用传统讲座的形式传授先进的经营模式和经营理念外，听取企业家们提出的问题，询问企业面临的困惑，为企业一一把脉，有针对性的提出解决方案。县工商联（总商会）主席（会长）吴平表示，举办此类培训既是会员企业的需求，也是工商联工作的需要，工商联将不断创新服务模式，借助社会各界力量，整合各种资源，为会员企业排忧解难，引导企业会员更新经营理念，提高会员企业自主创新能力和管理水平，为会员企业更好的转型升级、提质增效服务。

【启动“法律服务专员”工作】 为加强对商会会员企业的法律服务工作，县工商联（总商会）在西南大学组织所属商会会长、非公经济人士专题培训期间，与重庆百事得律师事务所、重庆联益律师事务所、重庆捷讯律师事务所、垫江正贤律师事务所、垫江奇策律师事务所签订战略合作协议，启动“法律服务专员”工作。县工商联（总商会）按照“市场换服务”的原则，分别为五家律师事务所安排 33 家所属商会作为法律服务对象，并为律师事务所开展工作做好协调服务。律师事务所为县工商联安排的 9 名法律服务专员将为商会组织免费提供法律咨询服务，帮助会员企业每年开展两次以上的法律培训，为抱团发展项目提供前期的法律服务，调解法律纠纷，对商会会员企业法律有偿服务收费实行 6 折优惠。在签约仪式上，重庆市工商联法律服务部伍地副部长对县工商联为所属商会开展法律服务工作给予肯定，并希望县工商联与律师事务所加强合作，更好地为所属商会和会员企业服务。

【“六位一体”商会管理服务平台建立】 依托商会建立党组织，构建党员管理服务平台。在符合条件的乡镇（街道）商会、行业商会、青年商会、异地商会建立党支部，通过开展“三会一课”、座谈交流、走访慰问等活动，加强对党员的教育管理，解决生产生活中的困难和问题，发挥党员在非公经济发展中的先锋模范作用。垫江县共建立商会党支部 14 个，其中县内商会组织党支部 8 个，有党员 144 名。商会党组织共帮助党员及企业解决生产生活困难问题 36 件次。依托商会设立非公经济服务站、形成服务企业发展平台。为非公企业提供政策宣传、市场信息，帮助企业经济解决经营管理、融资贷款等问题，促进非公企业做大做强。依托商会组织设立 36 个非公经济服务站，解决企业融资、抱团发展、企业服务等方面的问题 50 余项，涉及企业 1700 余户。依托商会设立法律服务站、形成企业权益保障平台。县工商联按照“以市场换服务”的原则，与县内外 5 家律师事务所签订战略合作协议，9 名律师被聘为法律服务专员，免费为所属商会开展法律知识讲座、法律事务咨询、纠纷调解等工作。共开展法律培训 20 余场次，参与企业 600 余户，帮助维权 10 宗，调解企业纠纷 5 件，维护企业合法权益。依托商会设立脱贫攻坚联络站、形成贫困家庭劳动力转移平台。引导广大非公企业为贫困家庭中有劳动能力、有就业意愿的贫困人员提供就业岗位，帮助贫困家庭增加收入，助推脱贫攻坚工作。发挥商会组织体系优势，依托各商会组织，设立 36 个商会“脱贫攻坚”联络站，共开展慰问贫困户 42 场次，共解决困难群众就业 600 余人。开展技术扶贫培训班 12 场，涉及群众 500 余人。

助学帮扶困难家庭子女入学200余人。依托商会设立招商联络站、形成招商引资平台。发挥垫江籍非公经济人士联系资源优势，通过宣传垫江、提供招商信息等形式为招商引资工作牵线搭桥，引导优势企业到垫江投资兴业。共召开招商推介会10场次，组织招商考察20余次，协议签约项目17个，落地项目5个，到位资金8亿元。依托商会设立“光彩事业”联络站、形成公益慈善平台。引导非公经济人士“致富思源、富而思进”，投身金秋助学、脱贫攻坚等公益慈善活动，树立非公企业和非公经济人士的良好社会形象。发挥商会组织全覆盖优势，设立“光彩事业”联络站36个，共在全县商会组织中倡议开展扶贫、助学、敬老、助残等公益活动75场次，募集资金超过300万元。

【“乡村振兴”战略】 助力脱贫攻坚，乡镇商会全覆盖。县工商联（总商会）在所属33个乡镇（街道）商会、行业商会、青年商会中设立脱贫攻坚联络站，发挥所属商会独特的优势和作用，助力脱贫攻坚工作。2017年，通过开展42场次的走访慰问贫困户活动，针对500余名群众举办12场技术扶贫培训班。解决600余名困难群众就业。帮助200余名贫困家庭的学生入学。服务农村经济，超市开到家门口。县工商联（总商会）引导非公企业抱团发展，服务农村经济。支持快消品商会结合行业优势，在乡镇抱团打造“喜万家”连锁超市，改变乡镇购物环境，解决广大乡村群众购物需求，高安、太平超市运营，第三家超市正在筹建，计划3年内“喜万家”超市将覆盖有条件的乡镇。搭建网络平台，农特产品销全国。垫江县青年商会推出“‘亲青家园’异业联盟网上商城”，对进入平台的企业通过异货方式开展商品交易，帮助会员企业的产品在线上宣传推广。同时，结合城乡一体发展，利用“亲青家园”电商平台，开展农特产品销售，增加农民收入，让垫江优质农产品销得好，销得远，销个好价钱。

【县工商联界别政协委员视察康养产业】 2017年8月14日，县工商联界别政协委员围绕康养产业发展开展小组活动。垫江县政协副主席卓小波，县工商联领导参加视察和座谈交流。政协委员一行先后视察牡丹樱花世界、重庆青牧苗木种植场、重庆侨东美实业有限公司（仙草园），随后召开座谈交流会。会上，组织学习习近平总书记在省部级主要领导干部专题研讨班上的重要讲话精神、7月17日市委常委（扩大）会议精神。各政协委员围绕“牡丹故里，康养垫江”交流发言，并就打造垫江休闲旅游目的地提出意见和建议。垫江县政协副主席卓小波指出，工商联界别政协委员要高度重视，参与政协小组活动，为垫江非公经济的发展建言献策。卓主席要求，广大政协委员要加强政治学习，提高政治站位，统一思想，凝聚力量，做好商会建设，投身康养产业发展，响应“金秋助学”活动。卓主席希望广大政协委员发挥工商联界别优势，围绕中心，服务大局，保持和发扬工商联界别政协小组的生机和活力。

【商会会长交流会】 2017年9月22日，县工商联所属商会会长第一次交流会在鹤游镇政府会议室召开。会议由县工商联党组书记周山银主持，县工商联主席吴平、鹤游镇党委书记李德飞、镇长夏建忠和县工商联所属基层商会会长、行业商会会长、青年商会会长共60余人参加会议。交流会上，鹤游镇镇长夏建忠代表鹤游镇党委政府对活动在鹤游举行表示热烈欢迎，对总商会给予鹤游镇商会的指导与支持表示感谢。鹤游镇党委书记李德飞介绍鹤游镇经济社会发展情况，并对商会建设工作提出建议。鹤游商会作工作经验交流主旨发言。各位会长就商会开展的工作相互交流学习。随后，参会人员在鹤游镇党委书记李德飞的陪同下参观重庆坤豪食品有限公司、分州古城和盐井溪大坝。通过会长交流会，大家开拓视野，受益匪浅，纷纷表示将把学到的经验结合自身实际加以借鉴运用，将商会建设得更加美好。

【全国“五好”县级工商联创建】 2017年12月21日，全国工商联印发《关于确认2017年全国“五好”县级工商联的通知》，县工商联名列2017年全国“五好”（领导班子好、会员发展好、商会建设好、作用发挥好、工作保障好）县级工商联名单。县工商联创建全国“五好”县级工商联，始于2016年，经市工商联推荐申报、交叉审核、全国工商联复核、全国工商联主席办公会议通过。（任双）

垫江县工商联被中华全国工商业联合会确认为“2017年全国‘五好’县级工商联”

科学技术协会

【概况】 2017年，垫江县科学技术协会（简称县科协）内设办公室和普及部，事业编制4人，其中，主席1人、副主席1人，内设机构正职领导职数2人。县科协贯彻落实党的十九大精神，以习近平总书记关于群团改革的重要讲话精神为指导，坚持“四服务一加强”职责定位，紧密围绕县委县政府中心工作，适应经济发展新常态，在促进全县经济社会发展、提升全民科学素质和建设科技工作者之家等方面，开展卓有成效的工作，科协各项事业取得新的发展。

【县科协第五次代表大会召开】 2017年10月13日，在县委的领导下，按照《中国科协章程》召开县科协第五次代表大会。大会总结和回顾过去五年的工作，提出今后五年的工作思路，选举产生县科协第五届委员会委员39名、常务委员13名，选举陶平为县科协第五届委员会主席，选举刘正荣等副主席7名、秘书长1名。市科协党组成员、副主席刘彤到会祝贺，县委常委、组织部长彭锋，县人大副主任徐明德、县政协副主席章华荣出席会议。

【科协基层组织建设】 2017年，县科协批准新成立“垫江县砚台花椒种植专业技术协会”1个，打造县级科技特色学校（金华小学）1所。新成立乡镇（街道）科协等15个，新命名垫江县周嘉镇蛋鸡养殖等科普示范基地5个。县级学会协会11家，有6家初步构建“以党建带动群建”的县科协社会组织党建工作体系。

【科技工作者队伍】 县科协组建县科学传播专家团，聘请杨世文、况成林等10人为专家团专家。组建科技服务团3个，科普志愿者队伍6个。全县中小学校配备青少年科技教育辅导员142名。命名刘朝有等5人为2017年县级科普带头人。科技工作者何佳佳、刘巍伟被县科协推荐为市科协五次代表大会代表。

【科普阵地建设】 县科协建成桂阳街道天宝社区县级科普体验馆，每周向市民免费定期开放2次。安装乐天花谷、新民小学等科普云终端26台，并投入使用。建立科普网络书屋47个，点击量全年8万余次。县科协组织撰写的《加快垫江县科普阵地建设的调查与研究》论文，获市科协和中国科协创新战略研究院举办的第二届科协改革研讨会论文评选二等奖。

【基层科普行动计划】 垫江县新民鼎越现代农业科普示范基地，获中国科协、财政部表彰，并获奖补20万元。

【青少年科技创新】 全县中小学8万多名师生，参加第32届垫江县、重庆市青少年科技创新大赛、第 14 届宋庆龄少儿发明奖评选等活动，获市级及以上各项等级奖获奖 137 项，吴波等 15 人被评为“优秀科技辅导员”，县科协获第 14 届宋庆龄少儿发明奖重庆评选活动“优秀组织奖”。

【科学素质行动】 县科协推进实施《全民科学素质行动计划纲要》，开展科普大篷车、科普讲座、消防演练进校园等活动 18 次，发放《科普惠农》等技术资料 5 万余份，开展劳动力转移技术培训 2000 余人次，在领导干部轮训中开展科技前沿知识培训 300 余课时，组建科普讲师团、科普艺术团，在桂阳街道天宝社区、澄溪镇兰华社区等 8 个社区多次举办科普讲座。

【科普活动】 县科协围绕“节约能源、保护环境、防震减灾、安全健康”等主题，开展“科技、文化、卫生三下乡”“防震减灾宣传周”“全国科普日”“全国首个科技工作者日”等系列科普宣传活动，推动科普工作的群众化、社会化和经常化。农技咨询、健康义诊宣传等现场服务活动 57 场次，悬挂各类宣传标语 30 余条幅，科普展板挂图 150 余张，接受群众咨询 600 余人次，发放科普知识、实用技术等系列宣传资料 12500 余份。与县电影公司联合播放科普短片全年 150 场次。2017 年春节，在县客运中心开展反邪教警示宣传活动，引导过往群众认识什么是“法轮功”“门徒会”“全能神”等邪教，教育群众不听、不看、不信、不传邪教。

2017 年 10 月 13 日，召开垫江县科学技术协会第五次代表大会

【召开“全国首个科技工作者日”座谈会】 2017 年 5 月，县科协召开“全国首个科技工作者日”座谈会，县委常委、宣传部长贺泽贵，县人大副主任徐明德，副县长苏灿、县政协副主席章华荣出席会议，并分别带队走访慰问卢卫平、赵德强等 12 位优秀科技工作者。

残疾人联合会

【概况】 2017 年，根据垫江县群团改革实施方案，设执行理事会，理事长 1 人，副理事长 2 人，理事 4 人。县编办核定行政编制 5 名，事业编制 5 名。内设机构 2 个（办公室、业务科），下属事业单位 1 个（残疾人服务总社）。县残联落实残疾人事业“十三五”规划纲要，全面完成既定目标任务，获全市残疾人工作综合目标考核先进单位，被评为全市残疾人稳定工作先进单位，被评为全市残疾人创新工作先进单位。垫江县基金会办事处被重庆市残疾人福利基金会授予先进办事处称号。

【县委、县政府出台《关于进一步促进残疾人事业发展的意见》】 为贯彻落实 2008 年中共中央、国务院《关于促进残疾人事业发展的意见》和市委、市政府《关于促进残疾人事业发展的意见》，县委、县人民政府出台《关于进一步促进残疾人事业发展的意见》，将两个体系建设纳入全县经济社会发展、全面建设小康社会的总体规划，纳入构建社会主义和谐社会的重要内容。县级各有关部门通力协作，制定出台一系列优惠政策。重点帮助残疾人解决康复、就业、教育、社会保障、维权等方面存在的问题，提高残疾人社会保障水平。

【残联换届选举】 2017 年 10 月中旬，全县乡镇（街道）残联完成换届选举。10 月 31 日，县残联完成换届选举，乡镇（街道）残联理事长全部实现专职。全县各村（居）委都建立残疾人协会，实现乡镇、村（居）委残疾人专职委员的一年一聘用，配备率 100%。垫江县残疾人基层组织网络实现从县到村的全覆盖，基本形成“纵向到底、横向到边”的工作格局。举办县乡残联干部培训班 6 期，组织残联干部业务知识培训，提高县乡残联干部的业务水平。加强信息统计工作。建立垫江县残疾人事业的台账制度，进一步完善县残联信息网站建设，与市残联、区县残联实现信息网上交流无障碍。制定实施方案，规范办证流程，做好全县第二代残疾人证核发工作，办证率 50.3%。

【社会保障】 实施市政府“民心工程”助残惠残项目，实施农村贫困残疾人的危房改造项目，2017 年，落实危改资金 240 万元，改造农村贫困残疾人危房户 80 户。开展节日慰问贫困残疾人工作，筹集经费 100 余万元下拨到各乡镇（街道），用于慰问贫困残疾人。高度关注民生，着力推进最低生活保障、社会保险、康复需求、人人享有康复服务等保障体系。全县 5957 名残疾人被纳入最低生活保障，90% 以上的农村残疾人参加新型农村合作医疗，一、二级重度残疾人和残疾人低保对象个人出资部分由公共财政给予全额补贴，三、四级残疾人个人出资部分补贴 50%，全县有 0.9 万名贫困残疾人得到临时救济和专项补助。将白内障手术康复、精神病服药和住院康复治疗、畸形儿童矫治手术、肢体残疾安装大小腿等纳入城乡居民合作医疗保险报销范围。

【康复服务】 2017 年，全县新建残疾人康复站 1 个，康复室 20 个，为 3 个康复室更换康复器材。完成肢体残疾儿童矫治手术 130 例，脑瘫康复训练 30 例。系统训练智力残疾儿童 10 人。成人助听器验配 100 人。为 248 名低视力患者配用助视器。组织供应残疾人各类辅助器具 1511 件，完成大、小腿假肢和装饰性上肢装配 37 件。对 274 名精神病患者提供服药、住院和托养救助。在开展康复工作的过程中，争取市残联和县级财政投入，1 年争取到市上康复资金 500 余万元，县财政投入康复经费 288 余万元，为康复工作提供保障。

【残疾人就业工作】 就业工作稳步推进。1. 狠抓残保金征收工作。完成就业人员的调查摸底工作，编制年度残保金征收计划，稳步推进残疾人就业保障金的征收工作，征收残保金 1200 万元，全县各福利企业累计集中安置残疾人 589 名，分散按比例安置残疾人 226 名。2. 狠抓残疾人创业就业工作。做好城镇残疾人求职登记、职业培训和职业介绍，鼓励残疾人创办微型企业和自谋职业。已经举办残疾人创业就业培训班 3 期，培训有创业就业愿望的残疾人 150 人。有 7 名残疾人创办微型企业，个体工商经营户 12 户，种养殖业大户 1 户。3. 狠抓农村残疾人技能培训。组织 26 个乡镇开展农村残疾人技能培训，一年来实现培训目标 520 人。4. 狠抓残疾人专业技术培训。组织残疾人参加专业技术培训，提高自己专业技能。累计完成盲人按摩初级培训 4 人、中级培训 2 人。盲人电脑培训 3 人，肢残人电脑培训 6 人。5. 狠抓残疾人扶贫示范基地建设。全县建成残疾人扶贫示范基地 1 个，安置解决残疾人就业 11 人。

【特殊教育】 特殊教育纳入九年义务教育，提高残疾儿童少年入学率。做好残疾儿童入学救助，配合教育部门做好残疾儿童少年义务教育工作，对接受义务教育的贫困残疾学生免除学杂费，并纳入社会捐资助学重点安排，落实“两免一补”政策，提高残疾儿童少年入学率。同时加强残疾人大学生的入学及生活救助工作，一年资助贫困残疾大学生入学及生活救助 26 名，累计发放助学金 6.8 万元。

【宣传文体】 2017 年，垫江县采取多形式、多渠道、多层面，通过电视、报纸、网络、标语、板报、简报以及培训、宣讲等方式，利用“全国助残日”“国际残疾人日”“国际聋人节”“国际盲人节”“残疾人文化周”“法制宣传月”以及元旦、春节、劳动节、国庆节等重要节日和时段，宣传《残疾人保障法》《残疾人就业条例》和《重庆市残疾人保障条例》等一系列政策规定，宣传人道主义思想和中华民族传统美德，宣传扶残助残先进典型，宣传残疾人自强不息精神，宣传残疾人事业发展经验。新建残疾人文化体育示范点8个，定期开展读书活动、体育活动、文艺汇演等，丰富残疾人文化生活。视障阅览室规范运行，为残障人群阅读提供便利。开办电视手语节目，在每周六、周日《一周新闻荟萃》的节目中，同步手语翻译，促进残疾人沟通无障碍。制定《垫江县残疾人文化产业基地建设及考核办法》，2017年建立残疾人文化产业基地一个，即大石竹编，安置就业残疾人6名。组织6名运动员参加2017年重庆市残疾人乒乓球锦标赛，获女子听力双打第二名，女子肢体第四名，女子听力单打第四、第六名，团体二等奖。组队参加第二届中国残疾人冰雪运动会，取得3金5银4铜的好成绩。

【维权信访】 建立健全维权组织机构和网络，开展“法律顾问爱心助残”“法律援助进社区”等残疾人法律服务和援助活动。建立法律援助体系，开展法制宣传，增强残疾人的法制观念，提高全社会依法维护残疾人合法权益的意识。2017年，举办1期残疾人法制培训班，宣讲残疾人法律法规及政策规定，参训残疾人57人。为残疾人提供优质、优惠的法律服务和法律援助，先后建立残疾人维权示范岗26个，提供法律咨询213人次，法律援助12件。残疾人信访工作融入“大信访”格局，建立残疾人信访情况数据库、信访情况月报和理事长信访接待日等制度，实现规范化、制度化、网络化管理，工作预见性和实效性不断增强。一年来，接待残疾人来信来访34件，接待来信来访办结率100%。开展残疾人家庭无障碍改造，完成改造250户。做好残疾人机动轮椅车燃油补贴工作，补贴残疾人241人。发放残疾人学习C5驾驶培训补贴8人。

【星级助残志愿者服务工作】 整合社会资源，全面开展助残服务。2017年，全县26个乡镇（街道）均建立志愿者助残联络站，成立助残志愿者服务队伍，每个村（社区）也建立相应的志愿者助残联络点，全县助残志愿者服务网络基本形成。2017年，在垫江奥芬养老服务有限公司成立首个社会性质的志愿者联络站。全县招募志愿者2245人，成立志愿者队伍和生活服务、教育培训、劳动就业等2107个志愿者工作组，有45名助残志愿者达到星级标准。

【城乡社区残协会员实名制工作】 2017年，在全县301个村、社区全面展开。全县各村、社区按照“八表一卡一档案一园地”的规范化工作模式，已经完成残协会员实名制登记工作，选举产生残协组织机构，成立志愿者队伍和生活服务、教育培训、劳动就业等志愿者工作小组组，建立健全各种档案资料，组织开展走访慰问8000余人次。

【残疾人服务体系建设】 加强残疾人托养机构建设和残疾人服务机构建设。加大对县残疾人综合服务中心设施设备建设经费的投入，完善残疾人服务设施功能，发挥其主阵地作用。抓紧实施“阳光家园”项目，2017年底，县残疾人康复托养中心主体工程已完成，内部装修装饰基本完成。

【残疾人信访代理工作】 2017年，全县办理残疾人信访代理99件。其中，疏导代理73人次，开展主导代理26件，重点解决残疾人养老保险、医疗保险、低保、临时救助、拖欠工薪等方面的问题，变残疾人上访为代理员代理办理，最大限度把矛盾化解在基层，维护残疾人合法权益，维护社会和谐稳定。

（王钧）

归国华侨联合会

【概况】 2017年5月，县侨联开展侨情普查工作，经普查垫江县有海外华人华侨126人、港澳同胞30余人、留学生26人。县域内的侨眷属、港澳眷属、留学生眷属约1080人。其中：海外华人华侨、港澳同胞、留学生遍及17个国家和地区。11月，县侨联接待日本华侨蔡丽、徐继碧等一行，洽谈招商引资引智，同时，处理好日本华侨蔡丽房屋拆迁等问题。11月30日至12月1日，县侨联前往周嘉、大石、特殊学校、砚台、三溪等地开展澳大利亚魏基成慈善列车捐赠冬衣活动，赠冬衣300件。12月12—13日，县侨联开展"榜样面对面"党的十九大精神宣讲进院坝活动，相继在五洞镇卧龙村、桂溪街道玉河村、高安镇政府及高安镇新曲村宣讲。11—12月，县侨联投资6万余元在新民仙草园建海外侨胞之家，完善设施设备，为侨胞搭建交流活动平台。2017年12月，县侨联开展全县白内障筛查公益活动，为全县110名白内障患者做手术。

【垫江县第五次侨代会召开】 9月27日，县侨联召开县第五次侨代会，选举产生侨联委员 20 人。其中，驻会主席1人，兼职副主席4人，常委9人，委员6人。（李菁菁）

红十字会

【概况】 垫江县红十字会建立于 1919 年，1920年经中国红十字会批准成立。1952年改组，配备专职副会长及工作人员。2005年5月，县红十字会在全市率先理顺管理体制，成为县政府直属正局级事业单位，核定编制7名，在职人员7人，有直属红十字会医院1所，乡镇红十字会26个。2010年4月，县编委将县红十字会纳入人民团体序列。2013年2月，经县编委会批准设立办公室和赈济救护科。2017年，县红十字会履行职能，创造性地开展各项工作，在救灾、救助、救护，"三献"、志愿服务、博爱家园项目建设工作等方面取得较好的成绩。应急救护培训"五进"工作获全市一等奖，募捐救助工作获全市特等奖。

【换届履新】 8月25日，县红十字会第六次会员代表大会召开，来自各部门、基层红十字组织和志愿者队伍240多名特邀代表和会员代表出席会议。会议审议通过《垫江县红十字会第六届理事会工作报告的决议》《垫江县红十字事业 2017—2021 年发展规划的决议》。选举产生县红十字会第六届理事会常务理事、会长、常务副会长、副会长、秘书长、常务理事人员及第六届执委会人员。

2017年8月25人日，垫江县红十字会第六次会员代表大会召开

【基层组织建设】 在各乡镇（街道）建立红十字会，实现基层组织全覆盖。县职教中心被红十字会总会和红十字国际委员会确定为实施"探索人道法"项目重点推进学校。针对乡镇（街道）红十字会量身打造"五个一"活动，县红十字会干部每人负责联系一个片区指导，各基层红十字会组织按照"五个一"的要求，都开展一些红十字活动，扩大红十字会在基层的影响力。

【救灾备灾】 2017年3月，在市红十字会支持下，建设存储面积300平米的渝东北片区红十字备灾仓库，全年及时响应总会、市红会物资调拨4次，发送救灾物资 2000 多件，保障渝东北片区红十字系统救灾工作。8 月，联合县应急办、地震局等相关部门，在大石乡豹山社区、杠家镇凉水村分别组织开展森林防火应急救援演练和地震逃生应急演练，以生动真实的过程模拟，促使广大群众掌握逃生技能。在县城中心广场、博爱家园项目乡镇设立防灾减灾宣传栏 12 块，建立普及防灾减灾知识宣传阵地。

【脱贫攻坚】 同县扶贫办、县慈善会等单位一起在“扶贫日”募捐工作中募集专项资金781万余元。在博爱家园项目建设中，采取“大户+贫困户”的方式，与当地种养殖大户、产业合作社签订生计发展协议，吸收带动无法独立自主发展产业的贫困户加入，新增发放生计金20万元，带动周边20多户困难群众增收脱贫。与红十字公益协会一起开展博爱助学活动，发放助学金17.5万元，资助县内困难大学新生、中小学生 73 名。全年审核上报疾病应急救助申请430份，申请救助金额210万元，救助全县困难危重伤病患者。

【救护培训】 全年培训机动车驾驶员、学生、机关企事业单位职工、社区居民14000余人次，地普及应急救护知识，增强广大群众防灾避险意识和自救互救能力。应急救护培训“五进”工作获全市一等奖。

【三献工作】 采集造血干细胞血样连续340人份，连续三年突破300人份。新增遗体器官捐献志愿者58人，新增器官捐献3例、眼角膜2对，连续五年实现捐献。6400余人次参加无偿献血，献血近11000个单位。

【志愿服务】 红十字志愿服务队伍 “助农春耕”活动为全县近千户困难农户送去春耕物资 50 吨，“博爱助学”活动为 50 名贫困大学新生发放助学金 15 万元、为县内 500 名留守儿童送去书包、文具等节日礼物，“元旦送温暖”为500多名老人送去暖手宝等暖心物资。这些活动深得人心，受到好评。红十字公益协会志愿者黄兴平被中国红十字会总会表彰为优秀志愿者，这是对垫江县红十字志愿服务工作的肯定。

【博爱家园建设】 高标准完成新加坡、香港红十字会援建的第一批9个博爱家园项目建设。中国红十字会总会博爱家园项目督导组一行对项目开展情况总结督导，并给予肯定。经县红会争取，市红十字会和香港红十字会决定继续在垫江援建第二批博爱家园项目 2 个，援助资金 72 万元。经多次实地考察评估，2017年3月启动第二批项目，选点在高安镇。

（邓廷伟）

文学艺术界联合会

【概况】 垫江县文学艺术界联合会（简称县文联）于2017年7月12日成立。有党组书记、主席1人，不驻会的兼职副主席6人，秘书长1人，工作人员4 人。有作家协会、书法家协会、美术家协会、音乐家协会、舞蹈家协会、摄影家协会、戏曲家协会等文艺家协会 12 个，会员 841 人。其中，国家级会员11人，市级会员110人。

【垫江县文学艺术界联合会成立大会】 7月12日，垫江县文学艺术界联合会成立大会在县会议中心举行。县委书记蒲彬彬出席会议并讲话。市文联党组成员、副主席杨矿，市作协副主席、副巡视员刘运勇，市文联副秘书长、组联部主任胡启华到会指导。县文联筹备领导小组负责人向大会作垫江县文学艺术界联合会成立暨第一次代表大会工作报告。县委常委、宣传部部长贺泽贵主持会议。县委副书记、县长梅时雨，县人大常委会主任易大斌，县政协主席杨刚，彭锋、徐明德、苏灿、章华荣等县领导，文艺界代表、特邀代表，各乡镇（街道）、县级有关部门、驻垫单位相关负责人参加会议。大会选举出第一届主席团成员，刘健当选兼任文联主席，制定《垫江县文学艺术界联合会主席团成员分工制度》和《垫江县文联管理制度》。

【十九大精神“六进”文艺宣传】 11—12月，县文联组建6个文艺演出队，深入全县企业、农村、机关、校园、社区、军营，开展形式多样，群众喜闻乐见的十九大精神宣传活动，文艺惠民演出 89 场次，“榜样面对面”宣讲37场，文艺书画巡展14场，受益群众约5万余人。

【作家协会工作概况】 邀请著名作家、诗人叶延滨、李元胜等到垫江为会员举办讲座。组织会员参加市级创作学习，提高能力水平。举办刘启玉、左丽理、黄家修文学创作研讨会。创办文学刊物，出版《垫江文学》4 期。协助地方政府，举办第三届大型牡丹诗会，邀请傅天琳、商震、舒婷、蒋登科等全国著名诗人、作家、文艺评论家到垫江开展诗歌创作及文艺评论。协助商务局编撰《垫江石墨豆花》助推垫江石磨豆花节，组织编辑出版《垫江》《垫江美食》《李惺箴言录》，挖掘打造地方文化，与报社联办《重庆诗歌地图》微刊，为宣传推介垫江、打造地方文化做出贡献。

【书法家协会工作概况】 开展“六进”活动，先后在县体育文化公园、黄沙、高安、垫江第一中学等开展文艺宣传活动，开展“送春联、送祝福”活动，送春联近万副。开展举办各项展览活动，分别举办“第十八届重庆市美术书法摄影联展”“垫江县第十八届牡丹文化节暨第二届花卉盆景书画作品展”“垫江县第八届李花乡村旅游届开园仪式暨书画展示活动”、垫江县“喜迎元宵”书法笔会暨书画作品展等。组织会员参加市级及各区县活动，参加“习近平用典——重庆市书法名家作品邀请展”、到綦江参加“重庆市第九届书法篆刻作品展”开幕式、到石柱参加“康养石柱”重庆市首届大字展开幕式等。组织学习，开办垫江县“书法公益大讲堂”，每月开展“书法沙龙”活动 2 次，参与人次近千人。主席程明亮作品《苏东坡题跋》先后获获重庆市第七届艺术奖、重庆市第十八届美术书法摄影联展一等奖。参加市级各项展览，多位会员多项作品入展，其中，重庆市首届临帖展 4 人入展，重庆市第九届书法篆刻展 4 人入展，重庆市首届大字展 4 人入展，重庆市首届青年站 2 人入展。

【美术家协会工作概况】 举办 18 场“水墨·垫江”美术作品巡展活动。参加铜梁举办的第十八届重庆市美术书法摄影联展活动，作品《山水画》获三等奖，作品《春》获网络人气奖。举办 2 次网络微型展。1 次县外采风活动，2 次县内采风活动。

【音乐家协会工作概况】 开展艺术培训，举办“小型器乐演奏培训”“民族器乐欣赏”两场艺术讲座。组织会员聆听市级“歌曲创作”“合唱指挥”“声乐”专题讲座，参加丰都“民族声乐”“钢琴伴奏艺术”“合唱艺术指挥”等专题培训，邀请市音协秘书长姜明到垫江举办民族声乐讲座，全年免费培训音乐爱好者 500 余次。多次组队参加市音协工作交流会，组织会员赴涪陵、武隆、綦江交流声乐艺术表演、歌曲创作。落实艺术惠民。协会组织志愿者赴边远农村学校为孩子们上音乐课，活动惠及边远地区 2000 余名学生。何光辉创作的歌曲《在阳光下成长》获市委宣传部、市文明办优秀奖。谭军创作的歌曲《龙河号子》获市音协优胜奖。协会新星高林鑫登上央视星光大道，为垫江赢得荣誉。

【舞蹈家协会工作概况】 承办“喜迎十九大，共祝中国梦，欢度国庆，共贺中秋暨放飞心灵，舞动垫江首届舞蹈大赛开幕式文艺晚会”“垫江县首届舞蹈大赛单、双、三人舞预赛”。组建老年舞蹈培训班及中国舞蹈培训班。参加各类文艺演出，歌舞《春满垫江》《明月山之恋》《开往春天的高铁》等节目登上垫江县首届春晚舞台，带有本土特色的节目《特色垫江》《致梦春天》《开山号子》《牡丹绽放》参加第十八届牡丹文化节演出。完成原创音乐广场舞推广活动。到永安、包家等乡镇采风创作，其作品《嬉秧歌》《牡丹花开》《垫江好风光》等在垫江春晚舞台、牡丹文化节、广场舞大赛中精彩呈现。

【摄影家协会工作概况】 开展全国范围内系列大小型采风活动 16 次，分别到长寿、石柱、新疆喀什、甘肃敦煌、大西北等地采风，创作大量优秀作品并入展全国联展。承办“第二届垫江县国际武术文化节摄影大赛”，创作优秀作品 168 幅，在市专家评委会评定中获好评。

【艺术摄影家学会工作概况】 举行1次摄影作品交流会，交流展示100余幅作品。邀请市艺术摄影家学会副主席罗大万来会举办专题摄影培训会。组织会员到丰都县、石柱县、长寿区、武隆县、甘南、青蓝、川西等地开展采风活动。作品《夜色迎风湖》《迎风湖》及摄影文章《垫江：亲水休闲迎风湖》登上中国摄影报。作品《欢腾的节日》《穿山》《乌江晨韵》《气吞山河》入选中国摄影报主办的各项影展。作品《留住身边的记忆——手工制称》获重庆市摄影家协会主办活动优秀奖，该作品同时获重庆市新闻工作者协会2016年度第二十届重庆市新闻奖二等奖。10幅作品入选第十八届重庆市美术书法摄影联展，其中，作品《闹春》获一等奖，作品《家有喜事》获二等奖。作品《空中美旗》《话说今昔》入选市文化委主办的摄影展，作品《欢乐颂》获一等奖，作品《乐开花》《好日子》获优秀奖。

【戏曲协会工作概况】 参加市级戏曲编导培训，期间徐华创作作品《特权》被市委宣传部、市文联评委表彰为“重庆市第六期中青年文艺骨干研修班优秀作品”。在澄溪小学校设立戏曲特色分馆，辅导编排快板《薪火相传》、情景剧《闺蜜别闹》、单口快板《口头语》分别获中国第三届花样少年语言艺术大赛金奖、组合金奖、银奖。主席徐华代表垫江县获2017技能大赛曲艺类一等奖、戏剧类二等奖。

【西沤画院工作概况】 组织举办各项活动。先后举办牡丹节、国庆节等书画展3次，个人书画展1次，举办各类大小笔会18次，举办书画进校园系列活动3次，书画交流活动3次。组织学习。定期开展沙龙活动，与重庆民盟画院在达州凤凰山举行书画交流活动。组织会员采风，创作作品。先后走进东溪古镇、綦江古剑山艺术家村采风。会员在市级以上刊物发表作品100余件。陈起系列作品入选“新中国美术家”国画系列展。会员作品入展重庆市第17届书画摄影联展并获奖。会员作品还先后入选重庆书画社成立30周年画册，重庆民盟70周年画册。

【诗词楹联学会工作概况】 出版《垫江诗词》。会员谢伯超、陈玉泽获“第二届重庆市新体诗歌贡献奖”。梁欢等8人获重庆市诗词学会颁发的“重庆老诗人”荣誉称号。会员先后获酉阳桃花源诗词大赛二等奖、三等奖、优秀奖。会员参加2017丁酉迎春有奖现场征联竞赛获二等奖、三等奖。会员先后出版诗集《巴山流韵》、中篇小说《一条洁白的纱巾》、诗词集《三葭集》等9部作品100万字。

【职工书画协会工作概况】 承办“庆祝建党96周年书画作品收藏展”。与大渡口区书协开展书画交流活动。开展书画活动进基层、进社区、进校园、进军营活动。联合盆景协会举行盆景、书画联展。

法 治

政法委及综治

【概况】 2017年，县委政法委贯彻落实中央、市委和县委决策部署，适应新形势新变化和经济发展新常态，坚持底线思维、问题导向，突出防控风险、服务发展，全力破解难题、补齐短板，有序有效推进各项工作落实。打赢全国“两会”、市第五次党代会、一带一路高峰论坛、党的十九大等各个敏感节点安保维稳攻坚战，实现“七个坚决防止”目标。垫江县在全市党的十九大维稳安保工作总结表彰大会上获通报表扬，县委政法委获2013—2016年“全国社会治安综合治理先进集体”。垫江县“公共服务.综治中心”建设工作两次在中央综治办视频调研工作电视电话会上作交流发言。先后有市内外考察团32个300多人次到垫江县学习考察。《人民日报》、人民网、《法治日报》等中央级媒体和《重庆日报》、重庆电视台等省部级主流媒体宣传报道垫江县政法平安建设工作100余次，提升垫江对外知晓率和美誉度。

【社会治安综合治理】 固化升级“12·16”垫江经验，着力提升创新社会治理能力水平。1. 夯实“三基”建设。总结提炼澄溪、高安等地综治中心和村社区综治工作站建设经验和好的做法，加强统筹协调，有效整合资源，出台建设规范，指导各乡镇街道做实基层综治工作规范化。总结完善社区警务室“五微”（微整合、微信群、微发布、微镜头、微互动）工作法，推行在社区民警驻警务室的基础上，同时吸纳社区法官、社区检察官、社区调解员、社区法律诊所医生等“多员”进驻警务室，推进设施共享、信息互通、资源整合的“一室多员”联动融合模式，有效激发社区警务室功能作用最大化。做实网格化服务管理，全县301个村（社区）共划分网格2368个，配备网格员2493名，实现网格管理全覆盖，并落实60余万专项工作经费，理顺网格管理的体制机制。2. 加强社会治安防控。开展“渝安2号”专项行动，可防性案件、侵财案件、治安案件同比分别下降26.09%、29.28%和50.84%，县公安局主要工作任务绩效考核排名居全市第6位。用好用实治安巡逻车，组织专（兼）职治安巡逻队、志愿者队伍加强街面特别是农村薄弱地区巡逻防控，农村地区发案率明显下降。新购置31台治安巡逻车发放各乡镇（街道）。另外，农村社会治安防控6995信息化建设、铁路护路等工作都取得实实在在的效果。3. 多元化解矛盾纠纷。推进“3+2”专项治理行动，并健全社会矛盾常态化排查发现机制建设，社会矛盾研判预警机制，深化领导干部接访下访，两代表一委员、律师参与社会矛盾化解制度，推动专业性、行业性调委会建设，推动矛盾纠纷及时就地解决。县各级人民调解组织全年调解各类矛盾纠纷1.3万余件，防止“民转刑”案件82件，防止群体性上访41件，防止群体性械斗12件。医调委、驻法院人民调解室和县交调会分别化解60件、135件和152件民事纠纷，调解成功率分别为100%、98.5%和100%，社会反响良好。4. 强化特殊人群服务管理。投入6500万建成的县精神卫生中心投用，全县三级以上重症精神障碍患者全部入院治疗，并落实属事、属地责任，建立健全“以奖代补”政策，督促各乡镇（街道）建立、完善严重精神障碍患者联合服务管理小组，细化严重精神障碍患者排查方案，落实严重精神障碍患者监护人。对全县在矫社区服刑人员全部实行手机定位管控，无脱漏管，有效遏制重新犯罪，矫正效果明显。细化做实“两办”，推进“两地一中心” 建设，加强吸毒人员管理工作。推进重点青少年群体排查摸底专项行动，深化重点青少年群体教育服务管理工作，增强问题青少年的帮扶力度。5. 加强重点行业安全领域管控。着力抓好非煤矿山、危化烟爆、森林防火等重点行业、重点领域监管，特别是寄递物流行业监管，通过调研论证，创新运用合作互通、共享共治新思维，强化行业监管与企业自律并重，建立“一整合四统一”新模式，做实行业监管。另外，校园周边环境整治、铁路护路等工作取得实实在在的成效。

【维护社会稳定】 坚持把党的十九大安保维稳工作作为全年工作的首要政治任务和头等大事，在战略部署上“扣扣子”、责任履行上“担担子”、工作落实上“钉钉子”，完成安保维稳各项任务。1. 层层压实责任。县委、县政府与各乡镇（街道）、县级重点部门，各乡镇（街道）与辖区内各村（社区）层层签订责任书，层层压实安全稳定工作责任，构建县、乡镇（街道）、村（社区）三级责任体系。2. 全县政法综治维稳战线进入战时工作状态，坚守岗位、恪尽职守，确保政令警令畅通，实行 24 小时值班备勤，主要领导离开垫江县必须请假报备，以铁的纪律保证安保任务完成。3. 开展综合督导。县委组建 6 个综合督导组，将 26 个镇街和 15 个重点县级部门划片包干，分四个阶段轮番督导，及时排查各类风险隐患 41 个，整改率 100%。4. 创新工作机制。建立“5+N”情报信息日研判机制，加强涉稳重点人员分析研判。制定出台《垫江县信访稳定工作发现化解处置问责机制》《垫江县非接待场所上访人员接返办法》，进一步规范信访秩序。

【政法队伍建设】 1. 县委常委会研究政法平安建设工作 28 次，对工作作出研究部署，县委政法委加强统筹协调，各有关部门加强工作落实，构建“县委统一领导、政法委牵头协调、有关单位各司其责”的大政法工作格局，确保政法工作沿着正确政治方向前进。2. 发挥党委政法委职能作用。运用总揽全局、协调各方的领导方式，抓大事、议大事、谋全局，转变思想观念、创新工作机制、改进工作方法，贯彻落实中央《党委政法委工作条例》，出台《县委政法委重大事项报告制度》，把党的领导具体化、实体化，不断提高统筹解决重大问题的能力和领导政法工作科学化、法治化水平。3. 推进思想政治、纪律作风、业务能力和领导班子建设。牢牢把握“五个过硬”（政治过硬、业务过硬、素质过硬、纪律过硬、作风过硬）总要求，践行“五个担当、五个实干”，开展“思想再解放、作风大转变”主题活动。邀请市委政法委常务副书记袁勤华、西南大学孙鹏教授等法学专家开展专题报告会，在西南大学举办新任政法书记、综治办主任素能培训班，提升政法维稳领导干部业务素质能力。为“一个建成、六个显著”（全面建成小康社会，综合实力显著增强、城乡面貌显著变化、生态环境显著改善、民主法治显著加强、党风政风显著转变、人民福祉显著增进）“三地一心一城”（重庆重要工业基地、重庆优质农产品加工基地、重庆休闲旅游目的地、渝川东部区域商贸物流中心、重庆生态宜居城市）和富民强县升位提供坚强保障。

【推进改革和法治建设】 2017 年，在司法体制改革工作中，法、检两院人、财、物归市级统一管理。法、检两院始终坚持在县人大及其常委会监督下，围绕全县改革发展稳定大局，依法履行职责，为经济社会发展创造良好司法环境。垫江县选举产生新一届法学会，加强法学会对法学会员统筹协调力度。全年共开展“阳光司法进万家”“莎姐进校园”、法律诊所进社区恳谈会、法治宣讲进校园等法治宣传活动 100 余场，并通过“微警务”等平台加强政法工作正面宣传，不断深化平安宣传内涵。特别是由县委政法委、县法学会牵头开展诵读、法治文艺晚会等活动，受众超过 10 万人，营造良好法治氛围。

公 安

【概况】 2017 年，县公安局内设机构 22 个，派出所 26 个。民警编制 527 人，在岗民警 516 人。

其中，派出所民警205人。另有辅警190人，协勤260人。县公安局围绕党的十九大安保维稳主题主线，推进安全稳定工作，破获刑事案件1102件，同比上升1.29%，起诉648人，同比上升28.06%，现行命案破案率连续9年100%。刑事案件、侵财案件发案、电信网络诈骗和110刑事警情同比分别下降20.95%、24.93%、37.35%和7.73%，刑事立案创12年来新低，主要工作任务绩效评价排名全市第六，群众安全感指数97.24%。道路交通、消防安全主要指标持续下降，连续87个月未发生较大以上交通事故，连续20年未发生较大以上火灾事故，大型活动安全有序，群众自发聚集活动持续“零事故”。公安改革、“四项建设”事项稳步推进，“最多跑一次”服务改革率先启动。全年有8个集体、202名民警立功受奖，在全市警务指挥技能大比武中获三等奖，十九大安保维稳工作被市公安局荣记集体三等功，治安大队荣立集体二等功。（王瑞）

【队伍建设】 坚持安警心、聚警力、维警尊，开展“两学一做”“三严三实”“迎接十九大、忠诚保平安”主题活动，落实党风廉政建设“两个责任”，依纪依规受理群众民警违纪违规案件8起，给予党纪政纪处理2人，诫勉谈话3人，警示谈话4人。落实民警加值班津贴、警衔津贴、病困帮扶慰问、购买重大疾病互助保险等举措，解决民警夫妻两地分居16人，解决民警家属就业43人、子女入学64人，依法为民警维权14起，查处17人。涌现出“全国优秀人民警察”赵明义、“重庆市优秀党员”“重庆市特级优秀人民警察”陈松等先进典型，2名局领导被提拔为县管正职，4名局领导晋升副处级，5名中层干部被提拔为县管副职。（王瑞）

【维稳工作】 县公安局策动县委县政府每月召开信访稳定工作会，健全完善信访稳定发现化解处置问责机制，处置名典阁违章建筑、圣皓厂排污、金龙寺欠薪等群体性闹事苗头76起。紧扣十九大安保，启动战时机制，滚动排查全县60余名重点涉稳对象，核查航空、铁路、汽车订票信息284条，依法侦办全市首例非访案。按照“主动进攻、抓早打小、打防管控、防控风险”的工作要求，破获8起邪教活动案件，行政拘留8人，捣毁聚会窝点2个，缴获各类邪教书籍、资料200余份。（王瑞）

8月10日，垫江县公安局民警到辖区危化品厂检查安全

【十九大安保】 十九大安保维稳期间，县公安局投入公安民警、辅警、武警、消防官兵和群防群治等力量2000余人，启动二级加强及以上防控预案，1/2警力在岗值班备勤，1/2警力上街巡逻，全天候24小时坚持点线面结合、公秘结合、车步结合，街面寻衅滋事同比下降84.21%，重点地区发案同比下降80%，维稳板块“零扣分”，实现市委“七个坚决防止”和公安部“五个严防”“三个不发生”“两个确保”的目标”，被重庆市公安局荣记集体三等功。

【“渝安2号”专项行动】 3月1日—10月31日，县公安局重点针对严重影响群众安全感的入室盗窃、扒窃、电信网络诈骗、侵犯公民个人信息犯罪等严厉打击，完成盗抢骗四类侵财起诉数287人，起诉四类侵财破案752件，起诉盗抢骗四类侵财团伙成员107人。起诉电信诈骗系列案件3串84件，扒窃人员行政拘留数 21 人。打击“黄赌”治安拘留数 185 人，起诉 46 人，打击团伙 9 个。破获毒品案件 63 件，起诉 83 人，查获吸毒人员 372 人，收缴毒品 2865.93 克，“渝安 2 号”行动绩效评价排名全市第十三。

【执法规范化建设】 县公安局完善执法权力运行机制，成立案管中心，实行每周受立案通报，巡查案事件 2362 件，整改问题 170 个。打造标准化的涉案财物管理中心，升级改造执法办案中心，配齐配强法制员队伍 43 人，基层一线民警执法记录仪配备率 100%。适应诉讼制度改革要求，跟进服务“渝安 2 号”专项整治行动和主要业务工作，针对疑难案件统一法律适用标准，加强与检法等部门的沟通协调，策动召开联席会议 6 次。

【道路交通管理】 2017 年，县公安局狠抓道路交通安全管理，全年开展集中检查 162 次，排查整治隐患 329 起，集中宣传 450 场次，发放宣传资料 2.15 万份。查纠交通违法行为 15.45 万起，查处酒驾 210 起，其中醉驾 20 起。全县发生各类道路交通事故 3160 起，死亡 49 人，伤 1322 人，直接经济损失 79.98 万元，同比下降 10.23%、上升 11.36%、下降 15.2%、下降 5.04%。全县连续 87 个月未发生一次死亡 3 人以上较大交通事故，取得春运交通安保工作全市第七、夏季道路交通安全专项工作全市第六、“三个不发生”创建活动及十九大安保全市第七的成绩，全年交巡警绩效评价排名全市第六。

（王瑞）

【消防管理】 2017 年，县公安局开展消防安全检查 8039 家次，排查整治火灾隐患 6474 起，下发责令改正通知书 5252 份，办理消防行政案件 420 件、罚款 36.3 万元。全年发生火灾事故 110 起，同比下降 23.61%，直接经济损失 39.02 万元，同比下降 6.76%，完成 20 栋老旧住宅消防基础设施改造，全县连续 20 年无较大以上火灾事故发生。

（王瑞）

【大数据建设】 县公安局利用互联网+，加强对信息采集、情报研判、视频侦查、网上作战等实战技能培训，突出“实战、实用、实效”，全年登记居住人员 14150 人、出租房屋 6144 户，整合社会资源信息 705 万条，列管重点人员 9991 人，抓获逃犯 76 名。采集指纹 2879 人、DNA2869 人，出勘现场 1923 次，利用指纹、DNA 比中案件 130 起，利用刑事技术串并案件 46 串 152 起。坚持以情报信息合成研判为牵引建成全市首个人像实验室，人像动静态识别实战运用步入全市前列，侦破 4.20 电信诈骗案”“桂溪华庭系列盗窃车内物品案”“6·16”澄溪镇抢劫案”，“11·25”流窜盗窃案，支撑破案贡献率占全局 90.79%。

（王瑞）

【警务辅助人员管理】 2017 年，县公安局新招录辅警 72 名，从原有辅警、协警中择优考录 115 人，开展为期 10 天的警务实战培训，缓解警力不足。制定下发《县公安局警务辅助人员管理办法实施细则》《县公安局警务辅助人员招聘工作规定（试行）》等 7 个文件，规范全局警务辅助人员的管理。

（王瑞）

【最多跑一次改革】 2017 年，县公安局启动“最多跑一次”改革，公开承诺“跑一次是原则，跑多次是例外”，公开叫响“最多跑一次、跑出公安加速度、跑出服务新高度、跑出群众满意度”的口号，向社会公布首批 97 项“最多跑一次”服务事项。首批公布的 97 项公安行政审批事项承诺办理时间缩短 20%以上，即办件比例 60%，“跑一次”项目占 94.85%，民意监测回访办事群众满意率 97.66%。全年为群众办理身份证 66032 个，同比上升 4.63%，办理车管业务 89845 人次，同比上升 13.70%，办理出入境证件 19080 人次，同比上升 8.39%。《法制日报》《重庆日报》《重庆法制报》、法制网、新华网、大渝网、华龙网、搜狐网、新浪网等 20 余家媒体网站纷纷聚焦点赞垫江公安“最多跑一次”服务改革。

（谷耀国）

【服务发展】 2017年，县公安局依法查处聚众阻工、堵路、医闹等违法犯罪行为12起，追刑2人，行政拘留12人，训诫24人，破获涉黄涉赌刑事案件36件，打掉团伙9个，打击处理62人，查处涉黄涉赌治安案件100件，行政拘留284人。落实服务民营经济发展30条，最大限度缩短流程、简化手续，全面提升服务质量效率，破获针对企业的案件18起，挽回损失200余万元，调解纠纷50余件，办理户籍业务30余件。 （王瑞）

检 察

【概况】 2017年，县检察院设侦查监督科、公诉科、未成年人刑事检察科、民事行政检察科、控告申诉检察科、刑事执行检察科、综合业务管理部、政治处、办公室、监察室、检察技术科、司法警察大队、职务犯罪侦查局、派驻澄溪检察室、派驻高安检察室、派驻坪山检察室16个内设机构，人员编制88名，其中在编在岗80人，院党组成员6人，专委3人，员额检察官27人，占政法专项编制30.7%，检察辅助人员40人，占政法专项编制45.4%，司法行政人员9人，占政法专项编制45.4%，工勤人员4人，平均年龄40.09岁，具有本科学历干警69人、硕士学位干警5人，通过司法考试30人。办公办案用房建筑面积8500余平方米，有办公用房、办案和专业技术用房、技侦用房各一栋。是全国精神文明建设先进单位、市级文明单位、市级市容整洁单位、市级爱国卫生单位。

【侦查监督】 2017年，受理提请逮捕案件245件326人。批准（决定）逮捕216件277人，不批准逮捕26件48人。公安机关撤回提请批捕1件1人，监督公安机关立案4件5人，监督行政执法机关移送涉嫌犯罪案件2件3人，书面纠正公安机关侦查活动违法15件次，追捕漏犯1人。

【公诉】 2017年，受理移送审查起诉案件474件649人，决定向县人民法院提起公诉421件591人，移送其他检察院审查起诉案件6件22人，决定不起诉案件43件50人。出席法庭支持公诉案件453次。纠正侦查活动和审判活动违法3次，提出抗诉1件，追诉漏罪2条，追诉漏犯3人。

【未成年刑事检察】 未成年刑事检察科成立于2014年3月。主要职责负责对未成年人刑事案件的审查起诉、诉讼监督和未成年人犯罪预防、参与未成年人犯罪社会管理等项工作。2017年，受理未成年人刑事案件和侵害未成年人权利批捕案件24件31人，审查批准逮捕25人，不批捕6人，受理未成年人犯罪和侵害未成年人权利起诉案件42件52人，决定向县人民法院提起公诉46人，移送其他院管辖1人，决定不起诉5人。以“莎姐”青少年维权岗为载体，开展莎姐大普法、法治课堂进校园、以案说法和“莎姐”讲故事等多种形式的预防青少年违法犯罪活动。

【职务犯罪侦查】 2017年，立案查办职务犯罪案件7件9人，其中：贿赂4件4人、渎职3件5人。加大渎职犯罪查办力度，立案查办安全生产、食品药品监管领域渎职犯罪3件5人。职务犯罪预防的主要职责是立足检察职能开展职务犯罪预防工作。2017年，结合办案，开展预防调查，向发案单位发出检察建议2份，督促发案单位建制堵漏。在重点民生工程领域开展专项预防活动25场次。开展“预防职务犯罪邮路”“预防职务犯罪乡村行”行动，提升预防实效。2017年底，按照国家监察体制改革的要求，完成侦防部门人员机构职能转隶等检察环节的各项工作，划转至监察委人员编制18个，人数16人。

【刑事执行检察】 2017年，办理社区矫正人员又犯罪不起诉案件1件1人。监督执行机关收监执行6人。开展社区矫正现场监督6次。羁押必要性审查11件11人。监督纠正监管活动违法12件。接受被刑事执行人控告申诉件 14 人。纠正刑期计算有误件 3 人。

【民事行政检察】 2017 年，提请抗诉 2 件，提出再审检察建议 2 件，对民事行政诉讼和执行活动提出检察建议 28 件，支持起诉 117 件（胜诉 117 件），对法院等相关单位提出检察建议 3 件。

【控告申诉检察】 2017 年，接待群众来信来访 79 件，其中进入首办程序 29 件。均在规定时间内解释答复处理，没有因处理不当导致到市进京访发生。办理刑事申诉案件 3 件。连续四届被最高检评为“全国文明接待室”。

【综合业务管理】 2017 年，案管受理审查逮捕案件 263 件 344 人，受理移送审查起诉案件 516 件 704 人。对 5 件不符合受理标准的案件，制作不予受理决定书。受理民行移送案件 125 件。制作上传电子卷宗 986 卷，扫描并装订检察内卷 882 卷，接待接待辩护人、诉讼代理人 107 人次，安排阅卷 107 人。对流程监控、信息填录、法律文书公开有误的 128 件案件口头提示或网上流程监控，涉案财物管理入库 59 笔，出库 58 笔。法律文书公开 448 份，案件程序性信息公开 924 条，法律文书公开比例 90%以上。制作、打印及送达换押通知书 320 份。评查各类案件 340 件。

【驻坪山、高安、澄溪检察室工作】 接待群众来访 165 人，化解矛盾纠纷 20 余起，协助侦查涉农职务犯罪 1 件 1 人。

法 院

【概况】 2017 年，垫江县人民法院由 20 个部门组成，其中人民法庭 4 个。全院有在编人员 113 人，其中，员额法官 39 人，占 35%。法官助理 46 人，占 41%。书记员 2 人，占 1.7%。司法行政人员 20 人，占 17.6%。司法警察 8 人，占 7%。受理案件 9446 件，审执结 8646 件。

【刑事审判】 审结一审刑事案件 451 件，判处罪犯 630 人。参与“渝安 2 号”专项行动，审结“盗扒骗”“黄赌毒”“涉枪爆”等犯罪案件。开展认罪认罚从宽制度试点工作，完善操作流程，建立联席会议机制，审结案件 200 件 289 人，占刑事案件结案总数的 44.35%。建立“122133”工作机制，依法办理适用速裁程序审理的认罪认罚从宽案件，平均审理期限 3.67 天。推进以审判为中心的刑事诉讼制度改革，坚持惩罚犯罪与保障人权相结合，发挥庭审查明事实、保护诉权、公正裁判功能，强化庭前会议、证据裁判、非法证据排除制度功能，完善证人、鉴定人、侦查人员出庭工作。

【民事审判】 审结一审民事案件 4624 件。保障和改善民生，办理涉民生案件。探索推进家事审判改革，构建和谐婚姻家庭关系。审结未成年人民事案件，不断强化未成年人案件综合审判，最大限度保护未成年人合法权益。审结追索劳动报酬、工伤保险、劳动合同纠纷等案件，联动县仲裁委召开裁审联席会议 2 次，依法维护劳动者合法权益。开展示范民生法庭创建工作，全面提升司法便民利民水平。办理涉军案件，依法保障军人合法权益。开展民商事调解工作，调解、撤诉率 52.71%。开展“阳光司法进万家”活动 127 场，审理典型案件 39 件，累计参与群众 12000 余人，相关工作被《人民法院报》等媒体多次报道。

【商事审判】 审结一审商事案件 2726 件，涉案标的额约 7.022 亿元。为改善营商环境提供司法保障，平等对待各类市场主体的诉讼地位，探索开展要素式审判，审结各类商事纠纷案件。审结金融借款、民间借贷等案件 1339 件，增强金融服务实体经济能力，保障经济健康发展。服务保障供给侧结构性改革，有序开展企业破产案件审判工作，推动建立府院协调机制，开展协调工作33次，召开债权人会议3次，着力化解过剩产能，防范破产风险。推进建立工业园区审务工作室，服务园区建设发展。

【行政审判】 审结非诉行政审查案件120件。发挥司法职能作用，服务保障东部新区、棚户区改造等重点工程建设，立案受理征地拆迁案件15件，调处化解北二环道路建设滞迁户徐某某等10件，依法强制执行长达5年的牡丹胡陈某某等2件。强化行政指导，开展司法助拆工作，创新“六个一”“三本账”工作模式，维护被拆迁人合法权益，诉前化解33件，强力助推桂阳、桂溪、澄溪三个街镇完成征地拆迁集中攻坚阶段性目标任务，加快推进城市建设和经济社会发展，实现全县征地拆迁工作规范化、有序化、法治化。

【执行工作】 受理执行案件3283件，执结2930件，执行到位金额2.71亿元。围绕用两到三年时间“基本解决执行难”的目标，优化执行资源配置，创新推行“1+2+4”执行团队工作模式。纳入失信名单1882个，曝光“老赖”24期480人，司法拘留26人，以拒不执行判决、裁定罪追究刑事责任1人。推行车辆询价和网络拍卖机制，车辆询价7次，网拍84件，拍卖20件兑现金额1399.68万元。加强执行宣传工作，拍摄执行微电影《誓言》，在全社会营造起理解执行、支持执行的良好氛围。

【司法改革】 按照中央、市委和上级法院统一部署，全面运行人财物市级统一管理，遴选员额法官39名，占中央政法专项编制33.33%，司法责任制改革工作受到县委、市委高度关注，县委《改革工作简报》予以刊载，市委《每日要情》予以肯定。一年来，院庭长办理案件6976件，占全院受理案件总数的73.85%，其中入额院领导办案499件，院领导独立承办案件308件，参与审理案件191件。相关做法在市高法院《重庆审判》交流。

【队伍建设】 实施一线磨砺计划，开展业务培训，组织素能培训109人次，组织业务培训323人次。领导班子连续两年在县管领导班子年度考核中获评“先进领导集体”，研究室被授予全市法院系统“青年文明号”，第四团支部被授予重庆市“共青团员先锋岗”，立案庭被市三中法院荣记集体三等功，澄溪人民法庭被授予“垫江县人民满意的公务员示范单位”。1名干警被推选为民革市第五次代表大会代表，1名干警被推选为市第五次团代会代表，1名干警被推选为市第五次妇代会代表，1名干警被市三中法院荣记个人三等功。1篇信息受到最高人民法院副院长批示肯定，信息工作在全市法院作经验交流。

（邹沁）

司法行政

【概况】 垫江县司法局内设办公室、法制宣传科、基层工作管理科、法律服务管理科、社区矫正科（挂垫江县社区矫正管理局牌子）5个科室，下设乡镇、街道司法所26个。下辖垫江县公证处、垫江县法律援助中心、垫江县矫正帮教管理服务中心3个事业单位。有司法行政干部60人（其中：局机关15人，司法所32人，下属事业单位13人）。全县有9个律师事务所、8个基层法律服务所。有律师67人（其中：社会律师37人，公职律师27人，法律援助律师3人），基层法律服务工作者40人，公证员4人，司法鉴定7人，社区矫正社会工作者26人。县司法局在重庆市司法局组织开展的社区矫正执法检查中名列全市第一名，被重庆市司法局评为“2017年度推进平安建设优秀单位”。

【法治宣传教育】 推进“七五”普法，精心组织开展反校园欺凌、环境保护、民法总则等法治宣传宣讲活动近300场次，发放法治宣传资料近10万余份，解答群众法律咨询1240余人次，受教育人数20余万人，覆盖所有单位、行业和群体。牵头组织开展第十一届全国百家网站微信公众号法律知识竞赛、普法金点子征集、普法创新领导论坛等活动，全县2万余人参与。开展法治示范单位创建，桂阳街道天宝社区已接受全国民主法治社区创建验收。办理2件人大代表、政协委员有关加强法治宣传教育工作的意见和建议，办结率、满意率均为100%。

【人民调解】 全县已建立各级各类规范化人民调解组织356个，其中乡镇（街道）、村（居）调委会339个，专业性、行业性调解组织17个。引导律师和基层法律服务工作者参与人民调解，初步建立矛盾纠纷多元化调解机制。全年调解各类矛盾纠纷14190件，调解成功14111件，调解成功率99.4%，涉及金额6138.5万元。排查各类纠纷832件，防止民间纠纷转化为刑事案件103件，防止群体性上访51件，涉及507人。特别是县医调委、驻法院人民调解室和县交调委工作成效明显，分别化解79件、203件和230件民事纠纷，调解成功率分别为97.5%、97%和100%，社会反响良好。县医调会工作6月9日被司法部网站首页专题报道，6月15日获县委书记蒲彬彬批示“各行各业都要规范实干创一流，对外传递正能量”，6月26日获县长梅时雨批示“再添措施、再创新高”。

【法律服务】 全年办理法律援助666件，公证1831件，司法鉴定118件，为残疾人、未成年人、老年人、农民工、妇女挽回和避免经济损失500余万元，让老百姓感受到司法为民。做好“刑事案件认罪认罚从宽制度”试点工作，指派律师对100余名犯罪嫌疑人实施认罪认罚法律帮助，促进司法公正。

【社区矫正和安置帮教】 全县在矫社区服刑人员314人，新接收社区服刑人员257人，无执法过错，无脱漏管，无重新违法犯罪，矫正效果良好。全年新接收刑满释放人员596人。其中：重点帮教人员77人，一般帮教对象519人，安置率和帮教率分别为98%和99%。监内服刑人员信息核查率100%，预释放信息回执率100%，刑满释放人员衔接率100%，受到市安帮办通报表扬。

【三基建设】 县司法局开展标准化司法所建设工作，桂溪司法所率先通过验收。以购买社会服务的方式为每个司法所配备一名社区矫正社会工作者全部到位，增强司法所工作力量。全年有150多人次参加中央、市级、县级和局内部培训，培训全覆盖，大大提高全局司法行政干部业务能力和素质。修订和完善机关管理、公务用车、公务接待等20多个制度。建立和完善开展党员廉政约谈57人次，签订党风廉政责任书34份，收到党风廉政承诺书34份。 （周旭）

【仲裁】 县劳动人事争议仲裁院在全县乡镇（街道）、部分企业普遍建立基层劳动争议调解组织，建立以案前调解、庭前调解、庭内调解，庭后调解、裁前调解为主要内容的“五位一体”调解体系。全年共处理劳动人事争议案件875件，涉及劳动者986人，接待用人单位和劳动者来访咨询2600余人次。

社会事业

文　化

【概况】 2014年12月，设立垫江县文化委员会（简称县文化委）。2017年，县文化委内设办公室、文化科、体育科、行政许可服务科、财务审计科5个机构，机关行政编制12人。机关后勤服务事业编制2人，购买服务人员控制数2人。县文化委举办县春节联欢晚会、第十八届垫江牡丹文化节开幕式文艺演出、第三届垫江牡丹诗会等各类大型文化艺术活动15场，大型体育赛事活动45场次，单项群众体育活动100场次，承办2017年“云动重庆杯”重庆市第二届篮球联赛、星光大道走进牡丹故里垫江赛区决赛等大型活动。参加第五届重庆市社区文化节社区生活摄影展、重庆市文化馆从业人员戏曲技能大赛戏剧、第十八届重庆市美术书法摄影联展书法、第三届中国花样少年语言艺术大赛总决赛等活动，获金奖4个、一等奖4个、二等奖2个、三等奖2个、优秀奖9个、教子有方奖4个。其中，获国家级奖8个。

【文化馆】 增挂垫江县文物管理所、垫江县美术馆、垫江县博物馆牌子，事业编制14人，在岗职工13人。主要工作职责：组织群众文化活动，繁荣群众文化生活。组织指导、辅导群众文化艺术活动，培训业余文艺骨干，研究群众文学艺术，指导群众文学艺术创作和生产。组织实施全县节庆公益性文化娱乐活动。管理文物保护单位，考古发掘，流散文物征集，馆藏文物保护，文物科学研究工作。3月1日，县文化馆举办《公共文化服务保障法》专题讲座。

【图书馆】 事业编制7人，在岗职工4人。负责采编、储藏和借阅图书资料，图书资料现代网络系统建设、文献数字化处理，图书馆学研究，编辑出版，知识培训与社会教育等工作。2017年，图书馆藏书24.85万册。5月31日—6月1日，县图书馆在县城中心广场、县体育文化公园开展“六一”儿童节读书活动暨“图书馆服务宣传周”活动，接待读者2000多人次，发放宣传资料1000多份，新办借书证30余个。

【垫江县电影发行放映有限公司】 2017年，在全县各乡镇、行政村、社区、广场及学校放映电影6246场，其中：行政村3240场，学校3006场，观看人数110万人次，超额完成上级部门下达各项放映场次任务。

【垫江县文化娱乐有限公司】 1995年成立。主营影视发行放映，农村和社区惠民电影放映、爱国主义教育电影放映、与其他单位联合经营文化体育项目以及电影租映业务。公司按股份制企业运作，实行全员劳动合同制，自主经营，自负盈亏，独立承担法律责任。2017年，有职工26人，具体承担桂溪街道、桂阳街道、砚台镇、坪山镇、三溪镇、裴兴镇58个村、31个社区惠民电影放映。全年放映惠民电影900余场次，中小学校爱国主义电影80余场，观众15万余人次。是年，公司设立第一个农村惠民电影室内固定放映厅。

【重庆新华传媒有限公司垫江新华书店】 成立于1953年。固定资产700万元，办公、营业、仓储面积5000平方米以上。承担全县中小学教材和各类图书发行，初步形成县城中心门市、乡镇连锁网点和镇村农家书屋为一体销售网络，先后获中国书刊发行协会授予“成绩优异，服务优良”单位，书业营销创新论坛组委会授予“中国新华书店百强基层店”称号，四川省新闻出版局、中国《农村文库》编辑委员会授予《农村文库》发行先进县店，重庆市精神文明委授予“市级文明单位”等称号。2017年，在职职工45人。其中，大专以上学历35人，占比78%。实现销售额5156万元。

【文化遗产保护】 县文化委与各街道、乡镇签订《2017年垫江县文物保护单位文物安全责任书》，层层落实文物安全工作责任，开展专业培训、火灾演练等活动3次，每季度开展一次文物消防安全大检查。县文化委先后邀请市上专家两次到鹤游古城堡考察，研究古城堡保护性开发价值。打造非遗舞蹈《高峰薅秧歌》、歌舞《咂酒》、情景剧《古寨情缘——垫江石磨豆花》等，分别在春节联欢晚会和第十八届牡丹文化节开幕式上演出，展现垫江县市级非物质文化遗产独特魅力。组织大石竹编、垫江酱瓜、垫江角雕和永安梅咂酒四家市级非物质文化遗产代表项目参加各级政府、个行业组织的展览、展演，展示垫江县非物质文化遗产项目特色，提升千年古县知名度。

9月30日，商三穿淡黄色石钺、唐海兽葡萄铜镜被评为全市馆藏文物“镇馆之宝”。5月25日上午，垫江县文物管理所在砚台镇组织开展垫江县2017年文化遗产宣传月暨文物知识宣传活动，发放宣传资料10000余份，还制作《什么是文化遗产》《什么是中国文化遗产》《什么是文物》等20块展板同时进行宣传，使更多的村民直观了解垫江县文物现状，增强文化遗产保护意识。

【主要文化活动】 1. 1月6日，在垫江县体育文化公园举行首届重庆文化惠民消费季垫江县分场启动仪式。市文化委副主任朱茂，县委常委、宣传部部长贺泽贵，副县长苏灿，县政协副主席章华荣等领导出席启动仪式。在本次活动中，县文化委组织翔龙角雕、天发办公、牡丹樱花世界、盖纳影院等20家文化企业现场推介展销3天。

2. 1月8—10日晚，县文化委主办，垫江县体育总会、垫江县体育文化服务中心承办，垫江县青少年儿童体育学校、垫江县青少年体育俱乐部协办“好体育人在行动”2017年垫江县迎春DBA明星对抗赛在县体育馆举行。此次比赛参赛队分明星一队、明星二队，即青年队与中老年队之间对决。比赛采用主客场，三场二胜制。20名“好体育人”全程服务。

3. 1月22日上午，垫江县图书馆与垫江县文化馆、垫江论坛组织60余名爱心志愿者一起，到太平镇敬老院慰问孤寡老人，给老人们带去各种图书、报刊、礼物和文艺节目。

4. 2017“金鸡之春电影行”放映活动。这次活动是该公司根据市文化委统一部署，结合“首届重庆文化惠民消费季”活动开展。放映活动从2016年12月28日开始，至2017年2月12日结束。播放《勇士》《大会师》《七七事变》《八月一日》《战狼》《诱狼》《功夫之王》《智取威虎山》等红色经典优秀国产影片。

5. “庆元宵文体展演”活动。2月10—11日下午，由县文化委主办的“金鸡报晓闹元宵文体展演”和“2017年垫江县迎新体育舞蹈展演”在县体育文化公园和体育馆举行，230余名演职人员参加演出，上千名观众驻足观看，20名“好体育人”全程服务。

6. 2017年原创音乐广场舞推广活动。2月18日上午由县文化委主办，县舞蹈家协会承办2017年原创音乐广场舞推广活动启动仪式在县文化馆会议室举行，县文化委党委委员、执法大队大队长简机智，文化科科长李丰焱，舞蹈家协会主席邓晓霞以及全县26个乡镇、街道办事处150余人参加启动仪式。会后，县舞蹈家协会对《飞翔垫江》《垫江是个好地方》《高峰薅秧歌》《花香醉心怀》《打佐料》5首原创广场舞歌曲，由5名编导老师分组进行教学培训。

7. 牡丹故里·康养垫江”第十八届垫江牡丹文化节“中国梦·巴渝风”百姓大舞台文艺演出活动。3月24日晚，由县文化委和垫江县旅游局主办“牡丹故里·康养垫江”第十八届垫江牡丹文化节“中国梦·巴渝风”百姓大舞台文艺演出在体育场举办。开幕式由县政府常务副县长粟登琳主持，县委副书记张波致欢迎词，县委副书记、县长梅时雨宣布开幕，出席开幕式的市级嘉宾有市文化委、市旅游局、市文联、市作家协会负责人以及渝东北片区 14 个区县代表。文艺演出分《牡丹故里》《丹乡情韵》和《康养垫江》3 个篇章 11 个节目。

8. 举办第三届“广场舞大赛”。3 月 30 日下午，由县文化委、垫江县旅游局主办，垫江县文化馆、垫江县图书馆承办第三届“广场舞大赛”决赛在县体育馆举行。经过激烈角逐，高安镇、桂阳街道、桂溪街道三支代表获一等奖，大石乡、普顺镇、高峰镇、周嘉镇四支代表队获二等奖，沙坪镇、黄沙镇、新民镇、五洞镇、澄溪镇五支代表队获三等奖。

9. 4 月 6 日，3000 名儿童参加全市少儿数字阅读知识竞赛。由重庆市文化委员会主办，重庆市少年儿童图书馆、垫江县图书馆、同方知网重庆分公司承办知网杯“我爱重庆”少儿数字阅读知识竞赛垫江赛区复赛在垫江县图书馆举行。经过激烈角逐，来自垫江一中等 5 所学校 50 名学生进入现场复赛。经过 30 分钟的网上答题，决出一等奖 2 名、二等奖 3 名、三等奖 5 名以及参与奖 40 名。来自桂溪小学的 2 名学生获一等奖，将代表垫江县参加全市决赛。

10. 县文化委举办 “解放思想转作风，争做最美文化人”演讲比赛活动。6 月 28 日下午，县文化委举办“解放思想转作风，争做最美文化人”演讲活动，历时 1 个月之后进入决赛。产生三等奖 8 名，二等奖 4 名，一等奖 2 名。县文化馆、县体育文化服务中心和县文化娱乐有限公司获组织奖。这次演讲活动旨在推进“两学一做”主题活动，扎实开展“思想再解放，作风大转变”主题活动，号召全体文化工作者争做坚定自信、勤政惠民、顾全大局、服务大众、业务精湛、担当实干的最美文化人。

11. 7 月 14 日，县文化委举办第二期文化大讲堂在县文化馆一楼演播大厅举行，文化系统干部职工和县作协部分会员近 150 余人参加。文化委邀请中国作家协会《诗刊》社主编、中国作家协会诗歌委员会主任、诗人、作家叶延滨为主讲嘉宾。

12. 8 月 14—15 日，县文化委组织县文化馆及县舞蹈家协会相关工作人员，到全县 26 个乡镇检查垫江原创歌曲广场舞推广工作。

13. 垫江县文化市场行政执法大队组织网吧业主培训。9 月 12 日下午，垫江县文化市场行政执法大队组织全县 70 余家互联网网上服务经营户在县文化馆举办法律法规学习培训会。培训会上，主办单位组织与会者学习 2016 年修订《互联网上网服务营业场所管理条例》和《网络游戏管理暂行办法》。县文化委行政许可科人员组织学习“互联网网上服务经营”行政许可相关规定。

14. 第二届重庆文化惠民消费季垫江分会场活动启动。11 月 21 日上午，第二届重庆文化惠民消费季垫江分会场活动启动仪式在垫江县体育文化公园举行。启动仪式由县文化委主任左利理主持，市文化委副主任朱茂致辞，副县长苏灿讲话，县委宣传部部长贺泽贵宣布“第二届重庆文化惠民消费季”垫江分会场活动启动。县人大副主任徐明德、县政协副主席章华荣出席活动。活动自 2017 年 11 月开始，2018 年 2 月底结束，历时 4 个月。活动期间，县相关文化企业将陆续开展艺术精品欣赏，传统工艺体验、数字文化畅享、人文素养提升等活动，同时为广大老百姓奉献文化惠民演出季活动 80 场，文化惠民电影放映 280 场，精品书画展 26 场，惠民图书展 26 场。

15. 垫江县举行“书法公益大讲堂”开班仪式暨首次书法讲座。11 月 23 日，由县文化馆和县书法家协会联合举办垫江县“书法公益大讲堂”开班仪式暨首次书法讲座在县文化馆二楼多功能厅成功举行，来自全县书协会员及书法爱好者 80 余人参加讲座。

16. 垫江县书法公益大讲堂第 2 期在文化馆举办。12 月 15 日 19 时在垫江县文化馆二楼多功能厅举行垫江县书法公益大讲堂第 2 期。讲座会上，重庆市书法家协会员、垫江县书法家协会副主席陈明伦为近 60 位书法爱好者讲授《唐楷及北魏碑帖》。

【央视 2017《星光大道》重庆选手垫江赛区总决赛】 5月29日晚19时，在垫江县体育馆举办央视2017《星光大道》重庆选手垫江赛区总决赛，当晚选出垫江赛区20强选手代表垫江赛区参加市比赛。

【垫江县市级非遗项目入展第二届重庆非遗博览会】 6月16—18日，市文化委主办“第二届重庆市非物质文化遗产暨老字号博览会”在重庆渝中区龙湖时代天街举行，垫江县优秀非物质文化遗产项目新民春牛舞、高安唢呐、高峰薅秧歌、永安梅咂酒被授予第五批市级非物质文化遗产代表性项目，在博览会交流。

【第三届垫江牡丹诗会】 3月23—24日，垫江县举办第三届垫江牡丹诗会，来自全国各地著名诗人28人来垫参加诗会，实地到垫江牡丹源等地进行采风，并共同探讨垫江牡丹文化传承和发展，最后各位诗人为垫江牡丹留下诗作。

【《垫江文化》出刊】 5月4日，由县文化委主管、垫江县文化馆主办综合性文化内部刊物《垫江文化》出刊。《垫江文化》开设有“政策法规”“群星璀璨”“全民艺术普及活动”“文学天地”“光影世界”“书画巡航”“非物遗产”“文脉揽胜”“千年古县”等11个栏目。

【垫江县举办“名家进校园”读者见面会】 5月3日下午，县教委主办，县图书馆、新华书店、垫江第九中学承办“名家进校园”活动举行。中国作家协会会员、江苏省课外阅读指导委员会专家组成员丁立梅走进垫江九中，与师生开展文化交流。

【文化产业】 县文化委制定《关于促进规模以上文化产业加快发展的工作方案》，奖扶培育规模以上文化企业。全县有文化经营单位1850余家，文化企业450余家。纳入国家联网直报“规上”文化企业23家，其中，文化制造业5家，文化批发和零售业7家，重点服务业11家。完成产值8.5亿元。重点服务业主营业务收入17187.6万元，同比增长27.32%。

【文化市场管理】 检查各类文化经营场所833余户（次）。办理案子9件，办结案件9件，处罚款2.7万元，同比增长20%。加强和规范市场准入机制，督促演艺团体申报办理《营业性演出许可证》136个。与县政法委、教委等10余个部门开展校园周边环境整治等集中检查行动5次，确保中考、高考和成考的良好环境。认真开展扫黄打非“护苗、平安、清源、净网、秋风”五大项专项行动，集中清理无证经营和违法经营“黑网吧”“黑游戏厅”整治行动2次。成立县、乡镇（街道）、社区（村）“扫黄打非”工作三级工作机构，落实专兼职工作人员。

档 案

【档案接收利用】 档案局（馆）接收档案447盒、5128件。其中县政府办公室档案376盒、4017件，县档案局办公室档案68盒、726件，重庆三峡水务公司垫江分公司3盒，385件。完成移交档案的清理入库上架工作。接待来访群众4189人次，利用档案9247卷（盒）次，复印、复制资料57971页。

【档案宣传与执法】 6月8日，垫江县档案局在县城中心广场举办以“档案——我们的共同记忆”为主题的“6·9”国际档案日宣传活动。制作和征订宣传资料。征订中国档案报社、中国档案杂志社印制的《档案——我们共同的记忆》宣传挂图、《寻找共同的记忆》宣传册、《家的档案、家的记忆》宣传海报、《中国的世界记忆遗产》宣传折页各50份，印制档案宣传资料1000份，印制档案宣传口袋1000个。制做宣传标语两幅，悬挂在县中心广场处和县档案馆各一幅。咨询解答300人次。全年共检查20个：沙坪镇、普顺镇、沙河乡、大石乡、五洞镇、鹤游镇、包家镇、裴兴镇、县检察院、县教委、县林业局、县文化委、县经信委、县国土房管局、县交委、县安监局。通过检查，提高各单位的档案意识和依法归档能力。

【档案信息化】 完成2016年度档案信息化500万页扫尾工作，完成2017年度500万页档案信息化扫描工作，开展档案信息化过程中的档案进出库房登记工作，确保档案安全。

【业务指导与重大投资项目验收】 1. 业务指导。全年开展现场、电话业务指导300余人次。举办业务培训3期，培训档案业务人员288人。其中，扶贫档案专项业务培训2次，培训人员245人。长龙镇全体职工档案业务1次，培训人员43人。

2. 重大投资项目验收。10月对重庆富源化工有限公司20万吨/年硝基复合肥工程、12万吨/年两钠节能减排技改工程项目档案验收。两项目资料收集齐全，整理规范，共形成240卷档案，检索工具编制合理，验收合格。

【县国家综合档案馆新馆建设】 完成垫江县国家综合档案馆立项、可研、用地预审、规划、环评等手续的办理。并向市发改委申报垫江县国家综合档案馆新馆建设专项资金手续（国家预算投资596万元）。

【重点档案保护】 督促完善馆藏民国档案2016年度文件级目录录入20000条工作任务，经市局验收合格。完成2017年度馆藏民国档案文件级目录录入38000条工作任务，即将报请市局验收。全面清理馆藏民国档案和2016年、2017年已信息化档案，进行全宗新编，存放位置确定，以利于档案查阅利用服务。

地方史志

【党史研究】 1. 整理完成2007—2016年党史大事记，字数23万字。

2. 征集本地党史人物资料。人物对象涵盖老革命、老党员、老干部、烈士、劳模以及各行各业重要领军人物和对全县经济发展做出巨大贡献的人物。进一步做好口述史和回忆录的征集整理工作，同时做好相关图片资料的征集。2017年末，已完成50多位党史人物的资料征集，图片200多张。

3. 党史专题研究。按照重庆市党史研究室《重庆改革开放实录》要求，完成《垫江天然气工业发展历程》党史专题。

4. 党史成果转化。编辑出版《垫江县档案史志》册子6期，收录12篇党史文章，其中《西南服务团接管垫江始末》被重庆《红岩春秋》杂志2017年9期采用。

5. 党史资料数据库建设。按照“一突出、两跟进”要求，即时跟踪记录各年度地方党委重大决策部署、重大事件，进一步搜集、整理2006—2017年党史资料整理、归档，继续开展党史资料数字化工作。

【地方志】 贯彻落实《地方志工作条例》《全国地方志事业发展规划纲要（2015—2020年）》，完成《重庆年鉴（2017年卷）·垫江卷》稿件撰写。完成《垫江年鉴（2015—2016年卷）》编纂出版。启动中国名村志文化工程《牡丹村志》编纂工作。参与地名普查成果评审和《中国标准地名词典》垫江县相关词条的撰写。

科学技术

【概况】 垫江县科学技术委员会（以下简称县科委）为县政府工作部门，内设办公室、科学技术普及科、科学技术管理科，下属副科级参公事业单位垫江县知识产权局、正股级事业单位垫江县科技创新服务中心。机关行政编制9名。其中：主任1名、副主任2名，内设机构领导职数3名。机关后勤服务事业编制 1 名。购买服务人员控制数 1 名。段福进任县科委科协党组书记、县科委副主任，龚昌奇任县科委主任，邹轩林任县科委科协党组成员、科委副主任。

【创新主体培育】 2017 年，全县新增国家级知识产权优势企业认证 1 家、全国医药工业 100 强企业 1 家、市级牛羚企业 2 家、市级科技型企业 42 家、高新技术企业 3 家、市级产业创新创业联盟成员单位企业 1 家。全县高新技术企业产值 70.55 亿元，同比增长 16.1%。战略性新兴产业实现产值 34.71 亿元，占规上工业企业产值 16.3%。

【创新能力建设】 全县建成翔东实业、万利康药业等市级研发平台 5 个、市级企业技术中心 2 个、新型研发机构 1 个、市级专家大院 5 个、市级众创空间 2 个、星创天地 1 个、市级现代农业科技园区 1 个创新创业服务机构（团队）5 个。全县专利申请 314 件、专利授权 153 件，其中发明专利授权 12 件。企业与高校协同创新开发运用新技术 51 项、新工艺 12 个、高新技术产品 33 个，形成专著 1 部。

【科技计划项目实施】 2017 年，县科委组织实施县级科技项目 49 个，安排专项资金 536 万元。组织天圣制药集团等县内企业申报实施部级科技项目 3 个，获项目资金 2690 万元。组织重庆亚核公司等企业申报实施市级项目 63 个，获资金 1867 万元。

【创新创业支持】 2017 年，垫江县创业种子投资基金支持重庆市亚核公司等10家企业免息贷款360万元。县科委对重庆市三丰玻璃有限公司等 9 个新认定高新技术企业、35 个科技型企业、32 个高新技术产品、28 个入驻众创空间企业，拨付兑现科技奖补资金 247 万元。对重庆金龙科技有限公司等 28 个企业和个人实施专利资助和奖励，兑现资金 55.2 万元。对获垫江县首届创新创业大赛上等级奖的重庆任丙科技有限公司等 6 家企业，给予 10 万元创新创业奖励。

【科技成果转化】 2017 年，重庆辉虎催化公司“汽车三元催化器研究与应用”等 12 家企业科技成果实现产业化，转化应用项目 15 个，新增设施设备 10 台套，新建立生产线 12 条，新增产值 2900 余万元。实施农业科技项目引进示范推广新品种 13 个、示范面积 33 公顷，建成侨东美健康产业众创空间、维安众创产业园、五彩田园农村电商众创空间等科技成果转化示范基地 9 个。农业企业新建农产品生产线 2 条，新增产值 1214 万元。

【科技交流合作】 5 月，县科委与邻水科技部门签订《“两地四方”科技交流合作协议》。6 月，促成县政府与重庆市知识产权局签订知识产权战略合作协议。10 月，牵头促成县政府与重庆猪八戒网络公司签订“互联网+垫江”战略合作框架协议。全县 28 个企事业单位分别与 11 个高校院所、8 家知名大型企业、51 家第三方服务机构建立合作关系，组建创新创业联盟 1 个、工程技术研究中心 2 个、教学科研实习基地 2 个、博士后科研工作站 1 个、科研生产联合体 1 个，市级重点实验室 1 个、联合实验室 1 个，引进新品种 10 个、开发新产品 8 个、制定质量标准 10 项，支持院企合作项目 39 项。

【科技助力脱贫】 开展“科技特色产业促进行动”和“科技服务能力提升行动”，邀请相关科技特派员、农业科技专家进村进户进田间，指导帮助贫困群众发展相关产业、科技致富。县科委领导深入贫困户多次调研，带上物品、现金走访慰问，帮助解决贫困户生产生活困难。

【科技宣传培训】 围绕“科技活动周”“知识产权宣传活动周”“科技文化卫生三下乡”等重要节点，组织开展系列科技宣传活动。开展梦想课堂赠送图书、农技咨询、健康义诊宣传等现场服务活动 57 场次，悬挂各类宣传标语 30 余条幅，科普展板挂图 150 余张，接受群众咨询 600 余人次，发放科普知识、实用技术、知识产权等系列宣传资料 12500 余份。4 月，县知识产权局联合县商务局、县工商局等到南门精品建材城开展知识产权联合行政执法宣传活动。7月，邀请重庆市科委主任李殿勋到垫江作《当代中国的创新驱动》专题报告。8月，召开打击侵犯知识产权和制售假冒伪劣商品工作会，首届创新创业大赛决赛在国能国际大酒店举行。重庆任丙科技创新团队获一等奖、重庆川久公司、捷通食品公司创新团队获二等奖，重庆之草堂药业、四帅农业、钟表公司创新团队获三等奖。12月，在县党校举办“创新驱动科学发展专题培训班”。

卫生和计划生育

【概况】 垫江县卫生和计划生育委员会于2014年12月15日成立，简称县卫生计生委。由原垫江县卫生局和垫江县人口计划生育委员会组建而成，属于垫江县政府组成部门，驻垫江县桂阳街道桂西大道南段160号。县卫生计生委（垫江县中医药发展办公室）机关行政编制31人，内设办公室（挂卫生应急办公室牌子）、组织人事科、规划财务审计科、政策法规与综合监督科、医政科教与药政管理科、中医管理科、中医药产业发展科、公共卫生科（挂食品安全标准与监测评估科牌子）、计划生育基层指导科、流动人口与信息统计科、计划生育家庭发展科、行政许可服务科12个机构。

【卫生计生机构】 2017年，垫江县有卫生计生机构409个。其中：医疗机构390个（县级公立医院2个，中心卫生院6个、一般乡镇卫生院18个、社区卫生服务中心2个，民营医院10个，其他社会办医疗机构2个，个体诊所81个，村卫生室269个）、公共卫生专业机构3个（妇幼保健机构1个、疾控机构1个、精神卫生中心1个），渝东卫生学校1个，卫生计生监督执法机构9个（1个卫生计生监督执法局和8个片区卫生计生监督所），其余委属事业单位3个（乡镇卫生院会计核算管理中心、基本药物管理服务中心、卫生计生信息中心）。参公事业单位3个（爱卫办、计划生育药械药具管理站、县计划生育协会）。

【服务能力】 2017年，全县卫生计生机构核定人员编制3448人。其中：高级职称292人（正高38人，副高254人），中级职称586人，初级职称1601人。享受国务院特殊津贴专家3人，全国先进工作者1人，重庆市中青年专家1人，国家基层名中医1人，市名中医2人，县名中医20人。博士后1名、博士生2名、硕士研究生310名、本科生938名、专科生1349名，卫生技术人员专科以上学历占总数65.07%。执业（助理）医师1353人，每千人执业医师数1.94人。注册护士1462人，每千（常住）人口注册护士数2.09人。总床位数4205张，每千人床位数6.02张。已注册乡村医生1015人。垫江县拥有国家级重点（特色）专科3个、市级重点（特色）专科18个、市级区域重点学科3个，市级博士后科研工作站1个。

2017年，县医院、县中医院通过“三甲”复评，县医院获批国家级住院医师规范化培训基地，渝东卫校接受中等职业学校创建市级专家组论证。新增1个市级区域重点学科，县医院获全国三八红旗集体称号。2017年赴高校招聘应届生3名、考核招聘21名卫生技术人才，面向社会公招73名，并招聘14名基层医疗卫生单位紧缺实用人才。成功开展200余人次参与全县卫生应急技能大赛，垫江县代表队获全市卫生应急技能竞赛突发事件紧急医学救援项目二等奖。及时有效完成“9·30”大石乡交通事故、“10·3”永平镇交通事故、“10·8”永平镇气体中毒事件等救援处置任务。

【综合改革】 1. 公立医院改革。2017年9月9日0时，按照全市统一部署全面推开公立医院综合改革，新医保信息系统运转正常，群众反应平稳，根据监测数据，医护人员改革支持度、患者满意度保持在9.6分以上（满分10分）。四家公立医院总医疗收入、门诊人次数有所下降，次均门诊费用较医改前上升16.5%，人均住院费用下降7.05%，病床使用率、出院者平均住院日分别较医改前下降1.39%、16.07%，药占比继续维持在较低水平。2. 组建医疗联合体。完善和发展两个“1+13+X”医联体功能，县医院、县中医院与2家乡镇卫生院试点紧密型医联体建设，并与曙康医院、健侨医院探索组建“公私合作型”医联体，基本形成基层首诊、双向转诊、急慢分治、上下联动的分级诊疗格局。2017年，县级医院下转患者998例，较上年同期增长25.69%。3. 实施“县管乡用”，新派驻26名医师下基层，基层诊疗量占比65%。连续6年保持“大病不出县”。4. 公立医院控费。门诊次均费用增幅县医院为5.71%、县中医院为3.72%。出院者平均医药费用增幅县医院为1.26%、县中医院为1.38%。药占比、百元医疗收入消耗卫生材料（不含药品收入）均低于市下达控制指标。5. 认真落实“两票制”。遴选基本药品集中采购目录，并对目录中1373个品规查询一级代理，与12家配送企业重新签订两票制合同。6. 启动薪酬制度改革试点。将县医院、县中医院作为试点单位，制定薪酬制度改革实施方案、公立医院及工作人员绩效考核实施办法（试行）、公立医院院长绩效工资考核办法（试行）等政策文件。垫江县医改成效在全市公立医院综合改革经验总结推广现场会和全市医药卫生体制综合改革现场会进行交流。

【基本公共卫生服务】 2017年，按照要求分阶段及时拨付基本公共卫生服务项目经费补助3342万元，确保基本公共卫生服务项目工作效果明显。1. 健康档案。为辖区66.57万常住居民建立统一规范的电子健康电子档案，建档率98.39%。2. 健康教育。制作健康教育宣传栏600张，更新健康教育资料3600张，播放影音资料444类7688场次，举办健康知识讲座2120次，开展公众健康咨询活动546次。3. 预防接种。为全县0～6岁儿童建卡建证38125份，建卡证率100%。全年免疫规划疫苗接种129825针次，基础免疫疫苗报告接种率99.95%，乙肝疫苗首针及时接种率99.85%，加强免疫报告接种率99.14%。查验入学入托儿童《预防接种证》20475份，补种26788针次，补种率95%以上。4. 0～6岁儿童管理。全县0～6岁儿童50106人，规范管理44295人，规范管理率88.4%。2017年活产7868人，开展新生儿访视7046人，访视率89.55%。5. 孕产妇健康管理。为7036名孕产妇提供孕产妇健康管理服务，健康管理率89.43%。产后访视6963人，访视率88.5%。6. 老年人健康管理。为62625名65岁以上老人提供健康管理服务，管理率76.04%。免费体检63072人，在管健康服务对象免费体检率100%。7. 慢性病患者管理。管理高血压患者52136人，规范管理43683人，规范管理率83.79%，最近一次血压控制达标35441人，控制率67.98%。管理2型糖尿病患者14753人，规范管理12088人，规范管理率81.94%，最近一次血糖控制达标9290人，控制率62.97%。8. 重性精神障碍患者管理。检出3789人，检出率5.5‰，规范管理3231人，规范管理率85.27%。9. 传染病及突发公共卫生事件报告和处理。2017年垫江县发生突发公共卫生事件30起，报告及时率100%，规范处置率100%。2017年1—12月，全县无甲类传染病报告。报告传染病5734例，报告及时病例5732例，传染病报告及时率99.97%。10. 卫生监督协管。有效监管各级医疗、各类公共卫生服务单位次数2164次，覆盖率99.95%，异常情况报告110次，均进行有效处置。11. 老年人和0～36个月儿童中医药管理。为48359名老年人和10354名0～3岁儿童开展体质辨识、中医药健康指导等中医药服务。12. 肺结核患者健康管理。辖区内登记活动性肺结核患者数400人，已管理患者数400人，肺结核患者管理率100%。

【妇幼卫生】 2017年，垫江县妇幼保健事业蓬勃发展，妇幼保健水平明显提高。1. 加强孕前优生。2017年（自然年度）全县活产数7868人，孕产妇7831人，孕产妇产前医学检查率91.35%，产后访视率88.92%，系统管理率88.52%，孕产妇死亡率0。7岁以下儿童保健管理率88.40%，3岁以下儿童系统管理率88.30%，新生儿访视率89.55%，新生儿疾病筛查率 85.55%，新生儿听力筛查率 81.13%，母乳喂养率 96.50%，5 岁以下儿童死亡率 8.26‰，婴儿死亡率 5.72‰，新生儿死亡率 3.05‰，新生儿破伤风发病率 0，出生缺陷发生率 9.39‰。2. 全面完成重大公共卫生服务妇幼卫生项目工作。按照相关要求继续做好农村妇女宫颈癌免费检查项目、孕妇产前出生缺陷筛查项目、农村孕产妇住院分娩补助项目、儿童营养改善项目、预防艾滋病、梅毒、乙肝母婴阻断传播项目等工作，开展项目监督和指导，确保项目目标完成。对 2850 名农村产妇住院分娩补助。为 8305 名儿童发放营养包，发放儿童营养包 4.69 万盒。孕产妇接受艾滋病病毒、梅毒和乙肝免费检测 7235 人，检测率 99.97%，艾滋病病毒阳性 1 人，阳性率 0.01%，梅毒阳性 12 人，阳性率 0.17%，乙肝阳性 481 人，阳性率 6.65 %。

【疾病预防与控制】 1. 处置突发公共卫生事件 30 起。其中，传染病 17 起，食物中毒 3 起，职业中毒 1 起，其他公共卫生事件 9 起，应急物资储备充足，反应及时，处置规范。在 2017 年全市卫生应急技能竞赛中，疾控中心派出五人参赛者全都获奖（4 名个人三等奖，1 名个人优秀奖），团队获“突发传染病防控项目”集体三等奖。2. 全县处置感染 H7N9 疫情 1 起，防控经验交流得到市级专家肯定。县医院医生林榜素被国家卫生计生委评为 2016—2017 流行季 H7N9 防控工作先进个人。3. 进行 1.5 万人从业人员体检，为近 100 家公共场所和 44 家医院消毒监测。4. 示范区艾滋病防治成果得到巩固，探索创新健康教育工作初见成效。慢性病综合防控示范区健康监测任务完成。

【中医药改革】 2017 年，垫江县接受国家中医药管理局组织的试验县第三方评估并获好评。1. 不断健全基层服务体系，组织开展“西学中”、中医药“一揽子”培训等活动，促进中医传承。县中医院、沙坪镇卫生院启动中医信息化试点，中医药门诊人次、处方数均达到 42%以上，中医参与预防保健率、中医适宜技术覆盖率 100%。2. 加强中医药知识普及，组织开展《中医药法》主题宣传活动，开展中医治未病、中医慢病康复等咨询体验活动，利用丹乡手机报、网站等媒体持续推送中医健康常识。3. 推动中医药产业发展，《加快中医药产业发展扶持办法》正在进行审定，中华仙草园成为重庆市中医药文化宣传教育基地，已申报国家中医药健康旅游示范区及 2 个示范基地、4 个示范项目。

【医养结合】 2017 年，草拟《推进医疗卫生与养老服务相结合实施意见》，27 家医疗机构与全县 29 家养老机构签订服务合作协议，定期为入住养老机构老年人提供基本医疗和公共卫生服务。澄溪镇医养结合医院主体竣工，将打造为片区示范。天宝社区养老服务站通过政府购买服务建立信息呼叫平台、实时跟踪需求的做法得到国务院第四次大督查专家组肯定。

【计划生育】 1. 实现村级生育登记服务全覆盖。生育登记服务 7275 对夫妇，生育登记率 85%， 再生育审批 200 对夫妇。继续落实公安、民政、妇幼、疾控人口信息数据共享机制，全员人口信息覆盖率、准确率 99%以上。2. 加强计生协会建设。完成县级计生协会换届选举，启动计生协会管理服务信息系统建设，打造试点基层计生协县级 6 个、镇街 23 个，规范基层协会“会员之家”等阵地，结合群众需求开展 “爱心讲堂”收获好评，基层组织覆盖率 90%以上、工作覆盖率 100%。3. 落实计生家庭奖励扶助政策。兑现 2017 年度计划生育家庭奖励扶助金及补助 1751.48 万元，其中农村部分计划生育家庭奖励扶助金 1259.88 万元、计划生育家庭特别扶助金 345.45 万元、奖扶特扶对象参合补助 146.15 万元。4. 购买特殊家庭住院护理保险。投入 10 万元为 577 人购买特殊家庭住院护理保险，理赔 244 人次、23 万余元，赔付率 236.24%。5. 加大计划生育政策宣传。引导群众按政策生育，网上“全面两孩”专题政策解答专栏接受群众咨询 3230 人次。

【健康扶贫】 1. 精准识别贫困患者。全县因病致贫、返贫 2137 人，其中核准患病 620 人，救治比例 96.29%，人均自付 1117 元，自付比例 16.62%。2. 加大工作培训力度。9 月 14 日，召开全县健康扶贫暨大病专项救治工作培训会，明确工作任务，提高基层执行力。3. 扶贫制度建设。垫江县卫生计生委、县扶贫办、县民政局、县人力社保局等部门联合印发《垫江县健康扶贫工程实施方案》《垫江县农村贫困人口大病专项救治工作实施方案》《垫江县农村贫困住院患者县域内先诊疗后付费工作方案》《垫江县“光明扶贫工程”工作方案》等政策文件。4. 开展大病专项救治。对食管癌、胃癌、结肠癌、直肠癌、终末期肾病、儿童先天性心脏房间隔缺损、儿童先天性心脏室间隔缺损、儿童急性淋巴细胞白血病、儿童急性早幼粒细胞白血病 9 种大病患者进行集中救治，除 4 种儿童病在市上救治，县医院、县中医院作为大病救治定点医院，为贫困患者开通就医绿色通道，制定诊疗方案和临床路径，优先选择基本医保目录内安全有效、经济适宜的诊疗技术和药品、耗材，控制医疗费用。此外还通过基本医保和大病保险、医疗救助和商业保险、疾病应急救助、扶贫济困医疗基金等方式减轻患者负担。5. 优化家庭签约服务。实现建卡贫困户签约服务全覆盖，高血压、糖尿病、严重精神障碍患者规范管理率平均 79.8%。6. 健全疾病保障机制。县民政局印发《关于做好扶贫济困医疗基金救助工作的通知》，将 9 类城乡困难群众纳入民政医疗救助系统。完善医保政策，农村贫困人口在县级医院居民医保住院报销比例提高 10%，城乡居民大病保险自付费用在起付标准至 10 万元内报销比例提高 10%。农村贫困人口在县级医院居民医保住院报销起付线降低 50%，城乡居民大病保险起付标准降低 50%。将农村贫困人口全部纳入重特大疾病医疗救助范围。对农村贫困人口发生医保目录外医疗费用单次超过 3000 元的，在不超过总费用 30%以内实施分段分档救助，每人每年最高救助额度不超过 5 万元。

【民生实事】 2017 年，完成农村改厕 4160 户。完成 18010 名农村妇女宫颈癌免费检查，免费孕前优生健康检查 4240 人，免费产前出生缺陷筛查 3981 人次。家庭医生签约 27.11 万人、常住人口签约覆盖率 40.04%，其中城镇居民签约 7.78 万人、签约率 27.65%，农村居民签约 19.33 万人、签约率 48.86%，重点人群 15.92 万人、签约率 69.7%。开展健康扶贫暨大病专项救治培训，全县 29 个公立医疗机构建立建卡贫困患者“一站式”综合服务窗口，为贫困患者开辟就医绿色通道，并着力将贫困患者自付比例降至 30%以下。

【卫生法制与监督】 推进行政许可标准化，清理规范 22 项行政审批事项。更名片区卫生计生监督所为“卫生计生监督所”，实现与乡镇（街道）计生执法职能无缝衔接，推行“双随机”执法和执法全过程记录。全年监督检查医疗卫生、公共卫生和计划生育被监督单位 4722 户次，立案调查处理违法案件 128 件、结案 122 件，罚款 22.65 万元，监督检查覆盖率 100%。结合群众反映热点，开展为期 40 余天打击整治无证牙科摊（店）专项行动，主动关停 13 个、依法取缔 16 个，没收设备、器械 16 台（件）。与公安、检察部门建立打击无证行医联合执法机制，先后向公安机关移送无证行医涉嫌犯罪案件 10 件、被公安机关立案侦查 2 件。

社会保障

【概况】 城镇职工基本养老保险、城乡居民养老保险、城镇职工基本医疗保险、城乡居民合作医疗保险、工伤保险、生育保险参保人数分别为 6.11 万人、40.71 万人、5.73 万人、83.57 万人、3.70 万人、3.68 万人，征收各险种基金 9.18 亿元。完成机关事业单位养老保险改革、公立医院综合改革等工作。社保基金监管建立完善内控管理制度 17 个，执行《垫江县医疗保险统筹基金付费总额控制因素分配办法》，促进医保付费总额分配公开、公平、科学。实施阶段性下调城镇企业职工部分社会保险缴费费率政策，减轻困难企业负担，助推全县实体经济发展。将社保经办服务拓展延伸到 26 个乡镇、92 个村（居），打通服务群众“最后一公里”。

2017 年垫江县社会保险情况表

表 11

险种名称	参保人员（人）	基金征收（万元）	基金支出（万元）
城镇职工养老保险	61062	42655	48617
城镇职工医疗保险	57293	29878	28013
城乡居民养老保险	407015	4146	17013
城乡居民医疗保险	835669	12002	47685
工伤保险	36995	1689	956
生育保险（1—8 月）	36840	561	1525

注：2017 年 9 月份后生育保险合并至职工保险统一结算

人民生活

2017 年居民人均可支配收入 21697 元，其中：工资性收入 9373 元，经营性收入 4789 元，财产性收入 1209 元，转移性收入 6326 元。全年居民人均消费支出 12334 元，同比下降 2.41%。

城镇常住居民人均可支配收入 31889 元，增加 2687 元，同比增长 9.2%。其中工资性收入 16589 元，经营性收入 4277 元，财产性收入 2388 元，转移性收入 8635 元。全年城镇居民人均消费支出 15030 元，同比下降 12.7%。城镇居民人均自有现住房面积 46.7 平方米。

农村常住居民人均可支配收入 13979 元，同比增长 10.1%。其中工资性收入 3909 元，增长 11.6%；家庭经营收入 5176 元，增长 8.4%；财产性收入 316 元，增长 9.4%；转移性收入 4578 元，增长 10.8%。生活消费支出 10294 元，增长 9.7%，其中用于食品烟酒、医疗保健、居住、交通通讯、教育文化娱乐和其他用品和服务等消费支出分别为 3290 元、1561 元、1737 元、985 元、1385 元和 213 元，分别增长 4.3%、34.4%、5.7%、9.1%、23.3%和 5.1%；衣着、生活用品及服务支出分别为 480 元、643 元，同比分别下降 12.0%、0.3%。

社会管理

【概况】 县民政局内设办公室、救灾科、社会救助科、社会福利和慈善事业促进科、基层政权和社会事务科、优抚安置科、行政许可服务科、民间组织管理科、老龄科 8 科 1 室，下属垫江县社会福利院、垫江县殡葬管理所、垫江县殡仪馆、垫江县军队离退休干部服务管理中心（参公事业单位）、垫江县婚姻登记中心（参公事业单位）、垫江县救助管理站（参公事业单位）、垫江县民政管理所、垫江县最低生活保障服务中心 8 个事业单位。

【基层自治组织建设】 2017 年，全县村改居 4 个，分别是太平镇松花居委、永茂居委、永安镇中心居委、砚台镇百胜居委。在社区便民服务中心规划建设中，按标准配置各种功能用房，按标准配置便民服务大厅。投入资金近 190 万元，新建村（居）便民服务中心 4 个，同时在全县 20 个农村社区试点规范化建设。加大村（居）务公开力度，丰富公开载体。全县公开村（居）务内容 5 万余条。2017 年末，全县有 222 个行政村，79 个居委会。

【优抚安置】 落实国家军人抚恤优待政策，全年发放抚恤补助金 5200 万元，发放医疗补助 867 元，发放义务兵家庭优待金 548 万元。积极开展解决优抚对象三难问题，全年解决住房困难 20 户、开展优抚对象临时救助 1740 人次、发放优抚对象住院补助 1762 人次，累计投入解困资金 310 万元。2017 年，全县接收 2016 年秋冬季退役士兵 327 人，其中选择自主就业退役士兵 317 人（含城镇籍 65 人，农村籍 252 人），符合政府安排工作条件的“四类人员”10 人。按照文化考试和档案考核相结合方式完成岗位安置工作，其中安置到县级事业单位 2 人、乡镇事业单位 7 人和县属国有控股企业 1 人，安置率 100%。发放自主就业一次性经济补助 962 万元。组织退役士兵（士官）免费技能培训 176 人，资助参加学历教育 20 人，完成退役士兵安置各项工作任务。组织开展纪念建军 90 周年系列活动，举办“军民鱼水情谊浓”双拥文艺晚会，营造爱国拥军社会氛围，开展市级双拥模范县创建工作。

2017 年 1 月 10 日，全县退役士兵安置推荐会在会议中心举行

【社会福利】 2017 年，全县享受高龄养老服务补贴 2050 人，全年补贴金额 543.66 万元。经济困难失能养老服务补贴人数为 1308 人，全年补贴资金 332.78 万元。全县 90 岁老人生活补贴人数为 1836 人，全年补贴金额 221.88 万元。2017 年，会同县公安消防大队、卫生计生委、质量技术监督局联合印发《垫江县开展养老院服务质量建设专项行动实施方案》。出台《垫江县集中清理整治非法民办养老机构工作实施方案》等重要政策文件，全面提高全县养老服务质量，确保全县养老机构稳定安全。完成 3 个社区养老服务站建设。开展“金秋行动，光彩助学”捐助活动，捐助 32 万元，近 100 名学生受益。开展慈善双日捐、定向扶贫等捐赠活动，筹集慈善资金 546.33 万元，近 6 千人受益。全县福利彩票销量 3300.6 万元，其中电脑销量 2705.3 万元，刮刮乐销量 199.9 万元，中福在线 395.4 万元。

【社会救助】 1. 城市低保：2017 年累计审批享受低保对象 15440 户 20989 人，拨发低保金 9359.92 万元。其中城市 4832 户 6116 人，发放低保金 3468.15 万元，城市低保人数占全县非农业人口 1.50%，人均补差标准每人每月 427 元。农村 10608 户 14873 人，发放低保金 5891.77 万元，农村低保人数占全县非农业人口 2.62%，人均补差标准每人每月 314 元。

2. 临时救助。开展“金秋助学”活动，帮助 166 名新生圆大学梦。加大临时救助信息管理系统的投入使用，实行县级和乡镇分级审批。全年发放临时救助金 1533.93 万元，救助困难群众 5899 户，次均救助 2600 元。

3. 医疗救助。全县医疗救助支出 3280 万元（含资助参保 611.6 万元），救助困难群众 13.75 万人次（含资助参保 4.55 万人），住院救助次均救助 738 元。其中门诊救助 80876 人次，次均 73 元。住院救助 23388 人次，次均 958 元。扶贫济困医疗基金救助 1499 人次，次均 1875 元。

4. 特困人员供养。全县特困供养人员 4631 人，发放资金 3263 万元。其中集中供养 675 人，分散供养 3618 人，护理补助 154.74 万元，特困人员供养机构管理资金 237.7 万元，特困人员丧葬补助资金 114.8 万元。全县 24 个乡镇敬老院全部完成法人登记。

5. 灾害救助。2017 年，全县遭受 “6·15” 洪涝灾、“7·7” 洪涝灾、“7·19” 风雹灾、“9·18” 洪涝灾和“10·4” 洪涝灾，全县 26 个乡镇（街道）均受到不同程度灾害袭击，累计受灾人口 100046 人次，因灾死亡 1 人，紧急转移安置 417 人，需紧急生活救助 28 人，需过渡性救助 18 人，农房倒塌 56 户 111 间，农房严重损坏 95 户 201 间，农房一般损坏 1055 户 1388 间，农作物受灾面积 2365 公顷，其中成灾面积 716 公顷。直接经济损失约 10843 万元，其中农业损失 1866.7 万元，工矿企业损失 3477.95 万元，基础设施损失 1713.1 万元，公益设施损失 414.75 万元，家庭财产损失 3370.5 万元。争取救灾救助资金 627 万元，救助受灾群众 45691 人。帮助受灾群众恢复重建倒房 1475 间，使 1068 户受灾群众搬进新居。

【社会行政管理】 1. 婚姻登记。全年办理结婚登记 7560 对，离婚登记 3650 对，补办结婚登记 3345 对。补办离婚 300 份，办理收养登记 7 例。整理婚姻、收养纸质档案 700 卷。

2. 殡葬管理。全年火化遗体 369 具，其中外县 35 具，接待治丧 128 起，公墓墓位销售 75 个。实行困难群众治丧减免政策，为 27 名困难群众减免基本丧葬费 3.81 万元。

3. 民间组织管理。全县登记社会组织 349 家。其中，社会团体 133 家，民办非企业单位 216 家。

4. 区划地名管理。完成垫涪、垫长，渝川县线垫江大竹段和垫江邻水段行政区域界线联合检查工作，更换县级界桩两颗，完成省级界桩电子管界设备安装。（李敏杰）

气象事业

【气象观测场迁址】 2017 年 1 月 1 日，垫江县气象观测场迁址长龙镇高桥居委 7 组，开始业务运行。

【气候与农业】 2017 年，垫江县平均≥10℃活动积温为 5624.8℃，接近常年（5600.0℃）。全年垫江县各地热量条件较好，降水略偏多，光照条件良好，大部分时段土壤墒情适宜。各季农业气象条件为：冬季偏暖，无霜冻。春季温度适宜，无春旱和“倒春寒”。初夏晴雨相间。盛夏高温晴热天气突出，农业干旱较重。秋季中期阴雨寡照明显。2017 年度气象条件对作物生长发育和产量形成总体上利弊均比较明显，农业气象条件总体上属正常略偏差年景。

【气象防灾减灾】 1. 气象防灾减灾工作成效显著。增强气象服务主动性和及时性，预测预报质量稳步提升，排名全市前列。提高气象服务产品质量，服务方式多样，服务效果明显。积极开展人工影响天气工作，全年未出现因气象灾害造成重大经济损失和人员伤亡。2. 加强部门联动协作。同农委、林业局、水务局、国土房管局等 9 个部门签订气象灾害部门联动合作协议。加强预警信息发布平台管理，充分发挥预警信息发布平台作用。3. 开展标准化气象灾害防御乡镇（街道）建设。4. 完成林业、易燃易爆和危化场所 25 家企业气象灾害敏感单位认证申报。5. 扎实开展“三农”和“直通式”气象服务，推广应用精细化智能服务平台。

【防雷减灾体制改革】 全面深化防雷减灾体制改革，认真贯彻落实市政府《关于优化建设工程防雷许可的实施意见》文件精神，对建设工程防雷许可进行优化，强调防雷监管职责，落实雷电灾害防御责任。切实加强防雷安全监管，联合安监局、经信委、商务局等 5 部门下发《关于加强易燃易爆、矿山等建设工程和场所防雷安全工作的通知》，督促相关单位落实防雷安全主体责任。县政府印发《垫江县防雷安全监管联席会议制度》，推动形成相关部门防雷安全监管责任的落实。县编委会同意垫江县自然灾害预警预防信息中心增挂县防雷中心牌子，增核编制 1 名，明确自然灾害预警预防信息中心（县防雷中心）主要职责。

体　育

【体育设施】 2017 年末，全县有公共体育场地设施 1315 余个。2017 年新建竣工的垫江县全民健身中心建筑总面积 3980 平方米（含乒乓球馆、羽毛球馆、功能用房、设备用房、看台及配套附属用房）。建成6个社区健身点和2个健身广场。新开工建设明月山全民健身中心、垫江县公共体育场田径跑道等设施。

【垫江县全民健身中心竣工】 7月30日，垫江县全民健身中心竣工。垫江县全民健身中心位于县体育文化公园（游泳池），是由国家雪碳工程援建，于2013年12月县发改委立项（〔2013〕331号）批准进行修建的，该工程总投资约890万元，建设规模约4559.34平方米，主要建设内容包括：在原垫江县游泳池的基础上增建三层建筑（其中：第一层：设置健身房、跆拳道、棋牌室、瑜伽馆、太极馆、体育舞蹈室等。第二层：设置乒乓球馆。第三层：设置羽毛球馆）。

【社区健身点和健身广场建设】 全县投入（市级和区级）资金50.9万元、按“七有”“十二条标准”创建曹回镇龙家社区、杠家镇龙凤社区、大石乡豹山社区、澄溪镇向阳社区、黄沙镇长红社区、高安镇兴盛社区6个社区健身点。年末，全县全部社区健身点辐射面积34.9平方千米、惠及人口7.98万人带动的社区周边体育消费、经常性锻炼人数4万人。全年开展活动134次，专兼职工作人员及社体指导员上岗数54人。

全县新建黄沙镇、周嘉镇2个健身广场。健身广场包含标准篮球场1个、综合活动场1个、乒乓球台4个、健身路径1套。

【垫江县青少年儿童体育学校】 增挂垫江县国民体质监测站牌子。主要工作职责：培养运动人才，优秀运动队管理，组织竞赛、表演赛、比赛，组织教练员培训。定期开展国民体质监测，建立体质档案，推动《全民健身计划纲要》的实施。核定事业编制12名，单位领导职数2名（校长1名、副校长1名），在岗职工11名，其中校长1名。

【垫江县篮球协会成立】 11月18日上午垫江县篮球协会在县文化馆会议室成立。参会代表首先以举手表决的方式通过《协会章程》《大会选举办法》，并按规定选举产生理事长、副理事长、秘书长、副秘书长、常务理事等。

【垫江县足球协会成立暨2017—2018年度“体彩杯”八人制足球联赛开幕】 12月9日，垫江县足球协会成立仪式暨2017—2018年“体彩杯”垫江县八人制足球联赛在县体育场举行，有13支队伍150余名足球爱好者参加。

【垫江县第四届运动会】 9月21日上午，由垫江县人民政府主办，县文化委、县教委、县总工会承办的垫江县第四届运动会在县体育馆隆重举行。县运会紧扣“县运惠民.健康垫江”为主题，以展示全县体育快速发展的成果，展现全县人民积极向上的精神风貌。来自全县各条战线、各乡镇（街道）、部门、企事业各单位代表和学生、社区居民等3000多人观看开幕式。

全县有26个乡镇（街道）、12个中心学习组、6个县属企业共44个代表团参加，3000多名运动员参赛。比赛分成人组16个大项，青少年组12个大项，共计480个小项。9月29日下午，垫江县第四届运动会在垫江县体育馆闭幕。第四届运动会（乡镇组）：高安、桂溪、澄溪三个代表团获一等奖。坪山、桂阳、新民、永安4个代表团获二等奖。太平、沙坪、鹤游、普顺、周嘉5个代表团获三等奖。中心学习组、企业组：教委、宣传两个代表团获一等奖。垫江监狱、政法、供电公司3个代表团获二等奖。行政、金融、农委3个代表团获三等奖。对积极组队参加垫江县第四届运动会并在相关工作中做出积极贡献的高安镇、桂溪街道、澄溪镇、坪山镇、桂阳街道等26个单位获垫江县第四届运动会“优秀组织奖”荣誉称号。根据《垫江县第四届运动会体育道德风尚奖评选办法》，经组委会审定，授予裴兴镇、沙河乡、包家镇等18个单位垫江县第四届运动会体育道德风尚奖荣誉称号。

【承办"云动重庆杯"重庆市第二届篮球联赛】 5月19日晚，由重庆市体育局主办，市篮球运动管理中心、市篮球协会、县文化委、重庆俞越文化传媒有限公司承办的2017年"云动重庆杯"重庆市第二届篮球联赛（乙级）在垫江县体育馆拉开序幕。本次联赛吸引全市18支代表队220余名运动员参赛，比赛将于5月19日至5月26日在垫江县体育馆展开为期一周共49场比赛。开幕式由垫江县政协副主席章华荣致欢迎词，重庆市篮球运动管理中心主任、市篮球协会副主席潘孝荣致辞，垫江县人民政府副县长苏灿宣布比赛开幕，重庆市体育局副局长李亚光为篮球联赛开球。重庆市篮球运动管理中心竞训部长、市篮球协会秘书长高渝，重庆市篮球协会副主席田兵、杨军、李韦，县文化委领导参加开幕式。

【体育活动】 1. 举办"好体育人"迎春DBA三人制篮球赛。2月1日至28日，垫江县体育总会、垫江县体育文化服务中心承办，垫江县青少年儿童体育学校、垫江县青少年体育俱乐部协办的垫江县"好体育人"迎春DBA三人制篮球赛在体育文化公园室外篮球场举行。此次比赛组别设置A组：18～30岁。B组：31～40岁。C组：41～55岁，每组录取参赛队的三分之一给予奖励。竞赛办法执行中国篮协审定的最新竞赛规则和执行三对三篮球竞赛规则。30名"好体育人"全程服务。

2. 开展"好体育人在行动"2017年垫江县举行国民体质监测活动。2月10日至13日，由县文化委主办，垫江县青少年儿童体育学校承办的"好体育人在行动"2017年垫江县国民体质监测活动在县体育文化公园举行，300余名市民前来参加体质监测，深受广大群众的欢迎。30名"好体育人"全程热情服务。

3. 举办全县"三八"国际劳动妇女节羽毛球比赛。3月3日上午，垫江县庆祝"三八"国际劳动妇女节羽毛球赛在县体育馆拉开序幕，来自全县各乡镇各部门各行业的20支代表队、180余名运动员参赛，比赛于3月3—5日在垫江县体育馆展开。开幕式上，垫江县妇女联合会主席钱志碧代表主办单位致辞，县委副书记张波宣布比赛开幕。出席开幕式的还有县人大常委会副主任徐明德、副县长李小丽、县政协副主席李节华。

4. 举办垫江县DBA男子篮球联赛。3月9日晚，"全民健身·康养垫江·好体育人在行动"2017年垫江县DBA男子篮球联赛在县体育馆拉开序幕，来自全县各条战线的24支代表队近500名运动员，将参加为期8个月300余场的比赛。比赛分为季前赛、常规赛和季后赛。11月27日，历时9个月的2017年垫江县DBA男子篮球联赛在县体育馆落下帷幕，整个赛季经历季前赛、常规赛、季后赛3个阶段，共230余场比赛，县内24支球队分3个组别，400余名篮球运动员参赛。30余名"好体育人"全程服务。云动垫江体育云平台对垫江县2017年DBA男子篮球联赛3个组别的决赛网络直播，直播渠道覆盖云动重庆、云动垫江、重庆体育网三大重庆本土网络平台。本次直播面向全重庆，观看单场直播的人数近9000人，直播持续4场，约3万人次观看决赛。

DBA男子篮球联赛

5. 举办"我与世界冠军一起跑"迷你马拉松赛。4月7日上午，由县文化委、垫江县旅游局主办的"牡丹故里·康养垫江"第十八届垫江牡丹文化节系列活动"我与世界冠军一起跑"迷你马拉松赛在县城宽阔的明月大道上成功举行，全程6千米，吸引县内千余名长跑爱好者参赛。涌现一大批"好体育人”志愿者为赛事全程服务。本次迷你马拉松赛，邀请中长跑世界冠军孙英杰和前 CBA 著名篮球运动员何奔，为本次比赛领跑。

6. 举办首届大型太极文化展示活动。4 月 30 日上午，“五一”劳动节到来之际垫江县首届大型太极文化展示活动”在县城牡丹湖公园广场隆重举行，县内 21 支代表队 1000 余名运动员参加，20 余名好体育人全程服务。

7. 举办“鼎发杯”职工篮球赛比赛。5 月 3 日晚，由垫江县总工会 县文化委主办的 2017 年垫江县“鼎发杯”职工篮球赛在县体育馆拉开序幕，全县有 23 支代表队、320 余名运动员参赛，比赛于 5 月 3 日至 5 月 8 日在垫江县体育馆展开激烈角逐。40 余名“好体育人”全程服务。开幕式上，副县长苏灿致辞，县委副书记张波宣布比赛开幕。县人大常委会副主任谭建、县政协副主席章华荣、县总工会、县文化委等部门和鼎发实业股份有限公司领导参加开幕式。

8. 举办垫江县第二届国际武术文化节。8 月 6 日，由县文化委主办，垫江县东方龙武术文化学校承办，垫江青少年儿童体育学校、体育文化服务中心、垫江县搏击协会协办的 2017 垫江第二届国际武术文化节在县体育馆落幕，来自泰国和中国陕西、四川、湖北、西安、广安、南京等省、市、自治区以及重庆各区县的 30 支代表队、700 余名运动员登台献技，展开为期 6 天的激烈角逐，100 余名体育志愿者全程参与服务。

9. 举办“美丽中国 • 康养垫江”全民亲子马拉松赛。12 月 23 日上午，县文化委主办“美丽中国 •康养垫江”2017 年全民亲子马拉松比赛在明月大道牡丹湖公园举行，来自牛津垫江英豆兒幼儿园的家长学生 500 多人参赛。

【参加市级竞赛】 2017 年，文化委组队参加各类市级比赛，获 19 个单项第一名，38 个单项第二名，33 个单项第三名，6 个单项第四名，3 个单项第五名，5 个单项第六名，3 个单项第七名，4 个单项第八名。获市级团体奖 7 个，国家级单项奖 3 个。县文化委获“全国群众体育先进单位”称号。

1. 垫江县代表队参加 2017 年重庆市青少年田径锦标赛。2017 年重庆市青少年田径锦标赛于 1 月 23 日在万州区体育中心体育场落下帷幕。本次比赛由重庆市体育局、重庆市教育委员会主办，重庆市万州区文化委员会承办。垫江县有 12 名运动员参与角逐，获男子 100 米第二名、第四名。200 米第二名、第八名。4x100 米第三名。4x400 米第六名。跳远第八名，最终有 3 名运动员达到二级。

2. 垫江县组队参加重庆市第八届体育舞蹈锦标赛暨全国体育舞蹈公开赛（重庆站）选拔赛。4 月 29 日至 5 月 1 日，由市体育局、市教委、巴南区人民政府主办，市社体中心、市竞赛中心、市体育舞蹈协会和巴南区体育局承办的“中国体育彩票”重庆市第八届体育舞蹈锦标赛暨全国体育舞蹈公开赛（重庆站）选拔赛在巴南区体育馆隆重举行。垫江县体校—I 舞代表队派出 39 名远动员参加比赛，获单人单项一等奖 15 名，二等奖 23 名，三等奖 24 名。单人多项一等奖 3 名，二等奖 2 名、三等奖 4 名。组别赛，全县选手李小红、谭小珍获成人标准舞 A 组第三名，李华、欧阳军获壮年 A 组第四名，贺卢丞骋、李诗涵获业余 12 岁以下拉丁舞第六名。女子 6—8 人集体舞一等奖、二等奖、三等奖。

3. 垫江县代表队参加 2017 年重庆市田径冠军赛。2017 年重庆市田径冠军赛于 7 月 3—7 日在大足区体育中心体育场落下帷幕。本次比赛由重庆市体育局主办，重庆市大足区文化委员会承办。全县共有 13 名运动员参赛，其中余玲玲获女子 800 米、1500 米第二名。瞿志宇均获男子 400 米、800 米第四名。梅恩辉获三级跳远第四名。朱凌锋获男子 400 米第七名。盛旺获 1500 米第七名、800 米第八名。垫江县代表队获团体第八名，最终有 4 名运动员达国家二级运动员标准。

4. 垫江县代表队参加 2017 年重庆市青少年网球排名赛总决赛。11 月 3—5 日，2017 年重庆市网球排名赛总决赛在涪陵奥体中心、长江师院网球场举行。本次比赛由重庆市体育局主办，涪陵区文化委承办。垫江县龙沛杰、江政宏 2 名运动员参加该组别比赛，分别获 10 岁以下组男子单打第二名、第三名，10 岁以下组男子双打第三名的成绩。

5. 垫江县代表队参加“浩沙杯”2017 年重庆市游泳冠军赛。12 月 1 日至 3 日，由重庆市体育局主办，开州区文化委、重庆市游泳协会承办的“浩沙杯”2017 年重庆市游泳冠军赛在开州区游泳馆举行。全县代表队有 3 名运动员参加比赛，张皓岚获男子 13—14 岁组 50 米蛙泳第二名、100 蛙泳第三名。胡峰玮获男子 15—17 岁组 200 米蛙泳第六名。

6. 垫江县青少年儿童网球代表队参加重庆市少年儿童阳光体育大会网球比赛。12 月 23 日至 24 日，重庆市少年儿童阳光体育大会网球比赛在重庆市九龙坡区奥体重报网球中心举行。本次比赛由市体育局主办，九龙坡区体育局承办。垫江县青少年儿童体育学校龙沛杰、江政宏 2 名运动员参赛，分别获 10 岁以下组男子单打第二名、第五名。

【体育彩票】 全县有体彩业网点 40 个，每月召开 1 次体彩销量分析会和销售员业务培训会，每季走访网点。出台《垫江县体育彩票销售奖励扶持办法》，全年销售体育彩票 2200 万元。

2017 年垫江县参加市级比赛获奖情况

表 12

2017 年垫江县参加市级比赛获奖情况	第一名	第二名	第三名
2017 年重庆市青少年田径锦标赛		2	1
2017 年重庆市青少年网球锦标赛			1
2017 年重庆市第八届体育舞蹈锦标赛暨全国体育舞蹈公开赛			1
2017 年重庆市青少年游泳锦标赛			
2017“体彩杯”重庆市青少年网球单打积分赛（第一站）			
2017“体彩杯”重庆市青少年网球单打积分赛（第二站）			1
2017“体彩杯”重庆市青少年网球单打积分赛总决赛（第四站）		1	
2017 年重庆市青少年网球排名赛总决赛		1	2
“浩沙杯”2017 年重庆市游泳冠军赛		1	1
2017 年重庆市田径冠军赛竞		2	
2017 年重庆市跆拳道冠军赛			2
重庆市武术散打职工邀请赛			1
重庆市少年儿童阳光体育大会网球比赛		1	
2017 年重庆市乒乓球巡回赛（璧山站）	1	1	
2017 年重庆市乒乓球巡回赛（南川站）暨渝东南乒乓球邀请赛		3	
重庆市第二届篮球乙级联赛			
渝东南老涪陵片区篮球邀请赛		1	
重庆市第三届中老年篮球赛		1	
2017 年全民健身公开水域游泳比赛			
重庆市第六届“升腾消费大数据”杯公务员乒乓球比赛			1

续表

2017 年垫江县参加市级比赛获奖情况	第一名	第二名	第三名
重庆市（万州）第四届“长江杯”乒乓球比赛			
2017 年重庆市篮球协会第 28 届中老年“合川万通杯”篮球比赛		1	
重庆市第七届全民健身运动会跳绳比赛		1	1
重庆市第七届全民健身运动会游泳比赛		3	1
2017 年重庆市老年人健身球操比赛			
2017 年重庆市老年人门球比赛			
大沙河.中国雏城杯 2017 年重庆市老年人气排球比赛			
合计	1	19	13

2017 年其他获奖情况

2017 年重庆市第八届体育舞蹈锦标赛暨全国体育舞蹈公开赛	一等奖		
	19		

2017 年国家级赛事获奖情况

赛事名称	第一名	第二名	第三名
2017 年全国少年田径锦标赛			
WILSON-PTR 星战赛北京中网赛场全国总决赛		1	1

街道　乡镇

桂阳街道

【概况】　桂阳街道地处县城南部。幅员面积 46 平方千米，东连长龙镇，南临太平镇，西接四川邻水县，北至桂溪街道。清康熙时属八庄里。光绪时属南里一甲。宣统时为城区庄家桥场。民国 20 年（1931 年）置南一乡。民国 24 年改为城南乡。民国 29 年与城厢合并成立桂阳镇。次年与原城东从桂阳镇划出，以境内教育家李惺之号置西沤乡。1951 年更名城南乡。1955 年并入太平乡。1962 年分置城南公社。1983 年改城南乡。1992 年，并入桂溪镇。2014 年 11 月 18 日，撤销桂溪镇，分置桂阳街道、桂溪街道。桂阳街道辖区设新村、天宝、月阳、西湖、南阳、龙凤、春花、文毕 8 个社区和天马、万安、永兴、黎明、十路、群山 6 个行政村。辖区面积 46 平方千米，常驻人口约 10 万人。境内牡丹湖湿地公园占地 41 公顷，其中：水面面积 20 公顷、绿地面积 21 公顷，为县城自然生态区和候鸟湿地区。

2017 年，桂阳街道温州商贸城

【经济发展】　2017 年农业总产值 1.15 亿元，同比增长 2.4%。规上工业总产值 9.29 亿元，同比增长 6.5%。建筑业总产值 56.31 亿元，同比增长 19.7%。限额以上批发零售业销售额 26.53 亿元，同比增长 7.8%。限额以上住宿餐饮业营业额 1.80 亿元，同比增长 18.61%。固定资产投资 13.33 亿元，同比增长 9.4%。地方税收收入 4.01 亿元，同比增长–9.17%。财政一般公共预算收入 2502 万元，同比增长 24.6%。财政一般公共预算支出 2996 万元，同比增长 29.8%。“四上企业户数”114 户。农村常住居民人均可支配收入 14875 元，同比增长 10.28%。

【社会发展】　街道发放低保金 400 余万元，救助各类困难群众 878 人，发放救助金 104 万元。居民医保参保 37225 人，筹资 667 万元。办理计生奖扶特扶 412 人，发放补贴 200 余万元。发布用工信息 3600 条，实现城镇劳动者新增就业 885 人，失业人员再就业 387 人。

桂阳街道领导名录

街道党工委书记：徐吉强（2017.1—2017.2）
　　　　　　　　刘洪君（2017.3—2017.12）
街道办事处主任：周钉梁（2017.1—2017.12）
街道人大工委主任：黄泽勇（2017.1—2017.12）

桂溪街道

【概况】　桂溪街道地处垫江县西部，位于北纬 30° 18′ 18″ ~30° 22′ 50″，东经 107° 17′ 43″ ~107° 24′ 49″，东连黄沙镇、长龙镇，南临桂阳街道，西与四川省大竹县、邻水县接壤，北接新民镇、曹回镇，因处桂溪河畔而得名。街道办事处驻桂东社区桂东大道南段 13 号，南距重庆市主城区 127 千米。桂溪历史悠久，自北朝西魏恭帝三年（556 年）置垫江县，历为县治所在地。春秋属巴国，秦汉属巴郡，南北朝西魏始属垫江县。自北朝西魏恭帝三年（556 年）置垫江县，历为县治所在地。清宣统二年（1910 年）置城厢，民国 20 年（1931 年）改置城镇，民国 29 年更名桂阳镇。1951 年废桂阳镇设城关区，1955 年改称城关镇，1981 年更名为桂溪镇。1992 年，原城东乡、城南乡、城西乡入桂溪镇。2014 年 11 月 18 日，撤销桂溪镇，分设桂溪街道和桂阳街道。

2017 年末，辖西山村和长大、峡口、玉河、南街、镇中、西街、迎春、东街、北街、田坝、保合、桂东、三合、春花、石岭、集体、松林、红光 18 个居委会（社区），设 5 个村民小组、116 个居民小组。境内矿产资源主要为石灰石，石灰石地质储量 5 亿吨，可采储量为 1.3 亿吨，集中分布在明月山内槽一带。年末，全街道幅员面积约 45 平方千米，耕地面积（二调）1881.1 公顷，其中水田 648.75 公顷，旱地 1232.35 公顷，林地面积 961.26 公顷，森林覆盖率 37％。2017 年年末户籍户数 39585 户，户籍人口 87616 人。常住户数 44873 户，常住人口 124289 人。人口出生率 10.5‰，死亡率 4.13‰，人口自然增长率 4.9‰。

2017 年 11 月，桂溪街道开展就业适应性培训

【经济发展】 全街道 2017 年农业总产值 1.03 亿元，同比增长 2.3%。规上工业总产值 9.74 亿元，同比增长 53.6%。建筑业总产值 47.48 亿元，同比增长 1.1%。限额以上批发零售业销售额 30.65 亿元，同比增长 7.8%。限额以上住宿餐饮业营业额 2.20 亿元，同比增长 26.66%。固定资产投资 16.24 亿元，同比增长 9.5%。地方税收收入 2.91 亿元，同比增长-1.09%。财政一般公共预算收入 2865 万元，同比增长-3.8%。财政一般公共预算支出 3209 万元，同比增长 7.1%。“四上企业户数”140 户。农村常住居民人均可支配收入 14869 元，同比增长 10.18%。

有工行、农行、建行、农商行、邮政储蓄、中行等金融机构网点 18 个、自助银行 7 个。年末存款余额 155.94 亿元，比上年增长 9.3％。年末贷款余额 148.55 亿元，比上年增长 17.8％。

【社会发展】 有街道文化站、广播站各 1 处，有村级文化活动中心 19 处，各类文化专业户 138 户，各类图书室 32 个，图书借阅点 4 个，藏书 9.8 万册，音乐、美术、书法、摄影及文学业余创作队伍达 423 人，有国家级文物保护单位 1 处、县级文物保护单位 8 处。

有幼儿园 27 所，在园幼儿 4957 人，专任教师 234 人。小学 8 所，在校学生 9958 人，专任教师 512 人，小学适龄儿童入学率 100%。有普通中学 4 所，初中在校学生 12115 人，专任教师 616 人，高中在校学生 10977 人，专任教师 613 人。初中适龄人口入学率、小升初升学率、九年义务教育覆盖率分别达 100%、100%、100%。

拥有独立科研与技术开发机构 9 个，各类科技人才 1.3 万人，其中专业技术人才 0.36 万人，经营管理人才 0.14 万人，技能人才 0.28 万人，农村实用人才 0.12 万人。主要科研机构有垫江县牡丹研究所、垫江县永安农作物病虫害综合防治研究所、垫江县涂料研究所、垫江县食用菌研究所、垫江县养鸡研究所、垫江县科创公司微生物研究所、三环新技术应用研究所，其中垫江县牡丹研究所为垫江县农业局与重庆大学合作的科研机构。

有县医院、中医院、桂溪卫生院、健侨医院等各级医疗卫生机构 7 个，门诊部（所）28 个。有床位 2249 张。固定资产总值 12.12 亿元。专业卫生人员 2551 名，其中执业医师 717 人，执业助理医师 53 人，注册护士 1067 人。2017 年医疗机构（门诊部以上）完成诊疗 118.3 万人次。2017 年农村安全饮用水普及率 100%，农村卫生厕所普及率 98%，城乡居民合作医疗参保人数 47599 人,参保率 95%。

有体育场（含学校体育场）1 个，看台设座椅 3 万张。47%村（社区）安装有健身器材，经常参加体育活动人员占常住人口的 29%。

有线电视用户 4.33 万户，比 2014 年增长 27.83%，入户率 96.92%。

城镇最低生活保障户数 599 户 921 人，农村最低生活保障户数 988 户，1551 人，共计发放城乡低保金 625.91 万元。农村医疗救助 32 人次，共支出 2.17 万元。农村临时救济 1164 人次，支出 46.89 万元，比 2014 年减少 15.04%。养老机构 6 家，床位 310 张，收养 114 人。五保供养 85 人，支出 50.4 万元，比 2014 年增长 97.72%。社区服务设施 4 个，社区服务中心 1 个。有慈善机构 1 个，全年接受社会捐款 5.2 万元，使 52 人（次）困难群众受益。参加城乡居民基本养老保险 1.31 万人。

【文化路棚户区征地拆迁启动】 3 月，县城文化路片区棚户区改造项目一期启动，建设范围主要涉及桂溪街道松林和红光社区，西邻桂西大道，东邻工农路，南邻长安文化新城，北接北银路，一期项目用地总面积约 10.3 公顷，涉 338 户、房屋 7.4 万平方米。

【天宝寨森林公园二期工程启动】 7 月，天宝寨森林公园停车场项目启动征地拆迁工作，2017 年 9 月 5 日启动项目建设。天宝寨森林公园是垫江县“五个一批”重点项目，也是全县打造的唯一森林公园，集休闲健身、观光旅游于一体，被称之为垫江县城的后花园，一期工程涉及桂溪街道松林社区 27 户，征地面积约 2 公顷，拆除房屋面积 10458.5 平方米。项目总投资约 540 余万元，建设面积 9000 余平方米，建设内容包括广场铺装、部分停车场建设和近 100 米登山梯步等基础设施建设以及绿化种植、照明设施等项目建设。

【棚户区石岭片区一期工程启动】 10 月 23 日，棚户区石岭片区一期改造项目征地拆迁动员会在县国土局一楼会议室召开，项目位于县城北部，涉及桂溪街道石岭社区 1、3、4 组，共 76 户 374 人，征收土地面积 16.13 公顷，其中征收房屋面积 2.36 万平方米，计划于 2017 年 11 月 21 日完成拆迁。

【棚户区陈家街片区一期改造项目拆迁启动】 10 月 19 日，棚户区陈家街片区一期改造项目启动，10 月 23 日召开动员大会，10 月 28 日开始签订拆迁协议，项目涉及桂溪街道北街社区 5 组，共 23 户 147 人，征收房屋面积 4649 平方米。

【文化西路二期拆迁完成】 11 月 9 日，文化西路二期工程启动征地拆迁。2017 年 12 月 29 日，文化西路二期工程征地拆迁实现清零。文化西路二期项目用地面积 4820 平方米，涉及桂溪街道松林社区 10 组 11 户居民 55 人。

【东部新区“两路”项目征地拆迁启动】 12 月 6 日上午，东部新区人民东路延伸段、文笔大道北延伸段（以下简称“两路”）项目征地拆迁动员会在桂溪街道四楼会议室召开。东部新区开发建设是垫江打造“宜居城市”的重要组成部分，是县“三会”确立的重点任务之一，是垫江县扩容提质、加快发展的重要内容，按照“一年启动、三年成熟、五年成形”的建设目标，“两路一湖”项目是东部新区启动的钥匙。东部新区以三合湖、高铁站前两大片区为核心，将打造 7.2 平方千米 7 万人口的生态园林型城市新高地，总投资超过 63 亿，涉及 18 条道路和 1 个三合湖公园。人民东路延伸段和文笔大道北延伸段，是东部新区先行启动的基础工程，项目总投资约 8 亿元，征地面积约 34.13 公顷。其中：人民东路延伸段征地面积 21.47 公顷，长 2.7 千米，宽 32 米。文笔大道北延伸段征地面积 12.67 公顷，长 1.2 千米、宽 40 米，文笔大道北延伸段还将建设地下综合管廊。两条大道与迎宾大道、桂东大道形成口字形，项目建成后将老城与新区相连接，成为东部新区的交通主骨架。

桂溪街道领导名录

街道党工委书记：

谭大江（2017.1—2017.2）

田　华（2017.3—2017.11）

姜　明（2017.11—）

街道办事处主任：

田　华（2017.1—2017.2）

赵西平（2017.3—）

街道人大工委主任：

赵西平（2017.1—2017.2）

王　云（2017.7—）

新民镇

【概况】 新民镇地处垫江县西北部，位于北纬 30° 21′ 24″ ~30° 26′ 56″，东经 107° 19′ 56″ ~107° 25′ 40″，东接曹回镇，南连桂溪街道，西邻四川大竹县，北靠沙坪镇。人民政府驻新民社区滨河西路 93 号，距县政府驻地 9.1 千米。春秋属巴国，秦汉属巴郡，南北朝西魏始属垫江县。清顺治三年（1646 年），名新场，属太平里。乾隆初年，属北里二甲。光绪四年（1878 年），为北里四甲。宣统二年（1910 年），属毋安镇。1915 年属第一区。1931 年置新镇，属第三指导区，驻地新场。1941 年，由新曹镇分置新民乡，属第三指导区，驻地新场改名新民场。1945 年，新民乡属城新区。1958 年 6 月改置双河管区，为红旗人民公社驻地。1962 年 3 月改置双河公社，1966 年 9 月更名新民公社，1981 年 3 月更名双河口公社。1983 年 3 月置双河口乡，1985 年 6 月改置双河口镇。1994 年 1 月更名新民镇。

2017 年末，辖新民 1 个居民委员会，双河口、南印寺、城北、玉龙、七桥、凌云、树新、明月、帽合、石仙、大通 11 个村民委员会。3 个居民小组、86 个村民小组。地处明月山东麓，地势西高东低、北高南低。地形为浅丘宽谷连低山，地面高程一般在海拔 400 ~ 500 米。境内最高峰峰顶山位于垫江县和大竹县的交界处，海拔 1183 米。最低点位于凌云村铜家桥，海拔 360 米。境内河道属桂溪河流域。辖区东西最大距离 9.5 千米，南北最大距离 10.0 千米，总面积 59 平方千米。其中陆地 57.6 平方千米，占 97.7%。水域 1.4 平方千米，占 2.3%。2017 年末，辖区总人口 40145 人，其中城镇常住人口 3916 人，城镇化率 9.3%。另有流动人口 3320 人。人口出生率 10.3‰，人口死亡率 6.6‰，人口自然增长率 3.7‰。人口密度为每平方千米 672.8 人。有侨东美中医药文化展示馆、五彩田园荷塘月色等特色景点 3 个。

2017 年，新民镇坡改梯及公路建设

【经济发展】 农业总产值 3.06 亿元，同比增长 3.8%。规上工业总产值 9296 万元，同比增长 17.3%。建筑业总产值 6.69 亿元，同比增长–10.8%。限额以上批发零售业销售额 2.80 亿元，同比增长 13.3%。限额以上住宿餐饮业营业额 4394.3 万元，同比增长 43.11%。固定资产投资 14.53 亿元，同比增长 14.3%。地方税收收入 569 万元，同比增长–79.14%。财政一般公共预算收入 578 万元，同比增长 42.6%。财政一般公共预算支出 2099 万元，同比增长–3.8%。“四上企业户数”12 户。农村常住居民人均可支配收入 14606 元，同比增长 10.21%。

【社会发展】 2017 年末，有镇文化服务中心 1 处，有村级文化活动中心 12 处，各类图书室 13 个，藏书 1.3 万册，有县级文物保护单位民憩园、大通寺遗址，以春牛舞为代表的本地非物质文化遗产得到传承发展。开展政府购买公共文化服务活动 21 场次。村民自发组织演出团 1 个、腰鼓队 1 支、抬儿队 10 支、癞子锣鼓队 2 支。

2017 年末，有幼儿园 2 所，在园幼儿 1532 人，专任教师 58 人。小学 1 所，在校学生 2605 人，专任教师 168 人，小学适龄儿童入学率 99.8%。有普通中学 1 所，初中在校学生 3500 人，专任教师 182 人。初中适龄人口入学率、小升初升学率、九年义务教育覆盖率分别达 99.7%、99.8%、99.5%。

2017 年末，有县级医院 1 个、镇卫生院 1 个、村（社区）卫生站 12 个，床位 630 个，专业卫生人员 116 名，农村安全饮用水普及率 96%，农村卫生厕所普及率 56%。

2017 年末，新型农村合作医疗参保人数 3.25 万人，参保率 84%。新参加城乡居民养老保险 1836 人，累计参保 2.58 万人，参保率 81%。开展就业培训 3 次，提供就业岗位 148 个，新增城镇就业 371 人。办理小额担保贷款 37 户，贷款金额 440 万元。依法办理城乡低保 515 户 795 人，审核取消 32 户 98 人，新增 48 户 135 人，全年发放低保金 300 余万元，完成 1026 名困难对象惠民保险工作。

【获评"重庆最美特色小镇"】 2017 年 8 月，新民镇参加百万网民点赞活动获评"重庆最美特色小镇"称号。

【获评重庆市级商贸强镇】 2017 年 9 月，新民镇获评重庆市级商贸强镇。

新民镇领导名录

党委书记：陈煜

镇长：董宇

人大主席：向安琪

沙坪镇

【概况】 沙坪地处垫江北部，位于北纬 30° 24′ 42″ ～30° 31′ 6″，东经 107° 21′ 8″ ～107° 29′ 1″，东与周嘉镇接壤，南与新民镇相连，西与四川大竹相邻，北与梁平相通，素有垫江"北大门"之称。春秋属巴国，秦汉属巴郡，南北朝西魏始属垫江县。明洪武年间属荣安里，清康熙时属太平里。1931 年置沙坪镇，1940 年与武安镇合并置平武乡，次年分置沙坪乡。1958 年 3 月，置沙坪管区，属红旗人民公社。1961 年 6 月置沙坪公社。1984 年 3 月置沙坪乡，下设 12 个村民委员会。1992 年 7 月，并武安乡置沙坪镇，下设 1 个居民委员会、18 个村民委员会。

2017 年末，辖沙坪 1 个居民委员会，安坪、环大、竹鸡、红旗、前进、双坪、白杨、建安、乐天、永胜、江石、双塘、李白、人和、平乐、东印、六角、毕桥 18 个村民委员会。下设 6 个居民小组、123 个村民小组。幅员面积 87 平方千米，耕地面积 3800 公顷，辖 17 个村、2 个社区，130 个村（居）民小组，总人口 5.2 万人，其中农业人口 4.3 万人。境内有乐天花谷和东印茶山、鹞子岩等景点。

【经济发展】 2017 年农业总产值 3.84 亿元，同比增长 2.59%。规上工业总产值 1.61 亿元，同比增长 46.1%。建筑业总产值 8.88 亿元，同比增长–2%。限额以上批发零售业销售额 1011 万元，同比增长 18.6%。限额以上住宿餐饮业营业额 7449.9 万元，同比增长 26.02%。固定资产投资 10.74 亿元，同比增长–6.5%。地方税收收入 475 万元，同比增长–48.14%。财政一般公共预算收入 659 万元，同比增长 92.3%。财政一般公共预算支出 2571 万元，同比增长 58.4%。"四上企业户数"11 户。农村常住居民人均可支配收入 14289 元，同比增长 10.3%。有工业企业 19 家，其中，重庆市卓雅洗煤有限公司、豪文文体用品有限公司和重庆海贝机械有限公司为规上工业企业。新引进帝豪门业公司投资1500万元新建年产3万套套装门项目。海贝机械有限公司投资300万元实施技改项目。

全镇限额以上商贸企业8家，建成沙坪、武安场镇和前进村等9个电商服务站点。

【社会发展】 2017年末有镇文化站、广播电视站各1处，有村级文化活动中心19处，各类文化专业户19户，各类图书室20个，藏书5万册，音乐、美术、书法、摄影及文学业余创作队伍达15人。

有幼儿园2所，在园幼儿1899人，专任教师18人。小学2所，在校学生4662人，专任教师177人，小学适龄儿童入学率100%。初中1所，初中在校学生918人，专任教师61人。初中适龄人口入学率、小升初升学率、九年义务教育覆盖率分别达98%、100%、100%。主要学校有沙坪中学、沙坪小学、武安小学。其中沙坪中学始建于1997年9月，占地1.87公顷、校舍面积4000余平方米，专任教师69人，在校学生近1000人。

2017年末，全镇有各类科技示范点25个，形成了农、林、牧、副、渔“五业”科技网，并获市、县表彰。

有卫生院1个、村卫生站17个。床位78张，每万人拥有病床16张，固定资产总值800万元。专业卫生人员50名，其中执业医师10人，执业助理医师20人，注册护士6人。2017年医疗机构（门诊部以上）完成诊疗5.8万人次。其中沙坪卫生院有床位78张，固定资产总值770万元，专业卫生人员39名，其中执业医师10人，执业助理医师18人，注册护士11人。

有学校体育场3个，看台设座椅800张。40%的村安装了健身器材，经常参加体育活动的人员占常住人口的30%。有线电视用户3400户，入户率31.8%。

城镇最低生活保障户数76户，人数107人，支出24.38万元，同比增长299%。医疗救助265人次，民政部门资助参加合作医疗3322人次，共支出13.3万元，同比增长23.6%。农村最低生活保障户数1028户，人数2232人，支出210.2万元，同比增长28.8%，月人均78元，同比增长26.8%。国家抚恤、补助各类优抚对象313人，抚恤事业费支出115.92万元，同比增长5%。社会福利费80.22万元，同比增长17%。敬老院1家，床位50张，收养农村五保人员46人。社区服务设施19个。有慈善机构1个，全年接受社会捐款3.5万元，使965人（次）困难群众受益。参加新型农村养老保险2.4万人，参保率85%。

沙坪镇领导名录

党委书记：吴定飞（2017.2—2017.12）

政府镇长：贺文风（2017.1—2017.12）

人大主席：冯文权（2017.1—2017.12）

曹回镇

【概况】 曹回镇位于垫江县城东北部，位于北纬30°19′51″~30°26′3″，东经107°23′57″~107°30′6″，东与永安镇相连，南与长龙乡相接，西与桂溪镇、新民镇相依，北与周嘉镇、沙坪镇相邻，由原曹家乡与龙桥乡撤乡建镇而得名。春秋属巴国，秦汉属巴郡，南北朝西魏始属垫江县。清顺治三年（1646年），属太平里。乾隆初年，属北里。光绪四年（1878年），曹家场为北里三甲，回龙场属北里六甲。宣统二年（1910年），曹家场和回龙场分属城区和母安镇。1921年，曹家场和回龙场同属第六区。1931年，置曹家乡，驻曹家场。回龙乡，驻回龙场。1940年，曹家乡与新镇合并置新曹镇，驻新民场。回龙乡与周家镇合并置周回镇，驻周家场。1941年，曹家场、回龙场合并为曹回乡，驻曹家场，属第三指导区。1945年，曹回乡属周嘉区。1949年，曹回乡属第一区。1953年2月，由曹回乡分置曹家乡与龙桥乡。1958年6月，曹家乡、龙桥乡改为管区，同属红旗人民公社。1962年8月，曹家管区和龙桥管区改为人民公社，同属新民区。1983年3月，曹家公社、龙桥公社分别改为曹家乡、龙桥乡，属新民区。1992年7月，曹家乡、龙桥乡合并置曹回乡，驻回龙场，下设17个村民委员会。2007年，曹回乡改置曹回镇，下设2个居民委员会、10个村民委员会。

2017年末，辖徐白、石鼓、大坪、平安、银珠、安山、河南、马竺、莲花、龙家社区、乐安社区和回龙居委会，共12个行政村、91个村民小组。境内属浅丘带平坝地形，平均海拔450米，气候温和，雨量充足，土地肥沃。属典型的丘陵地貌，地势略微西高东低、北高南低。地面高程一般海拔约385～470米，最高点河南村何家坪海拔470米，最低点大坪村恍惚桥海拔385米。境内水资源丰富，曹家河、回龙河绕场镇迂回而过，流量大，水质好，无污染。距垫江县城16千米，辖区东西最大距离9千米，南北最大距离16.4千米，幅员面积66平方千米。全镇总户数10571户，总人口38606人（其中：集镇人口10705人，非农人口3621人）。

2017年，曹回镇白芍园种植基地

【经济发展】 2017年，耕地面积4303.47公顷（其中：田2711.2公顷，土1592.27公顷）。农业总产值2.67亿元，同比增长3.17%。规上工业总产值1.65亿元，同比增长13.5%。建筑业总产值2.44亿元，同比增长26.2%。限额以上批发零售业销售额4357万元，同比增长12.6%。限额以上住宿餐饮业营业额2255.4万元，同比增长25.71%。固定资产投资6.66亿元，同比增长28.8%。地方税收收入91万元，同比增长139.47%。财政一般公共预算收入75万元，同比增长35.9%。财政一般公共预算支出1945万元，同比增长22.5%。“四上企业户数”9户。农村常住居民人均可支配收入13240元，同比增长9.77%。出栏生猪4万头，养殖肉鸡、蛋鸡出栏90万只。

全镇有劳务外包企业7家，产值达5500万元，较上年同期增长3.5%。通过技术创新，2017年重庆恒耀电子产品有限公司和垫江县辉煌电子产品有限公司被县科委评为科技型企业。恒耀电子、辉煌电子、其英电子、安荣打火机等劳务外包企业蓬勃发展。

【社会发展】 2017年末，有镇文化站、广播电视站各1处，有村级文化活动中心12处，各类文化专业户9户，业余文艺队伍4支，各类图书室13个，藏书2万册，音乐、美术、书法、摄影及文学业余创作队伍有18人。

有幼儿园2所，在园幼儿750人，专任教师14人。小学8所，在校学生2788人，专任教师197人，小学适龄儿童入学率98.8%。初中2所，初中在校学生2500人，专任教师150人。初中适龄人口入学率、小升初升学率、九年义务教育覆盖率分别达92%、95%、100%。主要学校有龙桥中学、回龙小学、曹家小学，其中回龙中学始建于1962年9月，占地1.6公顷、校舍面积3000余平方米，专任教师49人，在校学生近850人。

有卫生院1个、村卫生站12个。床位80张，每万人拥有病床21张，固定资产总值450万元。专业卫生人员41名，其中执业医师22人，执业助理医师12人，注册护士7人。其中曹回卫生院有床位80张，固定资产总值420万元，专业卫生人员41名，其中执业医师22人，执业助理医师12人，注册护士7人。农村安全饮用水普及率89.5%，农村卫生厕所普及率30.1%，新型农村合作医疗参保人数3.5万人，参保率96.0%。

有学校体育场3个，看台设座椅20张。70%的村安装了健身器材，经常参加体育活动的人员占常住人口的80%。

城市最低生活保障户数325户，人数560人，支出120万元，同比增长10%。农村医疗救助274人次，民政部门资助参加合作医疗1927人次，共支出3.82万元，同比增长19%。农村临时救济315人次，支出34.5万元，同比增长19.6%。农村最低生活保障户数532户，人数1302人，支出117.2万元,同比增长16%。月人均178元,同比增长17.6%。社会福利费42万元,同比增长21.2%。敬老院1家，床位40张，收养39人，支出14.0万元，同比增长17.84%。农村五保分散供养208人,支出48.7万元，同比增长5.9%。社区服务设施1个，其中社区服务中心1个，社区服务站1个。有慈善机构1个，全年接受社会捐款5万元，使150人（次）困难群众受益。参加新型农村养老保险2.7万人,参保率80%。

【“牡丹鲜花饼”投放市场】 重庆糕美糕食品有限公司与西南大学食品科学学院成功对接，签订了校企战略合作协议，企业产品的不断提档升级。同时，还帮助企业完成生产线技术改造项目，成功生产出“牡丹鲜花饼”这一新产品。该公司实现工业产值8000余万元,同期增长24.5%,产品远销新疆、贵州等地。

【重庆糕美糕食品有限公司与西南大学食品科学学院签订校企战略合作协议】 2017年，重庆糕美糕食品有限公司与西南大学食品科学学院签订了校企战略合作协议同时，还帮助企业完成生产线技术改造项目，生产出“牡丹鲜花饼”。该公司实现工业产值8000余万元，同期增长24.5%，产品远销新疆、贵州等地。

曹回镇领导名录

党委书记：谢 晓

镇长：张丽平

人大主席：赵传江

周嘉镇

【概况】 周嘉镇位于县境东北部，位于北纬30°23′54″~30°30′9″，东经107°27′58″~107°34′42″，南与曹回镇相邻，西与沙坪镇相连，北与普顺镇接壤。镇政府驻周嘉镇群益社区建新路68号。清宣统二年（1910年），置周家镇，驻地周家场。民国29年（1940年），周家镇与回龙乡合并置周回镇，驻地周家场，属第三指导区。民国30年周回镇改置周家乡。同年周家乡更名周嘉乡，为周嘉区驻地。1958年，周嘉乡改为周嘉公社。1983年，周嘉公社改置周嘉乡。1985年，周嘉乡改置周嘉镇。1992年，晓兴乡、复兴乡并入周嘉镇。

2017年末，辖雨山、骑龙、均田、檀树、飞龙、响水、勤劳、自生、建国、玉皇、中合、爱国、梨子、胜利14村和群益、前丰2个居委会。周嘉镇辖区东临龙溪河，东西最大距离11.62千米，南北最大距离12.95千米。地势略为西高东低、北高南低，属典型的丘陵地貌。地面高程海拔385~550米，最高点玉皇村玉皇寺海拔550米，最低点均田村踏水桥海拔385米。年末，全镇耕地面积2831公顷，森林覆盖率38.5%。幅员面积85平方千米，总人口4.89万人。

【经济发展】 2017年，农业总产值3.95亿元，同比增长3.18%。规上工业总产值4.30亿元，同比增长22.6%。建筑业总产值6.93亿元，同比增长25.1%。限额以上批发零售业销售额30.65亿元，同比增长7.8%。限额以上住宿餐饮业营业额5.22亿元，同比增长46.4%。固定资产投资15.12亿元，同比增长20%。地方税收收入190万元，同比增长46.15%。财政一般公共预算收入345万元，同比增长2.6%。财政一般公共预算支出2669万元，同比增长36.9%。“四上企业户数”18户。农村常住居民人均可支配收入14151元，同比增长10%。

【社会发展】 2017年末，有镇文化站、广播电视站各1处，有村级文化活动中心16处，各类文化专业户15户，各类图书室22个，藏书5.9万册，音乐、美术、书法、摄影及文学业余创作队伍2人，有县级文物保护单位2处。

有幼儿园1所，在园幼儿820人，专任教师16人。小学3所，在校学生4145人，专任教师193人，小学适龄儿童入学率98%。高完中1所，高中在校学生1300人，专任教师150人。职业中学1所，在校学生1500人，专任教师102人。初中适龄人口入学率、小升初升学率、九年义务教育覆盖率分别达97%、99%、100%。

有卫生院1个、村卫生站15个。床位75张，每万人拥有病床15张，固定资产总值863万元。专业卫生人员55名，其中执业医师22人，执业助理医师9人，注册护士10人。2017年医疗机构（门诊部以上）完成诊疗6.5万人次。农村安全饮用水普及率60.5%，农村卫生厕所普及率40.1%，新型农村合作医疗参保人数3.2万人，参保率96.14%。

有学校简易体育场5个。25%的村安装了健身器材，经常参加体育活动的人员占常住人口的20%。

城镇最低生活保障户数5420户，人数9344人，支出287.5万元，同比增长31.5%，月人均307元，同比增长25.3%。医疗救助200人次，农村医疗救助205人次，民政部门资助参加合作医疗3347人次，共支出10.5万元，同比增长31.3%。农村临时救济170人次，支出8.5万元，同比增长20.6%。社会福利费20万元，同比增长25.7%。敬老院1家，床位90张，收养86人，支出23.3万元，同比增长22.9%。农村五保分散供养234人，支出61.3万元，同比增长19.1%。社区服务中心1个，社区服务站1个。有慈善机构1个，全年接受社会捐款24.8万元，使30人次困难群众受益。参加新型农村养老保险2.4万人，参保率96%。

【"康养周嘉 清洁家园"】 4月13日，"康养周嘉清洁家园"镇村环境卫生集中整治活动全面启动，全镇干部职工、各村（社区）干部、镇辖单位、镇人大全体代表、社会各界人士、中小学生等800余人参加活动，对场镇街道、农村塆落环境卫生进行彻底清扫。

2017年12月8日，垫江县龙溪河垂钓节开幕

【"心拥碧水，垂钓龙溪"垂钓节】 2017年12月8日，以"心拥碧水，垂钓龙溪"为主题的垫江县首届龙溪河垂钓节在周嘉镇举办，吸引县内外40支队伍120名垂钓爱好者同场竞技，重庆卫视《今日新农村》栏目、湖南电视台钓鱼频道、垫江电视台等先后专题播报垂钓节盛况。

周嘉镇领导名录

镇党委书记：汪　涛

镇党委副书记、镇长：吕远泽

镇人大主席：谭　伟

普顺镇

【概况】 普顺镇地处垫江县东北部，位于北纬30° 22′ 39″ ~30° 29′ 50″，东经107° 32′ 20″ ~107° 40′ 10″，地处垫江、梁平、忠县三县交界，距重庆主城150千米、距县城34千米。普顺镇清康熙时属太平里，光绪时形成集场。民国20年（1931年）置普兴乡，民国29年与大顺乡合并置普顺乡，1953年析为普顺乡和大顺乡。1958年改置普顺人民公社，1983年复为普顺乡。1992年，普顺乡与大顺乡合并置普顺镇。

年末，辖新桥、迎凤、仁合、青龙、长柏、红岩、磨滩、凤林、东风、跃进、渡口11村和东湖、梨树2个社区，83个村民小组，9个居民小组。地势东高西低、略微北高南低，属浅丘宽谷连低山地形。地面高程一般海拔 400～450 米，最高点金华山海拔 1164 米，最低点龙溪河海拔 405 米。长江一级支流龙溪河自新桥村北入境，由北而南，至渡口村南出境，境内河道长 10 千米。辖区地处精华山西麓，东西最大距离 12.18 千米，南北最大距离 11.76 千米，幅员面积 86 平方千米。镇政府驻梨树社区正街 112 号。总户数 11484 户，总人口 36901 人。其中城镇常住人口 8638 人，农业人口 28263 人。人口出生率 0.89‰，死亡率 1.49‰。重庆迎风湖国家湿地公园和精华山风景区等景点坐落其境，是承接垫江与三峡陆上旅游环线重要的旅游接点，素有“人杰地灵之地、风流富贵之乡”的美称。有森林面积 3721.7 公顷，森林覆盖率 41.6%。

2017 年，普顺镇康居新村

【经济发展】 2017 年，耕地面积 3520 公顷。农业总产值 2.73 亿元，同比增长 3.55%。规上工业总产值 9102 万元，同比增长 8%。建筑业总产值 1.74 亿元，同比增长 43.1%。限额以上批发零售业销售额 4771 万元，同比增长 22.3%。限额以上住宿餐饮业营业额 1420.5 万元，同比增长 23.1%。固定资产投资 6.76 亿元，同比增长 10.1%。地方税收收入 134 万元，同比增长-90.49%。财政一般公共预算收入 85 万元，同比增长-49.3%。财政一般公共预算支出 2353 万元，同比增长 6.4%。“四上企业户数” 6 户。农村常住居民人均可支配收入 13868 元，同比增长 9.78%。

【社会发展】 2017 年末，有镇文化站、广播电视站各 1 处，有村级文化活动中心 13 处，各类图书室 13 个，藏书 2.2 万册，音乐、美术、书法、摄影及文学业余创作队伍达 15 人。

有幼儿园 6 所，在园幼儿 1200 人，专任教师 26 人。小学 5 所，在校学生 4000 余人，专任教师 200 余人，小学适龄儿童入学率 95%。初中 1 所，初中在校学生 150 人，专任教师 12 人。初中适龄人口入学率、小升初升学率、九年义务教育覆盖率分别达 90%、92%、90%。

有卫生院 2 个，村级卫生站 12 个。有床位 50 张，每万人拥有病床 12.7 张，固定资产总值 300 余万元。专业卫生人员 45 名，其中执业医师 15 人，执业助理医师 20 人，注册护士 25 人。2017 年医疗机构（门诊部以上）完成诊疗 1.2 万人次。

有学校体育场 1 个。80%的村安装了健身器材，经常参加体育活动的人员占常住人口的 30%。

城镇最低生活保障户数 76 户，人数 129 人，支出 8.4 万元，同比增长-20%，月人均 160 元，同比增长 30%。医疗救助 25 人次，民政部门资助参加合作医疗 10 人次，共支出 5 万余元，同比增长 20%。农村最低生活保障户数 643 户，人数 1718 人，支出 205 万元，同比增长-15%，月人均 125 元，同比增长 30%。国家抚恤、补助各类优抚对象 477 人，抚恤事业费支出 10 万元，同比增长 20%。社会福利费 29 万元，同比增长 10%。敬老院 1 家，床位 100 张，收养农村五保人员 42 人。有社区服务中心 1 个。有慈善机构 1 个，全年接受社会捐款 7.6 万元，使 8 人（次）困难群众受益。

普顺镇领导名录

镇党委书记：彭成德（2016.10—）

镇人大主席：孔　建　（2013.7—）

镇政府镇长：邹仁国（2016.10—）

永安镇

【概况】 永安镇地处垫江县城东北部，位于北纬 30° 13′ 52″ ～30° 25′ 41″ ，东经 107° 27′

15″ ～107° 36′ 20″，东与忠县一山之隔，南与高安镇接壤，西与曹回镇毗邻，北与周嘉镇相依。春秋属巴国，秦汉属巴郡，南北朝西魏始属垫江县。明洪武十四年（1381 年），名梅家场，属太平里。清乾隆初年，属北里。光绪四年（1878 年，属北里五甲。宣统二年（1910 年），属周家镇。1914 年属第四区。1921 年属第六区。1931 年，置梅家镇，驻梅家场，属第三区。1940 年，梅家镇改置永安乡，驻梅家场，属第三指导区。1945 年，永安乡属周嘉区。1951 年 7 月，垫江县增设第八区，驻永安乡。1955 年 6 月，第八区改称永安区旋省，永安乡属周嘉区。1958 年 3 月，永安乡改为永安人民公社，属周嘉区。1983 年 6 月，永安公社复为永安乡。1992 年 10 月，永安乡改置永安镇并入五龙乡，驻梅家场，下设 1 个居委会、19 个村委会。2003 年 1 月，镇政府驻地迁永兴社区永顺街 18 号。

地处精华山西麓，地势东高西低、北高南低。地形为浅丘宽谷连低山，地面高程一般海拔 400～450 米。境内最高点位于金华山，海拔 1164 米。最低点位于中峰南，海拔 387 米。幅员面积 97 平方千米。辖 12 个行政村、2 个社区居委会，105 个村（居）民组，总人口 44709 人，耕地面积 4682.53 公顷。 森林覆盖面积 1866.67 公顷，覆盖率 60%。金华山至宝鼎山环东而去，森林覆盖面积 1733.33 公顷。

2017 年永安镇清水古寨

【经济发展】 2017 年，农业总产值 3.33 亿元，同比增长 3.10%。规上工业总产值 8750 万元，同比增长 3.1%。建筑业总产值 1.37 亿元，同比增长 54.8%。限额以上批发零售业销售额 5122 万元，同比增长 27.20%。限额以上住宿餐饮业营业额 921.7 万元，同比增长-4.36%。固定资产投资 3.79 亿元，同比增长-31.5%。地方税收收入 62 万元，同比增长 29.17%。财政一般公共预算收入 95 万元，同比增长-42.2%。财政一般公共预算支出 2034 万元，同比增长 17.2%。“四上企业户数”5 户。农村常住居民人均可支配收入 14057 元，同比增长 10.02%。

【社会发展】 2017 年末，有镇文化站、广播电视站各 1 处，有村级文化活动中心 14 处，各类文化专业户 50 户，各类图书室 14 个，藏书 1 万册，音乐、美术、书法、摄影及文学业余创作队伍达 26 人，有县级文物保护单位 1 处。

有幼儿园 4 所，在园幼儿 1200 人，专任教师 16 人。小学 4 所，在校学生 2962 人，专任教师 138 人，小学适龄儿童入学率 100%。初中 1 所，初中在校学生 681 人，专任教师 48 人。初中适龄人口入学率、小升初升学率、九年义务教育覆盖率分别达 98.5%、100%、100%。主要学校有永安中学、永安小学。

有卫生院 1 个、村卫生站 14 个。床位 30 张，每万人拥有病床 7 张，固定资产总值 500 万元。专业卫生人员 30 名，其中执业医师 6 人，执业助理医师 22 人，注册护士 2 人。2017 年医疗机构（门诊部以上）完成诊疗 1.3 万人次。

农村安全饮用水普及率 72.5%，农村卫生厕所普及率 62.1%，新型农村合作医疗参保人数 4.3 万人，参保率 97.8%。

有学校体育场 4 个，看台设座椅 1000 张。70% 的村安装了健身器材，经常参加体育活动的人员占常住人口的 40%。

城市最低生活保障户数 98 户，人数 125 人，支出 36 万元，同比增长 10.4%，月人均 230 元，同比增长 17.4%。农村医疗救助 113 人次，民政部门资助参加合作医疗 2950 人次，共支出 6 万元，同比增长 23%。农村临时救济 102 人次，支出 6 万元，同比增长 19%。农村最低生活保障户数 1281 户，人数 2035 人，支出 223 万元，同比增长 22%，月人均124元，同比增长41.9%。社会福利费280万元，同比增长21%。敬老院1家，床位70张，收养38人，支出11.6万元，同比增长30%。农村五保分散供养184人，支出43万元，同比增长16%。社区服务设施1个，社区服务站1个。有慈善机构1个，全年接受社会捐款8万元，使125人（次）困难群众受益。参加新型农村养老保险2.1万人，参保率46.4%。

永安镇领导名录

镇党委书记：黄良平

镇长：姚东

镇人大主席：周力

高安镇

【概况】 高安镇地处垫江县域东部，距县城13千米，位于北纬30°12′23″～30°20′7″，东经107°24′30″～107°33′12″，东邻沙河乡，南接杠家镇、高峰镇，西与长龙镇为界，北连永安镇。原名高滩场，因濒临高滩河得名，后因清光绪年间高滩河所建新桥竣工即发大水但桥安然无损而得名高安。春秋属巴国，秦汉属巴郡。唐武德二年（619年），为清水县驻地，属临州。宋熙宁五年（1072年），始属垫江县。明洪武十四年（1381年），属新兴里。清雍正七年（1729年），垫江县在高滩场设置县丞署。宣统二年（1910年）置高安镇，1953年4月 置高安乡。1958年6月，高安乡改为高安人民公社。1983年3月，高安公社复为高安乡，下设11个村委会。1985年，高安乡改置高安镇，下设1个居委会、12个村委会。1992年，福安乡、跳石乡并入高安镇，下设1个居委会、26个村委会。2007年，高安镇下设3个居委会、16个村委会。

2017年末，辖宝鼎、顺河、兴盛3个居民委员会，高安、金桥、东桥、东兴、合龙、河兴、青坪、福安、新溪、高东、龙井、三五、跳石、协合、凤凰、新曲16个村民委员会。下设10个居民小组、148个村民小组。地处精华山西麓，地势东高西低、北高南低。地形为浅丘宽谷连低山，地面高程一般在海拔400～450米。境内最高点位于宝鼎山，海拔1063米。最低点位于新滩，海拔370米。

幅员面积100.16平方千米。总人口7.6万人，其中场镇人口3.6万人。

2017年1月，高安工业集聚区

【经济发展】 2017年，农业总产值4.23亿元，同比增长3.03%。规上工业总产值1.52亿元，同比增长-85.2%。建筑业总产值14.00亿元，同比增长5%。限额以上批发零售业销售额4.36亿元，同比增长22%。限额以上住宿餐饮业营业额1.10亿元，同比增长35.61%。固定资产投资13.81亿元，同比增长-35.3%。地方税收收入9167万元，同比增长844.08%。财政一般公共预算收入852万元，同比增长-29.4%。财政一般公共预算支出2726万元，同比增长-21.6%。"四上企业户数"43户。农村常住居民人均可支配收入14101元，同比增长10.75%。

【社会发展】 2017年末，有镇文化站、广播电视站各1处，有村级文化活动中心20处，各类文化专业户32户，各类图书室22个，藏书5.8万余册，音乐、美术、书法、摄影及文学业余创作队伍达18人，有县级文物保护单位2处。

有幼儿园6所，在园幼儿1920人，专任教师71人。小学6所，在校学生5340人，专任教师285人，小学适龄儿童入学率100%。普通中学及职业中学各1所，在校学生3610人，专任教师152人。初中适龄人口入学率、小升初升学率、九年义务教育覆盖率分别达100%、100%、100%。

有卫生院1个、村卫生站14个。床位100张，每万人拥有病床13.4张，固定资产总值722万元。专业卫生人员94名，其中执业医师24人，执业助理医师8人，注册护士17人。2017年医疗机构（门诊部以上）完成诊疗10.7万人次。农村安全饮用水普及率55.5%，农村卫生厕所普及率60.1%，新型农村合作医疗参保人数6.6万人，参保率96.0%。

有学校体育场9个。95%的村安装了健身器材，经常参加体育活动的人员占常住人口的25%。

城镇最低生活保障户数512户，人数1128人，支出219万元，同比增长5%。农村医疗救助3000人次，民政部门资助参加合作医疗4680人次，共支出296万元，同比增长4.6%。农村临时救济1125人次，支出47.5万元，同比增长4.5%。农村最低生活保障户数849户，人数2280人，支出320.26万元，同比增长50.1%。月人均117.1元，同比增长10.3%。国家抚恤、补助各类优抚对象323人，抚恤事业费支出125万元，同比增长6.1%。社会福利费136万元，同比增长12%。敬老院1家，床位65张，收养农村五保人员37人，支出13.3万元，同比增长41.9%。农村五保分散供养160人，支出38.4万元，同比增长11.9%。社区服务设施19个，其中社区服务中心3个，社区服务站3个。有慈善机构1个，全年接受社会捐款1.5万元，使145人（次）困难群众受益。参加新型农村养老保险3.3万人，参保率70%。

【开展“康养高安·清洁家园”行动】 2017年，高安镇开展“康养高安·清洁家园”行动，推行城乡生活垃圾“户收集、村集中、镇转运、县处理”运行机制，在农村配置垃圾桶900余个，垃圾箱65个，落实收运人员38人，重点清理整治农村居民点、塆落的陈年垃圾、白色垃圾、建筑垃圾等，城乡环境卫生得到根本性改善。生态屏障不断筑牢。新实施退耕还林37.47公顷，对凤凰村等4处违法占地洗沙场实施强制执法。

【保护母亲河行动】 5月4日，“保护龙溪河·志愿我先行”垫江县保护母亲河行动暨全面推进河长制启动活动在高安镇滨河广场举行。

【创建全国特色小镇】 2017年5月5日，高安镇成功创建重庆市特色小（城）镇。2017年8月8日，高安镇成功创建全国特色小镇。

高安镇领导名录

镇党委书记：高永忠、柳作盛

镇长：章克生

镇人大主席：徐小红

长龙镇

【概况】 长龙镇地处垫江县中部，位于北纬30°15′56″~30°20′27″，东经107°21′58″~107°27′50″，东与高安镇相邻，南与黄沙镇相依，西与桂溪街道和桂阳街道相接，北与曹回镇相连。因境内有地形狭长蜿蜒如龙的长岭岗而得名。政府驻地高桥居委龙腾路75号，距县城8千米。

春秋属巴国，秦汉属巴郡，南北朝西魏始属垫江县。清顺治三年（1646年）属八庄里，宣统二年（1910年）属高安镇。1915年属第二区。1931年，置长龙乡，驻长龙寨场，属第二区。1940年，并高安镇置长安镇，驻高滩场，属第二指导区。1949年1月，长安镇改置长安乡，驻地高安场，属第五区。1953年4月，由长安乡分置长龙乡，驻长龙寨场，属第五区。1955年1月，长龙乡属高安区。1958年6月，长龙乡改为长龙人民公社，属高安区。1983年3月，长龙公社复置为长龙乡。2014年9月18日改置长龙镇。

年末，辖龙田、龙安、长久、长堰、石水、长龙6村和高桥、朝阳2个居委会，设63个村民小组。属中丘地貌，地势略为西高东低、北高南低。地面高程一般在海拔373—490米，最高点长堰村木耳坪海拔472.1米，最低点高桥1社皮家湾海拔

381.5 米。辖区东西最大距离 9.73 千米，南北最大距离 8.33 千米，幅员面积 38 平方千米。总人口 30684 人，其中城镇人口 3786 人。人口出生率 9.48‰，死亡率 6.32‰，人口自然增长率 3.162‰。年末耕地面积 1611.87 公顷，森林覆盖率 28.8%。

【经济发展】 2017 年，农业总产值 1.87 亿元，同比增长 2.49%。规上工业总产值 6.49 亿元，同比增长 44.6%。建筑业总产值 3.50 亿元，同比增长 15.3%。限额以上批发零售业销售额 767 万元，同比增长-32.2%。限额以上住宿餐饮业营业额 1539.7 万元，同比增长 64.34%。固定资产投资 11.66 亿元，同比增长 11.7%。地方税收收入 259 万元，同比增长 187.78%。财政一般公共预算收入 365 万元，同比增长 131.4%。财政一般公共预算支出 1893 万元，同比增长 59.2%。“四上企业户数” 14 户。农村常住居民人均可支配收入 14027 元，同比增长 9.72%。

【社会发展】 2017 年末，有乡文化站、广播电视站各 1 处，有村级文化活动中心 8 处，各类文化专业户 3 户，各类图书室 9 个，藏书 2 万册，音乐、美术、书法、摄影及文学业余创作队伍达 12 人。

有幼儿园 2 所，在园幼儿 427 人，专任教师 21 人。小学 2 所，在校学生 1571 人，专任教师 118 人，小学适龄儿童入学率 100%。普通中学 1 所，在校学生 365 人，专任教师 40 人。初中适龄人口入学率、小升初升学率、九年义务教育覆盖率分别达 100%、100%、100%。主要学校有长龙中学、长龙小学，其中长龙中学始建于 1991 年 3 月，有教学班 7 个，学生 300 余人，专任教师 41 人。

有卫生院 1 个、村卫生站 8 个。床位 18 张，每万人拥有病床 6 张，固定资产总值 200 万元。专业卫生人员 43 名，其中执业医师 4 人，执业助理医师 9 人，注册护士 2 人。农村安全饮用水普及率 90.5%，农村卫生厕所普及率 42.1%，新型农村合作医疗参保人数 2.7 万人，参保率 95.0%。

有学校体育场 3 个。12%的村安装了健身器材，经常参加体育活动的人员占常住人口的 12%。

城镇最低生活保障户数 50 户，人数 72 人，支出 20.4 万元，同比增长 36.8%，月人均 236 元，同比增长 34.8%。民政部门资助参加合作医疗 1764 人次，共支出 2.2 万元，同比增长 6.8%。农村临时救济 495 人次，支出 9.9 万元，同比增长 30%。农村最低生活保障户数 1049 户，人数 1344 人，支出 131.6 万元，同比增长 7.2%，月人均 82 元，同比增长 6.5%。国家抚恤、补助各类优抚对象 147 人，抚恤事业费支出 69.7 万元，同比增长 18%。社会福利费 2.89 万元，同比增长 50%。敬老院 1 家，床位 32 张，收养农村五保人员 32 人，支出 15 万元，同比增长 63.6%。农村五保分散供养 83 人，支出 25 万元，同比增长 23%。有慈善机构 1 个，全年接受社会捐款 6 万元，使 156 人（次）困难群众受益。参加新型农村养老保险 2.7 万人，参保率 95%。

【实验中学朝阳校区建设竣工】 实验中学朝阳校区于 2015 年开工建设，至 2017 年完成建设，推动了长龙的教育事业发展。年末在校学生 1100 人。

【长黄永路长龙至黄沙段建成通车】 长黄永路全线建成通车全面竣工通车，拉近了长龙、黄沙及永安三镇的距离，推动了三镇交流与发展。

【蒋渡线改线工程长龙段竣工】 蒋渡线改线工程长龙段总长 5 千米，于 2017 年 9 月竣工。

【垫江县气象观测站建成】 垫江县气象观测站位于长龙镇高桥居委 5 组、6 组交界处，于 2017 年 6 月建成投用。

【首届农民运动会举办】 4 月，长龙镇首届农民运动会在长龙中学运动场举办。

长龙镇领导名录

镇党委书记：张永昌（2016.9—）

镇政府镇长：陈　鹏（2012.12—）

镇人大主席：刘崇发（2016.9—）

杠家镇

【概况】 杠家镇地处县境东部，距县城23千米。位于北纬30° 8′ 47″ ~30° 15′ 23″，东经107° 26′ 2″ ~107° 34′ 28″，东邻大石乡、忠县双桂镇，南与裴兴镇、永平镇相邻，西与高峰镇、高安镇相连，北与沙河乡、高安镇接壤。镇人民政府驻三鑫社区。因驻地杠家场得名。春秋时属巴国，秦汉时属巴郡，宋熙宁五年（1072年）始属垫江县，清顺治年间属东里。1931年置杠家乡，属第二区。1958年6月，杠家乡改为杠家人民公社，属高安区。1983年3月，杠家公社复为杠家乡，下设9个村委会。1992年，龙凤乡并入杠家乡，下设17个村委会。2007年，杠家乡改置杠家镇，下设2个居委会、11个村委会。

2017年末，辖三鑫、龙凤2个居民委员会，双龙、双溪、龙泉、花园、临江、金穗、资汇、新花、凉水、福泉、大同11个村民委员会。下设16个居民小组、64个村民小组。地势西高东低，中部呈条状排列的浅丘坳沟。地形为典型的丘陵，地面高程一般在海拔371~620米。境内最高点位于龙泉山，海拔620米。最低点位于凉水村，海拔360米。幅员面积68.7平方千米，总人口3.61万人。耕地面积4047.99公顷。其中，水田1649.9公顷，旱地2398.09公顷。

2017年，杠家镇龙桥转盘风貌

【经济发展】 2017年，农业总产值2.97亿元，同比增长3.62%。规上工业总产值2.62亿元，同比增长32.3%。建筑业总产值3.30亿元，同比增长7.7%。限额以上批发零售业销售额4751万元，同比增长10.8%。限额以上住宿餐饮业营业额1681.4万元，同比增长10.74%。固定资产投资10.76亿元，同比增长9.1%。地方税收收入452万元，同比增长1574.07%。财政一般公共预算收入497万元，同比增长162.4%。财政一般公共预算支出2130万元，同比增长33.5%。“四上企业户数”6户。农村常住居民人均可支配收入13661元，同比增长9.74%。

【社会发展】 2017年末，有镇文化站、广播电视站各1处，有村级文化活动中心13处，各类民间艺术团9个，各类图书室13个，藏书2.9万册，有县级文物保护单位2处。

有幼儿园5所，在园幼儿885人，专任教师45人。小学3所，在校学生1830人，专任教师104人。普通中学1所，在校学生202人，专任教师17人。

有卫生院1个、村卫生站13个。床位48张，每万人拥有病床13.9张，固定资产总值685.2万元。专业卫生人员53名，其中执业医师4人，执业助理医师13人，注册护士5人。2017年医疗机构（门诊部以上）完成诊疗4622人次。

有学校体育场4个。23%的村安装有健身器材。

完成特困供养人员、临时困难救助、医疗救助、精神病救助等各类救助1800余人次，发放各类救助金420余万元、慰问金50.64万元。新增就业285人，就业适应性培训193人次。小额贷款发放45户600余万元。城乡居民合作医疗保险参保29058人。落实国家对农业的财政扶持政策，发放农业综合补贴321.5万元、退耕还林款250万元。

杠家镇领导名录

镇党委书记：史德平（2013.1—）

镇长：夏雷（2016.9—）

镇人大主席：冯小勇（2016.9—）

澄溪镇

【概况】 澄溪镇地处垫江县西南部，位于北纬30°08′43″～30°15′45″，东经107°13′01″～107°21′52″，东与砚台镇毗邻，南与长寿区海棠镇相连，西与四川省邻水县接壤，北与太平镇为邻。因小溪中一大沉沙凼淤积后，古人临溪筑街而得名。镇政府驻向阳社区滨河路1号，距县政府驻地15.4千米。春秋属巴国，秦汉属巴郡，南北朝西魏始属垫江县。明洪武年间属垫江县太平里，清顺治年间属八庄里。1931年，置澄溪镇，治地澄溪铺场，属第一区。1940年，澄溪镇与太平镇合并为澄平镇，次年分置澄溪乡。1958年6月，澄溪乡改置澄溪人民公社。1983年复置澄溪乡，下设15个村民委员会，1985年4月改置澄溪镇。

2017年末，辖双桂、民心、胜利、永心、南华、向阳6个居民委员会，通集、十字、大雷、高兴、龙兴、人和、丰胜7个村民委员会。下设41个居民小组、52个村民小组。地处明月山东麓，地势略为西高东低、北高南低。地形为中丘宽谷连低山，地面高程一般在海拔400～450米。境内最高点位于通集村高坪，海拔946米。最低点位于人和村石牛滩，海拔386米。幅员面积59平方千米，辖7村6社区，总人口6.5万人。城镇建成区面积4平方千米，城镇人口4.3万人，城镇化率66%。

2017年，澄溪镇富华新城

【经济发展】 2017年农业总产值2.90亿元，同比增长3.14%。规上工业总产值4.01亿元，同比增长4%。建筑业总产值30.51亿元，同比增长22.7%。限额以上批发零售业销售额7.33亿元，同比增长-14.2%。限额以上住宿餐饮业营业额7809.1元，同比增长23.15%。固定资产投资31.52亿元，同比增长6%。地方税收收入2891万元，同比增长57.89%。财政一般公共预算收入4593万元，同比增长-2.8%。财政一般公共预算支出7877万元，同比增长50.3%。“四上企业户数”38户。农村常住居民人均可支配收入14836元，同比增长10.57%。城镇居民人均可支配收入14836元，增长10.57%。

【社会发展】 2017年末，有镇文化站1个，广播站1处，村级文化活动中心13处，各类文化专业户1户。各类图书室19个，藏书9万册。文艺业余创作队伍40人，有县级文物保护单位10处。

有学校4所。其中，普通中学1所，小学3所。专任教师总数444人，其中普通中学教师205人，小学教师239人，中等职业教师224。普通中学在校生2933人，小学在校生3527人。年末幼儿园数6所，在园儿童1652人。

有卫生院1个，门诊部（所）2个。有床位103张。专业卫生人员85名，其中执业医师23人，执业助理医师12人，注册护士35人。2017年医疗机构（门诊部以上）完成诊疗5.672万人次。2017年农村安全饮用水普及率100%，农村卫生厕所普及率98%。

城乡居民养老保险人数23304人，比上年上升213人。城乡居民合作医疗参保人数54105人，与上年持平。城乡居民合作医疗参保金额达757.5万元，同比增长27.27%。

【驾考中心建成开考】 2017年12月，驾考中心开始考试学员。驾考中心是由重庆安产星帝驾驶技术服务股份公司投资兴建，融大车小车科目一、二、三、四为一体的综合型机动车考场。总占地22公顷，总投资1.8亿元，项目分两期建设。一期为小车科目一、二、三、四考试中心，占地约 5.33 公顷，完成驾考中心 3000 平方米考试楼建设，油化考试场地约 40000 平方米。二期项目将于 2018 年启动，规划占地约 16.67 公顷。

【文化广场和步行街升级改造竣工】 文化广场和步行街改造工程分别于 2017 年 4 月、5 月动工，于 2017 年 10 月同步竣工，改造总面积 1 万余平米，总投资 600 余万元。

【G243 公路一期工程竣工】 2017 年末，G243 公路主体工程竣工。 G243 公路起于长垫交界处土桥，止于太平镇群力村曾家湾，全长 5.7 千米。于 2016 年 6 月动工修建，主体工程总投资 11786 万元。一期工程道路等级为一级公路，标准路基宽 32 米，双向 6 车道。二期工程主线场镇规划区内路段宽 34 米，场镇规划区外路段宽 26 米，均为双向 6 车道，预计 2018 年 6 月竣工。

澄溪镇领导名录

党委书记：邹　洋（2017.2—）

镇长：傅　强（2016.11—）

人大主席：舒　松（2014.11—）

太平镇

【概况】 太平镇地处县境西部，位于北纬 30° 13′ 20″ ~30° 18′ 18″，东经 107° 14′ 57″ ~ 107° 21′ 26″，东与黄沙乡、五洞镇相邻，南与澄溪镇毗邻，西与四川省邻水县接壤，北与桂溪镇相连。因传说古时一名叫姚皇的王子曾在此大摆“太平宴”而得名。人民政府驻太桂社区牡丹大道 1 号，距县政府驻地 8.5 千米。春秋属巴国，秦汉属巴郡，南北朝西魏始属垫江县。明洪武年间，属太平里。清乾隆年间，太平设有驿站，名太平铺，属南里二甲。1915 年，名太平铺场，属第三区。1921 年，为第四区驻地。1931 年，为第一区驻地。1940 年，置澄平镇，驻太平场。1941 年，置太平乡，驻所仍旧。1945 年，太平乡改置太平镇，为太平区驻地。1949 年 12 月，太平镇改置太平乡，为第二区驻地。1958 年 6 月，太平乡改为太平人民公社，属五洞区。1983 年 3 月，太平公社复为太平乡。1992 年 10 月，太平乡与九龙乡合并置太平镇，驻地太平场。2010 年，镇政府驻地迁太桂社区迎春南路 8 号。

2017 年末，辖太桂、太合 2 个居民委员会，牡丹、桂花、松花、群力、永庆、九龙、新华、永茂、天星、永远、大屋、石良 12 个村民委员会。下设 2 个居民小组、88 个村民小组。地处明月山东麓，地势西高东低、北高南低。地形为浅丘宽谷连低山，地面高程丘陵区一般海拔 400 ~ 450 米。境内最高点位于明月山九道拐，海拔 1000 米。最低点位于大河沟河谷，海拔 386 米。幅员面积 51.3 平方千米，总人口 4.3 万人。境内垫江牡丹生态旅游区是全国和全市首批农业旅游示范点，也是垫江县首个国家 AA 级旅游区。

2017 年 12 月 5 日，太平镇科学技术协会成立

【经济发展】 2017 年，农业总产值 2.59 亿元，同比增长 2.94%。规上工业总产值 4.82 亿元，同比增长 33%。建筑业总产值 6.0 亿元，同比增长 30.6%。限额以上住宿餐饮业营业额 3638.3 元，同比增长 -18.54%。固定资产投资 14.53 亿元，同比增长 14.8%。地方税收收入 570 万元，同比增长 37.68%。财政一般公共预算收入 946 万元，同比增长 30.6%。

财政一般公共预算支出2158万元，同比增长62.4%。“四上企业户数”8户。农村常住居民人均可支配收入14291元，同比增长10.08%。

【社会发展】 2017年末，有镇文化站、广播电视站各1处，有村级文化活动中心14处，各类文化专业户5户，业余文艺队伍8支，各类图书室15个，藏书1万册，音乐、美术、书法、摄影及文学业余创作队伍达19人，有县级文物保护单位2处。

有幼儿园2所，在园幼儿688人，专任教师26人。小学3所，在校学生2649人，专任教师184人，小学适龄儿童入学率100%。初中1所，初中在校学生1256人，专任教师73人。初中适龄人口入学率、小升初升学率、九年义务教育覆盖率分别达68%、89%、99%。

有牡丹研究所1个，从事牡丹花卉品种培育和花期延长研究。

有卫生院1个、村卫生站14个。床位30张，每万人拥有病床15张，固定资产总值362万元。专业卫生人员57名，其中执业医师9人，执业助理医师12人，检验师1人，注册护士11人。2017年医疗机构（门诊部以上）完成诊疗2.5万人次。

有学校体育场3个。21%的村安装了健身器材，经常参加体育活动的人员占常住人口的16%。

合作医疗参保36278人，筹资600余万元。城乡居民养老保险续保16665人，扩面新增参保260人。清理取缔不符合低保条件147人。享受城乡低保703户1003人。助学助医80人，救济受灾受困85户，临时救助133人。全年共发放低保、五保、临时救助、医疗救助等民生资金568.7万元。

【引进百香果农业项目】 1月12日，在桂花村流转土地3.5公顷，引进百香果农业项目，建立现代农业示范园。

【9·18洪灾】 9月18日，太平镇遭受特大暴雨袭击，降水量200毫米，全镇7828人不同程度受灾，道路塌方88处，农房受损185户315间，紧急转移安置44人。农作物受灾400公顷，工业企业受灾10家，造成直接经济损失约2200余万元，太平小学操场淹没，停课1天。

【反恐怖倡议签名活动】 12月26日，太平镇在镇综治中心举行反恐怖倡议签名活动，倡议全镇群众坚决抵制恐怖、宗教极端，坚决维护社会稳定和长治久安。

太平镇领导名录

镇党委书记：鞠　彬

镇长：洪世新

镇人大主席：卓树伦

五洞镇

【概况】 五洞镇地处垫江西南部，位于北纬30°9′46″~30°15′9″，东经107°17′47″~107°23′30″，东与高峰镇接壤，南与砚台镇为邻，西与澄溪镇、太平镇相连，北与太平镇、黄沙镇搭界。因卧龙河上一座建于元代的虹式五洞连拱石桥而得名。清顺治三年（1646年）属八庄里，乾隆十一年（1746年）属南里，民国4年（1915年）属第四区。民国20年（1931年），置五洞乡，属第一区。1955年，为五洞区驻地 。1958年改为五洞人民公社，1983年复为五洞乡，1992年置五洞镇。镇政府驻迎宾社区卧龙路51号。

2017年末，辖月江、卧龙、山河、龙滩、文龙、高山6村和迎宾1个居委会（社区），设57个村民小组、3个居民小组。辖区属浅、中丘地形，平均海拔365米。五洞镇地处四川三大盐盆之一的卧龙盐盆腹心地带，蕴藏有丰富的天然气、盐卤和石灰石等资源。东西最大距离9.8千米，南北最大距离9.94千米，幅员面积42平方千米。其中陆地41.0平方千米，占97.6%。水域0.9平方千米，占2.1%。总人口2.75万人，其中农业人口约8500人。耕地面积1466.67公顷。其中：田866.67公顷、土600公顷。

【经济发展】 2017 年，农业总产值 2.08 亿元，同比增长 3.05%。规上工业总产值 3.02 亿元，同比增长-20.3%。建筑业总产值 2.56 亿元，同比增长 30.1%。限额以上批发零售业销售额 2889 万元，同比增长-0.4%。限额以上住宿餐饮业营业额 1841.4 万元，同比增长 23.54%。固定资产投资 7.8 亿元，同比增长 11.4%。地方税收收入 136 万元，同比增长 14.29%。财政一般公共预算收入 249 万元，同比增长-2.1%。财政一般公共预算支出 1621 万元，同比增长 15.7%。“四上企业户数”9 户。农村常住居民人均可支配收入 12835 元，同比增长 9.81%。

五洞镇唐家坡李子种植面积 666.67 公顷，李子个大饱满，口感好，已经成为五洞镇一个特色种植产业。

五洞镇唐家坡李子

【社会发展】 2017 年末，有镇文化站、广播电视站各 1 处，有村级文化活动中心 7 处，各类文化专业户 2 户，各类图书室 11 个，藏书 3.5 万册，音乐、美术、书法、摄影及文学业余创作队伍达 8 人。

有幼儿园 3 所，在园幼儿 1550 人，专任教师 50 人。小学 3 所，在校学生 2350 人，专任教师 140 人，小学适龄儿童入学率 100%。初中 1 所，初中在校学生 2800 人，专任教师 160 人。初中适龄人口入学率、小升初升学率、九年义务教育覆盖率分别达 92%、97%、95%。

2017 年末，有卫生院 1 个、村卫生站 6 个。床位 55 张，每万人拥有病床 20 张，固定资产总值 800 万元。专业卫生人员 29 名，其中执业医师 16 人，执业助理医师 3 人，注册护士 10 人。2017 年医疗机构（门诊部以上）完成诊疗 2.5 万人次。

有学校体育场 4 个，看台设座椅 500 张。36% 的村安装了健身器材，经常参加体育活动的人员占常住人口的 30%。

全镇临时救助 271 人，救助金额 23.8 万元。参加城乡居民医疗保险 28875 人，参保达 100%。城镇、农村低保新增 86 户，128 人。完成残疾家庭无障碍改造 50 户。兑现农村退役士兵补助、高龄补贴、残疾人双项补贴 45.75 万元。发放五保对象生活补助 70.92 万元。

五洞镇领导名录

镇委书记：胡显发（2014.7.10—）

镇长：高　利（2014.7.10—）

人大主席：胡瑞清（2016.9.28—）

高峰镇

【概况】 高峰镇地处垫江中部，位于东经 107° 22′ 11″ ~107° 26′ 53″，北纬 30° 9′ 15″ ~30° 15′ 34″。东邻高安镇、杠家镇，西连五洞镇，南接永平镇，北靠黄沙乡。因集镇后有一座峰家山而得名。处于垫江县城向南部辐射的重要节点，距县城 14 千米。春秋属巴国，秦汉属巴郡，南北朝西魏始属垫江县。清顺治三年（1646 年），属八庄里。光绪四年（1878 年），名高峰场，属南里四甲。宣统二年（1910 年），属董家乡。1921 年，第五区驻高峰场。1931 年，置高峰镇，驻高峰场，属第一区。1940 年，高峰镇并界尺镇、斜滩乡改置界滩乡，驻高峰场，属第一指导区。1945 年，界滩乡属太平区。1949 年 12 月，界滩乡属第三区。1951 年 6 月，界滩乡为第九区驻地。1953 年 3 月，析界滩乡置高峰乡，驻高峰场，属第九区。1955 年 10 月，高峰乡并界尺等乡复置界滩乡，驻高峰场，属五洞区。1958 年 6 月，界滩乡改为界滩人民公社。1963 年 9

月，析界滩公社地置高峰公社，属五洞区。1983 年 3 月，高峰公社改为高峰乡。1992 年 10 月，高峰乡并界尺乡改置高峰镇，下设 1 个居民委员会、14 个村民委员会。

2017 年末，辖高峰 1 个居民委员会，民主、红星、东风、太山、大井、界尺、建兴、关荣 8 个村民委员会。下设 2 个居民小组、61 个村民小组。地势略为北高南低、东高西低。地形为丘陵，地面高程一般在海拔 360～492 米。境内最高点位于周太坪，海拔 492 米。最低点位于罗公潭，海拔 360 米。幅员面积 48 平方千米，耕地面积 1441 公顷。户籍总人口 35292 人，其中农业人口 24851 人，人口自然增长率 2.1‰。

【经济发展】 2017 年农业总产值 2.38 亿元，同比增长 2.43%。规上工业总产值 2.85 亿元，同比增长 11.4%。建筑业总产值 2.96 亿元，同比增长 29.5%。限额以上批发零售业销售额 1.87 亿元，同比增长 28.6%。限额以上住宿餐饮业营业额 881.6 万元，同比增长 29.04%。固定资产投资 6.15 亿元，同比增长 30.9%。地方税收收入 224 万元，同比增长 80.65%。财政一般公共预算收入 130 万元，同比增长-18.3%。财政一般公共预算支出 2023 万元，同比增长 48.3%。“四上企业户数”10 户。农村常住居民人均可支配收入 13987 元，同比增长 9.98%。

【社会发展】 年末，有镇文化站、广播电视站各 13 处，有村级文化活动中心 9 处，各类图书室 9 个，藏书 2.5 万册，有县级文物保护单位有湾湾桥、界尺村老君寨、太山村清代古墓、关荣村清代古墓、红星、界尺汉代古墓、太山村摩岩造像、红星村雷打石渡槽。

有幼儿园、托儿所 6 个，在园幼儿 150 人，专任教师 10 人。小学 3 所，在校学生 1538 人，专任教师 113 人，小学适龄儿童入学率 100%。无中学。初中适龄人口入学率、小升初升学率、九年义务教育覆盖率分别达 100%、100%、100%。

有镇卫生院 2 个、村（社区）卫生站 9 个，床位 49 张，专业卫生人员 30 名，执业（助理）医师数 16 人，自来水用户 9798 户，燃气管道用气户数 13626 户，农村卫生厕所普及率 40%。

社会福利院 1 个，福利院床位数 26 个，福利院收养人数 23 人，新型农村合作医疗参保人数 30509 万人，城乡基本养老保险参保人数 18752 人。

2017 年，高峰镇宜居乡村风貌改造

【万亩生态农业园建设】 2017 年，高峰镇依托龙溪河高峰段独特的地理和产业优势，以龙溪河大井社区、民主村为核心，以县域中部现代农业产业园为契机，以大井社区文顺奶牛场有机肥料为依托，打造集游园、赏花、采摘、品果、体验为一体的生态休闲观光农业，建成生态农业园 670 公顷。其中，大井社区沃柑基地 120 公顷，恒河晚熟柑橘园 67 公顷，大井花卉苗圃基地 67 公顷，民主花卉苗圃园 67 公顷，时令蔬菜基地 310 公顷。

高峰镇领导名录

镇党委书记：邹贤菊（2016.12—2017.12）

镇长：龚　毅（2016.12—2017.12）

镇人大主席：易善明（2016.12—2017.12）

黄沙镇

【概况】 黄沙镇地处县境中部，位于北纬 30°14′1″～30°18′20″，东经 107°19′52″～107°24′41″，与高安镇、长龙镇、高峰镇、五洞镇、太平镇、桂阳街道办事处接壤。黄沙因盛产柚中贡品——黄沙白柚，获“白柚故乡”美誉。以集场表层土壤乃清一色的黄沙而得名。位于垫江县城东南 6.8 千米处，镇政府驻长红社区长红路 148 号，距县城 7 千米。春秋属巴国，秦汉属巴郡，南北朝西魏始属垫江县。清顺治三年（1646 年）属八庄里，民国 20 年（1931 年）置黄沙镇。民国 29 年(1940 年)，黄沙镇并五洞乡置沙洞乡，次年更名沙桥乡，驻黄沙岩场。1953 年，析沙桥乡地置黄沙乡。1958 年改置黄沙人民公社，1983 年复为黄沙乡。

2014 年 9 月 18 日撤乡设镇更名为黄沙镇。辖永进、万胜、长红 3 个居委和八一村，设 37 个居民小组、13 个村民小组。属中丘地貌，地势略为西高东低、北高南低。地面高程一般在海拔 420—500 米，最高点万胜猫鼻梁海拔 500 米，最低点普安桥海拔 420 米。境内河道属龙溪河流域，溪河短小，无河流过境。辖区东西最大距离 7.77 千米，南北最大距离 7.7 千米，幅员面积 32 平方千米。总人口 22659 人。其中城镇常住人口 4868 人，农业人口 17791 人。男性 1.17 万人，女性 1.10 万人。2014 年末，耕地面积 1067 公顷，森林覆盖率 43%。

2017 年，黄沙镇尚湖生态农业园

【经济发展】 2017 年农业总产值 1.65 亿元，同比增长 2.41%。规上工业总产值 5.12 亿元，同比增长 26.7%。建筑业总产值 3.25 亿元，同比增长-3%。限额以上批发零售业销售额 1.11 亿元，同比增长 60.1%。限额以上住宿餐饮业营业额 1073 万元，同比增长-37.21%。固定资产投资 7.23 亿元，同比增长 11.8%。地方税收收入 670 万元，同比增长-16.67%。财政一般公共预算收入 223 万元，同比增长 56.8%。财政一般公共预算支出 1540 万元，同比增长 33.7%。“四上企业户数” 9 户。农村常住居民人均可支配收入 13584 元，同比增长 10.01%。

【社会发展】 2017 年末，有文化站、广播电视站各 1 处，有村级文化活动中心 4 处，各类图书室 5 个，藏书 2 万余册。

有幼儿园 2 所，在园幼儿 800 人，专任教师 18 人。小学 2 所，在校学生 1500 人，专任教师 118 人，小学适龄儿童入学率 100%。初中适龄人口入学率、小升初升学率、九年义务教育覆盖率分别达 96%、100%、99.5%。

有镇卫生院 1 个、村（社区）卫生站 4 个，床位 20 张，专业卫生人员 16 名，农村安全饮用水普及率 100%，农村卫生厕所普及率 86%。

有学校体育场 3 个。25%的村安装有健身器材。

城镇最低生活保障户数 54 户，人数 62 人，支出 12.8 万元，同比增长 11%，月人均 172.5 元，同比增长 8%。农村医疗救助 954 人次，民政部门资助参加合作医疗 490 人次，共支出 2.0 万元，同比增长 1.2%。农村临时救济 1260 人次，支出 23.2 万元，同比增长 30%。农村最低生活保障户数 448 户，人数 761 人，支出 83 万元，同比增长 10%，月人均 91 元，同比增长 8%。国家抚恤、补助各类优抚对象 99 人，抚恤事业费支出 26.1 万元，同比增长 0.1%。敬老院 1 家，床位 26 张，收养农村五保人员 20 人，支出 8.4 万元，同比增长 15%。农村五保分散供养 39 人，支出 10.8 万元，同比增长 24%。社区服务设施 1 个，其中社区服务中心 1 个，社区服务站 1 个。有慈善机构 1 个，全年接受社会捐款 0.7 万元，使 15 人（次）困难群众受益。参加新型农村养老保险 1.0 万人，参保率 98%。

黄沙镇领导名录

镇党委书记：何　江（2014.9—2016.11）

刘裕前（2016.11—）
镇长：廖伦中（2014.9—2017.3）
高　亮（2017.3—）
镇人大主席：方廷佑（2014.9—）

鹤游镇

【概况】 鹤游镇地处县境南部，位于北纬 30° 2′ 30″ ~30° 6′ 40″，东经 107° 19′ 5″ ~107° 23′ 13″，东与坪山镇相依，南与白家镇毗邻，西与包家镇接壤，北与砚台镇相连，北距县城 37 千米。鹤游镇以传说元初有二老人在此棋盘石上下棋，后闻人声即化为双鹤绕空而去得名。镇政府驻石鼓社区鹤游街 28 号。鹤游镇明清属涪州，清咸丰七年（1857 年）为涪州鹤游分州驻地，民国 2 年（1913 年）为涪陵县鹤游分县驻地。民国 20 年（1931 年），置严家乡。1953 年，严家乡始属垫江县。1958 年，严家乡改为严家人民公社，为鹤游区驻地。1983 年，严家公社复为严家乡。1985 年，严家乡改置鹤游镇。1997 年，鹤游镇更名鹤游镇。

2017 年末，辖金钱、群丰、水井、团结、分州、高桥、长坡 7 村和石鼓居委会（社区），设 42 个村民小组、3 个居民小组。辖区地处鹤游坪台地西部，属平状高丘地形，地势为东高西低、北高南低，地面高程一般在海拔 345～520 米，最高点群丰村高草坪，海拔 527 米，最低点金钱村二组，海拔 345 米。东西最大距离 6.86 千米，南北最大距离 7.7 千米，幅员面积 32.8 平方千米。总人口 20155 人。人口出生率 8‰，死亡率 6‰，人口自然增长率 2‰。

【经济发展】 2017 年，农业总产值 1.87 亿元，同比增长 3.37%。规上工业总产值 6.12 亿元，同比增长 14.4%。建筑业总产值 2.62 亿元，同比增长 24.6%。限额以上批发零售业销售额 2.43 亿元，同比增长 19%。限额以上住宿餐饮业营业额 6035.1 万元，同比增长–3.12%。固定资产投资 6.03 亿元，同比增长–25.2%。地方税收收入 99 万元，同比增长 147.5%。财政一般公共预算收入 120 万元，同比增长 123.5%。财政一般公共预算支出 1346 万元，同比增长 25.3%。“四上企业户数” 12 户。农村常住居民人均可支配收入 13460 元，同比增长 10.04%。

【社会发展】 2017 年末，有镇文化站、广播电视站各 1 处，有村级文化活动中心 8 处，各类文化专业户 2 户，各类图书室 8 个，藏书 4.5 万册，音乐、美术、书法、摄影及文学业余创作队伍达 12 人，有县级文物保护单位 1 处。

有普通中学 1 所，小学 1 所 。普通中学教师 171 人，小学教师 66 人。全镇普通中学在校生 2716 人，小学在校生 814 人。幼儿园 2 所，在园儿童 436 人。

有村卫生室 7 个，卫生院床位数 55 张，卫生技术人员 36 人。执业医师和执业助理医师 16 人，注册护师、护士 8 人，乡村医生 30 人。

有学校体育场 3 个。80%的村安装有健身器材。

【场镇升级改造】 2017 年，鹤游镇筹集资金 175 万余元，完成场镇人行道 1 万平方米花岗岩地砖铺设，新增下水道井盖 12 个、地漏 7 个，恢复水、气供应。投入 21 万余元，完成场镇 104 盏路灯安装。投入 17 万余元，补植补栽行道树 210 棵。投入 3 万元，开展鹤白转盘提档升级改造。完成长五间移民安置点边坡治理。

2017 年，盐井溪水库大坝

【盐井溪水库周边生态农业旅游观光园建设】

2017年，鹤游镇引进重庆莹桃苑生态农业开发公司在库区周围打造70公顷以桃树为主的花果园。花果园涉及村社有石鼓居委1社、2社，团结村1社、2社，分州村2社、3社、8社，涉及农户400户，支付群众土地流转资金30万元。主要种植寿桃、香桃、黄桃、柑橘（爱园38号）、冰糖李、脆李等水果。年末，已修建5米宽的道路6千米，2米宽的机耕道10千米，1.5米宽的人行便道10千米。

鹤游镇领导名录

镇党委书记：李德飞（2015.5—）

镇　长：夏建忠（2016.9—）

镇人大主席：余安军（2016.5—2017.11）

砚台镇

【概况】 砚台镇地处垫江县西部，位于东经107°15′55″~107°24′53″，北纬30°5′34″~30°11′13″，东与高峰镇、永平镇、坪山镇相依，南与鹤游镇、包家镇毗邻，西与长寿区接壤，北与澄溪镇、五洞镇相连。以莲花溪中有一大石如砚而得名。镇政府驻砚台镇高新社区砚台大道1号，距垫江县城约27千米。

春秋属巴国，秦汉属巴郡，南北朝西魏始属垫江县。清康熙时属八里庄，宣统时属董家场。民国20年（1931年），置砚台乡。民国29年（1940年）与董家乡合并为董砚乡。1958年，董砚乡改为董砚人民公社。1962年，由董砚公社分置砚台人民公社。1983年，砚台公社改置砚台乡。1985年置砚台镇。1992年，砚台镇入澄溪镇。2001年，澄溪镇砚台办事处并汪家乡置砚台镇。

2017年末，辖砚台、高兴、汪家3个居民委员会，百胜、太安、白云、石梯、新渡、临江、登丰、金钟、水口、定安、顺昌、大佛、农光13个村民委员会。下设11个居民小组、73个村民小组。辖区地处大梨山东南麓，为典型的丘陵地貌，地势略微西高东低、北高南低，地面高程一般海拔350~450米，最高点白云村海拔620米，最低点新渡村350米。东西最大距离14.14千米，南北最大距离10.43千米，幅员面积78平方千米。户籍总人口44475人，总户数13452户。人口出生率11.7‰，死亡率5.3‰，人口自然增长率6.4‰。耕地面积（二调）4915.69公顷，其中水田1997.82公顷，旱地2917.87公顷，森林覆盖率27.4％。

【经济发展】 2017年，农业总产值3.24亿元，同比增长3.9%。规上工业总产值4.51亿元，同比增长-15.8%。建筑业总产值1.75亿元，同比增长-52.7%。限额以上批发零售业销售额1.75亿元，同比增长9.7%。固定资产投资9.08亿元，同比增长17.7%。地方税收收入505万元，同比增长65.57%。财政一般公共预算收入245万元，同比增长86.2%。财政一般公共预算支出2037万元，同比增长24.3%。“四上企业户数”10户。农村常住居民人均可支配收入13548元，同比增长10.35%。城镇居民人均可支配收入13548元，比上年增长10.35%。

【社会发展】 2017年末，有镇文化站、广播电视站各1处，有村级文化活动中心16处，各类图书室17个，藏3.2万册，有5处文物点包括水口村石院子朝门、水口村丁岩毛主席语录、水口村天堡场毛主席语录、水口村三佛沟摩崖题刻、砚台社区砚台石桥，县级文物保护单位有顺昌村陈君墓和顺昌村谭福五墓。

有幼儿园4所，在园幼儿688人，入园率85.7%，专任教师31人。小学3所，2个教学点，在校学生1871人，专任教师189人，小学适龄儿童入学率100%。有普通中学2所，初中在校学生424人，专任教师58人。初中适龄人口入学率100%，小学升学率100%，初中升学率75％，九年义务教育覆盖率分别达98%。

有镇卫生院1个、村（社区）卫生站15个，床位40张，专业卫生人员55名，农村卫生厕所普及率64%。新型农村合作医疗参保人数37896人，参保率86%。

有学校体育场5个。31%的村安装有健身器材。

城镇最低生活保障户数70户，人数94人，支出48万元，月人均426元。农村最低生活保障户数374户，人数618人，支出219.96万元，月人均296元。参加新型农村养老保险22879人。

砚台镇领导名录

镇党委书记：周　洪（2016.10—）

镇长：余　龙（2015.5—）

镇人大主席：高小艳（2016.5—）

白家镇

【概况】 白家镇地处垫江县南部，位于北纬29°58′38″~30°3′40″，东经107°17′30″~107°23′18″，东临坪山镇，西靠包家镇、长寿县龙河镇，南连长寿华中乡、飞龙乡，北与鹤游镇接壤。因清代刑部侍郎白勉弃官还乡与其弟白永贵废庙修街而得名。镇政府驻农安社区白家新街48号，距县城34.7千米。春秋属巴国，秦汉属巴郡，明清属涪州。民国21年（1932年）置白家镇，属涪陵县。民国33年（1944年）改镇置乡，1953年始属垫江县。1958年改置白家人民公社，1983年复置白家乡。1992年，绿柏乡并入白家乡。2008年，白家乡改置白家镇。

2017年末，辖农安、合兴、湖滨、丛林、三角5个居民委员会，烟坡、洪鹤、云山、云龙、团石、观斗、静峰7个村民委员会。下设32个居民小组、45个村民小组。辖区地处鹤游坪台地边缘，濒临长寿湖，属平状高丘地形，地势略为东高西低、北高南低，地面高程一般在海拔340~450米，最高点观斗寨海拔590米，最低点长寿湖区海拔320米。东西最大距离9.8千米，南北最大距离9.38千米，幅员面积57平方千米。总人口32240人。其中男性16766人，女性15474人。人口出生率8.8‰，死亡率7.4‰，人口自然增长率1.5‰。年末，耕地面积3428.01公顷，森林覆盖率42%。

【经济发展】 2017年，农业总产值2.89亿元，同比增长3.96%。规上工业总产值2119万元，同比增长0%。建筑业总产值2.74亿元，同比增长8.8%。限额以上批发零售业销售额2817万元，同比增长17.6%。限额以上住宿餐饮业营业额722万元，同比增长14.06%。固定资产投资6.06亿元，同比增长23.3%。地方税收收入136万元，同比增长147.27%。财政一般公共预算收入125万元，同比增长66.4%。财政一般公共预算支出1953万元，同比增长32.3%。“四上企业户数”5户。农村常住居民人均可支配收入13878元，同比增长10.06%。

【社会发展】 2017年末，有镇文化服务中心1处，有村级文化活动中心12处，各类图书室13个，藏书3.5万册，有县级文物保护单位有永平古城寨卡、云龙古墓。

有小学3所，在校学生1184人，专任教师98人，小学适龄儿童入学率100%。有普通中学1所，初中在校学生407人，专任教师46人。初中适龄人口入学率、小升初升学率、九年义务教育覆盖率分别达100%、100%、100%。

有镇卫生院1个、村（社区）卫生站12个，床位60张，专业卫生人员36名，村医35名，农村安全饮用水普及率100%，农村卫生厕所普及率85%。新型农村合作医疗参保人数29702人，参保率100%。

2017年末有，学校体育场5个。25%的村安装有健身器材。

城镇最低生活保障户数71户，人数82人，支出3.8018万元，月人均463元。农村最低生活保障户数406户，人数547人，支出18.5061万元。参加新型农村养老保险17660人，参保率86%。

白家镇领导名录

镇党委书记：姜　明（2017.1—2017.12）

龚臻强（2017.12—）

镇长：李洪波（2017.1—2017.12）

镇人大主席：刘盛昌（2017.1—2017.12）

包家镇

【概况】 包家镇地处垫江西南端，位于北纬 30° 2′ 23″ ~ 30° 7′ 35″ ，东经 107° 14′ 58″ ~ 107° 20′ 17″ ，东邻鹤游镇、白家镇，南邻长寿石堰镇、龙河乡，西邻长寿云台镇，北邻砚台镇。距县城 37 千米。春秋属巴国，秦汉属巴郡，明代属涪州。清康熙年间，名包家庙，属涪州白石里。光绪四年（1878 年）属涪州正北区。宣统二年（1910 年），名包家场，属涪州第四区。1931 年，置包家乡，驻地包家场，属涪陵县第五区。1935 年，属涪陵县第四区。1953 年 3 月，包家乡由涪陵划归垫江县，属第十区。1955 年 1 月，属鹤游区。1958 年 6 月，包家乡改包家人民公社，属鹤游区。1983 年 3 月，包家人民公社改包家乡，下设 9 个村民委员会。2007 年 7 月，包家乡改置包家镇，下设 1 个居民委员会、6 个村民委员会。

2017 年末，辖宝山 1 个居民委员会，小山、土主、陆箭、正桥、安乐、雨山 6 个村民委员会。下设 4 个居民小组、44 个村民小组。辖区地处鹤游坪台地西部边缘，南部濒临长寿湖，属中、浅丘地形。地势东高西低、北高南低，地面高程一般在海拔 345 ~ 610 米，最高点甄桥村邱家岩海拔 610 米，最低点长寿湖一洞桥海拔 345 米。东西最大距离 8.54 千米，南北最大距离 9.59 千米，幅员面积 42 平方千米，总人口 22724 人。耕地面积 2499.6 公顷，森林覆盖率 47%。

【经济发展】 2017 年，农业总产值 2.12 亿元，同比增长 3.44%。建筑业总产值 1.84 亿元，同比增长–43.9%。限额以上批发零售业销售额 1473 万元，同比增长–33.4%。限额以上住宿餐饮业营业额 1372.9 万元，同比增长 20.02%。固定资产投资 8.25 亿元，同比增长 19.8%。地方税收收入 86 万元，同比增长–11.34%。财政一般公共预算收入 83 万元，同比增长 12.8%。财政一般公共预算支出 1297 万元，同比增长 19.5%。“四上企业户数” 3 户。农村常住居民人均可支配收入 12364 元，同比增长 9.26%。

2017 年，包家镇甄桥村柑橘园

【社会发展】 2017 年末，有镇文化站、广播电视站各 1 处，有村级文化活动中心 7 处，各类文化专业户 3 户，各类图书室 8 个，藏书 1.5 万册，音乐、美术、书法、摄影及文学业余创作队伍达 10 人。

有幼儿园 2 所，在园幼儿 530 人，专任教师 25 人。小学 2 所，在校学生 942 人，专任教师 54 人，小学适龄儿童入学率 100%。初中 1 所，初中在校学生 343 人，专任教师 30 人。初中适龄人口入学率、小升初升学率、九年义务教育覆盖率分别达 98%、100%、100%。

有卫生院 1 个，村级卫生站 7 个。有床位 20 张，每万人拥有病床 8.67 张，固定资产总值 200 万元。专业卫生人员 26 名，其中执业医师 4 人，执业助理医师 6 人，注册护士 3 人。2011 年医疗机构（门诊部以上）完成诊疗 1.4 万人次。

有学校体育场 3 个。100%的村安装有健身器材。

城乡居民参加养老保险和医疗保险分别达 13437 人和 18020 人。发放残疾人生活补贴和重度残疾人护理补贴 29 万余元。实施残疾人 D 级危房改造 4 户。城乡居民最低生活保障救助困难群众 1851 人，发放救助资金近 165 万余元。脱贫攻坚免费向贫困户发放榨菜籽 140 千克、鸡苗 1270 只、鸭苗 150 只、仔猪 37 头、化肥 7600 千克。开展技能培训 8 期，培训人数 300 余人次，解决 13 名贫困户在公益性岗位就业。慰问贫困户 454 户次 9 万余元，举行“扶贫日”募捐活动，筹集善款 11500 元。启动危房改造 57 户，资助贫困大学生 12 人，落实“精准脱贫保”771 人。

【包家高兴红砖厂发生安全生产事故】 12 月 11 日，包家高兴红砖厂发生安全生产事故，造成 4 死 1 伤。

包家镇领导名录

党委书记：谭小洪（2016.9—）

镇长：朱喜波（2016.9—）

人大主席：吴用明（2016.9—）

坪山镇

【概况】 坪山镇地处垫江县东南部，位于北纬 29° 59′ 10″ ~30° 7′ 57″，东经 107° 21′ 42″ ~107° 28′ 2″，地处垫江、长寿、涪陵三区县交界部位。原名沈家店，因清初有沈氏夫妇在此开店设铺得名。2000 年，因曾为坪山区驻地更名坪山镇。春秋属巴国，秦汉属巴郡，清初，属涪洲白石里。光绪三十四年（1908 年），名沈家场，属涪洲正北区。宣统二年（1910 年），属第四区。1930 年，属涪陵县第九区。1931 年，置坪山镇，驻沈家场，属第五区，为第五区驻地。1935 年，坪山镇改置沈家乡，属第四区。1940 年，沈家乡改置坪山镇。1950 年 4 月，坪山镇改置沈家乡，属第十六区，为第十六区驻地。1953 年 3 月，沈家乡划归垫江县，属第十一区，驻地沈家场，为第十一区驻地。1955 年 1 月，沈家乡属坪山区，驻地沈家场，为坪山区驻地。1958 年 6 月，沈家乡改为沈家人民公社。1983 年 3 月，沈家公社复为沈家乡。1985 年 5 月，沈家乡改置坪山镇，下设 1 个居民委员会，12 个村民委员会。1992 年 10 月，省界枫乡入坪山镇，下设 1 个居民委员会，19 个村民委员会。2000 年，坪山镇更名坪山镇。镇政府驻坪山镇老街 84 号，距县城 32.5 千米。2007 年 7 月，坪山镇下设 2 个居民委员会、21 个村民委员会。

2017 年末，辖文昌、回龙 2 个居民委员会，百兴、大坪、新风、莲花、迎春、黄桷、旭东、联合、古佛、双丰、杨柳、登陵、龙溪、九龙 14 个村民委员会。下设 14 个居民小组、110 个村民小组。辖区东西最大距离 10.4 千米，南北最大距离 16.3 千米，总面积 79 平方千米。其中陆地 77.4 平方千米，占 98.0%。水域 1.6 平方千米，占 0.2%。总人口 5.1 万人。其中，城镇常住人口 8168 人。境内有唐代山寨、明代嘉靖吏部尚书夏邦谟故居，刘伯承元帅血战丰都疗伤大院等古迹。鹤游评古寨群周长 80 千米，设有 36 道大卡、72 道小卡，是迄今发现的规模最大的山寨式古城堡。

2017 年，坪山镇集镇风貌

【经济发展】 2017 年，农业总产值 3.34 亿元，同比增长 3.07%。规上工业总产值 3.95 亿元，同比增长 22.7%。建筑业总产值 10.02 亿元，同比增长 33%。限额以上批发零售业销售额 4.49 亿元，同比增长 8.4%。限额以上住宿餐饮业营业额 1520.3 万元，同比增长 20.46%。固定资产投资 6.94 亿元，同比增长 21.7%。地方税收收入 282 万元，同比增长 75.16%。财政一般公共预算收入 354 万元，同比增长 65.5%。财政一般公共预算支出 2171 万元，同比增长 33.9%。“四上企业户数”9 户。农村常住居民人均可支配收入 13589 元，同比增长 10.09%。

【社会发展】 2017 年末，有镇文化站、广播电视站各 1 个。有村级文化活动中心 16 处。各类图书室17个，藏书1.5万册，县级文物保护单位有毛主席语录碑、语录塔。安装无线广播332个，实现广播“村村通”，收听范围覆盖90%以上。

有中心幼儿园4所，民营幼儿园2所，在园幼儿1200人。小学4所，在校学生近5000人，专任教师236人，小学适龄儿童入学率99.8%。有普通中学1所，教学班67个，学生3800余人，教职工221人，其中高级教师35人，一级教师92人，市县级骨干教师30人。初中适龄人口入学率、小升初升学率、九年义务教育覆盖率分别达99.6%、99.9%、99.8%。垫江五中考取重点大学19人，大学上线316人，上线率96%。

有镇卫生院1所、村（社区）卫生站16个，在职职工80余人，开放床位150张，年住院人次5000人、门诊人次65000人。农村安全饮用水普及率95%，农村卫生厕所普及率60%。

2017年末，有学校体育场1个。6.5%的村安装有健身器材。

参加城乡居民养老保险2.85万人，城乡居民合作医疗保险4.57万人，新增城镇就业人员280人，困难就业人员就业再就业76人，城镇登记失业人员就业再就业35人，提供个人创业担保贷款服务8人120余万元。全年共计发放城乡低保380万元，特困补助160万元，临时救助和救灾资金50万元。为遭遇暴风灾害的3户群众，解决救灾资金8.8万元。投入资金30万元，整修敬老院。发放残疾人辅具30户，完成无障碍改造50户。

【回龙休闲广场动工】 2月，坪山镇在一环路回龙社区便民服务中心旁动工建设回龙休闲广场。项目基础建设投资约500万元，占地约2000平方米，总建筑面积约2.4万平方米，内设羽毛球场2个，乒乓球场2个，门球场1个，篮球场1个，配套建设有台阶、座椅、花坛、灯饰、绿化、健身步道和器材，并附地下停车场，是集餐饮、娱乐、健身、体育为一体的多功能休闲娱乐场所。

【垫江县鹏达畜禽养殖有限公司落户坪山】 5月，垫江县鹏达畜禽养殖有限公司在坪山镇新风村3社动工新建，该公司占地约1.33公顷，总投资4900万元，年存栏生猪5000头，是一家现代化、标准化的畜禽养殖公司。

【坪山镇被认定为全国一村一品示范村镇】 8月，坪山镇被农业部认定为全国一村一品示范村镇。

【坪山镇被命名为市级乡镇商贸综合服务中心】 9月，坪山镇被重庆市商务委员会命名为市级乡镇商贸综合服务中心。

【新风村入选重庆市首批历史文化名村】 11月，坪山镇新风村被重庆市人民政府批准并入选重庆市首批历史文化名村。

坪山镇领导名录：

镇党委书记　高君（2017.1—2017.12）

镇人大主席　张勇（2017.1—2017.12）

镇　长　彭将峰（2017.1—2017.12）

三溪镇

【概况】 三溪镇地处垫江县东南部，位于北纬29°59′38″～30°6′42″，东经107°25′37″～107°32′26″，东临丰都县，南与长寿区云集镇和涪陵区珍溪镇相连，西与坪山镇相邻，北与裴兴镇连接。因黑虎凼、黑龙江、竹园坝三水汇入玉纸溪而得名。春秋属巴国，秦汉属巴郡，明清属涪州。民国20年（1931年）置三汇乡，1953年始属垫江县。1958年改为三汇人民公社，1983年复为三汇乡，1985年更名三溪乡。1992年，箐口乡入三溪乡。2007年，三溪乡改置三溪镇。镇政府驻三汇社区湖滨路1号，距县城38千米。

2017年末，辖玉溪、双龙、青龙、江岭、向前、龙花6村和三汇、箐口2个社区，设48个村民小组、16个居民小组。辖区地处黄草山西麓，西部濒临长寿湖，属中丘连低山地形，地势略为东高西低、北高南低，地面高程一般在海拔 340—500 米，最高点箐口大石坡寨梁子海拔 1034 米，最低点向前村 4 社海拔 340 米。东西最大距离 11.41 千米，南北最大距离 12.95 千米，幅员面积 72 平方千米。总人口 18205 人。人口出生率 8.51‰，死亡率 5.94 ‰，人口自然增长率 2.57‰。耕地面积 2461.27 公顷，森林覆盖率 54%。

2017 年，三溪镇污水处理厂

【经济发展】 2017 年，农业总产值 1.82 亿元，同比增长 2.7%。建筑业总产值 1.87 亿元，同比增长 14.9%。限额以上批发零售业销售额 4299 万元，同比增长 29.5%。固定资产投资 6.59 亿元，同比增长 35.8%。地方税收收入 109 万元，同比增长 -20.44%。财政一般公共预算收入 133 万元，同比增长-28.6%。财政一般公共预算支出 1481 万元，同比增长 29.3%。“四上企业户数”2 户。农村常住居民人均可支配收入 12964 元，同比增长 9.66%。

【社会发展】 2017 年末，有镇文化站、广播电视站各 1 处，有村级文化活动中心 8 处，各类图书室 9 个，藏书 4.5 万册，有县级文物保护单位双龙村磬岗寨、大清湾张周氏墓，有一般不可移动文物双龙村的黑狗道桥、杨麦子坡张黎氏墓，麦子坡张氏墓、箐口居委大烂丘尹氏墓、尹尚选墓。

有幼儿园 3 所，在园幼儿 134 人，专任教师 14 人。小学 3 所，在校学生 661 人，专任教师 59 人，小学适龄儿童入学率 100%。无普通中学、职业中学。初中适龄人口入学率、小升初升学率、九年义务教育覆盖率均达 100%。

有镇卫生院 1 个、村（社区）卫生站 8 个，床位 25 张，专业卫生人员 21 名，农村安全饮用水普及率 99%，农村卫生厕所普及率 89.9%。新型农村合作医疗参保人数 15809 人，参保率 86.84%。

2017 年末，有学校体育场 3 个。25%的村安装有健身器材。

有特困供养人员 69 人。其中，集中供养 15 人，分散供养 54 人。为困难家庭失能人员 43 人、高龄失能老人 126 人、90 岁以上高龄老人 26 人提供居家养老服务补助。农村最低生活保障户数 283 户，人数 374 人，支出 11.44 万元。城镇最低生活保障户数 136 户，人数 170 人，支出 7.05 万元。参加城乡居民养老保险 10446 人，参保率 72.6%。

【移民避险解困】 2017 年，三溪镇筹资 7000 万元开展移民避险解困工作。年末，向前村安置点主体工程和双龙村安置点 5 楼已竣工。

三溪镇领导名录

镇党委书记：游　斌

镇长：石旭东

镇人大主席：王晓兵

裴兴镇

【概况】 裴兴镇地处黄草山麓，系垫江、丰都、涪陵三县（区）交汇处，位于北纬 30° 4′ 55″ ~ 30° 10′ 23″，东经 107° 27′ 24″ ~107° 35′ 41″，东接丰都许明镇，南界三溪镇江岭村、青龙村，西邻永平镇罐石村、坪山镇旭东村，北连大石乡石良村、杠家镇支汇村。因裴姓人氏首先在此设店建场而得名。

春秋属巴国，秦汉属巴郡，明清属涪州。1930 年置裴兴乡，属涪陵县第九区。1931 年并涪陵县太和乡置裴家乡，1935 年更名裴兴乡，1950 年 1 月更名裴江乡。1953 年 3 月，裴江乡始属垫江县。1955 年 2 月，裴江乡并胜利乡置裴兴乡，属坪山区。1958 年 6 月改置裴兴人民公社。1983 年复置裴兴乡，下设 13 个行政村。2007 年 7 月改置裴兴镇，下设 1 个居民委员会、8 个村民委员会。

2017 年末，辖南华 1 个居民委员会，桂花、长安、新宝、华龙、上水、双柏、高石、拱桥 8 个村民委员会。下设 4 个居民小组、45 个村民小组。裴兴镇地形属中丘连低山地形，海拔为 356 ~ 1035 米，平均海拔 420 米。其地貌属于垫江东部背斜低丘、台地类型，西北部、东部边缘则分别属于高丘、低山地貌。幅员面积 59 平方千米，总人口 20132 人。其中城镇常住人口 1707 人，农业人口 11570 人。人口出生率 6.11‰，死亡率 5.63‰，人口自然增长率 0.48‰。森林资源丰富，覆盖率 60%。境内有华尔山溶洞、梁桑磴森林公园、皮家庙古文化遗产和围子湾革命遗址等旅游资源。

2017 年，裴兴镇黑花生

【经济发展】 2017 年，农业总产值 1.85 亿元，同比增长 2.54%。规上工业总产值 1.26 亿元，同比增长 20%。建筑业总产值 1.56 亿元，同比增长 –1.2%。限额以上批发零售业销售额 2007 万元，同比增长 21%。固定资产投资 5.8 亿元，同比增长 –9.7%。地方税收收入 35 万元，同比增长 169.23%。财政一般公共预算收入 42 万元，同比增长–27.2%。财政一般公共预算支出 1103 万元，同比增长 9.3%。“四上企业户数” 2 户。农村常住居民人均可支配收入 13328 元，同比增长 8.92%。

【社会发展】 2017 年末，有镇综合文化站 1 处，农家书屋 10 处，各类图书室 10 个，藏书 2.6 万册。

有幼儿园 2 所，在园幼儿 235 人，专任教师 13 人。普通小学 1 所，在校学生 945 人，专任教师 57 人，小学适龄儿童入学率 100%。初中适龄人口入学率、小升初升学率、九年义务教育覆盖率分别达 100%、100%、100%。

有镇卫生院 1 个、村（社区）卫生站 8 个，床位 30 张，专业卫生人员 38 名，农村安全饮用水普及率 100%，农村卫生厕所普及率 75%。城乡居民基本医疗保险参保 16740 人，参保率 85%。

有学校体育场 2 个。100%的村安装有健身器材。

城镇最低生活保障户数 108 户，人数 131 人，支出 50.3 万元。农村最低生活保障户数 336 户，人数 512 人，支出 141.3 万元，月人均 230 元。城乡居民养老保险参保 11500 人，参保率 95%。

裴兴镇领导名录

镇党委书记：李小莉（2016.1—2016.12）
廖伦中（2017.3—）
镇人大主席：苏显军（2016.1—2016.12）
黄义伦（2016.12—）
镇长：刘正荣（2016.1—2016.12）
苏显军（2016.12—）

永平镇

【概况】 永平镇地处垫江县南部，位于北纬 30° 7′ 10″ ~ 30° 10′ 27″，东经 107° 24′ 26″ ~ 107° 29′ 23″，东临裴兴镇、杠家镇，南与坪山镇相连，西与砚台镇相邻，北与杠家镇、高峰镇连接。镇政府驻秋桥社区永平街 195 号，距县城 23 千米。春秋属巴国，秦汉属巴郡，明代属涪州。清初，名永安场，属涪洲白石里。光绪三十四年（1908 年），属涪洲正北区。宣统二年（1910 年），属第四区。1931年，置永安乡，驻永安场，属涪陵县第五区。1940年，永安乡更名永平乡，驻地改称永平场，属涪陵县第四区。1950年1月，永平乡属第十六区。1953年3月，永平乡划归垫江县，更名秋桥乡，驻地永平场，属第十一区。1955年5月，属坪山区。1956年9月，秋桥乡复名永平乡。1958年6月，永平乡改为永平人民公社，属坪山区。1983年3月，永平公社复为永平乡。1992年，永平乡由县辖，下设9个村民委员会。2007年7月，永平乡改置永平镇，下设1个居民委员会、6个村民委员会。

2017年末，辖秋桥1个居民委员会，金光、光辉、罐石、石平、双堡、鲜花6个村民委员会。下设3个居民小组、40个村民小组。辖区地处鹤游坪台地北缘，属高、中、低丘带坝地形，地势略为东高西低、南高北低，地面高程一般在海拔360—514米，最高点罐石海拔514米，最低点秋桥海拔360米。东西最大距离8.05千米，南北最大距离6.3千米，幅员面积38平方千米。总人口18977人。年末，耕地面积2236.5公顷，森林覆盖率43.5%。

永平镇垫江九牧养殖有限责任公司

【经济发展】 2017年，农业总产值1.83亿元，同比增长2.04%。规上工业总产值5109万元，同比增长-15.6%。建筑业总产值2.36亿元，同比增长39.2%。限额以上批发零售业销售额2751万元，同比增长16.4%。固定资产投资7.85亿元，同比增长19.6%。地方税收收入20万元，同比增长42.86%。财政一般公共预算收入44万元，同比增长1.6%。财政一般公共预算支出1144万元，同比增长17.7%。“四上企业户数”2户。农村常住居民人均可支配收入13786，同比增长9.95%。

【社会发展】 2017年末，有镇文化站、广播电视站各1处，有村级文化活动中心7处，镇文化站图书馆1个，村级农家书屋7个，藏书2.1万册。非公有制企业220户，民营企业44户、个体工商户176户。

有幼儿园3所，在园幼儿218人，专任教师14人。小学3所，在校学生938人，专任教师79人。小学适龄儿童入学率、初中适龄人口入学率、小升初升学率、九年义务教育覆盖率100%。

有镇卫生院1个、村（社区）卫生站7个，床位36张，专业卫生人员49名。

有学校体育场4个。60%的村安装有健身器材。

城镇最低生活保障户数129户，人数232人，支出45.6万元，同比增长32.6%。农村医疗救助95人次，资助参加合作医疗83人次，支出4.5万元，同比增长1.5%。农村临时救济1020人次，支出15万元，同比增长5.1%。农村最低生活保障户数623户，人数878人，支出108万元，同比增长1.6%。国家抚恤、补助各类优抚对象156人，抚恤事业费支出54.2万元，同比增长15%。社会福利费20万元，同比增长10%。敬老院1家，床位20张，收养农村五保人员40人，支出17.0万元，同比增长93%。农村五保分散供养26人，支出7.2万元，同比增长25%。社区服务设施7个，其中社区服务中心1个，社区服务站6个。有慈善机构1个，全年接受社会捐款0.8万元，使71人（次）困难群众受益。参加新型农村养老保险9442人，参保率48.9%。

【创建县级柚香人家商业街】 打造主题文化公园1个，规范化建设综合农贸市场1个，入驻快递物流1个、电器售卖点2个，建成盛二冻库1个。

【启动重庆丹劲酒业公司技改】 9月，启动重庆丹劲酒业公司技改，预计年均生产量到200余吨，可实现年产值2000万元以上。

【城镇风貌改善】 2017年，永平镇启动场镇白改黑项目11500平方米，完成铺设人行地砖5500余平方米，建设镇一级污水主管网3200米、二三级管网1560米。

永平镇领导名录

镇党委书记：夏　勇

镇政府镇长：何光荣

镇人大主席：夏平举

沙河乡

【概况】 沙河乡地处垫江县东部，位于北纬30°14′35″～30°19′35″，东经107°31′21″～107°35′42″，东临忠县双桂镇，南接杠家镇，西靠高安镇，北抵忠县新立镇和垫江永安镇。因地处大沙河畔得名。距县城35千米，离沪蓉高速G50新立互通（上海方向）出入口12千米，高安互通（重庆方向）20千米。春秋属巴国，秦汉属巴郡，宋熙宁五年（1072年）始属垫江县。清乾隆十一年（1746年）属新兴里，1940年置大石乡。1955年4月省大石乡入杠家乡，1957年9月析杠家乡地置沙河乡。1958年改沙河公社，1983年复置沙河乡。

2017年，沙河乡龙滩水库工程

2017年末，辖沙河1个居民委员会，麻柳、宝顶、安全、南山4个村民委员会。下设7个居民小组、24个村民小组。地处精华山东麓，地势西高东低、北高南低。地形为浅丘窄谷连低山，地面高程一般在海拔380～450米。境内最高点位于宝鼎山，海拔1063米。最低点位于东阳四堡便民桥河坝，海拔375米。幅员面积32.3平方千米，人口1.3万人。

【经济发展】 2017年，农业总产值1.46亿元，同比增长2.11%。建筑业总产值1.70亿元，同比增长–43.8%。固定资产投资6.04亿元，同比增长15.2%。地方税收收入39万元，同比增长–31.58%。财政一般公共预算收入48万元，同比增长–29.8%。财政一般公共预算支出1002万元，同比增长10.8%。农村常住居民人均可支配收入12697元，同比增长9.64%。

【社会发展】 2017年末，有乡文化站、广播电视站各1处，有村级文化活动中心5处，各类文化专业户15户，各类图书室7个，藏书2万余册，音乐、美术、书法、摄影及文学业余创作队伍达15人。

有幼儿园1所，在园幼儿270人，专任教师8人。小学1所，在校学生470人，专任教师40人，小学适龄儿童入学率100%。初中适龄人口入学率、小升初升学率、九年义务教育覆盖率分别达100%、100%、100%。

有卫生院1个、村卫生站5个。床位12张，每万人拥有病床12张，固定资产总值200万元。专业卫生人员15名，其中执业医师3人，执业助理医师5人，注册护士2人。2017年卫生院完成诊疗1万人次。

有学校体育场1个。100%的村安装了健身器材，经常参加体育活动的人员占常住人口的5%。

城镇最低生活保障户数76户，人数119人，支出24.0万元，同比增长24%，月人均168元，同比增长18%。医疗救助20人次，民政部门资助参加合作医疗10人次，共支出3万元，同比增长10%。农村最低生活保障户数206户，人数528人，支出53万元，同比增长38%，月人均84元，同比增长36%。

国家抚恤、补助各类优抚对象61人，抚恤事业费支出50万元，同比增长12%。敬老院1家，床位20张，收养农村五保人员10人。社区服务设施1个，其中社区服务中心1个。有慈善机构1个，全年接受社会捐款0.43万元，使25人（次）困难群众受益。参加新型农村养老保险0.6万人，参保率50%。

沙河乡领导名录

乡党委书记：龚臻强（2016.10—2017.11）
　　　　　　杨必强（2017.12）
乡政府乡长：余安军（2016.12—2017.12）
乡人大主席：胡夕品（2016.09—2017.12）

大石乡

【概况】 大石乡地处县境东部，位于北纬30° 9′ 55″ ~30° 13′ 25″，东经107° 30′ 22″ ~107° 35′ 59″，东接忠县双桂镇和丰都县许明寺镇，南邻裴兴镇，西和北连杠家镇。因该地有一块硕大而修长的石头得名。人民政府驻豹山社区洋河街317号，距县城28千米。春秋属巴国，秦汉属巴郡，宋熙宁五年（1072年）始属垫江县。清年），大石地域属新年），大石地域属新兴里。乾隆十一年（1746年），名赵家寺场，属东里。光绪四年（1878年），属东里七甲。宣统二年（1910年），置赵家乡，驻赵家寺场。1915年，以区辖场，赵家寺场属第二区。1921年，赵家寺场属第三区，为第三区驻地。1931年，置赵家镇，驻赵家寺场，属第二区。1940年，省赵家镇入裴兴乡。1953年，赵家寺场属裴兴乡，为第四区驻地。1955年，析裴兴乡地置大石乡，驻赵家寺场，属高安区。1958年，大石乡改为大石人民公社，属高安区。1983年，大石公社复为大石乡，属高安区。1992年，大石乡由县直辖，下设11个村民委员会。2007年7月，大石乡下设1个居民委员会、6个村民委员会。

2017年末，辖豹山1个居民委员会，卷洞、高生、花寨、滴水、石良、大石6个村民委员会。下设10个居民小组、40个村民小组。地处高台地，属平状高丘连低山地形，地势西高东低、北高南低，地面高程一般在海拔380～577米，最高点豹山海拔577米，最低点卷洞海拔380米。卷洞河由滴水岩水库流入大沙河，境内河道长3.5千米。辖区东西最大距离8.96千米，南北最大距离6.51千米，幅员面积32平方千米。总人口16886人。其中非农业人口2134人，农业人口14752人。人口出生率10.06‰，死亡率12.44‰，人口自然增长率2.37‰。年末，耕地面积1787.6公顷，森林覆盖率32%。

【经济发展】 2017年，农业总产值1.66亿元，同比增长2.79%。建筑业总产值2.82亿元，同比增长41.7%。限额以上批发零售业销售额875万元，同比增长16%。固定资产投资3.74亿元，同比增长-22.2%。地方税收收入21万元，同比增长31.25%。财政一般公共预算收入40万元，同比增长-15.1%。财政一般公共预算支出1040万元，同比增长6.2%。“四上企业户数”1户。农村常住居民人均可支配收入11781元，同比增长9.7%。

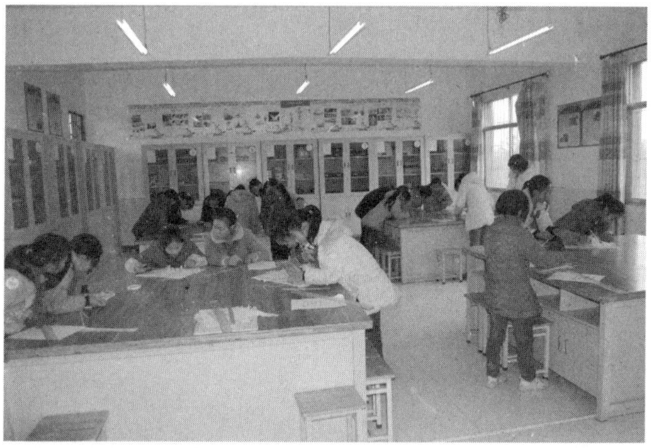

2017年，大石小学竹编教学

【社会发展】 2017年末，有文化服务中心1处，有村级文化活动中心7处，各类图书室8个，藏书2.6万册。有市级非物质文化大石竹编。

有幼儿园2所，在园幼儿170人，专任教师10人。小学2所，在校学生612人，专任教师57人，小学适龄儿童入学率100%。小升初升学率、九年义务教育覆盖率分别达 100%、100%。

有卫生院 1 个，床位 12 张，专业卫生人员 17 名。农村安全饮用水普及率 86%，农村卫生厕所普及率 68%。新型农村合作医疗参保人数 16130 人，参保率 95%以上。

城镇最低生活保障户数 69 户，人数 99 人。农村最低生活保障户数 254 户，人数 401 人。参加新型农村养老保险 9186 人，参保率 89.85%。

大石乡领导名录

乡党委书记：吴文聪（2016.9—）

乡长：高俊英（2015.8—）

人大主席：贺治超（2016.4—）

光荣榜

2017年各级劳动模范及“五一”奖章获得者名录

重庆市第五届劳动模范

邓小花（重庆市鼎越现代农业发展有限公司总经理）

叶清源（垫江县白家镇农安社区党总支书记）

谢洋武（重庆捷力轮毂制造有限公司机修工）

程伊彬（重庆鼎发实业股份有限公司党委书记、董事长）

重庆市第五届先进工作者

皮广礼（垫江中学校长、党委书记）

杨德钱（垫江县中医院副院长）

重庆市五一劳动奖章

向佳利（国网重庆供电公司垫江分公司 原工会主席）

2017年妇联系统各类先进获奖名录

1.全国巾帼文明岗

县供电公司调控中心调控班

2.全国三八红旗集体

垫江县人民医院

3.全国最美家庭

刘伟家庭

4.重庆市三八红旗集体

高安镇兴盛社区居委会

5.重庆市三八红旗手

郑 燕 县医院内分泌科主任

6.重庆市巾帼文明岗

垫江中学初2016级语文备课组

永平镇卫生院公共卫生科

澄溪小学幼儿园保教岗

实验中学英语教研组

坪山小学幼儿园保教岗

7.重庆市巾帼建功标兵

贺晓梅 垫江县中医院体检中心主任

董 余 垫江县教委示范幼儿园副园长

8.重庆市优秀巾帼志愿者

谭雪艳 垫江县桂溪小学德育处主任

9.重庆市巾帼创业创新导师团导师

易春梅

10.重庆市巾帼家庭农场示范点

牛葡萄果树种植农场

11.重庆市最美家庭

徐学伟家庭、申建成家庭、夏亮琼家庭

12.重庆市第七届妇女之友

汪涛、向佳利

13.重庆市优秀妇女之家

澄溪镇民心社区妇女之家

高峰镇高峰社区妇女之家

桂阳街道文毕社区妇女之家

太平镇太合社区妇女之家

桂溪街道峡口社区妇女之家

白家镇湖滨社区妇女之家

14.重庆市实施“两纲两规”先进集体

垫江县妇儿工委办

15.重庆市实施“两纲两规”先进个人

傅冬梅、张玉琼、袁诗雨

16.重庆市儿童工作资源中心2017年度优秀园长

谭梦雪 新民镇新民社区儿童之家园长

袁 林 砚台镇高新社区儿童之家园长

2017 年垫江县获市以上表彰先进集体名录

表 13

获奖单位	授奖单位	奖励称号	奖励时间
桂溪街道桂东社区	国务院防范和处理邪教问题办公室	创建无邪教示范村（社区）	2017 年 3 月
县工商局	人力资源和社会保障部、国家工商行政管理总局	2017 年全国清理整顿人力资源市场秩序专项行动取得突出成绩单位	2017 年 7 月

2017 年垫江县获市以上表彰先进个人名录

表 14

姓名	工作单位	获奖名称	获奖时间	授奖单位
徐龙建	县发展和改革委员会	全国农产品价格监测先进个人	2017 年	国家发改委
刘　波	县工商局	2016—2017 年度全国消协组织先进个人	2017 年 12 月	中国消费者协会
周山高	县农机安全监理站	全国农业先进个人	2017 年 1 月	农业部
雷宏声	县畜牧生产站	重庆市生态文明建设先进个人	2017 年 12 月	市政府

县内正高级专家名录

表 15

姓名	单位名称	性别	出生年月	籍贯	专业职称
毕守盈	县人民医院	男	1968-12-09	垫江县	主任医师
陈鹏	县中医院	男	1964-08-26	垫江县	主任医师
程思锋	县人民医院	女	1966-11-22	垫江县	主任护师
曹伟	县环境监测站	男	1969-03-25	垫江县	正高级工程师
陈正良	县人民医院	男	1968-09-26	垫江县	主任医师
董长平	县人民医院	男	1963-02-28	垫江县	主任医师
黄丕娇	县农业技术推广站	女	1965-03-21	梁平县	农业技术推广研究员（农艺）
何仁强	县人民医院	男	1964-10-21	垫江县	主任医师
黄仁瑛	县人民医院	女	1963-09-25	垫江县	主任医师
黄涛	县人民医院	男	1970-09-12	垫江县	主任医师
贾斌	县环境监测站	女	1968-12-13	四川省	环境监测正高级工程师

续表

姓名	单位名称	性别	出生年月	籍贯	专业职称
卢建文	县农业技术推广站	男	1964-11-25	垫江县	农业技术推广研究员（农艺）
廖俐雅	县人民医院	女	1967-06-26	垫江县	主任技师
刘明怀	县中医院	男	1963-01-18	垫江县	主任医师
刘琼辉	县中医院	女	1972-12-21	四川省	主任医师
李润平	县中医院	女	1964-07-23	垫江县	主任护师
卢先彬	县人民医院	男	1964-01-13	垫江县	主任医师
李新华	县中医院	男	1963-02-06	垫江县	主任医师
刘晓华	县园林管理所	男	1969-02-05	垫江县	正高级工程师
刘晓勤	县畜牧生产站	男	1959-11-24	垫江县	农业技术推广研究员（畜牧）
马明炎	县人民医院	男	1964-04-20	垫江县	主任技师
谭克文	县人民医院	男	1966-03-30	垫江县	主任医师
陶强	县人民医院	男	1963-04-04	垫江县	主任医师
谭秋林	县人民医院	男	1972-08-25	垫江县	主任技师
田应海	县教师进修学校	男	1956-08-06	垫江县	正高级教师
邬红霞	县人民医院	女	1964-02-25	垫江县	主任护师
伍树明	县妇幼保健计划生育服务中心	男	1965-07-19	垫江县	主任医师
王佑强	县人民医院	男	1960-02-28	垫江县	主任医师
徐海燕	县人民医院	女	1971-08-15	垫江县	主任医师
袁碧和	县人民医院	女	1964-12-15	石柱县	主任技师
杨德钱	县中医院	男	1963-11-24	垫江县	主任医师
余世华	县建设工程质量监督站	女	1976-11-27	垫江县	高级工程师
杨世文	县农业技术推广站	男	1963-05-05	垫江县	农业技术推广研究员（农艺）
余相华	县人民医院	男	1963-06-05	垫江县	主任医师
郑芳	县人民医院	女	1972-05-01	垫江县	主任医师
张宁	县人民医院	男	1965-09-06	垫江县	主任（中）药师

附 录

垫江县人民政府工作报告

——2018 年 1 月 12 日在垫江县第十七届人民代表大会第二次会议上

垫江县人民政府县长　梅时雨

各位代表：

我代表县人民政府，向大会报告工作，请予审议，并请各位政协委员提出意见。

一、2017 年工作回顾

2017 年是十七届政府开局之年。我们在市委、市政府和县委的坚强领导下，在县人大、县政协的监督支持下，团结带领全县人民，坚持以习近平新时代中国特色社会主义思想为指引，认真贯彻中央决策部署和党的十九大精神，统筹推进“五位一体”总体布局，协调推进“四个全面”战略布局，坚定不移走“生态优先、绿色发展”之路，围绕“一个建成、六个显著”奋斗目标和“三地一心一城”建设任务，扎实做好稳增长、促改革、调结构、惠民生、防风险各项工作，较好地完成了十七届人大一次会议确定的年度目标任务。

2017 年实现地区生产总值 276.8 亿元，增长 8.5%。社会消费品零售总额 105 亿元，增长 12.3%。一般公共预算收入 19.5 亿元，增长 12.5%。城乡常住居民人均可支配收入分别达 31889 元、13979 元，增长 9.2%、10.1%。

一年来，我们主要取得了九个方面的成效：

（一）工业经济加快发展。实现工业增加值 112.2 亿元、增长 8.6%。工业税收 4.2 亿元、增长 1.2%。平台建设全面提速。工业园区体制改革进一步深化，澄溪工业集聚区纳入园区管理，资源要素有效集聚，“独立核算、封闭运行、滚动发展”运行模式初步形成。投入资金 21.3 亿元，储备工业用地 4000 亩，完成土地平场 1500 亩，开工建设南阳大道、春花大道等主干道路 7.8 公里，钟表产业园 20 万平方米标准化厂房建成投用。招商引资强力推进。完善招商引资政策和决策机制，围绕五大产业集群组建招商团队，引进思维创科“互联网+服务”产业园、捷力轮毂汽车（摩托车）轮毂等 10 亿级项目 2 个，金富源超薄电子玻璃、力汇锂电池新材料等亿元级项目 15 个，兵盛工程机械、“七虹彩”灯具灯饰等 5000 万元级项目 13 个。重点项目加快建设。永晟电线电缆、国泽光电液晶显示类产品等 5 个项目开工动建，昌培汽车玻璃、特瑞泰科汽车换挡器等 9 个项目加快推进，益源捷电子器件、重庆钟表机芯制造等 7 个项目建成投产。重点企业发展壮大。落实企业帮扶机制，引导产业转型升级。富源化工优化产业结构，效益明显好转。鼎发公司与中石油深度合作，原生气处理量再创新高。博杰能源不断拓展市场，产品供不应求。兴发金冠充分释放产能，利税突破“亿元”大关。佳佳乳业技改提质，获评“重庆市农产品加工企业 100 强”。

（二）休闲旅游提档升级。接待游客 270.8 万人次、实现旅游总收入 18 亿元，分别增长 25.1%、44.7%。景区建设步伐加快。牡丹樱花世界 4A 级景区创建有序推进，华夏牡丹园、乐天花谷、李花园等景区升级改造，太平牡丹园百灵山景区加快打造，中华太极养生园启动建设，卧龙盐浴度假区、迎风湖生态旅游度假区、牡丹文化旅游城前期工作进展顺利。配套服务逐步优化。在江北机场推送旅游线路，在高速公路、国省道沿线和高铁站设置旅游标识标牌79块。新建、改建旅游厕所10座。景区4G信号覆盖率95%以上。引入旅游大数据分析平台，实现旅游人口数据精确分析，推进“智慧旅游”发展。宣传营销有声有色。《乡约》《东西南北过大年》等央视品牌栏目走进垫江。第十八届垫江牡丹文化节获评“重庆十佳赏花节会”，太平镇被评为“重庆市特色景观旅游名镇”。垫江角雕、大石竹编、永安梅咂酒等非物质文化遗产备受青睐，赵牛肉、鹭馨酱板鸭等特色旅游商品畅销市内外。

（三）城乡面貌显著改善。全县城镇化率44.8%，县城建成区面积17平方公里。城乡规划日益完善。出台全市区县首个《城市空间形态规划管理办法》，城市空间刚性约束全面加强。完成文化路片区等城市设计5项、行政村村规划89个。城乡总体规划、土地利用总体规划和生态环保规划等59个规划实现“多规合一”，促进城乡建设、生态保护、耕地保护多空间协调统一。交通建设提速推进。沪蓉高速垫江收费站扩建工程主体完工，垫邻路、武田路加快改造。渝巫路复线澄溪至太平段路基完工，南部快速通道前期工作全面完成。硬化农村公路242公里，完成“村通畅”工程193公里，有效解决群众出行难题。五大工程扎实推进。成立东部新区管委会，《东部新区城市设计》编制完成，三合湖湿地公园和人民东路延伸段、文笔大道北延伸段前期工作顺利推进。“东部片区新型城镇化PPP项目”获得市政府审批，成为全市首例试点示范项目。城乡功能逐步完善，三合大道、玉鼎大道快速推进，明月大道建成通车。开工建设南阳大道、玉鼎大道等城市地下综合管廊12.2公里，改建公厕2座，新增城区停车场2个、停车位560个。县城地下管网综合信息系统建成投用。公共休闲空间不断拓展，完成桂溪河滨河公园景观改造7万平方米，新增城市绿地1.5万平方米，文笔湖公园、天宝寨森林公园建设加快推进。城市品质不断提升，完成棚户区改造609户、12万平方米，明悦天街、尚品今典、蓝湖玉墅等品质楼盘加快建设。村镇环境明显改观。开展“康养垫江·清洁家园”城乡环境卫生集中整治，农村垃圾“户集、村收、公司转运、县级处理”治理模式基本形成，农村生活垃圾有效治理率、集中处理率分别达96.5%、100%。完成农村改厕3700户。新民镇明月村、太平镇牡丹村等6个乡村加快创建“绿色示范村庄”，沙坪镇“改善农村人居环境市级示范片”创建成功，高安镇跻身“第二批全国特色小镇”。

（四）效益农业稳步发展。实现农业增加值43亿元、增长5%。特色产业持续巩固。种植特色杂粮、蜜本南瓜、榨菜33万亩，发展水稻制种1.3万亩，建成垫江晚柚、晚熟柑橘、晚熟李基地5.5万亩，奶牛存栏量位居全市第一。生产条件不断改善。完成高标准农田建设6.1万亩，新建农村生产生活便道100公里。整治山坪塘880口、小型病险水库19座。盐井溪水库下闸蓄水，龙滩水库枢纽工程全面完工，龙滩水厂（一期）加快建设。推广新型农机具8000台（套），机械化率位居全市前列。质量安全切实加强。“国家农产品质量安全示范县”成功创建，建成标准化生产基地70万亩，“三品一标”达127个，农产品有害物质残留检测合格率达99%。农业农村改革深入推进。培育新型经营主体75家，流转土地2万亩。农村集体资产清产核资全面完成，集体资产量化确权改革加快推进，开展水库划界确权颁证、河道管理规范划界工作。启动小型水利工程管理体制改革。国有林场和集体林改革扎实推进。政策性农业保险、农业信贷担保持续开展，农业项目财政补助资金股权化改革稳步实施。

（五）商贸流通日益活跃。实现第三产业增加值92.4亿元、增长8.9%。市场体系逐步健全。明悦天街商业综合体主体完工，牡丹城商业街建成营业。温州商贸城成功转型，引导汽车、家居建材产业集聚发展。新建、改造乡镇农贸市场3个，建成农产品产地集配中心4个。澄溪镇、坪山镇获评“市级商贸综合服务中心”，新民镇、高安镇成功创建“市级商贸强镇”。消费热点不断涌现。举办各类展销促销活动120余次，重百、永辉、新世纪等大型卖场实现销售额5.5亿元、增长7%。汽车销售额达 13 亿元，增长 15.2%。商品房销售面积 61 万平方米、销售额 24.4 亿元。项目建设拉动内需，居民消费加速增长，银行存贷款余额分别达 332.8 亿元、193.8 亿元，存贷比达 58.3%。商贸企业提档升级。全县总部型、连锁型商贸企业 14 户，在县内外开设直营店、连锁店 168 家。新增国家钻级酒家示范店 2 家、“牡丹人家”星级农家乐 7 家。国能国际大酒店、垫江大酒店、樱之花大酒店成功创建“中华餐饮名店”，蓝花旗公司跻身“全市餐饮企业 50 强”。电商物流蓬勃发展。“国家电子商务进农村示范县”加快建设，建成规范化农村电商服务站 155 个，行政村覆盖率超过 50%。电商产业园仓储配送中心、农特产品展示中心相继建成，新增入园企业 34 户。“土货公社”“四季鲜”等本土电商平台发展迅速，川久蒸鸭、晚熟柑橘等农特产品走俏网络，实现线上销售 152 万单、增长 37.9%。电商市场主体 2400 余户，电商交易额 6.1 亿元、增长 53.8%。

（六）生态文明建设成效明显。全面落实国家“大气十条”“水十条”“土十条”，深入推进五大环保行动，扎实完成中央环保督察反馈意见整改，生态环境质量持续改善。水环境治理推进有力。关闭禁养区畜禽养殖场 191 家，综合治理规模化畜禽养殖场 450 家，取缔投肥水产养殖 5500 亩。建成城镇二三级污水管网 144.5 公里，新建、改建医疗机构污水处理设施 37 个，桂溪河黑臭水体整治基本达标。县、乡、村三级“河长”组织体系全面落实，完成重点涉水污染源整治 303 个。龙溪河流域入选“国家首批流域水环境综合治理与可持续发展试点”。成功争取国开行、农发行和亚行贷款 13.5 亿元，用于明月山生态建设、龙溪河流域治理。空气质量持续向好。划定高污染燃料禁燃区 30.2 平方公里，实施工业、交通、扬尘和生活污染综合治理，城区空气质量优良天数达 303 天。声环境质量有效改善。开展噪声源头预防和专项整治，县城环境噪声达标区覆盖率 100%，区域环境噪声平均值连续 7 年优于国家标准。生态屏障不断筑牢。划定生态保护红线面积 207.6 平方公里。划定永久基本农田 92 万亩，实现耕地保有量 108 万亩。实施水土流失综合治理 12 平方公里，退耕还林 1 万亩，森林覆盖率达 44%。

（七）改革开放创新持续深化。坚持抓改革、促开放、求创新，发展活力不断增强。重点领域改革有序推进。完成城市管理、乡镇（街道）财政体制改革。供给侧结构性改革深入推进，依法注销国有“僵尸企业”“空壳企业”73 户，完成钢铁行业去产能任务。改革重组县属融资平台公司，有效防范化解财政金融风险。落实“涉企减负 30 条”，为企业减负 1.8 亿元。“多证合一”“一照一码”等商事制度改革持续深化，受益市场主体 6759 户，营商环境更加宽松、便捷。开放合作引向深入。与阿里巴巴、猪八戒网等建立战略合作关系，合力推动“互联网+”建设。主动对接川渝“两地四方”合作，加快明月山生态保护和旅游、健康产业协同发展。与友邻区县紧密合作，共同推进龙溪河生态经济带建设和“垫丰武”高速公路、“广垫忠黔”铁路前期工作。积极参加渝洽会、中国（重庆）商品展示交易会、中国（重庆）西部旅游产业博览会、“中国厨师节”。成功举办全国健康发展暨 2017 生态旅游康养论坛、承接主城产业转移推介会。大力开展招商引资，全年签约项目 120 个，到位资金 218 亿元。创新能力明显提高。充分发挥“应急转贷”“助保贷”“购置贷”银政企三方合作平台作用，推动小微企业创新发展，发放贷款 1.5 亿元。设立 1000 万元种子基金，为成长型企业提供免息信用贷款 360 万元。培育科技型企业 42 家、市级研发平台 5 个、高新技术产品 33 个。重庆钟表、远东门窗等 3 家企业获“国家高新技术企业”认定，天圣制药获评“国家知识产权优势企业”，清水湾鹅业成功加入“重庆畜牧产业创新创业联盟”。“质量强县”深入实施，新增重庆名牌产品 3 个，天圣制药、亚核保温获评“县长质量管理奖”。《渝菜垫江石磨豆花烹饪技术规范》成为我县首个被国家标准委备案通过的地方标准。

（八）民生事业不断进步。全年民生支出 43.7 亿元，占一般公共预算支出的 68.2%。脱贫攻坚取得实效。坚持精准识别、动态管理，识别贫困户 572

户1605人，清退“四类人员”1225户4605人。严格执行“五个一”帮扶机制和“五个一”工作推进机制，建立完善脱贫攻坚组织体系和考核体系。发展特色种植20万亩、畜禽养殖82万头（只）、电商网点110个，改造危房407户，资助贫困学生4014人，落实“精准脱贫保”26447人。聚焦深度贫困对象，在住房、医疗、教育等方面进行“高线”帮扶。建立838万元扶贫济困医疗基金，惠及群众1537人次。社会保障切实加强。新增就业7263人，城镇登记失业率4.1%。发放扶持创业贷款661户9217万元，带动1983人就业。成为“全市劳动保障监察执法示范县”“全国支持农民工等人员返乡创业试点县”。社会保险扩面征缴全面完成。机关事业养老保险改革试点工作顺利推进。发放低保、医疗救助、临时救助等民生资金2亿元，社会救助实现全覆盖。教育事业稳步提升。桂东小学（一期）建成投用，长龙中学（一期）主体工程完工，牡丹湖小学等6所学校前期工作顺利推进。“全面改薄”工程深入实施，“义务教育基本均衡县”创建成果巩固提升。重本上线人数及上线率连续5年实现“双增长”。职教中心成功创建“重庆市首批改革发展示范校”。卫生计生事业长足发展。公立医院综合改革全面推开。“全国中医药发展综合改革试验县”“全国促进社会办中医试点县”建设纵深推进，中医参与预防保健率、中医适宜技术覆盖率达100%。成为“全市首批公立医院薪酬制度改革试点县”。医养结合试点工作形成示范效应，医疗机构与养老机构协议合作率达100%。城乡居民健康档案建档率达94.5%，“全面两孩”政策有序实施，孕产妇死亡率连续8年保持为“零”。县人民医院、县中医院顺利通过“三甲”复评。文体事业健康发展。体育文化公园、图书馆、文化馆全面开放。全民健身中心建设完工，新建市级社区健身点6个。县第四届运动会、DBA男子篮球联赛等群众性体育文化活动蓬勃开展。荣获体育比赛单项奖国家级4项、市级138项。坪山镇新风村被评为“重庆市第一批历史文化名村”，中和堂诏书阁、保和寨入选“重庆市第一批优秀历史建筑名录”。社会治理不断创新。推进“七五”普法工作，全社会尊法学法守法用法观念进一步增强。扎实开展“渝安2号”专项行动，严厉打击各类违法犯罪，刑事发案数同比下降21%。探索建立信访稳定“发现、化解、处置、问责”机制，充分发挥医调会、交调会等调解机构作用，矛盾纠纷化解率90%以上。实施食品药品全程监管，全县连续7年未发生较大以上食品药品安全事故。深入开展安全生产大排查大整治大执法，大力开展电动车专项整治、老旧建筑消防设施改造，有序推进工业企业安全生产现状评价，生产安全事故起数、死亡人数控制有力，安全生产形势总体稳定。应急管理全面加强，风险防控力度加大，成功开展全市“5·12”地震灾害应急救助演练，妥善处置“9·18”暴雨洪灾等突发事件，人民群众生命财产安全得到有效保障。

（九）自身建设切实加强。扎实推进迎接党的十九大各项工作，用心、用情、用力学习宣传贯彻党的十九大精神，自觉用习近平新时代中国特色社会主义思想武装头脑、指导实践，切实以自身建设新成效促进政务水平新提升。行政效能显著增强。深化行政体制改革，承接市级行政审批等管理事项31项，352项行政审批事项全面实现网上审批，审批效率提高60%。26个乡镇（街道）公共服务中心、301个村（社区）便民服务中心规范升级。“智慧政务”等办公自动化系统建成投用，政府运转更加务实高效。启动“最多跑一次”服务改革试点，服务质量效率不断提升。工作作风有效转变。牢固树立“四个意识”，严格落实中央八项规定精神，深入推进“两学一做”学习教育常态化制度化，扎实开展“思想再解放、作风大转变”主题活动。坚持把作风建设贯穿政府工作始终，认真履行政府系统党风廉政建设主体责任，严格落实“一岗双责”，监督执纪问责不断强化。依法推进政务公开，加强重点领域政务诚信建设，建立健全政务信用管理体系，政府公信力进一步提升。自觉接受各方监督。主动接受人大及其常委会的法律监督、工作监督和政协民主监督，办理人大代表议案和建议167件，办理政协提案117件，办结率、满意和基本满意率均为 100%。切实加强审计监督、行政监察，内部监督质量和工作水平不断提高。自觉接受司法监督，县政府领导带头落实行政机关负责人出庭应诉制度，认真办理司法建议，积极履行法院生效判决。广泛接受社会群众监督和舆论监督，充分发挥县长（市长）信箱、公开电话、群工系统联系服务群众作用，群众关心关注的热难点问题得到有效解决。

过去一年，人民武装、气象、残疾人、工会、红十字、编制、统计、物价、民防、民族、宗教、外事、侨务、档案、史志、新闻出版、广播电视、移民、通信、烟草、盐务、青年、妇女儿童、老年体育、关心下一代等工作都取得新进步。

各位代表！回顾 2017 年的工作，我们积极探索，大胆创新，涌现出不少新亮点、好典型。我县先后被授予“中国好粮油行动示范县”“中国石磨豆花美食之乡”，获评“中国绿色发展优秀城市”、全国群众体育先进单位。我县中医药基层服务、“互联网+项目管理”等经验在全国推广；公立医院综合改革、寄递物流监管、“五微”工作法、畜禽养殖污染治理等做法在全市推介。天圣制药在深交所上市，实现我县企业在中小板挂牌上市“零”的突破！特别是全县干部群众全面贯彻落实中央、市委决策部署，始终把脱贫攻坚作为第一民生工程，聚焦精准识别、精准扶贫、精准脱贫，实现 865 户 2872 人脱贫越线；始终绷紧安全生产这根“弦”，持续深化安全生产大排查大整治大执法，顺利通过国务院安全生产大检查综合督查等迎检工作；始终坚持“绿水青山就是金山银山”，强力推进以水污染防治为重点的环境治理，龙溪河流域生态持续向好、六剑滩断面水质达到Ⅲ类！特别是全县干部群众紧紧围绕“一个建成、六个显著”奋斗目标，“思想再解放、作风大转变”，扛起“五个担当”，强力推进征地拆迁，9 宗尾欠地块实现“清零”，多年未解难题得以攻克；落实“五个实干”，奋力加快城市建设，东部新区蓝图已绘，城市“二环”全线贯通，垫江人民意气风发、豪情满怀，阔步迈进新时代！

这些成绩的取得，是市委、市政府坚强领导和深切关怀的结果，是县委统揽全局、科学决策，县人大法律监督、工作监督和政协民主监督、参政议政的结果，是全县人民团结拼搏、开拓进取的结果。在此，我代表县人民政府，向奋战在各条战线的全县人民，向人大代表和政协委员，向各民主党派、工商联、人民团体和离退休老同志，向驻垫单位、驻垫部队和武警官兵，向所有关心支持垫江经济社会发展的各界人士表示衷心的感谢并致以崇高的敬意！

发展成绩令人鼓舞，但我们也必须清醒地认识到我县经济社会发展还存在一些问题。主要表现在：经济总量不大，产业结构不优，缺乏大项目支撑；创新动力不足，质量效益不高，企业核心竞争力和抗风险能力不强；城市功能品质与群众期待还有一定差距，停车“难”、物管“差”等现象较为突出；安全生产、社会稳定等领域还存在风险；少数政府工作人员主动作为意识不强，服务能力有待提升。需要说明的是，十七届人大一次会议确定的年度目标任务还有地区生产总值、社零总额等未能完成，南部快速通道还未全面开工。我们必须直面问题、迎难而上，千方百计破解发展难题，决不辜负全县人民的期盼和重托！

二、决胜全面建成小康社会工作要求

今后三年，是全面建成小康社会决胜期。人民对美好生活的向往，就是政府的施政取向和奋斗目标。我们要按照党的十九大提出的决胜全面建成小康社会战略部署，紧紧围绕市委五届三次全会和县委十四次党代会、十四届二次全会精神，牢牢把握高质量发展的根本要求，突出抓重点、补短板、强弱项，努力增强发展平衡性、协调性、可持续性，确保到 2020 年全县地区生产总值、城乡常住居民人均可支配收入、节能降耗减排等主要奋斗目标和各项关联指标全面完成，使全面小康社会得到人民认可、经得起历史检验。

各位代表！决胜全面小康，中央有决策部署，市委有具体行动，垫江要有实际效果。决胜全面小康，需要举全县之力，全面对接、深入实施“八项战略行动计划”和“三项攻坚战”。决胜全面小康，需要全县上下凝心聚力，在战略部署上“扣扣子”、在责任履行上“担担子”、在任务落实上“钉钉子”，集中精力、精准发力、执行有力、形成合力，担当实干促发展，不折不扣抓落实，加快建设“三地一心一城”，确保实现“一个建成、六个显著”奋斗目标。

——不折不扣抓落实，我们要紧贴垫江实际，重点推进“八项战略行动计划”实施方案。推进生态优先绿色发展。践行“绿水青山就是金山银山”理念，建立生态文明制度体系，严守生态文明建设“三条红线”，以“三山两河两湿地”为重点，加强森林、水源等生态保护，统筹山、水、林、田、湖系统治理，完善生态屏障建设。围绕资源环境可承载的特色工业、休闲旅游、现代农业，推进绿色工厂、绿色景区、绿色园区建设，加快构建绿色低碳循环产业体系。树立“简约适度、绿色低碳”生活理念，让绿色消费、绿色出行、绿色居住成为人民群众的自觉行动。到 2020 年，全面建成“国家级生态文明先行示范县”。推进乡村振兴。围绕“产业兴旺、生态宜居、乡风文明、治理有效、生活富裕”，大力发展乡村旅游，结合“百镇千村工程”，打造“新民—沙坪”“高峰—高安—长龙”美丽乡村示范带，建设集循环农业、创意农业、农事体验于一体的田园综合体。推进农村“三变”改革，鼓励农民以农房、农地、农林等入股参与经营，构建农民与产业化项目利益联结机制。加快“统筹城乡综合配套改革示范县”建设，打通城乡生产要素平等交换和公共资源均衡配置渠道，推进城乡一体化发展。以农业供给侧结构性改革为主线，大力发展特色效益农业，扎实推进农业结构调整、科技创新、品牌建设，促进农村一二三产业融合发展。积极培养一批懂技术善经营的新型农民，弘扬新时代文明乡风，健全自治、法治、德治相结合的乡村治理体系，让农业成为有奔头的产业，让农民成为有吸引力的职业，让农村成为安居乐业的家园。推进基础设施建设。加快城市路网建设，全面形成“六纵六横”县城道路架构。“建好、管好、护好、运营好”农村公路，新建、升级改造干线公路 235 公里。完成渝巫路复线、南部快速通道等 6 条国省道建设，规划建设龙溪河产业大道、北部快速通道、东部快速通道、明月山内槽公路、精华山旅游道路，积极推进“垫丰武”高速公路、“广垫忠黔”铁路等对外通道建设，加快形成“二环八射八联”“三铁三高两国四省”内畅外联骨干道路体系。完成盐井溪水库、龙滩水库等重点水源工程建设，统筹城乡区域供水，提高城乡防汛抗旱减灾能力。免费开放高铁站、旅游景区等重点区域 WiFi 网络，实现城乡 4G 网络深度覆盖。推进科教兴县和人才强县。坚持“科技立县、质量强县”，大力发展科技事业，全面提高产品和服务质量，努力推动科技创新、质量创新与经济社会发展有效融合。坚持把教育事业放在优先位置，办好人民满意的教育，积极推进学前教育普惠发展、义务教育均衡发展、普通高中优质发展、职业教育特色发展，逐步化解中小学生课外负担重、“择校热”“大班额”现象，努力建设重庆教育强县。坚持人才是第一资源，推进人才机制改革和政策创新，培养集聚一批高素质专业化人才、产业工人、垫江工匠，打造创新创业团队 50 个以上，全县科技人才资源总量达 1000 人以上。立足建筑人才优势，树立垫江建筑品牌，鼓励发展市场竞争力强、社会影响力大的本土建筑企业，着力打造全国“建筑强县”。推进以大数据智能化为引领的创新驱动发展。加强大数据、人工智能与实体经济深度融合，推动天圣制药、捷力轮毂、力能民爆等传统制造企业智能化升级。激发创新主体活力，培育一批前景好、成长性强的创新型企业，加快建设全市科技成果转移转化承接基地，R&D 经费支出占地区生产总值比重达 2.5%。依托“互联网+”等新模式，扩大智能化在城市建设、休闲旅游、物流配送、居民消费等经济社会生活领域普及应用，加快数字垫江、智慧垫江建设。融入内陆开放高地建设。积极谋划“长垫”对口帮扶、“垫邻”合作项目，协同推进“长垫梁”龙溪河生态经济带建设，不断深化川渝“两地四方”合作。主动融入“一带一路”和长江经济带，把握中新（重庆）战略性互联互通示范项目机遇，对接重庆“自贸区+”、中欧班列（重庆）和中新互联互通项目，承接主城及沿海产业转移，不断提高开放型经济质量和效益。推进以需求为导向的保障和改善民生工作。坚持以人民为中心的发展思想，推进“健康垫江”建设，建立覆盖城乡居民的基本医疗卫生制度，巩固公立医院改革成果，探索“乡聘村用”，推进“分级诊疗”，优化中医基层服务，打造全国卫生强县。实施全民参保计划，城乡基本养老保险、医疗保险参保率均达 95%。加强社会救助，发展社会福利和慈善事业。统筹做好高校毕业生、返乡农民工等重点群体就业创业工作，城镇登记失业率控制在 4.3%以内。推进住房保障和供应体系建设，满足群众基本住房需求。深度挖掘牡丹文化、耕读文化、寨卡文化内涵，着力打造历史文化博物馆、街区、名镇，认真办好各种文体活动，不断丰富人民群众精神文化生活。推进军民融合发展。支持长安试车场配套产业发展，争取国防科技工业项目落户垫江，鼓励本地企业积极参与军工协作配套。充分发挥民防工程、国防教育训练基地作用，切实加强中小学生国防教育。巩固军政军民团结，建成“双拥模范县”。

——不折不扣抓落实，我们要锁定关键环节，坚决打好“三项攻坚战”。坚决打好防范化解重大风险攻坚战。严厉打击非法集资行为，促进金融与实体经济、房地产等领域良性循环发展。调整优化财政支出结构，强化政府债务管控，确保不发生区域性、系统性金融风险。深化“平安垫江”建设，争创“全国平安区县”，完善立体化社会治安防控体系，提升矛盾纠纷排查化解水平，增强群众安全感。树立安全发展理念，弘扬生命至上、安全第一的思想，健全公共安全体系，完善安全生产责任制，提升防灾减灾救灾能力。坚决打好精准脱贫攻坚战。注重扶贫同扶志、扶智相结合，对照“一达标、两不愁、三保障”标准，落实“五个一”帮扶机制和“五个一”工作推进机制，加快建设农村基础设施，因地制宜发展花椒、柑橘、榨菜等脱贫产业，突出抓好电商扶贫、农旅扶贫、教育扶贫、健康扶贫等，既不降低标准、也不吊高胃口，着力提升贫困村、贫困户自我发展能力，确保到 2020 年现行标准下农村贫困人口全部脱贫。坚决打好污染防治攻坚战。坚持全民共治、源头防治，全面落实国家“大气十条”“水十条”“土十条”，深入实施五大环保行动，完善环境质量监测网络和环境执法监督体系，常态化开展环保问题排查整治。扎实推进“河长制”，强化龙溪河流域生态环境保护，加快城镇污水处理设施和管网配套建设，确保龙溪河六剑滩出境断面水质保持或优于Ⅲ类。推行城乡垃圾分类处理，农村生活垃圾无害化处理率达 98%以上。加强噪声源头预防，城区噪声达标区覆盖率达 90%。强化大气污染防治，确保城区空气质量优良天数保持在 300 天以上，让垫江成为生态宜居的美丽之地。

各位代表！为者常成，行者常至。我们要按照高质量发展的根本要求，通过政府、企业、社会协同发力，近期、中期、远期动态平衡，资金、资产、资源统筹整合，加快推进“八项战略行动计划”实施方案，坚决打好“三项攻坚战”，将目标年度化、项目化、清单化，一件一件扎实干，一年接着一年干，撸起袖子加油干，奋力谱写全面建成小康社会的宏伟篇章！

三、2018 年重点工作

2018 年是全面贯彻落实党的十九大精神的开局之年，是改革开放 40 周年，是我县决胜全面建成小康社会、实施“十三五”规划、实现富民强县升位承上启下的关键之年，做好政府各项工作意义重大。

2018 年政府工作的总体要求是：深入贯彻党的十九大精神，以习近平新时代中国特色社会主义思想为指引，紧紧围绕习近平总书记对重庆提出的“两点”“两地”定位和“四个扎实”要求，坚持稳中求进工作总基调，全面贯彻新发展理念，紧扣社会主要矛盾变化，按照高质量发展的根本要求，统筹推进“五位一体”总体布局，协调推进“四个全面”战略布局，以供给侧结构性改革为主线，认真落实市委五届三次全会和县委十四届二次全会部署要求，推动经济发展质量变革、效率变革、动力变革，增强人民群众获得感、幸福感、安全感，谱写好把党的十九大精神全面落实在重庆大地上的垫江篇章。

全县经济社会发展的主要目标是：地区生产总值增长10%左右。社会消费品零售总额增长11%左右。一般公共预算收入增长 8%左右。城乡常住居民收入增长与经济发展同步。城镇登记失业率控制在4.3%以内，节能减排降碳指标完成市下达的目标任务。

实现上述目标，我们必须进一步统一思想、明确任务、狠抓落实，重点抓好以下九个方面工作：

（一）践行绿色发展理念，扎实推进生态文明建设

把生态文明建设摆在更加突出位置，推进生态优先绿色发展战略行动计划，坚决打好污染防治攻坚战，让垫江大地天更蓝、地更绿、水更清、环境更优美。

着力解决突出环境问题。严格落实“河长制”，深入开展水污染防治和水环境治理，加强污水处理设施、污水管网建设，加大限养区、适养区规模养殖场整治力度，实现禁养区养殖场全面关停。推进龙溪河流域综合治理与可持续发展试点，确保龙溪河六剑滩出境断面水质保持或优于Ⅲ类，卧龙河五洞断面水质达到Ⅲ类。启动垃圾焚烧发电项目建设前期工作。巩固农村垃圾“户集、村收、公司转运、县级处理”治理成果。加强工业废气、汽车尾气等治理，确保城区空气质量优良天数稳定在300天以上。

切实加强生态环境保护。严守生态保护红线、耕地保护红线。完善环境保护监管体系，全面落实环境影响评价、“三同时”制度，严格执行产业禁投清单、工业项目环境准入规定，严厉打击环境违法行为。加大松材线虫病防控力度，完成植树造林、退耕还林2万亩。开展国土绿化提升行动，加强水土保持综合治理，治理水土流失 20 平方公里。改善重要河段水质和水域生态环境，实施龙溪河流域鱼苗增殖放流1000万尾。加强饮用水源水质保护，确保城乡居民饮水安全。

加快推进绿色低碳发展。构建循环型工业、农业、服务业体系，促进资源综合利用，增强产业可持续发展能力。推进节能减排工作，加强重点用能企业节能技改，万元GDP能耗下降4.1%。倡导绿色生活方式和消费模式，开展生态文明“十进”活动，形成全社会共同参与的良好风尚。

（二）着力提升城市形象，加快建设生态宜居城市

坚持以人的城镇化为核心，以东部新区为重点，推进基础设施建设提升战略行动计划，促进城市布局优化、功能完善、管理科学。

重点开发东部新区。开工建设人民东路延伸段、文笔大道北延伸段和三合湖湿地公园。启动教育、科技、文化等功能性设施规划建设，引导新兴服务业集聚，推进科技馆、展览馆、文化艺术中心前期工作，加快打造集城市休闲文化中心、城市风貌展示区、城市商业副中心、生态居住社区为一体的城市新高地、市民新家园。

大力推进交通建设。实现城市“二环”全线通车。启动天马大道前期工作，加快桂西大道北延伸段、健康路等城市道路建设，完成沪蓉高速垫江收费站扩建及牡丹大道改造。完成垫邻路、武田路升级改造。推动南部快速通道开工建设，启动沙坪至周嘉、裴兴至三溪道路升级改造，加快渝巫路复线建设，推进沙河至裴兴道路升级改造。完成北部快速通道、龙溪河产业大道、沪蓉高速垫江南出口、明月山内槽公路等项目前期工作。

全面提升城市品质。积极开展“城市双修”，有序实施生态修复和城市修补。深入推进“多规合一”，不断完善城市总体规划、专项规划和风貌设计，加快玉鼎大道等城市地下综合管廊建设，优化城市空间布局。强化规划执法，加大违法建筑整治力度。加快天宝寨森林公园建设，建成文笔湖公园，推进滨河路景观提升和城市重要节点绿化，积极创建“国家园林县城”。建设城区智能化停车系统，进一步规范停车秩序，新增停车位800个。升级改造地下供水管网，提升城区末端水质。加强和规范物业管理，加大对乱收费、劣质服务等违法违规行为查处力度，建立完善业主民主协商、自我管理和

自我约束机制，及时预防和化解物业管理活动中的矛盾纠纷。加强城市卫生、市场秩序整治，实施凤南路、杏林街等背街小巷整治，推进文化西路片区等棚户区改造，完成黄沙转盘等节点风貌改造。加快“智慧化城管”建设，用“绣花”功夫加强城市精细化管理，不断优化人居环境。

2017年6月，县城城市地下综合管廊建设。

（三）聚力发展工业园区，不断壮大工业经济

强化要素保障，完善配套服务，努力将工业园区打造为全县经济增长极、工业发展主战场、对外开放大平台，推动工业经济质量更好、效率更高、动力更强。

扩容升级园区平台。完善园区运行体制，加大园区开发、建设力度，完成1000亩征地和1500亩场平，启动澄溪组团2万平方米标准化厂房建设。建成南阳大道、春花大道、东方大道汽车产业园段道路。完成澄溪组团污水管网及污水处理厂建设。

强力推进招商引资。探索购买服务招商模式，推动招商专业化、市场化。健全招商引资决策机制，建立项目引进专家评价机制，开展招商项目“一站式”服务。围绕工业五大产业集群，积极跟进中金资源铜加工、深圳科莱手机显示屏等项目，着力引进一批发展潜力大、带动能力强、经济效益好的大项目好项目，实现新签约工业项目 55 个以上，到位资金50亿元以上。

加大项目建设力度。落实项目促建工作机制，完善重点项目管理系统，加强项目跟踪服务，加快捷力轮毂搬迁扩能，推进特瑞泰科汽车换挡器、昌培汽车玻璃等 15 个项目投产达效。完成工业承载能力提升 PPP 项目策划包装及前期工作，抓好 10 个重点产业项目、10个重点技改项目建设。推动鼎发公司、中昆铝业、兴发金冠等传统企业技改提质，扶持天圣制药、佳佳乳业等成长型企业扩能增效。

优化企业发展环境。加强企业行政审批协调服务，实行限时办结和反馈制度，落实优惠政策，搭建企业政策信息咨询服务平台。实施“助保贷”“双创基金”等信贷政策，推进银政企对接，拓宽实体企业融资渠道。探索县内工业品产销对接机制，搭建产品信息和原材料需求信息收集、发布、共享平台。强化物流运输、原料采购、技术人才、建设用地等要素保障，协调解决企业实际困难。

（四）实施乡村振兴战略，大力推进农业农村现代化

以农业供给侧结构性改革为主线，推进农业“接二连三”，加快构建现代农业产业体系、生产体系、经营体系，着力推动农业全面升级、农村全面进步、农民全面发展。

改善农业基础条件。加快龙滩水库、盐井溪水库配套设施建设，完成龙滩水厂（一期）工程。建设高标准农田 4.5 万亩。推进市级现代农业园区、市级农业科技园区建设，推广新型农机具 5000 台（套），提升现代化农机服务水平。

发展特色效益农业。完善“3+2”特色产业体系。落实粮食安全行政首长责任制。发展粮油、蔬菜、生猪等基础保供产业。壮大水稻制种、榨菜、晚熟柑橘、花卉苗木、中药材、油用牡丹、油樟等

特色产业。打造“杠家—长龙—高峰”垫江晚柚万亩标准园。巩固“国家农产品质量安全示范县”成果，完善县、乡、业主三级检测体系，认证农产品“三品一标”10个。推进佳佳乳业、坪山榨菜等食品加工项目建设，加快品牌农业发展。

深化农业农村改革。启动农村“三变”改革试点。完成农村土地承包经营权确权登记颁证，开展农村土地“三权”分置改革，推进农村集体资产量化确权。加强农村土地流转风险防控，稳定发展适度规模经营，推动土地流转2万亩。加快小型水利工程管理体制改革，完成划界确权颁证。深化农业项目财政补助资金股权化改革。增强农业金融服务能力，扩大政策性农业保险、农业信贷担保覆盖面。培育发展县级龙头企业10家、农民合作社20家、家庭农场20家。

推进美丽乡村建设。启动“康养垫江·绿色田园”行动。推进荒山荒坡荒地造林1万亩，开展公路绿化、河流两岸补植造林10公里。启动“高峰—高安—长龙”田园综合体建设，推进农旅融合发展。实施农村“改水、改厨、改厕”工程，巩固提升农村饮水安全，推动农村清洁厨房改造，完成农村改厕3700户，不断改善农村人居环境。启动新民镇“改善农村人居环境市级示范片”建设，建成周嘉镇飞龙村、太平镇新华村、沙河乡南山村等美丽乡村4个，实现“田园绿”“产品优”“环境美”。

（五）精心打造重点景区，提速发展休闲旅游

以全域旅游为方向，突出牡丹、康养特色，重点打造精品景区，加快形成重点突破、多点支撑、以点带面的旅游发展格局。

加快精品景区建设。创成牡丹樱花世界4A级景区。启动牡丹花海4A级景区创建，完善景区道路、游客接待中心、停车场等基础设施。加快中华太极养生园建设，推进永平寨、鼎罐寨、佑旗寨等寨卡修复工程，推动“百花园、百草园、百果园”建设。开工建设牡丹文化旅游城。积极推进卧龙盐浴度假区开发。升级改造华夏牡丹园、油菜花大观园、青水生态大观园等景区，大力发展民宿体验、瓜果采摘、休闲养生等乡村旅游。

提升旅游配套服务。推动游客集散中心建设，开通旅游客运专线。加快发展“智慧旅游”，逐步构建以信息化为基础的综合性游客服务体系。推进“旅游厕所革命”，新建、改建景区厕所13座。建成景区和乡村旅游点停车场5个。

强化对外宣传营销。办好第十九届垫江牡丹文化节。大力推广角雕、竹编、咂酒等特色旅游商品。充分发挥主流媒体作用，用好重庆旅游微信矩阵、“微游垫江”等新媒介，推介旅游线路，推广旅游品牌，开展全方位、立体式宣传营销。积极参加市内外宣传推介，举办“知名媒体进景区”活动，不断提升垫江旅游知名度、美誉度。

（六）积极培育新型业态，繁荣活跃商贸物流

发挥市场主体作用，推进城市商圈、专业市场建设，加快电商物流发展，引进、培育商贸新型业态，促进消费持续活跃。

加快完善市场体系。建成明悦天街、牡丹城商业综合体，打造社区便利商圈。推动红星美凯龙爱琴海购物公园、中农联控股农商综合体项目落地。规划建设汽车交易城。加快建设社区便民超市、乡镇商贸中心，推动乡镇商业市场繁荣。

大力发展电商物流。建成电商产业园，深化与阿里巴巴、猪八戒网合作，引进专业电商运营团队，为入园企业提供策划包装、广告设计等服务。支持“东湖渔具”“创鲜汇”等本土电商企业做大做强。健全农村电商物流服务网络，打通农产品进城“最初一公里”，建成“国家电子商务进农村示范县”。

着力培育消费热点。发挥“中国石磨豆花美食之乡”带动效应，规划建设石磨豆花美食街、博物馆，提升品牌影响力。加快打造“牡丹人家”休闲消费品牌，升级改造民宿农家乐20家，促进休闲消费与民宿经济有效融合。发展“互联网+”等新型消费业态，支持餐饮、住宿等行业开拓线上市场，拉动消费增长。

（七）全面深化改革开放创新，增强发展内生动力

着力深化改革，扩大对外开放，推进科教兴县和人才强县，推动传统产业优化升级，发展战略性

新兴产业，增强实体经济竞争力。

深化重点领域改革。推进供给侧结构性改革，落实“三去一降一补”重点任务。减少无效供给，推动化解过剩产能，依法依规处置“僵尸企业”。深入落实“涉企减负30条”“电气15条”，引导企业参与“直购电”改革。推进行政审批制度改革，清理核查涉企收费，落实税收优惠政策。继续跟踪新一轮乡镇财政体制、工业园区财政管理体制、财政专项资金整合等改革执行工作，全面推行财政预决算公开。科学把握供地节奏，合理引导市场预期，促进房地产市场平稳健康发展。

推进创新驱动发展。加快创建“创新驱动示范县”“支撑型知识产权强县”。推进天圣制药中药口服制剂“智能制造”市级重点实验室建设。支持捷力轮毂、博邦汽车、辉虎科技等企业实施“机器换人”技术、数字化车间建设等科技项目，提升智能化、自动化装备水平。鼓励重庆钟表、任丙科技等企业加大智能穿戴、新材料研发投入。引导企业与高等院校、科研院所合作，共建协同创新中心和高新技术产业化基地。支持企业建立研发平台和众创空间，搭建技术交易平台，培育高新技术企业3家、科技型企业40家。用好用活“创业种子投资基金”和“双创基金”，促进创新创业项目和中小微企业发展。推进“鸿雁计划”，加快高层次人才引进步伐。大力实施质量品牌提升行动，开展“第三届县长质量管理奖”评选，探索制定医养结合服务标准，创建重庆名牌产品2个。

扩大对外开放合作。主动融入内陆开放高地建设，利用渝洽会、厦洽会等开放平台，加强同国内外企业和行业协会的交流合作。深化与长寿、梁平合作，推动龙溪河流域协同一体化发展。持续推进川渝“两地四方”合作，加快基础设施、产业发展、生态环境等领域合作共建，实现区域联动发展。

（八）努力办好民生实事，持续增进人民福祉

把满足人民群众对美好生活的向往作为一切工作的出发点和落脚点，千方百计保障和改善民生。

坚决打好脱贫攻坚战。强化贫困人口精准识别、动态管理。发展垫江晚柚等特色产业2万亩、畜禽养殖9万头（只）。修建农村生产生活便道80公里，改造危房400户，改善贫困户出行居住条件。落实大病重病慢性病患者、贫困学生、残疾人等特殊困难群体帮扶措施，推动贫困人口救助兜底全覆盖。

切实加强社会保障。推进社会保险扩面征缴。打造返乡创业试点特色项目，推动农民工等人员返乡创业，新增城镇就业6000人。深入推进劳动保障监察“两网化”建设，全面落实“两金三制”，坚决维护劳动者合法权益。深化“全国医养结合试点县”建设，推进养老护理院建设，建成社区养老服务站3个。

加快发展社会事业。发展普惠性学前教育，提升保育保教水平。开工建设牡丹湖小学，启动桂溪小学和文化路小学扩建、职教中心迁建前期工作，推动教师进修校建设，扎实推进“全面改薄”工程。巩固发展公立医院综合改革成果，进一步健全基层中医药服务体系，深化“县管乡用”，加快医联体和分级诊疗信息平台建设。建成渝东卫生学校、县中医院内科综合楼、未成年人保护中心，完成县人民医院内科综合楼主体工程、殡仪馆扩建工程，启动县中医院门诊楼改建和妇幼保健院扩建前期工作。开展残疾人精准康复服务试点工作，建成残疾人康复托养中心。稳妥实施“全面两孩”政策。深入推进文化惠民工程，积极开展群众性文化体育赛事活动。支持文化产业发展，启动文创产业园建设。强化食品药品风险管控，积极创建“国家食品安全示范城市”。推进军民融合发展，加快创建“双拥模范县”。

（九）突出风险防控化解，全力维护社会和谐稳定

树立底线思维，坚持问题导向，不断提高发现、防范、化解、管控风险的能力，坚决打好防范化解重大风险攻坚战。

着力防控金融风险。严格政府债务管控，严控增量、消化存量、稳定总量，有效防范和化解财政金融风险。加大对产能过剩行业领域的风险评估，推进金融领域去杠杆防风险。积极开展宣传教育、

风险排查和专项治理，坚决防范、处置和打击非法集资。加大互联网金融风险整治，推动金融经济秩序持续向好。

不断加强社会治理。深入推进“七五”普法，切实增强全社会法制观念。全面推进“雪亮工程”，大力整治社会治安突出问题，依法打击网络诈骗、倒卖个人信息等违法犯罪行为，深化“平安垫江”建设，确保社会治安秩序持续稳定。打造阳光信访、责任信访、法治信访，推行网上信访代理，推进多元化矛盾纠纷化解，妥善解决群众信访诉求。全面加强突发事件风险防控，不断提升应急管理水平。推进安全生产领域改革发展，深化安全生产大排查大整治大执法，全面落实安全生产监管责任，坚决遏制较大以上事故发生。

四、加强政府自身建设

各位代表！新时代赋予新使命，新征程要有新作为。我们要恪尽职守、勤勉敬业，依法行政、廉洁自律，努力建设人民满意的法治政府、创新政府、廉洁政府和服务型政府。

全面加强政治建设。牢固树立“四个意识”，时时处处事事维护以习近平同志为核心的党中央权威和集中统一领导。深学笃用习近平新时代中国特色社会主义思想，深入推进“两学一做”学习教育常态化制度化，扎实开展“不忘初心、牢记使命”主题教育，涵养积极健康的政治文化，永葆忠诚干净担当的政治本色。严格遵守政治纪律、政治规矩，毫不动摇、不折不扣地贯彻落实中央、市委和县委决策部署，确保政令畅通。坚决清除孙政才恶劣影响和“薄、王”思想遗毒，营造风清气正的政治生态。强化深化改革、推动发展、维护稳定的责任担当，以永不懈怠的精神状态和一往无前的奋斗姿态，服务好全县大局和全县人民。

切实提升施政本领。加快政府治理能力建设，坚决破除一切不合时宜的思想观念和体制机制弊端，增强政府公信力和执行力。加强作风和能力建设，与时俱进增强深化改革、推动发展、化解矛盾本领，打造高素质专业化的公务员队伍。依托县长（市长）信箱、公开电话、群工系统、三级服务中心，筑牢密切联系群众的桥梁。推进首问首接责任工作制，完善“互联网+政务服务”，推动“最多跑一次”服务改革政务服务应用，加快“智慧政务”建设，实现政府职能转变，提升行政服务效率。建立问题清单、任务清单、责任清单，健全完善考核奖惩、容错纠错机制和行政效能问责问效机制，从严查处庸政、懒政、怠政，打通政策落地“最后一公里”，让实干家有为有位，让“太平官”无处可混，让广大干部愿干事、敢干事、会干事、能干成事。建立政府与市场主体常态化沟通协调机制，及时解决企业合理诉求，为各类市场主体营造良好营商环境，构建“亲”“清”新型政商关系。

严格依法履行职责。深化“放管服”改革，坚决清除隐形审批和变相审批，深入推进“双随机、一公开”监管，加快简化优化政务服务流程。进一步规范行政执法行为，推行行政执法公示、执法过程全记录和重大执法决定法制审核制度。依法接受人大及其常委会的法律监督、工作监督，主动接受政协的民主监督，自觉接受司法监督、舆论监督和社会监督。坚持依法科学民主决策，广泛听取各民主党派、工商联、人民团体和无党派人士的意见和建议。加大政务公开力度，让权力在阳光下运行。健全学法用法长效机制，切实提高政府公职人员法治观念、法治思维和法治能力。

持续推进正风肃纪。严格落实中央八项规定《实施细则》、市委《实施意见》，聚焦形式主义、官僚主义新表现，坚持不懈整饬“四风”，坚决防止不良风气反弹回潮。严肃党内政治生活，严格执行廉洁自律准则，把党风廉政建设和反腐败工作引向深入，确保干部清正、政府清廉、政治清明。

各位代表！“幸福都是奋斗出来的”，让我们在党的十九大精神指引下，在市委、市政府和县委的坚强领导下，不忘初心、牢记使命，始终同人民群众想在一起，干在一起，把蓝图变为现实，将改革进行到底，一步一个脚印踏踏实实干好工作，为决胜全面建成小康社会、推进富民强县升位而努力奋斗！

名词解释

五大环保行动　指为改善环境质量实施的碧水行动、蓝天行动、绿地行动、田园行动、宁静行动。

四类人员　指财政供养人员、企业法人（或入股股东）、购买好车人员、购买商品房人员。

“五个一”帮扶机制　指每个乡镇（街道）一名县领导联系、一个部门牵头帮扶，每个贫困村一名“第一书记”、一个驻村工作队，每个贫困户一名结对帮扶干部。

“五个一”工作推进机制　指每月一督查、双月一调度、季度一会诊、半年一约谈、全年一考核。

“高线”帮扶　即推进健康扶贫、强化住房保障、深化教育资助。健康帮扶上，建卡贫困户采取先诊疗后付费的医疗救助方式，住院费用自付部分不超过20%，特贫户不超过10%。对门诊治疗的未脱贫户和脱贫风险户慢性病患者，合理诊疗费个人承担部分不超过30%，特贫户个人承担部分不超过15%。在教育帮扶上，对未脱贫户和脱贫风险户中的大学新生除按市上政策第一年资助 5000 元/人外，对大学 2—4 年级（专、本科学业）的在校大学生给予2000元/人/年的资助，特贫户在校大学生给予5000元/人/年的资助。在住房帮扶上，对符合条件的D类危房贫困户实施危房改造，给予3.5万元/户危房改造补助，特贫户另给予5000元/户的危房改造补助。

全面改薄　指全面改善贫困地区义务教育薄弱学校基本办学条件。

“五微”工作法 指微整合、微信群、微发布、微镜头、微互动工作法。

“最多跑一次”服务改革　即通过优化办理流程、整合政府资源、融合线上线下、借助新兴手段等方式，群众和企业（自然人、法人和其他组织）到政府行政审批窗口办理“一件事情”在申请材料齐全、符合法定受理条件时，从受理申请到作出办理决定、形成办理结果的全过程一次上门或零上门。

三条红线　指生态保护红线、耕地保护红线、城镇开发边界红线。

三山两河两湿地　指精华山、黄草山、明月山所覆盖的区域，高滩河、大沙河流域，长寿湖、迎风湖及周边湿地。

农村“三变”改革　指农村资源变资产、资金变股金、农民变股东的改革。

六纵六横　即第一纵明月大道，第二纵桂西大道，第三纵桂南大道、工农路、桂北大道，第四纵桂东大道，第五纵三合大道，第六纵文笔大道；第一横峡云大道，第二横人民西路、人民东路，第三横牡丹大道、凤山路、天宝路，第四横南阳大道，第五横长安大道，第六横天马大道。

二环八射八联　指我县“十三五”规划的以围绕县城为中心的县域干线公路网络，全长 523.5 公里。“二环”指围绕县城的两个环线公路，小环指由县城经新民镇、曹回镇、长龙镇、黄沙镇、太平镇至县城形成闭合公路环线，全长 53 公里，大环指围绕县域边界乡镇的全县闭合公路环线，全长 141 公里；“八射”指以县城为中心向各边界乡镇发射的八条干线公路；“八联”指县域内东西方向联接的八条横向联接干线公路。

三铁三高两国四省　“三铁”指渝万城际铁路、规划中的广垫忠黔客货运铁路、规划中的长垫梁货运铁路；“三高”指沪蓉高速、沪渝高速、已规划即将拟建的垫丰武高速；“两国”指 G243 重庆开州区经垫江县至广西凭祥市、G350 湖北利川市经垫江县至四川炉霍县；“四省”指 S205 垫江县至武隆区、S206 开州区经垫江县至南川区、S413 梁平区经垫江县至长寿区、S415 垫江县至长寿区。

R&D　（Research And Development）指在科学技术领域，为增加知识总量（包括人类文化和社会知识的总量），以及运用这些知识去创造新的应用进行的系统的创造性的活动，包括基础研究、应用研究、试验发展三类活动。可译为“研究与开发”“研究与发展”或“研究与试验性发展”。

一达标、两不愁、三保障　指农村建档立卡贫困户家庭年人均纯收入达到 3300 元标准，不愁吃不愁穿，住房保障、医疗保障、教育保障。

“两点”“两地”定位和“四个扎实” 即2016年习近平总书记视察重庆时指出，重庆是西部大开发的重要战略支点，处在“一带一路”和长江经济带的联结点上；要求重庆建设内陆开放高地，成为山清水秀美丽之地；扎实贯彻新发展理念、扎实做好保障和改善民生工作、扎实做好深化改革工作、扎实落实“三严三实”要求。

“三同时”制度 即关于建设项目的环境保护措施（包括防治污染和其他公害的设施及防止生态破坏的设施）必须与主体工程同时设计、同时施工、同时投产使用的各项法律规定。

生态文明“十进”活动 即将生态文明和环保理念宣传“进社区、进家庭、进机关、进工地、进学校、进商场、进企业、进酒店、进医院、进交通”十个领域。

城市双修 即生态修复、城市修补。“生态修复”指有计划、有步骤地修复被破坏的山体、河流、植被，重点通过一系列手段恢复城市生态系统的自我调节功能；“城市修补”指不断改善城市公共服务质量，改进市政基础设施条件，发掘和保护城市历史文化和社会网络，使城市功能体系及其承载的空间场所得到全面系统的修复、弥补和完善。

智慧化城管 即在原数字化城市管理基础上，通过对作业流程的再造，对管理机制的革新，运用云计算、物联网、移动互联网和大数据等新一代先进信息技术手段，从而实现对管理事项作业的标准化、精细化和智能化的新型城市管理模式。

双创基金 发挥财政资金的杠杆和宏观引导作用，资助处在创期的中小微企业各类创新创业活动，实现以创新促进发展、以创业带动就业的总体目标而设立的专项资金。

农业“接二连三” 即鼓励农户搞多种经营，延长产业链条，不仅种植农作物（第一产业），而且从事农产品加工（第二产业）与流通、销售农产品及其加工产品（第三产业）。

田园综合体 指集现代农业、休闲旅游、田园社区为一体的特色小镇和乡村综合发展模式，是在城乡一体格局下，顺应农村供给侧结构改革、新型产业发展，结合农村产权制度改革，实现中国乡村现代化、新型城镇化、社会经济全面发展的一种可持续性模式。

全域旅游 指在一定区域内，以旅游业为优势产业，通过对区域内经济社会资源尤其是旅游资源、相关产业、生态环境、公共服务、体制机制、政策法规、文明素质等进行全方位、系统化的优化提升，实现区域资源有机整合、产业融合发展、社会共建共享，以旅游业带动和促进经济社会协调发展的一种新的区域协调发展理念和模式。

智慧旅游 即以物联网、云计算、下一代通信网络、高性能信息处理、智能数据挖掘等技术在旅游体验、产业发展、行政管理等方面的应用，使旅游物理资源和信息资源得到高度系统化整合和深度开发激活，并服务于公众、企业、政府的全新旅游形态。

旅游厕所革命 指国家旅游局针对旅游景区厕所脏乱差的现象，发起的一场清理整治活动。

两网化 即劳动保障监察网络化、网格化。主要是在建立劳动保障监察网格化的基础上，利用现代信息技术，汇集用人单位用工信息，建立用人单位用工信息数据库，整合全市劳动保障信息系统，建立数据比对、动态监控、分类监管、统一受理、统计分析、预警预测等主要功能的劳动保障监察监控管理平台，实现管理信息化、执法规范化和监管一体化。

两金三制 即工资保证金、应急周转金，实名制劳动用工备案制度，打击恶意欠薪、欠薪逃匿的行政司法联动机制，拖欠农民工工资企业黑名单制度。

雪亮工程 即以县、乡、村三级综治中心为指挥平台、以综治信息化为支撑、以网格化管理为基础、以公共安全视频监控联网应用为重点的“群众性治安防控工程”。

放管服 “放”即简政放权，降低准入门槛；“管”即公正监管，促进公平竞争；“服”即高效服务，营造便利环境。

双随机、一公开 即在监管过程中随机抽取检查对象，随机选派执法检查人员，抽查情况及查处结果及时向社会公开。

2017 年垫江县
国民经济和社会发展统计公报

2017 年，在市委、市政府和县委、县政府的坚强领导下，在县人大、县政协的监督支持下，坚持以习近平新时代中国特色社会主义思想为指引，认真贯彻中央决策部署和党的十九大精神，统筹推进“五位一体”总体布局，协调推进“四个全面”战略布局，坚定不移走“生态优先、绿色发展”之路，围绕“一个建成、六个显著”奋斗目标和“三地一心一城”建设任务，扎实做好稳增长、促改革、调结构、惠民生、防风险各项工作，实现了经济社会常态化增长。

一、综合

2017 年，全县实现地区生产总值 2767636 万元，同比增长 8.5% 。按产业分：第一产业增加值为 418517 万元，增长 5%；第二产业增加值为 1424812 万元，增长 9.3%；第三产业增加值为 924307 万元，增长 8.9%。三次产业对经济增长的贡献率分别为 9.5%、54.1%、36.4%，拉动力分别为 0.8%、4.6%、3.1%，三次产业结构比为 15.1：51.5：33.4。

图 1：　2011—2017 年地区生产总值及增长速度对比图

单位：亿元、%

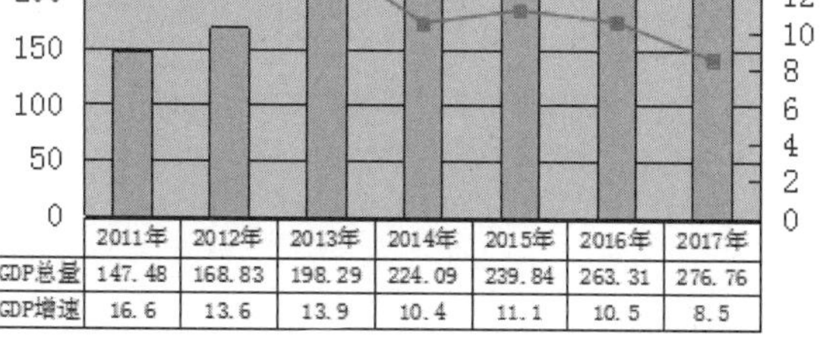

	2011年	2012年	2013年	2014年	2015年	2016年	2017年
GDP总量	147.48	168.83	198.29	224.09	239.84	263.31	276.76
GDP增速	16.6	13.6	13.9	10.4	11.1	10.5	8.5

图 2：　2017 年地区生产总值构成比例图

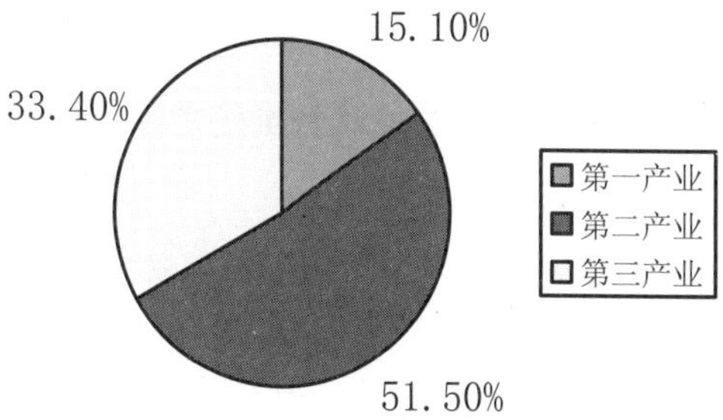

年末全县常住人口 69.06 万人，比上年增加 0.23 万人;常住人口城镇化率 44.77%，比上年提高 1.68 个百分点。年末户籍总人口 97.14 万人，其中：城镇人口 40.72 万人，乡村人口 56.42 万人；全年城镇人口迁出 10510 人，迁入 6684 人。

全年人口出生率为 12.3‰，死亡率为 12.1‰，人口自然增长率为 0.2‰（户籍）。全县户籍出生婴儿性别比为 108：100（以女性为 100，男性对女性的比例）。

居民消费价格总水平同比上升 0.9 个百分点，从居民消费价格看，1—12 月，衣着、教育文化和娱乐、医疗保健、居住、交通和通信、其他用品和服务、生活用品及服务同比分别上涨 2.6%、2.1%、3.6%、1.7%、1.8%、2.1%、0.7%，食品烟酒同比下降 1.3%。

图 3：　2011—2017 年垫江县居民消费价格指数对比图

单位：%

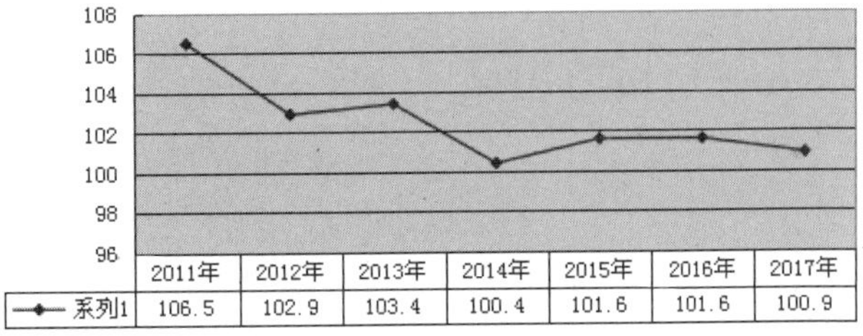

2017 年垫江县居民消费价格指数情况表

表 16

指　标	上年同期=100
居民消费价格总指数	100.9
食品烟酒	98.7
衣着	102.6
居住	101.7
生活用品及服务	100.7
交通和通信	101.8
教育文化和娱乐	102.1
医疗保健	103.6
其他用品和服务	102.1

二、农业

2017 年，全县实现农林牧渔业增加值 429980 万元。其中：农业增加值 266006 万元、林业增加值 10509 万元、牧业增加值 115553 万元、渔业增加值 26449 万元、农林牧渔服务业增加值 11464 万元。

全年农林牧渔业总产值 645246 万元。其中：农业总产值 353940 万元、林业总产值 13967 万元、牧业总产值 229985 万元、渔业总产值 31764 万元、农林牧渔服务业总产值 15590 万元。

全年农作物总播种面积 138.2 万亩，同比增长 0.5 %；其中：粮食作物种植面积 97.2 万亩，同比下降 0.4%。

全年粮食总产量 39.5 万吨，同比增长 0.3%；蔬菜产量 50.3 万吨，增长 6.6%；油料产量 2.1 万吨，增长 0.9%；肉猪出栏头数 77.2 万头，下降 1.2%。

2017 年垫江县主要农产品产量

表 17

指　标	单位	产量	同比增长%
粮食产量	吨	394911	0.3
蔬菜产量	吨	503200	6.6
油料产量	吨	20871	0.9
烟　叶	吨	471	−0.8
肉猪出栏头数	头	771575	−1.2
肉类产量	吨	—	—
#猪　肉	吨	—	—
牛　肉	吨	—	—
羊　肉	吨	—	—
禽　肉	吨	—	—
牛奶产量	吨	—	—
禽蛋产量	吨	—	—

三、工业

2017 年，全县实现工业增加值 1122238 万元，比上年增长 8.6%，占全县地区生产总值的 40.5%。新增规上工业企业 5 户，规上工业企业数增至 147 户，实现规上工业总产值 2059169 万元，增长 11.8%；其中，规模以上大中型企业实现总产值 806475 万元，增长 11.3%。

全县规模以上工业产品销售率为 98.6%；实现利税总额 252654 万元，实现利润 167671 万元；完成主营业务收入 1953810 万元，增长 10.2%。

图 4：　2011—2017 年规上工业总产值及增长速度对比图

单位：亿元、%

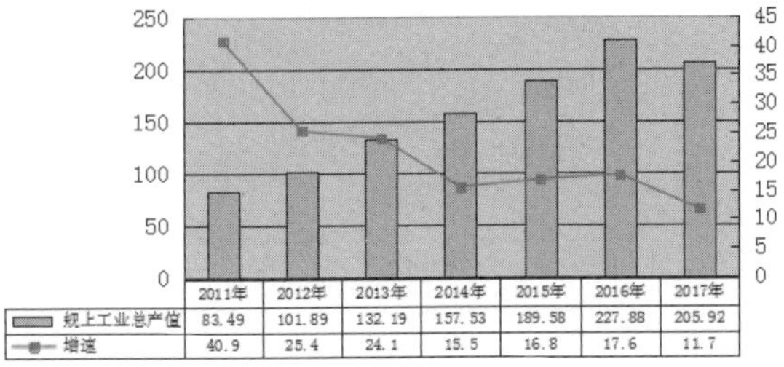

2017 年垫江县主要工业产品产

表 18

主要产品名称	单位	产量	比上年增长%
原生天然气	万立方米	26881	21.7
净化天然气	万立方米	26044	23
硫　磺	吨	7295	35.2
焦亚硫酸钠	吨	0	-100
合 成 氨	吨	85245	-44.1
碳　铵	吨	36493	-49.4
销　铵	吨	139375	-51.3
销 酸 钠	吨	508534	-45
亚 硝 酸钠	吨	15959	-45
炸　药	吨	30665	94
发 电 量	万千瓦时	3391	80.9
轮　毂	万套	782	8.5
二 硫 化碳	吨	41932	10.3

四、固定资产投资和建筑业

2017 年，全县完成固定资产投资 3478336 万元，同比增长 12.6%。其中：建设与改造投资 3218876 万元，增长 9.8%（其中：工业投资完成 1352023 万元，增长 9.8%）；房地产开发投资完成 259460 万元，下降 20.7%。

图 5：　2011—2017 年固定资产投资总额及增长速度对比图

单位：亿元、%

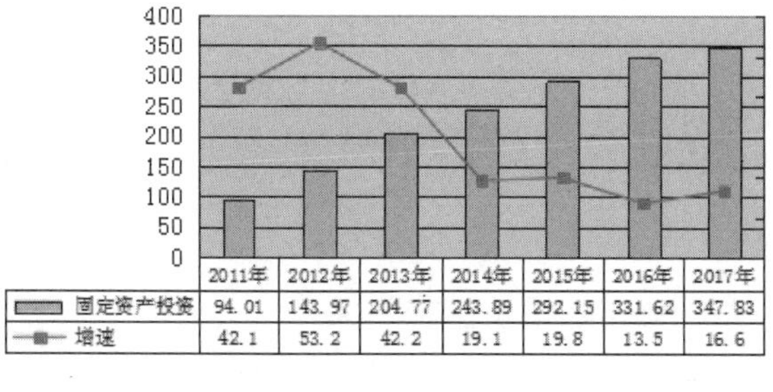

从房地产开发投资类型结构来看，住宅投资 177326 万元，同比下降 26.3%；商业营业用房投资 40432 万元，下降 11.5%；其他投资 41525 万元，增长 1.3%。全年商品房销售面积达 61 万平方米，下降 14.8%。其中:住宅销售面积 46.3 万平方米，下降 10.0%；商业营业用房销售面积 6.1 万平方米，增长 92.6%；商业营业用房待售面积 1.3 万平方米，下降 31.9%。

2017 年，全县商品房销售额 270326 万元，增长 0.1%。其中：住宅销售额 206080 万元，增长 4.8%；商业营业用房销售额 44827 万元，增长 62.3%。全年全县在地建筑业实现总产值 2271843 万元，增长 10.4%。注册地建筑业总产值 1950919 万元，增长 8.3%。按注册地看，全县建筑企业房屋施工面积 850.9 万平方米，下降 8.1%；房屋建筑竣工面积 556.4 万平方米，下降 14.3%，其中住宅竣工面积为 439.7 万平方米，下降 9.2%。

五、国内贸易和招商引资

2017 年，批发和零售业实现增加值 184227 万元，比上年增长 6.1%，占全县地区生产总值的 6.7%；住宿和餐饮业实现增加值 84683 万元，增长 8.8%，占全县地区生产总值的 3.1%。

全年全县实现社会消费品零售总额 1050174 万元，同比增长 12.3%。全年批发零售销售额 1884518 万元，同比增长 11.9%；住宿餐饮业营业额 303400 万元，同比增长 16.6%。其中，限额以上批发零售业销售额 932146 万元，增长 9.2%;限额以上住宿和餐饮业营业额 101557 万元，增长 19.4%。

图 6：　2011—2017 年社会消费品零售总额及增长速度图

单位：亿元、%

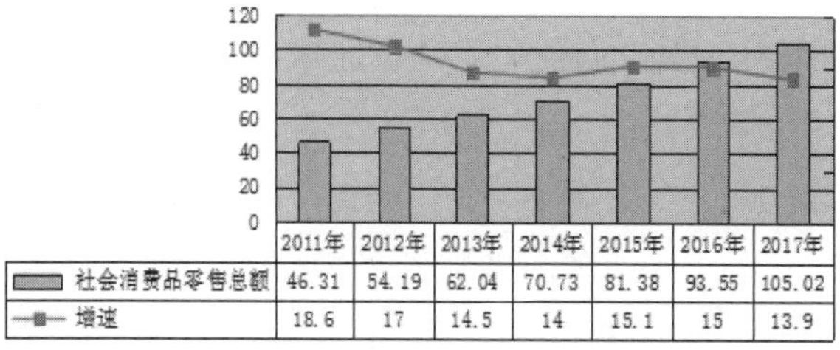

全年进出口总额31994万元，同比增长0.9%。其中：进口总额31621万元，同比增长10.9%；出口总额373万元，同比下降88.4%。2017年全县招商引资统计项目232个，协议引资324.8亿元，累计到位资金204.9亿元，比去年同期下降9.2%。其中新签约项目132个，协议引资262.2亿元，累计到位资金85.9亿元。

六、交通、邮电和旅游

2017年，交通运输、仓储和邮政业实现增加值97089万元，比上年增长11.9%，占全县地区生产总值的3.5%。全县公路通车里程3264公里，其中等级公路2616公里，增长5.9%。全社会公路客运量586万人次，下降36.7%，全社会公路客运周转量33158万人公里，下降43.3%；全社会公路货运量1238万吨，增长3.3%，全社会货运周转量113738万吨公里，增长10.9%。铁路旅客发送量994978人，增长123.8倍；铁路旅客到达量1058873人，增长137.3倍。

年末全县非营运车辆拥有量达到164049辆。年末实有公交车80辆，公交运行线路10条；出租车261辆，增长2.3%；乡镇客运车276辆，同比增长11.3%。

全年完成邮政业务总收入10725万元，同比增长21.57%，电信业务总收入32948万元，增长1.4%。年末固定电话用户8.13万户，增长7.15%；移动电话用户57.26万户，增长7.39%；互联网用户14.49万户，增长23.29%。

休闲旅游提档升级。牡丹樱花世界4A级景区创建有序推进，华夏牡丹园、乐天花谷、李花园等景区升级改造，太平牡丹园百灵山景区加快打造，中华太极养生园启动建设，卧龙盐浴度假区、迎风湖生态旅游度假区、牡丹文化旅游城前期工作进展顺利。第十八届垫江牡丹文化节获评“重庆十佳赏花节会”，太平镇被评为“重庆市特色景观旅游名镇”。全年接待国内外游客2707839人次、实现旅游收入180410万元，同比分别增长25.1%和44.7%。

七、财政、金融

2017年，全县地方财政收入达到363723万元，同比增长22.4%，其中一般公共预算收入194753万元，增长12.5%。在一般公共预算收入中，增值税35420万元，增长64.5%；营业税229万元，下降97.3%；企业所得税10849万元，增长29.3%。

全年地方财政支出749753万元，同比增长22.8%，其中一般公共预算支出640579万元，增长25.8%。在财政八项支出中，一般公共服务支出45840万元，增长35.5%；公共安全支出17930万元，下降14.9%；教育支出126295万元，增长12.9%；科学技术支出5936万元，增长14.3%；社会保障和就业支出81202万元，增长21.6%；医疗卫生与计划生育支出113625万元，增长48%；节能环保支出13615万元，增长26.8%；城乡社区支出105220万元，增长29.3%。

年末全县金融机构人民币存款余额3365802万元，同比增长10.8%。城乡居民储蓄存款余额2526923万元，增长9.3%。年末金融机构人民币贷款余额1946132万元，增长17.8%。其中：短期贷款459776万元，增长9.8%，中长期贷款1483831万元，增长20.7%。

2017年垫江县金融机构人民币存贷款情况

表19　　　　单位：万元、%

指　标	年末数	同比增长
金融机构人民币各项存款余额	3365802	10.8
#城乡居民储蓄存款余额	2526923	9.3
金融机构人民币各项贷款余额	1946132	17.8
#短期贷款	459776	9.8
中长期贷款	1483831	20.7

八、城市建设与生态环保

2017年，全县城市道路长度95.25公里，道路面积236.63万平方米（车行道和人行道总面积），城市排水管道长度138公里。全县供水管道长度

7847公里，比去年增长4.7%；全年供水总量19520万吨，增长2%，其中生活用水量2480万吨，增长11.2%；用水人口69.06万人，增长0.3%。

园林绿地面积767公顷，同比增长4.5%；其中：公共绿地面积153公顷，增长6.3%。建成区绿化覆盖面积658公顷，增长5.3%；建成区绿化面积覆盖率43.44%，增长7.4%；建成区绿地率36.35%，增长1.08%。

全年生活垃圾清运量6.597万吨，增长8%。全年污水排放量1598.64万吨，增长14.3%，污水处理量1438.78万吨，占排放量的14.3%。

九、教育、科学技术、文化和卫生

2017年年末全县学校共计236所，其中：普通中学21所，小学72所，中等职业学校3所，特殊教育学校1所。专任教师总数6983人，其中：普通中学教师2967人，小学教师3706人，中等职业教师310人。全县2017年普通中学招生19040人、在校生55355人、毕业生16982人；中等职业学校招生1998人、在校生4666人、毕业生1464人；小学招生7507人、在校生57670人、毕业生13950人。年末幼儿园数140所，在园儿童数24340人，同比增长4.68%。

全年全县专利申请314件，专利授权153件。截至年底，有效发明专利51件。其中：发明专利申请32件，同比下降38.46%；发明专利授权12件，同比增长50%。

全年全县公共图书馆1个，公共图书馆藏书24.85万册，较去年增加了16.79万册。年末广播覆盖率99.5%，电视覆盖率100%，有线电视入户率60%。

年末卫生机构427个，其中医院、卫生院37个，妇幼保健院1个，疾病预防控制中心1个。卫生机构床位数4772张，同比增长13.48%；其中：医院和卫生院床位4641张，增长12.5%。卫生技术人员3859人，同比增长4.29%；执业医师和执业助理医师1436人，增长6.13%；注册护师、护士1526人，增长4.38%。

十、人民生活和社会保障

2017年居民人均可支配收入21697元，其中：工资性收入9373元，经营性收入4789元，财产性收入1209元，转移性收入6326元。全年居民人均消费支出12334元，同比下降2.41%。

城镇常住居民人均可支配收入31889元，增加2687元，同比增长9.2%。其中工资性收入16589元，经营性收入4277元，财产性收入2388元，转移性收入8635元。全年城镇居民人均消费支出15030元，同比下降12.7%。城镇居民人均自有现住房面积46.7平方米。

农村常住居民人均可支配收入13979元，同比增长10.1%。其中工资性收入3909元，增长11.6%；家庭经营收入5176元，增长8.4%；财产性收入316元，增长9.4%；转移性收入4578元，增长10.8%。生活消费支出10294元，增长9.7%，其中用于食品烟酒、医疗保健、居住、交通通讯、教育文化娱乐和其他用品和服务等消费支出分别为3290元、1561元、1737元、985元、1385元和213元，分别增长4.3%、34.4%、5.7%、9.1%、23.3%和5.1%；衣着、生活用品及服务支出分别为480元、643元，同比分别下降12.0%、0.3%。

年末全县城镇职工养老保险人数61062人，增长7.26%，城乡居民养老保险人数407015人，下降0.27%。基本医疗保险人数892962人，下降2.12%，其中，城乡居民合作医疗参保人数835669人，下降2.67%；城镇职工基本医疗保险人数57293人，增长6.56%。城乡居民合作医疗参保金额达12002万元，增长24.18%；城乡居民合作医疗赔付金额47685.39万元，增长5.59%。生育保险参保人数36840人，增长18.4%。工伤保险参保人数36995人，增长1.74%。失业保险参保人数36180人，增长3.09%。

年末全县社会福利收养单位25个，收养单位床位数达1549张，社会救济总金额（包括捐赠款）20613.3万元，同比增长8.7%。享受最低生活保障的城镇居民6116人，同比下降24.26%；享受农村最低生活保障人数 14873 人，比上年减少 3883 人，同比下降 20.7%。

注：

一、本公报部分指标为初步统计数；

二、国内生产总值、各产业增加值计增长速度按可比价计算；

三、部分数据因四舍五入的原因，存在着与分项合计不等的情况；

四、2017 年末全县非营运车辆拥有量统计口径调整，包含所有类型的非营运车辆；

五、2017 年城市排水管道长度统计口径调整，包含所有乡镇数据。

文件名称	发布文号	发布机关
关于成立东部新区开发建设领导小组的通知	垫江委办〔2017〕150 号	中共垫江县委办公室
关于建立垫江县企业破产处置工作联席会议制度的通知	垫江委办〔2017〕154 号	中共垫江县委办公室 垫江县人民政府办公室
关于进一步完善强化全县河长制组织体系的通知	垫江委办〔2017〕155 号	中共垫江县委办公室 垫江县人民政府办公室
关于印发《在“两学一做”学习教育中开展“思想再解放、作风大转变”主题活动实施方案》的通知	垫江委办发〔2017〕1 号	中共垫江县委办公室 垫江县人民政府办公室
关于印发垫江县督查督办通报制度等六项工作制度规定的通知	垫江委办发〔2017〕2 号	中共垫江县委办公室
关于印发《垫江县领导干部上讲台实施办法》和《垫江县干部教育培训班次管理办法》的通知	垫江委办发〔2017〕3 号	中共垫江县委办公室 垫江县人民政府办公室
关于印发《2017—2021 年全县干部教育培训规则》的通知	垫江委办发〔2017〕4 号	中共垫江县委办公室
关于印发垫江县残疾预防综合试验区创建试点及重点干预项目工作实施方案的通知	垫江委办发〔2017〕5 号	中共垫江县委办公室
关于印发垫江县贯彻落实中央环境保护督察反馈意见整改方案的通知	垫江委办发〔2017〕7 号	中共垫江县委办公室
印发《关于推进“两学一做”学习教育常态化制度化的实施方案》的通知	垫江委办发〔2017〕10 号	中共垫江县委办公室 垫江县人民政府办公室
转发《中共重庆市委重庆市垫江县人民政府关于推进防灾减灾救灾体制机制改革的实施意见》的通知	垫江委办发〔2017〕17 号	中共垫江县委办公室 垫江县人民政府办公室
转发《关于进一步把社会主义核心价值观融入法治建设的实施意见》的通知	垫江委办发〔2017〕19 号	中共垫江县委办公室 垫江县人民政府办公室
转发《中共重庆市委办公厅印发〈关于加强和改进人民政协民主监督共和的实施意见〉的通知》的通知	垫江委办发〔2017〕20 号	中共垫江县委办公室 垫江县人民政府办公室
关于转发《重庆市河长制工作规定（试行）》的通知	垫江委办发〔2017〕24 号	中共垫江县委办公室 垫江县人民政府办公室
关于印发垫江县城市管理综合行政执法体制改革工作实施方案的通知	垫江委办发〔2017〕25 号	中共垫江县委办公室 垫江县人民政府办公室
关于进一步深化文化市场综合执法改革的实施意见	垫江委办发〔2017〕27 号	中共垫江县委办公室 垫江县人民政府办公室
关于印发《垫江县城市基层党建工作三级联席会议制度》的通知	垫江委办发〔2017〕31 号	中共垫江县委办公室 垫江县人民政府办公室

2017 年垫江县重要文件目录

文件名称	发布文号	发布机关
关于印发垫江县国有林场改革实施方案的通知	垫江委发〔2017〕4 号	中共垫江县委 垫江县人民政府
关于深入推进农业供给侧结构性改革加快培育农业农村发展新动能的实施意见	垫江委发〔2017〕7 号	中共垫江县委 垫江县人民政府
关于印发垫江县完善产权保护制度依法保护产权工作实施方案的通知	垫江委发〔2017〕15 号	中共垫江县委 垫江县人民政府
关于深化脱贫攻坚的实施意见	垫江委发〔2017〕16 号	中共垫江县委 垫江县人民政府
关于认真学习宣传贯彻党的十九大精神的通知	垫江委发〔2017〕17 号	中共垫江县委
关于 2017 年人大代表建议政协提案办理工作任务分解的通知	垫江委办〔2017〕27 号	中共垫江县委办公室 垫江县人民政府办公室
关于成立垫江县民族宗教工作领导小组的通知	垫江委办〔2017〕28 号	中共垫江县委办公室
关于确定县十七届人大一次会议代表重点建议的通知	垫江委办〔2017〕31 号	中共垫江县委办公室 垫江县人大常委会办公室 垫江县人民政府办公室
关于下达 2017 年招商引资目标任务的通知	垫江委办〔2017〕32 号	中共垫江县委办公室 垫江县人民政府办公室
关于认真做好县政协十届一次会议重点提案办理工作的通知	垫江委办〔2017〕33 号	中共垫江县委办公室 垫江县人民政府办公室政 协垫江县委会办公室
关于建立健全垫江县“十三五”规划纲要实施机制的通知	垫江委办〔2017〕36 号	中共垫江县委办公室 垫江县人民政府办公室
关于成立县委“思想再解放、作风大转变”主题活动督导组的通知	垫江委办〔2017〕37 号	中共垫江县委办公室
关于做好 2017 年全县干部教育培训工作的通知	垫江委办〔2017〕38 号	中共垫江县委办公室
关于印发 2017 年民生实事工作目标任务的通知	垫江委办〔2017〕43 号	中共垫江县委办公室 垫江县人民政府办公室
关于印发《垫江县 2017 年全面依法治县工作要点》的通知	垫江委办〔2017〕64 号	中共垫江县委办公室 垫江县人民政府办公室

文件名称	发布文号	发布机关
关于印发《垫江县实施河长制工作方案》的通知	垫江委办〔2017〕65号	中共垫江县委办公室
关于“五个一批”重点项目建设暗访督查情况的通报	垫江委办〔2017〕71号	中共垫江县委办公室 垫江县人民政府办公室
关于印发垫江县2017年双拥活动暨建军90周年纪念活动方案的通知	垫江委办〔2017〕90号	中共垫江县委办公室
关于进一步加强农村党风廉政建设工作的通知	垫江委办〔2017〕98号	中共垫江县委办公室 垫江县人民政府办公室
关于在2017年“五个一批”重点项目中新增重点改革创新事项的通知	垫江委办〔2017〕105号	中共垫江县委办公室 垫江县人民政府办公室
关于印发垫江县2017年生态文明建设工作任务的通知	垫江委办〔2017〕116号	中共垫江县委办公室
关于调整县纪委向县一级党和国家机关派驻纪检机构的通知	垫江委办〔2017〕117号	中共垫江县委办公室 垫江县人民政府办公室
关于贯彻落实全县深化脱贫攻坚工作会议精神情况的报告	垫江委办〔2017〕126号	中共垫江县委办公室 垫江县人民政府办公室
关于交办党外代表人士在2017年中共垫江县委双月座谈会暨暑期谈心活动上提出的意见建议的通知	垫江委办〔2017〕130号	中共垫江县委办公室
关于成立垫江县土地例行督察工作领导小组的通知	垫江委办〔2017〕134号	中共垫江县委办公室 垫江县人民政府办公室
关于印发党的十九大精神传达提纲的通知	垫江委办〔2017〕135号	中共垫江县委办公室 垫江县人民政府办公室
关于印发垫江县环境监管执法“零容忍 出重拳”专项行动工作方案的通知	垫江委办〔2017〕136号	中共垫江县委办公室
转发《中共中央办公厅秘书局国务院办公厅秘书局关于严格机关、单位互联网网站信息发布管理的通知》的通知	垫江委办〔2017〕137号	中共垫江县委办公室 垫江县人民政府办公室
关于成立垫江县深化国家监察体制改革试点工作小组的通知	垫江委办〔2017〕145号	中共垫江县委办公室 垫江县人民政府办公室
转发《中共重庆市委宣传部、中共重庆市委组织部关于认真组织学习〈习近平谈治国理政〉第二卷的通知》的通知	垫江委办〔2017〕147号	中共垫江县委办公室
关于转发《中共重庆市委办公厅关于认真学习贯彻习近平总书记重要指示精神进一步纠正“四风”加强作风建设的通知》的通知	垫江委办〔2017〕149号	中共垫江县委办公室